Psychoanalyse und Moraltheologie
Band 2: Wege und Umwege der Liebe

Eugen Drewermann

Psychoanalyse und Moraltheologie

Band 2: Wege und Umwege der Liebe

Matthias-Grünewald-Verlag · Mainz

CIP-Kurztitelaufnahme der Deutschen Bibliothek

Drewermann, Eugen:
Psychoanalyse und Moraltheologie / Eugen Drewermann. –
Mainz: Matthias-Grünewald-Verlag

Bd. 2. Wege und Umwege der Liebe. – 1983.
ISBN 3-7867-1066-X

3. Auflage 1984

Umschlaggestaltung: Kroehl Design Gruppe
Gesamtherstellung: Georg Aug. Walter's Druckerei GmbH, 6228 Eltville am Rhein

Inhalt

Vorwort

»Und ein alter Priester sprach: ›Rede uns über die Religion!‹ Und er antwortete also: Hab' ich denn am heutigen Tag von irgendetwas anderem geredet? Ist Religion nicht eine jegliche Tat und Betrachtung? Und ist sie nicht gleichzeitig weder Tat noch Betrachtung, sondern ein Wunder und ein Erstaunen, das dauernd aus der Seele quillt, selbst derweil die Hände den Stein behauen oder den Webstuhl besorgen? Wer vermöchte sein Vertrauen zu trennen von seinen Taten, oder seinen Glauben von seinen Beschäftigungen? Wer vermag seine Stunden vor sich auszubreiten und sprechen: ›Dies ist für Gott und das für mich; dies für meine Seele und das für meinen Leib?‹ All eure Stunden sind Flügel, die sich durch den Weltraum bewegen, vom Ich zum Ich. Wer seine Frömmigkeit nur als bestes Gewand trägt, täte besser daran, nackt zu bleiben... Und wer seinen Lebenswandel gemäß der Sittenlehre begrenzt, kerkert seinen Singvogel in einen Käfig. Das schönste Lied der Freiheit dringt nicht durch Gitter und Stacheldraht. Und wem der Gottesdienst ein Fenster ist, das man öffnet, aber auch schließt, der ist noch nicht eingekehrt in das Haus seiner Seele, dessen Fenster offen stehen, von einem Morgenrot zum andren. Euer täglich Leben ist euer Tempel und eure Religion... Und gewähret allen Mitmenschen Einlaß: Denn in der Verehrung könnt ihr nicht höher fliegen als *ihr* Hoffen und nicht tiefer sinken als *ihre* Hoffnungslosigkeit. Und so ihr Gott erkennen möchtet, werdet nicht darob zum Rätsellöser. Blicket lieber um euch, und ihr werdet Ihn erschauen, wie Er mit euren Kindern spielt. Und blicket in den Weltraum; und ihr werdet Ihn in den Wolken wandeln sehen, wie Er seine Arme recket im Blitze und herabwallet im Regen. Ihr werdet Ihn erschauen, wie Er lächelt in den Blumen und dann emporsteigt und mit Seinen Händen winkt in den Bäumen.«

Mit diesen Worten des libanesischen Dichters und Philosophen Kahlil Gibran (Der Prophet, 57–58) läßt sich wohl am besten wiedergeben, wovon in diesen Abhandlungen eigentlich die Rede ist. Immer noch gilt im kirchlichen Bewußtsein die Vorstellung, daß es etwas Grundverschiedenes sei, mit einem Menschen zu reden und zu Gott zu beten, die Wahrheit seiner eigenen Seele zu entdecken und zu Gott hinzufinden, in der Nähe eines geliebten Menschen glücklich zu sein und sich bei Gott geborgen zu wissen. In Wahrheit ist alles, was das Herz des Menschen glücklich macht und weit, ein Dienst vor Gott und ein Geschenk von Gott, und nur wenn man aus lauter Angst trennt, was verbunden ist, wird sogar aus der Religion etwas Gezwungenes und Aufgesetztes. Im Munde Jesu war Gott allen Menschen so sehr zugewandt, daß er, wo Menschen herzlich zueinander fanden, in ihrer Liebe selbst sich gegenwärtig fühlte (Mt 18, 19–20). Er lehrte, Gott zu hören im Gesang der Vögel und anzuschauen in der Schönheit einer Lilie – eine derart poetische, natürliche und freiheitliche Form von Frömmigkeit, der alles Enge, Ängstliche und Ängstigende fernliegt, wollte Jesus bringen. Und ganz besonders wollte er die Menschen lehren, wie sie mit *ganzem* Herzen lieben könnten – Gott, ihren Schöpfer, und die Menschen, die er ihnen im Verlauf des Lebens wesentlich ans Herz legt (Mk 12, 30.33). Tröstlicher, gütiger, verständnisvoller, ungezwungener und zärtlicher wird man von Gott nicht sprechen und Menschen selbst nicht schildern können, als es in der Gestalt Jesu geschah. Er selber weigerte sich sogar, seine Worte aufzuschreiben, so sehr vertraute er darauf, daß alles, was von Gott ist, im Herzen eines jeden Menschen lebt und dort gefunden werden kann, wenn man ihn selber nur von Herzen liebt. Nicht eine neue Lehre wollte Christus bringen, nur eine Form vertrauensvolleren und offeneren Lebens wollte er verwirklichen. Er hatte eine Art, die Menschen zu berühren, daß unter seiner Hand ihre Haut rein wurde vom Aussatz (Lk 17, 11–19); wenn er die Augen eines Blinden streichelte, wurden sie hell vom Glanz der Freude (Joh 9, 1–7); in seiner Nähe durfte eine blutflüssige Frau, die sich verstohlen an ihn drängte, ohne Scham und offen sich zu ihrem Tun bekennen, und als er in die Kammer eines 12jährigen Mädchens trat, das von der Sorge seiner Eltern wie erstickt war, richtete er es auf und gab ihm Mut, als Frau zu leben (Mk 5, 21–43). Nichts anderes als brüderliche Freundschaft und eine ganz herzliche Freundlichkeit lebten in ihm, und daß für uns Gott einzig darin lebt, das ist sein unzerstörbares Vermächtnis, der eigentliche Maßstab unseres Lebens.

Die Frage dieses Buches gilt dem Verhältnis von Psychoanalyse und Theologie, von Heil und Heilung, von Psychotherapie und Frömmigkeit, und nachdem wir in einem ersten Band manches Grundsätzliche dazu gesagt haben, gibt es im Konkreten nun gewiß kein wichtigeres, schöneres und reicheres Feld, um die Einheit von Göttlichem und Menschlichem in allen wesentlichen Lebensfragen aufzuzeigen, als das wunderbare Thema der Liebe. Denn nirgendwo sind Menschen so weit offen für den Himmel wie in dem Gefühl der Liebe. Aber es gibt auch von der innerkirchlichen Praxis her kein wichtigeres Thema. Alles, was mit der Liebe zwischen Frau und Mann zu tun hat, ist in der Kirche den Händen der Dichter und Musikanten entglitten und in das schwere Blei der Gesetze geraten. Bis ins Peinliche, bis ins Schamlose, verwalten kirchliche Gerichte das Zusammenleben der »Geschlechter«, als wenn es in Dingen des Herzens nichts mehr zu fürchten gäbe als die wirklichen Triebkräfte jeder echten Religion: als die Liebe, den Rausch und die Exstase.

Die frühe Kirche hatte den unerhörten Mut, den 1000jährigen Kampf des Alten Testamentes gegen die Welt der Heiden, gegen die Wahrheit des heidnischen Mythos zu beenden; sie blieb keine jüdische Sekte, sondern sie stimmte in ihrem katholischen Bekenntnis der Überzeugung der Alten prinzipiell zu: Wo immer eine Frau und ein Mann einander so lieben, daß es ihnen selbst zum Schicksal wird, da ist ihre Liebe zueinander ein gültiges Zeichen, um die Gnade Gottes einander zu schenken. Was das Alte Testament sich weigerte zu glauben, lehrt die katholische Kirche bis heute: die Liebe zwischen Mann und Frau als Sakrament, als Bild der unvergänglichen Gnade des Lebens, als vollendeter Lobpreis der Allmacht Gottes im Herzen von Menschen. Aber die Kirche hat diese große Wahrheit aus den Anfangstagen der Menschheit nur halbherzig aufgegriffen, und von Anfang an hat sie die Angst vor der eigenen Courage eingeholt. Das Wunder der Liebe mußte an die Einehe gebunden werden – die Poesie der Freundschaft zerfiel, der Reichtum des Herzens wurde zur Gefahr, die Ideologie einer bestimmten Gesellschaftsform erhob sich zur göttlichen Wahrheit, und statt eine Religion für alle Völker und alle Zeiten zu sein, wurde das Christentum selber zerstörerisch für alle Kulturen, die an der abendländischen Rechtsauffassung der Ehe nicht teilhaben. Mehr noch: die Sexualität mußte strikt und unabdingbar an die Institution der Ehe geschmiedet werden, – undenkbar, daß es ganze Kulturräume gibt, wie Schwarzafrika, in denen die Institution der Ehe wohl die Pflege und das Erbrecht der Kinder, nicht aber die Fragen der Liebe regelt, – in meinem Buch über »Der Krieg und das Christentum« (Regensburg 1982) habe ich ausführlich zu der Verkoppelung von Sexualunterdrückung, patriarchalischer Frauenfeindlichkeit, moralischem Sadismus, psychischer Unterdrükkung und kultureller Gewalttätigkeit im abendländischen Christentum Stellung genommen (S. 232–254).
Inzwischen sind wir dahin gelangt, daß sogar der gütige Stand der Priester, dieses gleichermaßen großartige Erbstück des Heidentums, auch er, an sich einzig dazu bestimmt, das Dasein des Menschen zu segnen und Wege zurück in das verlorene Paradies der Welt zu weisen, selbst seit Jahrhunderten angewiesen und darin geschult ist, nach Art von Verwaltungsbeamten die Liebe zu strangulieren. »Ihr legt den Menschen schwere Lasten auf, ohne selbst auch nur mit dem Finger daran zu rühren«, hielt Jesus den Pharisäern und Gesetzeslehrern seiner Zeit entgegen (Mt 23,4). Es scheint, als wollte der Stand der Kleriker in der Kirche wie mutwillig sich gerade diesen Vorwurf Jesu selber zuziehen: Denn einzig in dieses Sakrament der Liebe, das Gott durch die Vermittlung keines Standes, sondern nur durch die Unmittelbarkeit der Herzen schließt, einzig in diesen geheimnisvollen Bereich, von dem sie selber seit der Verknüpfung von Priestertum und Zölibat in der lateinischen Kirche

eigene Erfahrungen nur spärlich haben können, muß dieser Stand der Kleriker mit nicht endenden Verfügungen und Bestimmungen hineinregieren und dirigieren. Die Märchen und die Mythen der Völker wissen von keiner Gefahr, die den Menschen schrecklicher überfallen könnte, als daß seine Kraft zur Liebe aus Angst und Menschenfurcht versteinern würde; immer wieder erzählen sie von den Kämpfen und Auseinandersetzungen, die nötig sind, um die übergroße Bindung an den Elternwillen hinter sich zu lassen und die Freiheit der Liebe zu finden; das Spätjudentum selber hat bereits in der Legende des Tobitbüchleins die Bedrohung geschildert, die von einer altgewordenen, aus Angst verrechtlichten und rechthaberisch gewordenen Frömmigkeit ausgeht – sie macht sogar den gerechten Tobit herz- und lieblos, und hindert im fernen Ekbatana ein junges Mädchen nicht nur daran, zur Liebe hinzufinden, sondern läßt sie als eine vollendete männermordende Hexe erscheinen. Man sollte denken, Christus sei gekommen, dieses wahrste Portrait Israels von seiner furchtbarsten Gefahr endgültig zu widerlegen und der Gestalt des Engels Raphael Gültigkeit und Wirklichkeit zu geben: »Gott heilt« den Menschen als Begleiter seines Lebensweges, zeigt ihm den Reichtum seines Herzens wieder, indem er ihn die Liebe lehrt, und löst ihm die Umdüsterung des Augenlichtes. (Zur Interpretation des Tobit-Büchleins s. E. Drewermann: Gott heilt – Erfahrungen des Buches »Tobit«. Eine psychologische Meditation, in: Liturgie und Dichtung, München 1983) Aber wie anders müßte dann die Kirche Jesu Christi aussehen?

Von der Perspektive der Liebe also soll auf den folgenden Seiten die Rede sein, und so schildert ein erster Beitrag die Liebe als das letzte Geschenk, das uns aus den Tagen des Paradieses überkommen ist, als den einzigen Ort, an dem wir wenigstens noch ahnungsweise spüren können, wie Gott uns gemeint hat und wie er unser Leben sehen wollte. Nur in der Kraft eines Vertrauens, das die Angst besiegt, nur als »glaubende« und »erlöste« Menschen, sagt die Kirche, sind wir Menschen fähig, diesen Weg der Liebe zurück ins Paradies zu gehen. Nur von der Wahrheit dieser Überzeugung her sind alle weiteren Abhandlungen dieses Buches zu verstehen. Noch hält die Angst vor der Liebe (d. h. fast immer die Angst einer bestimmten Schicht in der Kirche vor der Frau) das kirchliche Denken so sehr gefangen, daß viele, die es besser wissen oder besser wissen könnten, selber aus Angst und Entmutigung über dieses entscheidende Thema des menschlichen Lebens kein freimütiges Wort mehr zu sprechen, geschweige denn zu schreiben wagen. Aber man tut der Kirche, oder besser: den Gläubigen in der Kirche, keinen guten Dienst, indem man der verinnerten und institutionalisierten Angst nachgibt. Vielmehr geht es darum, daß die Kirche ihrer eigenen Lehre wieder Glauben schenkt: Es ist allein das Gegenteil der Angst, es ist allein der Glaube, der zur Liebe fähig macht. Alles, was in der kirchlichen Moraltheologie und Rechtsprechung als »verurteilenswert« erscheint, ist nichts als eine Folge von Angst, und man beruhigt einen Menschen der Angst nur, wie der Herr selber es getan hat: Nur mit der Zunft der Schriftgelehrten hat er hart und vorwurfsvoll gesprochen; zu den verlorenen, verlaufenen Schafen Israels hat er nicht ein einziges ungütiges Wort geredet. Er hat im Gegenteil bis zum äußersten um Verständnis und Güte geworben für die »Kranken« unter den Kindern Abrahams (Mk 2,17). Anders als krank vor Angst aber wird nie ein Mensch imstande sein, die Liebe zu verraten; und nur um das zu zeigen, werden wir im folgenden den verschlungenen Wegen der Liebe nachgehen – ihren Übertragungen, ihren Mißverständnissen, ihren Perversionen, ihren Verhärtungen, ihren Enttäuschungen. Verzweifelte Hände greifen nach Kot; aber er, der das beim Ehebruch ertappte Mädchen auf dem Tempelplatz vor den Steinwürfen seiner Häscher rettete (Joh 8,1–11), – was wollte er anders, als daß wir die Steine des Vorwurfs aus der Hand legten und verstünden, daß wir selber alles in uns tragen, was wir am anderen verachten? »Urteilt nicht«, beschwor er seine Zeitgenossen (Mt 7,1); »bekümmert euch doch einzig um den Balken in dem eigenen Auge« (Mt 7,3), sagte er. Und er riskierte es: Hätte es auch nur einen einzigen an jenem Morgen in Jerusalem gegeben, der sich der Macht seiner Güte und Wahrhaftigkeit nicht gebeugt hätte, – das Mädchen, das vor dem Herrn stand, wäre im Steinhagel umgekommen, wie das Gesetz des Moses es befahl.

Die Psychoanalyse besitzt nicht die große Macht der Güte eines Menschheitsretters und Erlösers. Sie ist ein einfaches Instrument zum Aufspüren der menschlichen Angst und ihrer Geschichte im menschlichen Herzen. Gerade deshalb aber eignet sie sich heute wie nichts sonst zur Ergänzung der christlichen Lehre vom Glauben. Auch der therapeutische Ehrgeiz kann seine Ungeduld und seinen Egoismus zeitigen – in einem letzten Abschnitt dieses Buches werden wir darauf zu sprechen kommen; aber im ganzen kann die Theologie von der Psychoanalyse wieder lernen, was ihr selber zugehört und doch so oft von ihr verraten wird: eine absichtslose Güte, die es sich verbietet, den anderen zu bewerten und zu zensieren, und einzig an der Wahrheit seiner Seele interessiert ist. Sie freizusetzen und ihr nach Jahrzehnten der Gefangenschaft und Einsamkeit endlich zum Leben zu verhelfen – was anderes sollte Christus wohl gewünscht haben, daß wir es in seinem Namen täten? Und umgekehrt könnte ein Glaube, der sich jenseits dieser Welt mit ihren Plackereien, Widersprüchen, Katastrophen und Enttäuschungen im Himmel festgemacht hat und den Herrn selbst als ein Geschenk des Himmels sieht, wie nichts sonst schon auf Erden die Unzerstörbarkeit der Liebe glauben lehren. Was sollte uns der Ausblick, die Verheißung eines Himmels, wenn nicht auf Erden selber schon die Freundschaft und die Liebe unvergänglich wären und durch sich selbst befähigt, das Unvergängliche, das Ewig-Gültige im Leben eines anderen geliebten Menschen wahrzunehmen? Wenn ein Mensch stirbt, meinten die alten Ägypter, erhebt sich seine Seele wie ein Vogel zum Himmel, um dort mit dem Licht der Sonne und der Sterne zu verschmelzen. Einzig die Liebe hat die Kraft, schon hier auf Erden die Seele eines Menschen so zu sehen, als etwas, das sich sehnt nach seiner ewigen Heimat, mit Schwingen aus Sternenlicht und dem Goldglanz der Sonne. Nur die Liebe ist ein solches Stück vom Himmel, nur sie sieht mit den Augen Gottes. Die Theologen brauchten keine »bessere« Psychologie zu ersinnen als die Psychoanalytiker; aber sie könnten ihrerseits, wenn sie bescheiden und lernbereit genug sind, die Ärzte der Seele lehren, vom Menschen noch tiefer zu träumen und noch erhabener zu denken, als es »empirisch« möglich scheint. Schließlich wird es einzig dieser würdigere Traum der Religion vom Menschen sein, der uns auf Erden schon den Himmel ahnen und uns das irdisch Schönste als das einzig Unvergängliche erkennen läßt: die Liebe (1 Kor 13,13).

Von der Geborgenheit im Ring der Liebe

Eine Auslegung des Menschenbildes der jahwistischen Urgeschichte (Gen 2,22-25)

Solange der Mensch in der Einheit mit Gott lebt, ist diese Welt ein Paradies – so schildert es die sogenannte Paradieserzählung des Jahwisten (Gen 2,4b-25). In Gott geborgen, ist die Welt ein Haus des Menschen, und ihre Abläufe im Ring der Zeit leiten auf einem stillen Gehorsam durch das Leben. Was aber ist der Inhalt und der Sinn des Menschenlebens, außer den Garten der Welt zu »bedienen und zu bewahren« (Gen 2,15)? Auf diese Frage gibt der Jahwist in seinem letzten Bild von der Erschaffung der Frau am Anfang der Welt die Antwort, der Mensch sei von Gott her dazu bestimmt, sein Glück zu finden durch die Liebe eines anderen Menschen, und zwar so sehr, daß alles, wovon zuvor in der Paradieserzählung die Rede war: die Liebe zur Natur, die Zwiesprache des Menschen mit der Kreatur, nur wie das Vorspiel, wie die zärtliche Einübung zur Erfüllung dieser eigentlichen Sehnsucht sei.

a) Ohne Gott wird aus der Liebe ein verhängnisvoller Fluch

Man muß vor allem bei der Schilderung der Liebe in Gen 2 bedenken, daß die Paradieserzählung des Jahwisten eine Art Rückbesinnung auf die Ordnung darstellt, die Gott an sich zum Wohl des Menschen vorgesehen hat, und daß diese Ordnung nur solange besteht, als jemand sich in Gott gehalten weiß. Jeder Mensch, meint der Jahwist, verliert auf seine Weise aus lauter Angst, symbolisiert durch die Schlange des Nichtseins, Gott aus den Augen, und von da an erscheint der Garten Gottes ihm als drohende Wildnis; im Kampf um das bloße Überleben verlernt er schließlich sogar das Allermenschlichste: die Liebe. Im Bannkreis der Angst verformt sich die Liebe zwischen Mann und Frau zur Verfluchung der Geschlechter; sie pervertiert zu einer qualvollen Melange aus Herrschsucht und Erniedrigung, aus Prüderie und Wollust (Gen 3,8. 16).[1] Sie wird zu dem Versprechen eines Glücks, das unter den veränderten Bedingungen der Angst niemals eintreten kann, zu einer unvermeidbaren

[1] Vgl. E. Drewermann, Strukturen des Bösen, I 79–80; 90–91; II 82; 144; 213–216; III 260; 264; 380.

Enttäuschung, zu einem Fluch. »In der Liebe gibt es keinen anderen Weg als die Flucht«, zitierte August Strindberg in der autobiographischen Darstellung seines Ehedramas den »großen Frauenkenner« Napoleon, und selber hin und her gerissen zwischen Selbstbehauptungswillen und Ohnmacht, zwischen Abscheu und Leidenschaft, fügte er hinzu: »Einem Gefangenen steht die Flucht aber nicht zu Gebote, und einem zum Tode Verurteilten noch weniger.«[2] – Die Liebe als ein solch tödliches Verhängnis, die Begegnung der Geschlechter als ein metaphysischer Kampf des Geschlechterhasses, die Frau und der Mann von Urzeit her als Verkörperungen gegenseitiger Strafe und Qual – der Jahwist stimmt dieser pessimistischen Sicht der Liebe in vollem Umfang zu, vorausgesetzt, man nimmt den Menschen so, wie er jenseits von Eden ist: im Widerspruch zu seiner eigentlichen Bestimmung, getrieben von der unheilvollen Angst des Geschöpfes gegenüber seinem Schöpfer, getrennt von seinem Ursprung und von seinem Wesen.

Wie der Jahwist jedoch an sich über die Liebe zwischen Mann und Frau denkt, gibt er schon dadurch zu verstehen, daß er sie zu einem zentralen Thema der Paradieserzählung ausgestaltet. Die Liebe ist für ihn nicht nur eine Urbestimmung des Menschen und die wichtigste Kraft seines Herzens, sie ist auch in sich selbst für ihn die Urerinnerung an ein verlorenes Paradies; gäbe es Menschen, die sich wahrhaft liebten, so schiene ihnen wie in Gen 2,4b-25 am Schöpfungsmorgen die Welt in heimatlichem Glanze, und längst noch, ehe sie einander fänden, redeten sie in unbewußter Suche nach einander mit allen Tieren und mit der ganzen Kreatur, und alle Lebewesen wären Partner ihres Dialogs der Liebe, die letztlich nur dem einen Unbekannten gilt, den Gott an einem vorbestimmten Tag dem Liebesuchenden »zuführen« wird (Gen 2,22).

Man hat gegen die jahwistische Darstellung immer wieder eingewandt, der Jahwist schildere die Liebe in seiner Paradieserzählung einseitig aus der Sicht des Mannes; »der Mensch« (Adam) sei eben der Mann, die Frau nur eine »Männin« (Gen 2,23).[3] Das stimmt insofern, als sich in der Tat zeigen läßt, daß die jahwistische Darstellung der Schöpfung stark von patriarchalischen Zügen überlagert ist.[4] Aber es stimmt nicht in dem Sinne, daß der Jahwist die Frau als etwas an sich Minderwertiges und dem Manne Unterlegenes darstellen wollte. Im Gegenteil; es kommt dem Jahwisten gerade darauf an, zu zeigen, daß die Herabsetzung der Frau gegen den ursprünglichen Gotteswillen verstößt und sich erst aus dem Abfall des Menschen von Gott, dann freilich mit zwangsläufiger Notwendigkeit, ergibt. Zwar trifft es zu, daß der Jahwist sich der

[2] A. Strindberg, Plädoyer eines Irren, 275.
[3] E. Drewermann, Strukturen des Bösen, I 20; 22.
[4] A.a.O., II 22.

menschheitlichen Überlieferung anschließt, wonach die Frau als mittelbare Versucherin des Mannes hingestellt wird; aber dies hat kulturgeschichtlich vielfache Gründe,[5] und nicht darin liegt das Charakteristikum der jahwistischen Darstellung, daß die Frau in Gen 3 sich von der Schlange gegen das Gebot Gottes einnehmen läßt, sondern im Gegenteil; daß sie selbst ihrem Wesen nach *keine* Versucherin ist, sondern selbst erst – gegen ihren Willen! – in die Irre gelockt wird[6] – *dieser* Zug der Erzählung kennzeichnet die jahwistische Denkweise.

b) Die Frau als Strafwerkzeug der Götter oder als Segen Gottes – zwischen der griechischen Mythologie und der jahwistischen Theologie

Wie sehr sich der Jahwist in seiner Sicht der Frau von weitverbreiteten Anschauungen der Antike sowie von den Mythen vieler Völker unterscheidet, kann ein kurzer Vergleich besonders mit der griechischen *Mythologie* lehren. Der griechische Dichter Hesiod, dem wir die allgemein bekannte klassische Überlieferung vom sog. Goldenen Zeitalter verdanken, hat an zwei Stellen seiner »Theogonie« (570–612) und der »Erga« (53–105) in Gestalt der Urfrau Pandora die althellenische Auffassung von der Frau wiedergegeben. Die Menschen lebten nach dieser Darstellung »auf Erden / Frei von allen den Übeln und frei von elender Mühsal / Und von quälenden Leiden, die Sterben bringen den Menschen.« (Hesiod: Erga, 90–92, in: W. Marg: Hesiod, Sämtliche Gedichte, 311) Zeus aber wollte das Menschengeschlecht bestrafen, weil Prometheus (der »Vorbedacht«) den Göttern das Feuer für die Menschen geraubt hatte, und so schuf er »für das Feuer ... ein Übel, das allen / Freude bereitet im Herzen, wenn ihr eigenes Weh sie umarmen«: nämlich die Frau. (Hesiod: Erga, 57–58) Das ähnelt fast aufs Wort der Strafe, die in der jahwistischen Urgeschichte Gott – statt über den Mann – über die *Frau* verhängt – für ihre Sünde (Gen 3,16b); bei Hesiod müssen demgegenüber die Menschen, d. h. die *Männer*, für den Frevel des Titanen Prometheus büßen: Anstelle des geraubten Feuers werden sie bestraft mit dem unglückseligen Feuer sexueller Begierde. Hephaistos, der vulkanische Handwerker und Gott der Schmiede, muß auf Weisung des Zeus Erde mit Wasser benetzen, dem Gebilde aus Staub und Wasser Stimme und Leben verleihen und »im Antlitz der todfreien Göttinnen ähnlich / Machen die lockende Schönheit des Mädchens« (Hesiod: Erga, 61–63). Die Göttin Athene soll das Mädchen lehren, am Webstuhl zu wirken; Aphrodite wird beauftragt, ihm Liebreiz ums

[5] A.a.O., II 102; 600; III 45–48; Abb. 11; 15.
[6] A.a.O., I 58–62.

Haupt zu schütten »und auch quälendes Sehnen und gliederverzehrendes Herzweh«, während Hermes die Weisung erhält, ihm »scharwenzelnden Sinn und verschlagene Artung« einzupflanzen (Erga, 64–69). Weil somit alle Bewohner des Himmels dem neuen Wesen ihre Gaben geben, »zum Leid den geschäftigen Männern« (Erga, 82), heißt der Name der Urfrau »Pandora« (Allgabe).

In der »Theogonie« malt Hesiod die Kunstgestalt der Pandora noch aus, wie Athene der Urfrau einen Goldreif aufs Haupt setzt mit der Darstellung wilder Tiere: »Sie, die prangte im Schmuck / Der strahlenäugigen Tochter des Mächtigen (sc. Athene, d. V.). / Staunen hielt gefangen die unsterblichen Götter / und sterblichen Menschen, / Wie sie erblickten den steilen Trug, / Unüberwindbar den Menschen.« (Hesiod: Theogonie, 588–590) Pandora, die Urfrau, das Kunstwerk Hephaistos', ausgestattet mit allen Gaben der Götter, ist für Hesiod in ihrem Wesen ein unwiderstehliches Truggebilde, von vornherein von Zeus geschaffen als »Übel für die Menschen« (Theogonie, 571), als »großes Leid ... unter den sterblichen Männern« (592; 600), als »das schöne Übel« (585), als Drohne, die parasitär die Arbeit der Männer verzehrt (595–599) und deren die Männer gleichwohl bedürfen, wenn sie nicht kinderlos und ohne Fürsorge im Alter von der Welt scheiden wollen (603–607).

Solchen Darlegungen zufolge ist die Frau in der mythischen Überlieferung des Hesiod mithin die verkörperte Bestrafung der Männer für eine Schuld, die diese selber nicht begangen haben. Auch die Frau verführt nach dieser Auffassung die Männer nicht eigentlich selbst zu Schuld, sie überlistet sie vielmehr nur dazu, die Sühnelast der fremden Schuld titanenhafter Vermessenheit auf sich zu nehmen. Pandora ist nach dieser Mythe nicht etwa »böse«, sie ist lediglich die gottgewollte Hauptfigur jener Tragödie, als welche das menschliche Dasein zur Erheiterung der Götter aufgeführt wird; denn Zeus »lachte heraus, der Vater der Götter und Menschen«, als ihm die Idee kam, die Menschen zu strafen durch die Schöpfung des Weibes (Hesiod: Erga, 59). Mit der Liebe bestrafen die Götter den Feuerdiebstahl des Titanen – sich selber zum Ergötzen, aber den Menschen zum Fluch. Von Schuld auf seiten der Menschen ist dabei im Grunde keine Rede. Die Frau ist eine tragische Gestalt. Freilich überliefert auch Hesiod eine Tat, durch welche Pandora, getrieben von Neugier, zusätzliches Unheil über die Menschen bringt; doch auch diese Tat ist nicht als eine Schuld gegenüber den Göttern zu verstehen, sondern im Gegenteil: Pandora vollzieht, entsprechend ihrer ganzen Natur, lediglich den planenden Willen des Zeus (Erga, 104): Prometheus (»Vorbedacht«) nämlich hatte seinen Bruder Epimetheus (»Nachbedacht«) davor gewarnt, eine Gabe von Zeus anzunehmen; doch Epimetheus dachte nicht an den Rat, und als die

Götter durch ihren Boten Hermes Pandora zu ihm sandten, behielt er sie bei sich zum Schaden aller Menschen; Pandora öffnete das Tonfaß, in dem alle Übel verschlossen lagen, so daß sie in die Welt entwichen, und nur die Hoffnung blieb unter dem Rand des Kruges zurück (Erga, 90–105). Seither überziehen unzählbare Plagen die Menschheit, unsichtbar und schweigend, »ohne Ankündigung und Sinn,«[7] wie Zeus es gewollt hat. – Durch die Neugier der Frau also kommt alles Unheil über den Menschen, und die Hoffnung, die als Entsprechung mit zu den Übeln in das gleiche Gefäß gehört und ein wirksames Gegenmittel zu ihnen darstellen könnte, bleibt, wenn man das Bild beim Worte nimmt, im Tonfaß des Zeus versperrt – sie existiert nicht in der Welt der Leiden. So grausam straft Zeus durch sein Hauptwerkzeug: die Frau, die Menschen für die Gabe des göttlichen Feuers.
Hält man sich dieses Bild von der Funktion und dem Auftreten der Frau als Geißel der Menschheit bei Hesiod vor Augen, so ist der Abstand zu der jahwistischen Konzeption so überdeutlich, daß es ein für allemal als ein Unding erscheinen muß, der jahwistischen Paradies- und Sündenfallerzählung die gleiche bei vielen Völkern verbreitete »Urerfahrung« »über die leidenschaffende Natur des Weibes« zu unterstellen.[8] Nach der jahwistischen Auffassung ist die Frau *nicht* durch ihr Dasein, *nicht* von Gott her, Mittlerin allen Übels, sondern sie gehört vom Ursprung her mit in die Welt des Paradieses, ja sie ist dessen Erfüllung und Bestätigung. Erst durch die Sünde, an der schließlich Adam nicht minder teilhat als die Frau, wird ihr *gegen* den Willen Gottes und *gegen* ihre eigentliche Bestimmung das eigene Liebesverlangen zum Fluch (Gen 3,16b) – eine Strafe, die sich beim Jahwisten bezeichnenderweise gegen die Frau selbst und nicht, wie bei Hesiod, gegen den Mann richtet. Nicht die »Urerfahrung« von der Frau als einem »schönen Übel«, welches das ganze Leben vergiftet, bestimmt die jahwistische Erzählung, sondern die Urerfahrung des Kontrastes von Paradieseswelt und Gottesferne: daß die Liebe ein Segen ist in der Einheit mit Gott, aber zum Fluch entartet, wenn Menschen ihren Rückhalt in Gott und im Mittelpunkt der Welt verloren haben – das ist es, was der Jahwist an der Gestalt der Frau verdeutlichen will: Sie ist geschaffen als das höchste Glück des Mannes, und nur in der *gemeinsam* verschuldeten Entfernung von Gott[9] wird das Leben für die Frau selbst zu einer quälenden Strafe; die Bestimmung ihres Wesens alteriert von Segen in Fluch, ganz entsprechend zu der Umqualifizierung der Berufung des Mannes.[10]

[7] W. Marg, Hesiod. Sämtliche Gedichte, 345.
[8] K. Kerényi, Die Geburt der Helena, in: Humanistische Seelenforschung, 62–63; W. Marg, Hesiod, 235.
[9] Vgl. E. Drewermann, Stukturen des Bösen, I 71–72
[10] A.a.O., I 90–97.

Man kann diesen alles entscheidenden *theologischen* Unterschied in der Bewertung der Frau noch an einem anderen Beispiel der griechischen Mythologie verdeutlichen: an der Mythe der *Nemesis,* der Göttin der Rache. Sie verkörpert ursprünglich eine andere Seite der Frau: den Widerstand gegen das allgewaltige Verlangen des Mannes, das sie in ihrer unwiderstehlichen Schönheit herausfordert. Als Zeus der Nemesis nachstellte, floh diese, gequält von Scham und gerechtem Zorn, über das feste Land und das dunkle Meer, wo sie sich in einen Fisch, schließlich in eine Gans verwandelte; aber von Zeus, der die Gestalt eines Schwanes annahm, empfing sie die Helena, die, aus einem Ei geboren, selber mit ihrer Schönheit zur verhängnisvollsten Gestalt der mythischen Geschichtsüberlieferung der Griechen werden sollte – gerade so aber erfüllte auch sie den Willen des Zeus.[11] Der gerechte Zorn und die Scham, die Nemesis angesichts der Zudringlichkeit des Mannes empfindet, haben in ihr selbst, der Göttin der Rache, Gestalt angenommen. Wieder erscheint die Frau in der Gestalt der Nemesis mithin als verleiblichte Strafe der Götter, und zwar erneut für ein Vergehen, das sie selbst ihrer ganzen Natur nach auslösen muß, ohne es selber zu wollen. In sich selbst vereinigt Nemesis sowohl die strafende Ordnung als auch die gesetzlose »Wildheit der animalischen Welt«;[12] und so wie Pandora mit einem Goldreif aus Tierdarstellungen erschaffen wurde, ist auch Nemesis eine »Herrin der Tiere«, eine Vorläuferin der Homerischen Artemis.[13] In ihrer Nähe zur Welt der Tiere und ihrer strafenden Strenge symbolisiert sie »die tiefe Einheit und Einigkeit der weiblichen Reinheit mit der animalischen Ungebrochenheit«;[14] sie ist ein Urweib, wieder nur gemacht, um Verlockung und Strafe in eins zu sein, eine echte Tochter des Meeres und der Nacht.

Es ist, im Vergleich dazu, kein Zweifel, daß auch in der jahwistischen Versuchungsgeschichte in den Symbolen von Schlange, Baum und Apfel gewisse sexuelle Inhalte zum Ausdruck kommen. Aber um so wichtiger ist die Feststellung, daß der Jahwist das Verhältnis von Mann und Frau ursprünglich *nicht* als eine metaphysische Tragödie der Sexualität versteht. Alle Völker haben ihre Erfahrungen aus dem Dilemma der Geschlechterbeziehungen sammeln können, und ein gerüttelt Maß davon durchzieht die Dichtung aller Kulturen; aber es ist von der Klage über die faktischen Schwierigkeiten der Verständigung zwischen Mann und Frau ein weiter Weg bis zu dem berühmt-berüchtigten »Weiberkatalog« des Simonides, der selbst den Ehepessimismus des Hesiod noch durch die Drastik der Wortwahl übertrifft. Für Simonides

[11] K. Kerényi, Die Mythologie der Griechen, I 85–86.
[12] K. Kerényi, Die Geburt der Helena, in: Humanistische Seelenforschung, 58.
[13] A.a.O., 60.
[14] A.a.O., 58.

repräsentiert speziell die Art von Frauen, die von den Olympiern *aus Erde* geschaffen wurde – statt aus dem Meere oder geradewegs aus dem Schwein, dem Fuchs, dem läufigen Hunde, dem Esel, dem Pferd, dem Affen oder der Biene –, eine mißratene Menschensorte, die »weder ein Böses noch irgendein Gutes kennt«, von Arbeit sich nur aufs Essen versteht und doch zu faul ist, sich selbst, wenn es kalt wird, auch nur den Stuhl näher ans Feuer zu stellen. Für alle Arten von Frauen aber, »auch wenn sie scheinbar etwas taugen«, gilt nach Simonides, daß »Zeus ... dieses Übel als größtes geschaffen« hat, indem er »ein unzerreißbares Band von Fesseln« um die Männer gelegt hat.[15] All diese Betrachtungen lassen sich in der enttäuschten Ansicht des zynischen Hipponax zusammenfassen: »Zwei gute Tage kann ein Mann vom Weibe haben: wann sie genommen wird und wann sie wird begraben.«[16]

Man brauchte eine derart bittere und sarkastische Mythologie, Philosophie und Poesie des Geschlechterhasses sich nicht so ausführlich vor Augen zu stellen, wenn man nicht erst durch den Kontrast zu solchen Darlegungen die eigentliche Leistung der jahwistischen Theologie in dieser Frage verstehen und würdigen könnte. Denn der Jahwist behauptet nicht mehr und nicht weniger, als daß die Beziehung zwischen Mann und Frau an sich gerade nicht so scheitern und mißraten muß, wie es immer wieder der Fall zu sein scheint; er verwahrt sich vor allem dagegen, aus dem Unterschied und der psychologischen Spannung zwischen Mann und Frau einen ontologischen Dualismus der Schöpfung und sogar einen Beweis für die Widersprüchlichkeit des Göttlichen selbst zu machen, wie es die überwiegende Mehrzahl der Mythen und gnostischen Kosmogonien tut; und nicht zuletzt wehrt er auch den Gedanken ab, daß Gott dem Menschen ungerechterweise eine fremde Schuld aufbürde[17] und womöglich seine Schöpfung selbst, und darin noch das Menschlichste am Menschen: die Liebe, zur unentrinnbaren Folterkammer des Menschen einrichte. So *darf* man von Gott nicht denken, will der Jahwist sagen; derart darf man auch seine Schöpfung und darin insbesondere die Gestalt der Frau nicht verleumden; und auf eine solch rührende Weise darf man auch sich selbst nicht an dem Dilemma der eigenen Liebesunfähigkeit für schuldlos erklären.[18] Wenn Mann und Frau in scheinbarer Ausweglosigkeit einander erniedrigen und quälen, so ist das für den Jahwisten nicht der unabwendbare Wille eines hohnlachenden Zeus, sondern ein Zeichen dafür, daß der Mensch mit sich selbst und mit seinem Schöpfer in Widerstreit liegt, und es kommt dem Jahwisten ganz entscheidend darauf an, die Psychologie der Geschlechter-

[15] Simonides, Weiberkatalog, in: G. Wirth, Griechische Lyrik, 48–50.
[16] A.a.O., 55.
[17] E. Drewermann, Strukturen des Bösen, I 25.
[18] A.a.O., I 82–85.

feindschaft theologisch aus einer ursprünglicheren Feindschaft des Menschen zu Gott abzuleiten.[19]
Ursprünglich, in der Einheit mit Gott, ist die Liebe das ganze Glück des Menschen. Das gilt auch sonst in der Bibel. Als im »Hohenlied« der Bräutigam seine Geliebte zu beschreiben versucht, fällt auch ihm kein anderer Vergleich ein als der des Paradieses: »Ein verschlossener Garten ist meine Schwester Braut ... Deine Bewässerungsrinnsale sind ein Granatparadies mit köstlichen Früchten ... Meine Braut ist ein Gartenquell, ein Brunnen lebendigen Wassers ...« Und die Braut lädt ihren Geliebten ein: »Es komme mein Liebster in seinen Garten und esse seine köstlichen Früchte« (Hld 4,12–16). Diese Sprache ist zweifellos voller sexualsymbolischer Anspielungen;[20] aber das eigentlich Gemeinte liegt nicht auf der sexuellen, sondern auf der theologischen Ebene: Im Ursprung, will der Jahwist mit dem Bild vom Paradies sagen, ist die Liebe eine Macht, die alles Glück der Erde in sich schließt – wenn Menschen sich in Gott geborgen fühlen; getrennt von Gott freilich, im Bild gesprochen: außerhalb des Paradieses, verwildert dem Menschen notgedrungen die Welt, und ineins damit verliert er sein eigenes Herz; von diesem Augenblick an, aber auch wirklich erst dann, treten die Aussagen der Mythen über den Fluch der Liebe in ihr Recht.
Wie aber ist die Liebe im Ursprung, im Paradies, im Ring der Welt gemeint?

c) Die Liebe entstammt dem Verlangen nach Ergänzung: die herausgeschnittene Rippe (Gen 2,22)

Bekannt sind besonders die z. T. der Mondmythologie entstammenden Völkererzählungen, in denen die Frau aus einem Körperteil des Mannes gebildet wird;[21] und besonders die Erzählung aus Platons »Symposion« (189c-190c) verdient Beachtung, wonach die Menschen ursprünglich kugelförmig geschaffen waren, ehe sie getrennt und als Mann und Frau differenziert gestaltet wurden. Nach dieser Mythe entsteht das Verlangen der Liebe von Mann und Frau aus der Rückerinnerung an eine ursprüngliche Wesenseinheit; der in sich abgerundete, vollkommene Mensch bedarf der Liebe nicht und ist zu ihr nicht fähig.[22] Die Liebe zwischen Mann und Frau entspringt in der Ansicht solcher Mythen einem tiefen Verlangen nach Ergänzung, und anders als manche

[19] A.a.O., III 299–310.
[20] A.a.O., II 18–19; 22.
[21] A.a.O., II 30; 39–40; 47–49.
[22] Zur stolzen Einsamkeit der Urkugel Sphairos vgl. Empedokles, Fr. 27; Diels-K., 62.

Idealisten der »Hingabe« es sich erträumen möchten, erscheint sie zunächst als der vitale Wunsch, etwas Fehlendes wiederzuerlangen. Solange jemand bedürfnislos auf der Erde als Kugel »herumrollt«, so lange braucht er den anderen nicht wirklich, geschweige denn, daß er sich aufmachen würde, nach einem Gegenüber zu suchen, in dem er wiederfindet, was ihm selber fehlt.
Der Jahwist, der das Bild von der herausgeschnittenen Rippe in seine Paradieserzählung aufgenommen hat, stimmt dieser Ansicht offenbar voll und ganz zu; nur setzt er sich wieder in charakteristischer Weise von den Mythen der Völker ab. In den Mythen wird das Verlangen des Mannes nach einer Frau aus einer ursprünglichen Trennung und Zerteilung *abgeleitet;* und dieser Vorgang der Abspaltung selbst erscheint zudem als irgendwie willkürlich; ja, man muß sich angesichts der Verwicklungen, die aus der Liebe hervorgehen, in der Tat fragen, ob die Trennungsmaßnahme der Götter wirklich einer wohlwollenden oder nicht doch letztlich einer bösartigen Absicht entstammt. In der Erzählung des Jahwisten hingegen entsteht das Verlangen der Liebe nicht aus einer derart willkürlichen und zwielichtigen Zerteilung, sondern im Gegenteil: Es scheint, als wenn Gott selber lernen müßte, daß es kein kugelförmiges, vollkommenes Gebilde geben kann, das, wie Gott selbst, in Autarkie und absoluter Einheit mit sich allein auskommen könnte.[23] Es gehört zur Geschöpflichkeit des Menschen selbst, daß er – *anders* als Gott! – ein geschlechtliches Wesen ist und sein muß, und eben deshalb ist es »nicht gut für den Menschen, allein zu sein« (Gen 2,18). Dieser Grundtatsache der Geschöpflichkeit fügt sich Gott, wenn er über Adam einen Tiefschlaf kommen läßt und ihm eine Rippe herausnimmt, um daraus die Frau zu »bauen«, d. h., ihre Gestalt wie ein Kunstwerk zu formen.
Gott begeht beim Herausschneiden der Rippe mithin, anders als in den Mythen, keinen Akt des Mutwillens, sondern er gehorcht gewissermaßen einer Gesetzmäßigkeit und Weisheit, in die er selbst mit seiner Schöpfung eingetreten ist. Indem er Adam die Rippe heraustrennt, schafft er kein neues Begehren, sondern er präzisiert und vollendet lediglich, was in Adam als Geschöpf an Sehnsucht lebt.

d) Vom Schlaf des liebeleeren Lebens und von der Dankbarkeit des Schicksals (Gen 2,22.23)

Der »Tiefschlaf«, während dessen Gott die Frau erschafft, ist eigentlich eine lähmende Betäubung, eine Mischung aus Angst, Erschöpfung und Verzweiflung (vgl. Jes 29,10; Ijob 4,13; 33,15; Ri 4,21; Ps 76,7; Koh 10,5) – Jona im

[23] E. Drewermann, Strukturen des Bösen, I 19.

Bauch des Schiffes schläft einen solchen Schlaf des Unglücks (Jon 1,5.6); und man kann denken, daß Adam sein Leben, solange er der Liebe entbehrt, in der Tat wie einen solchen Todschlaf empfinden muß. Buchstäblich wird er erst wirklich »wach«, als er der Frau begegnet, die Gott ihm »zugeführt« hat (Gen 2,22). Die Frau, die er dann trifft, hat er in allem Lebenden gesucht, ohne zu finden, was sein Herz begehrt; jetzt aber findet er das, was ihm seit eh und je gefehlt hat, und er entdeckt, daß ihm genau dasjenige entgegentritt, was ihm im (am) eigenen Herzen mangelte.

So wird man die Symbolsprache von der »Rippe« wohl verstehen dürfen, aus der Jahwe die Frau bildet: Eine jede wirkliche Liebe besteht in der Entdekkung, daß der andere gerade das verkörpert, was einem selber in der eigenen Brust fehlt; in jeder wirklichen Liebe erscheint der andere als Gestalt gewordene Inkarnation eben der Hohlstelle aus Sehnsucht und Verlangen, die sich im eigenen Herzen auftut, und dieser Leerraum selbst kommt einem vor wie etwas von Gott selbst Verfügtes; in der Liebe erscheint der andere als lebende Traumwirklichkeit einer lebenslangen Suche und Wanderschaft. Oder anders ausgedrückt: die Liebe besteht ganz und gar in dem Empfinden, daß man so etwas, wie den anderen, sich wortwörtlich aus den »Rippen schneiden« müßte, wenn es ihn nicht gäbe.

Zugleich besteht die Liebe in einer tiefen Dankbarkeit gegenüber dem »Schicksal« Gottes. Denn immer tritt der andere, wenn man von Liebe zu ihm ergriffen wird, in das eigene Leben mit der Gewalt einer schicksalhaften Fügung ein; er begegnet einem wie ein von Gott Gesandter; man hat ihn sich nicht ausgesucht; man spürt an dieser Stelle höchsten Glücks nur deutlicher als sonst im ganzen Leben eine stille Führung, eine verborgene Bestimmung, der man nicht ausweichen kann, wenn man nicht völlig sich selbst zuwiderhandeln will. »Diesmal ist sie's« – dieser Ausruf Adams (Gen 2,23) drückt sehr treffend diesen Doppeleindruck von Überraschung und Zwang, von scheinbarem Zufall und innerer Notwendigkeit aus, der die Entdeckung der Liebe begleitet.

e) Die Suche der Liebe nach dem richtigen Namen für die Geliebte (Gen 2,23)

Das erste, was der Mann tut, als er die Frau wahrnimmt, die Gott ihm in sein Leben schickt, besteht darin, ihr einen »Namen« zu geben. Es liegt auf der Hand, in der Anrede »Männin« (Gen 2,23) den Ausdruck innigster Zugehörigkeit und Blutsverwandtschaft zu sehen.[24] Aber mehr noch als der Inhalt ist wohl die Namengebung selber von Bedeutung – so wie bereits die Tatsache,

[24] A.a.O., I 22.

daß der Mensch den Tieren einen »Namen« gab, in sich selbst schon etwas Wesentliches über das Verhältnis des Menschen zur Kreatur aussagte. Denn deutlicher noch als in Gen 2 bei den Tieren wird gegenüber der Frau die Art der »Namengebung« beschrieben. Keinesfalls geht es für den Jahwisten an dieser Stelle darum, daß der Mensch durch seine Sprache die Wirklichkeit ringsum seinem Herrschaftsbereich unterstellt; es geht für ihn auch nicht darum, daß der Mensch mit seiner Sprache an sich willkürliche Lautgebilde im Rahmen eines sozial vermittelten linguistischen Systems zur bloßen Bezeichnung bestimmter Vorstellungen von der äußeren Wirklichkeit verwenden würde, wie es die Ansätze der strukturalistischen Sprachwissenschaft nahelegen.[25] Im Gegenteil *gibt* Adam der Frau nur denjenigen Namen, der sich aus ihrem Wesen selbst *ergibt:* Sie ist als »Bein von seinem Bein« ihm selbst derart wesensverwandt, daß ihr Name nicht anders lauten kann als »Männin«, – ein Mensch, der ganz ein Mann ist bis auf den Umstand, daß er eine Frau ist und also doch gerade in seiner Wesensgleichheit völlig anders. Um einen solchen »Namen« der Wesensdifferenz und -einheit zu verleihen, kann man die menschliche Sprache nicht als etwas von der Realität völlig Unabhängiges verstehen; als angemessener zur Interpretation einer solchen Art von Namensverleihung an alle lebenden Wesen, an die Tiere wie besonders an den Geliebten, erscheint eher die realitätsbezogene Sprachphilosophie, die von W. v. Humboldt bis L. Weisgerber reicht und die in der *Sprache die Offenbarung des Wesens einer Sache* erblickt.[26]
Jedenfalls läßt sich die Liebe nur schwerlich besser kennzeichnen als durch einen derartigen Vorgang der Namensgebung, vorausgesetzt man nimmt, wie stets bei der Interpretation urgeschichtlicher Mythen, den scheinbaren Einzelvorgang als Wesensaussage der gemeinten Wirklichkeit.[27] Dann wird man dem Jahwisten ohne weiteres darin zustimmen: Die Liebe ist u. a. ein ständiges Bemühen, den rechten Namen des Geliebten zu finden; im Bannkreis der Faszination des ebenso Gleichen wie Unterschiedenen, im Umkreis des Namens »Männin« ist sie u. a. ein unablässiges Fragen: wer bist du?, ein ständiges Bemühen, das Wesen des anderen (noch) tiefer zu verstehen und zu bezeichnen. Die Flut der Kosenamen, mit denen Liebende einander bezeichnen, bekundet diese Freude daran, den anderen in so vielen Seiten seines Wesens wie nur irgend sichtbar zu erfassen. Alle Namen, die man dem anderen gibt, versuchen zu sagen, was einem der (bzw. die) Geliebte bedeutet, und

[25] Vgl. die Unterscheidung von Vorstellung und Lautbild bei F. de Saussure, Grundfragen der allgemeinen Sprachwissenschaft, Berlin W. 1967, 77f.
[26] L. Weisgerber, Vom Weltbild der deutschen Sprache, I 16f.
[27] E. Drewermann, Strukturen des Bösen, I, S. XVII–XXXI.

doch scheitern sie alle daran, daß der andere mit allen Namen letztlich nur in seiner nicht zu bezeichnenden Andersartigkeit bestätigt und gelten gelassen werden muß. »Männin« ist die treffendste Bezeichnung dieses Phänomens verbaler Zärtlichkeit, dieses geduldigen Gehorsams sprachlicher Teilhabe an der wunderbaren Liebenswürdigkeit des anderen.

f) Die erwachsene Gestalt der Liebe in Gott – das Verlassen von Vater und Mutter im Ring der Welt, im Ring der Zeit (Gen 2,24)

Was die Liebe vermag, zeigt sich für den Jahwisten vor allem darin, daß sie aus einem Kind einen Erwachsenen zu machen versteht. Sie ist es, die einen Raum neuer Geborgenheit eröffnet, innerhalb dessen es möglich ist, den Halt eines Kindes bei seinen Eltern aufzugeben und sich ebenso frei wie innerlich gebunden auf eine neue Beziehung einzulassen. Wohl läßt sich in gewissem Sinne zeigen, daß in jeder Gattenliebe Elemente der Liebe eines Kindes zu seinen Eltern fortleben,[28] und nur wenn das Vertrauen in den Geliebten und in die Kraft der eigenen Persönlichkeit groß genug ist, wird jemand imstande sein, »Vater und Mutter zu verlassen und seinem Weibe anzuhangen« (Gen 2,24). Implizit aber liegt in diesem Vorgang psychischer Reifung ein eminent theologisches Problem vor, das vor allem durch das Studium der *Übertragungsliebe* deutlich wird.

In der Liebe zwischen Mann und Frau leben notwendig die kindlichen Gefühlsbeziehungen zu den Eltern wieder auf; aber um im eigentlichen Sinne »Vater und Mutter zu verlassen«, genügt es nicht, sich äußerlich von seinen Eltern zu lösen und einen eigenen Hausstand zu begründen; es kommt vielmehr darauf an, die Erwartungen kindlicher Geborgenheit insgesamt unter Menschen aufzugeben. Das Geheimnis der Liebe liegt nach Gen 2,24 darin, daß man es lernt, eines Tages auf den Anspruch überhaupt zu verzichten, der andere müsse einem durch sein Dasein die Geborgenheit wieder schenken oder ersetzen, die man als Kind bei den Eltern fand, und die Frage stellt sich von daher, unter welchen Voraussetzungen ein solcher Verzicht überhaupt möglich ist. Tiefenpsychologisch sind »Vater« und »Mutter« Gestalten archetypischer Erwartungen nach absoluter Akzeptation und Geborgenheit. Auf Sehnsüchte dieser Art kann man im Grunde nicht verzichten; man kann lediglich erreichen, daß das Verlangen nach absolutem Halt aus dem zwischenmenschlichen Bereich herausgenommen und selbst im Absoluten verankert

[28] Vgl. hierzu und zum Folgenden E. Drewermann, Ehe – tiefenpsychologische Erkenntnisse für Dogmatik und Moraltheologie, s. u. S. 38ff.

wird. Es ist m. a. W. nur innerhalb eines vorgängigen Glaubens an Gott möglich, die Liebe zu einem anderen Menschen in ihren Erwartungen auf ein menschliches und menschenmögliches Maß zu beschränken. Erst innerhalb einer religiösen Verankerung des Archetypus von Vater und Mutter im Absoluten, in Gott, vermag die Liebe unter Menschen menschlich zu bleiben; erst so gewinnt sie ihre Dauer und Gültigkeit, und man versteht infolge dessen, warum der Jahwist in der Tat der Ansicht ist, daß nur im Glauben an Gott, in der Ordnung des Paradieses, ein wirkliches Erwachsenwerden, ein wirkliches Verlassen von Vater und Mutter, und damit eine dauerhafte Beziehung zwischen Mann und Frau möglich ist. Erst auf diesem Hintergrund kann man zugleich verstehen, warum Jesus im Neuen Testament von Gott her die Ehe als *Sakrament* neu zu begründen versucht (Mk 10,1–12): Nur im Glauben ist es möglich, die Geborgenheit wiederzufinden, in der im Ring der Welt sich Menschen unauflöslich aneinander binden können.
Nicht Bindungsangst und Scheu vor der Institution Ehe, wie vielfach »der heutigen Jugend« gerade von seiten der Kirche immer wieder vorgeworfen wird, gefährdet mithin im Sinne des Jahwisten die Sakramentalität der Ehe; sondern diese selbst gründet in einem Glauben, der einer Rückkehr ins Paradies, einem völligen Neuanfang gleichkommt. Jahre der Psychotherapie mögen oft das beste Modell dafür abgeben, wieviel dazu gehört, im eigentlichen Sinne »Vater und Mutter zu verlassen«, und ohne diese Schwierigkeiten deutlich vor Augen zu haben, hat auch keine Kirche ein Recht, Gesetze zu erlassen, härter noch als jene, die Moses glaubte gerade um der »Herzenshärte« der Menschen willen erlassen zu müssen. »Herzenshärte« – das ist bei den Propheten Israels ja nicht »Lieblosigkeit« unter Menschen, die sich mit Moral, Anstand und etwas gutem Willen ändern ließe; »Herzenshärte« bezeichnet, rein religiös, die Entfremdung von Gott, die Erkrankung des ganzen Daseins an dem Natterngift der Angst. Bei der Beziehung zu Gott, bei der Erinnerung an die Ordnung des Paradieses ist mithin anzuknüpfen, um das Geheimnis der Liebe unter Menschen zu verstehen – in ihrem Gelingen wie in ihrem Scheitern.
Für den Jahwisten ist die Liebe demnach ein wichtiges Kriterium, durch das sich ersehen läßt, was es mit dem Glauben an Gott auf sich hat. In dem Maße Menschen zueinanderfinden, werden sie zugleich in die Wirklichkeit zurückfinden, in der Gott den Menschen gemeint hat. Der Ring der Liebe ist eine Auswirkung, eine Bestätigung der Geborgenheit im Ring der Welt und im Ring der Zeit: Nur wo sie selber sich zu Hause fühlen, können Menschen sich miteinander ihr Zuhause einrichten, und umgekehrt: In der Verbundenheit der Liebe wird der Raum der Erde heimisch; zugleich ist es am fühlbarsten die Macht der Liebe, die auch das Erleben der Zeit in die Bahn des Kreises führt:

Die Liebe will nicht den »Fortschritt«, die »Änderung«, die lineare Folge, sondern sie drängt nach Bestätigung, Bewahrung, endloser Wiederholung und ständiger Erneuerung. Nichts ist dem Umsturz und der Atemlosigkeit des abendländischen Geschichtsverständnisses abholder als das Glück der Liebenden: Ihnen bleibt, wie man zu sagen pflegt, die Zeit stehen; sie leben inmitten des Rings der Zeit wie in der Ewigkeit.

g) Die ursprüngliche Unschuld des Sexuellen – die Einheit des Fleisches (Gen 2,24)

Einen Teil des ständigen Wiederholungswunsches der Liebe nun faßt der Jahwist durchaus als sinnliche Erfahrung: Die sich lieben, sagt er, werden bzw. wollen, ja müssen »ein Fleisch sein« (Gen 2,24). Gewiß kann »Fleisch« im Hebräischen auch soviel bezeichnen wie »Lebensgemeinschaft« und »Verwandtschaft«, aber dies doch auch und vor allem »unter dem Aspekt des Körperlichen«.[29] Es kann kein Zweifel sein, daß der Jahwist hier von der Einheit zwischen Mann und Frau so spricht, daß innerhalb dieser Einheit die künstlichen Haarspaltereien und moralischen Unterscheidungen von »körperlicher« und »geistiger« Liebe keinen Platz haben. Das zu betonen ist wichtig, weil gerade auf dem Hintergrund der Mythologie der Völker die Vorstellung schier unausrottbar zu sein scheint, auch der Jahwist verstehe den Sündenfall als das Erwachen der Sexualität zwischen Mann und Frau, und die Versuchung durch die Frau sei speziell die Versuchung zu geschlechtlichem Verlangen. Es ist nicht zu leugnen, daß die Symbolsprache von Gen 3,1–7, der sog. »Sündenfallerzählung«, tiefenpsychologisch eine spezifisch sexuelle Thematik zum Ausdruck bringt;[30] es ist auch wahr, daß es eine archetypische Urerfahrung darstellt, das Erleben der Sexualität mit der Erfahrung des Todes zu verbinden: Die Vermehrung der Art und der Tod des einzelnen bilden eine ursprüngliche Einheit und bedingen einander.[31] Aber es ist gerade eines der Hauptanliegen der jahwistischen Urgeschichte, die theologischen und anthropologischen Zweideutigkeiten zahlreicher Mythen zu überwinden, wonach die Menschen im »Sündenfall« durch das Erwachen zum Erwachsenenleben aus der kindlichen Unschuld herausgetreten und der Gegensätze von Leben und Tod, Liebe und Krieg, Gebären und Töten, Weiblichkeit und Männlichkeit innegeworden wären. Dem Jahwisten liegt zentral daran, Gott selbst

29 H. W. Wolff, Anthropologie des Alten Testamentes, 52–53.
30 E. Drewermann, Strukturen des Bösen, II 101–124; I 17–18.
31 A.a.O., I 41; II 600.

ebenso wie seine Schöpfung ohne jede Schmälerung und Beimengung als gut hinzustellen, es geht ihm wesentlich darum, das Dilemma von Gut und Böse gerade nicht als eine metaphysische Notwendigkeit des Geschaffenseins zu begreifen, sondern – noch einmal sei es gesagt: Er will im Gegenteil zeigen, daß alles, die ganze Welt, alle Dinge und auch der Mensch gut sind, solange die Einheit zu Gott gewahrt bleibt; zum Fluch wird dem Menschen seine Geschöpflichkeit, das Faktum seiner Kontingenz erst in der Abkehr von Gott; eben darin liegt der Sinn der »Erkenntnis von Gut und Böse«;[32] und erst in der Abkehr von Gott, auf dem Hintergrund unendlicher Angst und Überforderung, wird auch die Liebe zwischen Mann und Frau zu einem unlösbaren Problem, zu einem moralischen Dilemma; erst in der Abkehr von Gott gerät auch die Sexualität in den Bannkreis der Sünde.[33] Der Mensch sündigt im Sinne des Jahwisten nicht durch die Sexualität, sondern gerade umgekehrt: Erst durch die Sünde wird ihm die Sexualität zum Fluch, ja schließlich selbst zur Sünde – eine Tatsache, die besonders in Gen 6,1–4, der Geschichte von der »Engelehe«, zum Ausdruck kommt.[34]

Insofern kann man offenbar nicht oft genug hervorheben, daß der Jahwist mit dem Paradies der Liebe nicht eine geschlechtslose oder engelreine »Unschuld« beschreiben will; die Formulierung von Gen 2,24: »Sie werden ein Fleisch sein«, spricht ganz im Gegenteil dem sexuellen Erleben selbst ausdrücklich alle Unschuld zu. Für den Jahwisten ist nichts an der Liebe sündhaft; er stellt im Verlauf der Urgeschichte lediglich mit Nachdruck vor Augen, wie sehr die Trennung von Gott auch und gerade die Liebe verformt und zerstört. Die Abkehr von Gott im Bannkreis der Angst, nicht die Sexualität ist das Problem der Jahwisten.

Es hat mithin nur einen metaphorischen bzw. rein poetischen Sinn, wenn in der Belletristik immer wieder in Anspielungen zur jahwistischen Sündenfallerzählung geschildert wird, wie etwa ein unbescholtenes, wohlbehütetes Mädchen durch eine sexuelle Verführung aus dem Garten der Kindheit herausgerissen und in den Taumel der Sinne, in das Verhängnis der Sünde gestürzt wird. Marcel Proust hat in der äußert sensiblen und schmerzlichen »Beichte eines jungen Mädchens« dieser Denkweise ein klassisches Denkmal gesetzt. Er schildert dort in einem Rückblick die Tragödie einer 20jährigen, die im Schatten ihrer vornehmen Mutter heranwuchs und in ihrer Nähe die Reinheit der Seele als höchstes Gut und höchsten Auftrag verstehen lernte. Eine kurze Trennung zu Beginn der Pubertät hatte indessen genügt, um durch einen

[32] A.a.O., I 17; 48–53.
[33] A.a.O., III 297–299; 411–443.
[34] A.a.O., III 310–324.

Vetter in die Geheimnisse der Sexualität eingeführt zu werden, »Dinge ..., die ... zittern ließen vor Reue und vor Wonne.«[35] Aus diesem Zwiespalt der Lebenssehnsucht und des Verlangens einerseits und der Gewissensschuld und des vergeblichen Bemühens um die Wiedererlangung der verlorenen Reinheit andererseits gab es, je länger, desto weniger, ein Entrinnen. Vielmehr breitete sich in der Folgezeit die erwachte Begierde in Heimlichkeit immer weiter aus; die ursprüngliche Willenskraft zum Kampf gegen sich selbst mußte nach und nach erlahmen, und das schlechte Gewissen erzwang lediglich die Einhaltung der gesellschaftlichen Etikette nach außen. In Wahrheit lebte das Mädchen in dem furchtbaren Zwiespalt äußerer Ehrung und innerer Verachtung bald schon gar nicht mehr wirklich; seine Gefühle, selbst seine Liebe erstarben immer mehr unter der Betäubung des moralischen Empfindens und der bloßen Gewohnheit an das Laster; und als es, in einer unzweideutigen Situation mit einem Liebhaber überrascht, erleben muß, wie seine herzkranke Mutter vom Schlag getroffen wird, versucht es, mit einem Pistolenschuß seinem verdorbenen Leben ein Ende zu setzen. Doch selbst noch die Art seines Sterbens entspricht ganz der Art seiner moralischen Schuld: Die eingedrungene Kugel ist nicht auf der Stelle tödlich, sie kann jedoch auch nicht entfernt werden; sie tötet langsam, im Verlauf von Tagen, wenngleich mit absoluter Gewißheit, durch »Komplikationen von seiten des Herzens.«[36]

An dieser Kurzgeschichte M. Prousts wird die Verwirrung des moralischen Denkens überaus deutlich. Als paradiesische Unschuld, als kindliche Reinheit gilt hier nicht, wie in der jahwistischen Urgeschichte, die Beziehung des (erwachsenen) Menschen zu Gott, sondern der Gehorsam des Kindes zu seiner Mutter; die theologische Dimension wird damit ins Psychologische und Soziale gezogen; an die Stelle Gottes treten die Eltern; das Gute ist jetzt nicht das, was von Gott her in der Natur des Menschen angelegt ist, sondern es wird bestimmt durch die gesellschaftliche Konvention; und im Rahmen dieses gesellschaftlichen Moralkodex ist der Widerspruch von Sinnlichkeit und Sittlichkeit bereits eine selbstverständliche Voraussetzung, die sich nicht, wie in Gen 3,1–7, erst aus der Angst des Menschen ergibt, sondern mit dem Wesen des Menschen identifiziert wird.[37] Die Folge davon ist, daß in die Kinderzeit eine »Unschuld« hineinprojiziert wird, die jene moralischen Entgegensetzungen speziell des sexuellen Verlangens noch nicht kennen würde, und diese Zeit des Elterngehorsams, in welcher die Regungen des eigenen Herzens vermeint-

[35] M. Proust, Die Beichte eines jungen Mädchens, in: Tage der Freuden, 91.
[36] A.a.O., 89.
[37] Vgl. dazu die Antinomie von Natur und Kultur in der Philosophie I. Kants; E. Drewermann, Strukturen des Bösen, III 19–20.

lich noch nicht existieren, wird dann als »Paradies« verklärt. Die Unwahrheit derartiger Betrachtungen erhellt unweigerlich aus der Tragik, mit welcher der moralische Wille scheitert: Es kann nicht verboten sein, erwachsen zu werden, und eine Moral, die Trieb und Eigenwille des Menschen in sich selber schuldig spricht, zwingt ebenso zum Lügen, wie sie selbst verlogen ist.
Demgegenüber legt der Jahwist den größten Wert darauf, der menschlichen Sexualität gegen die Denunziation der gesellschaftlichen Moral ihre Unschuld zurückzugeben. Indem er die Widersprüche des menschlichen Daseins theologisch begründet, legt er von vornherein eine Betrachtungsweise zugrunde, für die sich die Moral als etwas Abgeleitetes, Sekundäres zu erkennen gibt. M. a. W.: man heilt die Verwirrungen der Liebe nicht mit moralischen und gesetzlichen Maßnahmen, sondern allein dadurch, daß man gegen die Angst des menschlichen Daseins von neuem ein Vertrauen begründet, das es allererst erlaubt, auch in einem gewissen moralischen Sinne »gut« und »unschuldig« zu sein. Die Menschen, von denen der Jahwist in Gen 2,24 spricht, sind keine unmündigen und in *diesem* Sinne unschuldigen Kinder, sondern Erwachsene, die so in Gott geborgen sind, daß sie mit ihrem ganzen Herzen und mit allen ihren Kräften einander finden, lieben und entdecken können.

h) Das Fehlen der Scham in den Augen des Liebenden und das Wunder des Austausches (Gen 2,25)

Der beste Beweis dafür ist in den Augen des Jahwisten das Fehlen des Schamgefühls in der Liebe. Auch hier gilt es, die stereotype sexuelle Verengung zu vermeiden, die stets einsetzt, wenn von »Nacktheit« und »Scham« die Rede ist. Viel ursprünglicher als das sexuelle Schamgefühl ist für den Jahwisten das Gefühl, mit seinem ganzen Dasein sich unter den Augen des anderen schämen zu müssen, wenn Gott die Zufälligkeit und Begrenztheit des eigenen Daseins nicht mehr mit seinem Willen rechtfertigt. J. P. Sartre hat dieses brennende Schamgefühl, dem Blick des anderen ausgesetzt zu sein und nicht sagen zu können, warum es so etwas wie mich überhaupt gibt, in einer außerordentlich eindringenden Existentialisierung der Thematik von Gen 3,7 beschrieben.[38] Erst durch das Empfinden, prinzipiell »nackt«, ungerechtfertigt, unansehnlich und in den Augen des anderen sicherlich nicht gut genug zu sein, erhält auch das sexuelle Schamgefühl seine Bedeutung. Es ist demgegenüber gerade das Gefühl, das allein die Liebe hervorzubringen vermag, daß man sich dem anderen zeigen kann, so wie man ist, daß man sich vor ihm also nicht

[38] A.a.O., III 207–209; 253–263; I 59; 51; 79–81.

verstecken muß. Und auch das Umgekehrte gilt: Solange noch die Angst die Oberhand besitzt, traut sich die Liebe nicht hervor; man versucht vielmehr, seine Schwächen, seine Nacktheit, dem anderen zu verbergen und sich um so mehr mit seinen sog. starken Seiten zu präsentieren – ein Zusammenhang, den die frühe Psychoanalyse geahnt hat, als sie das Schamgefühl in ihrer organspezifischen Theoriebildung aus dem *Kastrationskomplex* ableiten wollte.[39] Das Empfinden, nicht liebenswert genug zu sein und die volle Wahrheit über sich selbst dem anderen bestimmt nicht zumuten zu können, blockiert am Ende wirklich jede menschliche Beziehung; es erniedrigt die Liebe zu einer Maskerade gegenseitiger Demütigung und verstärkt nur immer wieder das Erlebnis der eigenen Minderwertigkeit. Auf der anderen Seite macht nichts den anderen so liebenswert wie das Vertrauen, man müsse sich vor ihm *nicht* schämen, »*nackt*« zu sein.

Im Grunde knüpft dieses Vertrauen, in den Augen des anderen gut genug zu sein und sich ihm ruhig mit der ganzen Wahrheit der eigenen Person mitteilen zu können, wieder an das Motiv der gegenseitigen Ergänzung an, das bereits in der herausgeschnittenen Rippe[40] zum Ausdruck kam. Denn merkwürdigerweise liebt die Liebe gerade das Unvollkommene, das Ergänzungsbedürftige; man möchte in der Liebe spüren, was man dem anderen bedeuten und geben kann, und nichts ist tödlicher für die gegenseitige Zuneigung als das Empfinden, der andere gebärde sich derart vollkommen und autark, er sei ein solcher »Kugelmensch« geworden, daß er gar nichts entbehre und man ihm schon gar nichts mehr geben könne. Der sexuelle Drang, die Nacktheit des anderen zu suchen und sich gerade durch sie in Besitz nehmen zu lassen, ist meistens nur ein bloßes Sinnbild für das, was in Wahrheit zwischen zwei Menschen, die sich lieben, innerlich geschieht: Nicht zur Beschämung, sondern zur Ergänzung suchen sie förmlich nach den Blößen, den Mängeln, den Hohlstellen des anderen, um das, was dem anderen fehlt, mit dem eigenen Dasein zu erfüllen. Vielleicht kann, um diesen Zusammenhang zu verdeutlichen, das Verhalten sog. »Primitivvölker« als Beispiel dienen. In der ethnologisch wie literarisch gleichermaßen kostbaren Indianersaga »Hanta Yo« hat Ruth Beebe Hill in der Gestalt des Sioux-Schamanen Ahbleza einmal beschrieben, was der Satz bedeuten kann: »Beide, der Mann und seine Frau, waren nackt, und sie schämten sich nicht voreinander« (Gen 2,25). Es ist die Szene, in welcher der junge Ahbleza sich gerade von der aufdringlichen Art seines Vaters losgesagt hat, seine Männlichkeit und Tapferkeit zur Schau zu stellen. Endgültig hat er

39 A.a.O., II 203–221.

40 Ebenfalls einem kastrativen Symbol; vgl. E. Drewermann, Strukturen des Bösen, II 39–42.

seinen Vater als schweres Hindernis für seinen eigenen Weg ins Leben erkannt und ihn innerlich überwunden; statt sich, wie sein Vater, dem Volke als ein Besitzender zu zeigen, will er fortan lieber als einer erscheinen, der alles fortgibt, was er besitzt, all seine Habe, aber auch die Gedanken, die er nur von außen übernommen hat. So schenkt er all seine Gewänder und Häute, seine Pferde, seine Waffen fort, um in seiner Nacktheit zu leben und den Sinn der Reinheit zu erfahren. Während er sich so völlig unbekleidet aus dem Lager begibt, vernimmt er mit einem Mal die Schritte einer Frau, und plötzlich überfällt ihn das Nicht-Haben mit heißer Scham. Aber in dem Moment, als Heyatawin, die Geliebte seiner Jugend, vor ihm steht, blickt sie ihm ins Gesicht, und ihre Augen verraten, daß nichts an ihm ihr Erbarmen oder ihr Mitleid weckt. »Sie gab vielmehr ihre Person in seine Hände, schenkte sich ihm als Ersatz für alles, was er von sich geworfen hat.« Und wie er, immer noch sich schämend, zu ihr sagt: »Du siehst mich, meine Schwester ... Sieh meine Niedrigkeit. Sieh mich als einen, der nichts hat« – gibt sie zur Antwort: »Ich sehe nichts Niedriges an dir, mein Herz«; und fügt hinzu: »Ich danke dir, mein wahrer Freund, daß du mich an deiner Anwesenheit teilhaben läßt, mir diesen Blick auf dich gestattest. Ich sehe Augen, die nicht vor Tränen überfließen, sondern von schimmerndem Geist. Ich bin Frau und weiß es.« Ahbleza, schreibt R. B. Hill, spürte in diesem Moment »etwas wie Erfüllung, etwas wie Wärme in sich, als fände er dort einen ihn aufnehmenden Ort der Ruhe, einen Ort zum Bleiben, bis er sich entschlösse, ihn zu verlassen, einen Ort, an den er zurückkehren wird, wann immer er außen Mangel empfindet. Nie zuvor waren ihm Geben und Empfangen so sehr als etwas erschienen, das einem Wunder gleichkam.«[41]

Eben dieses Wunder des Austausches aber ist die Liebe: Man empfindet den anderen als sich selbst zugehörig nicht so sehr für das, was er besitzt, sondern für das, was ihm mangelt, und umgekehrt: Man erlebt es nicht mehr als Demütigung, den anderen zu brauchen, um selbst ganz zu werden, sondern im Gegenteil: Man fühlt sich selbst erhoben in der begütigenden Gegenwart des anderen.

Man kann an dieser Stelle auch von dem Wunder einer inneren Verwandlung in der Liebe sprechen; denn nicht selten ist gerade das, wofür man sich sein Leben lang glaubte am meisten schämen zu müssen, in den Augen des Liebenden besonders kostbar, und unter seinem Urteil lernt man sich selbst von neuem liebgewinnen. – Doch dies ist schon ein neues Thema, das die Scham bereits voraussetzt: die Rückkehr in das verlorene Paradies, in das wortwörtlich »unverschämte« Glück der Liebe.

[41] R. B. Hill, Hanta Yo, 596–601.

i) Die Verheißung des Landes

Um abschließend zu zeigen, wie man die Welt als Paradies erleben kann, ist wohl kein Bild besser geeignet als die Vision, die der größte Interpret der Abgründe der menschlichen Seele, der russische Dichter F. M. Dostojewski, im »Jüngling« dem Gottesnarren Makar Iwanowitsch in den Mund gelegt hat. Die Paradieserzählung des Jahwisten ist ein einzigartiges Dokument der Überzeugung, daß der Mensch ohne Gott nicht wirklich leben kann, und ebenso läßt Dostojewski den alten Pilger Makar sprechen, er sei in seinem Leben einem eigentlich Gottlosen noch nie begegnet; statt seiner, sagt er, »bin ich nur dem Ruhelosen begegnet – siehst du«, erklärt er, »so muß man ihn richtiger nennen ... ohne Gott zu leben ... ist nur eine Qual. So kommt es, daß wir das verfluchen, wodurch wir erleuchtet werden, und das selber nicht einmal ahnen. Ja, und was hat es auch für einen Sinn: So einen Menschen kann es ja gar nicht geben, der sich nicht vor irgend etwas beugt; ein solcher Mensch würde sich selber nicht ertragen können; kein Mensch könnte das. Wenn er Gott verstoßen hat, so beugt er sich vor einem Götzen, vor einem hölzernen oder goldenen oder einem gedanklichen. Götzendiener sind das alles, aber nicht Gottlose, sieh, so muß man sie nennen.«[42]
Die Ruhelosigkeit eines Daseins ohne Gott – das schildert der Jahwist in der Gestalt des Kain, den Gott dazu verflucht, »schwankend und schweifend« ein Leben auf der Flucht zu führen: fliehend aus dem Antlitz Gottes, fliehend vor den Menschen und auf immer verbannt vom Antlitz der Erde (Gen 4,16). Aber eben weil es so ruhelos und qualvoll ist, ohne Gott zu leben, gibt es doch noch so etwas wie eine Hoffnungskraft des Negativen, und der Jahwist hat zu Recht seine Urgeschichte auf die Verheißung Gottes an Abraham, auf die Verheißung eines »Landes« hin gestaltet, in dem Gott wiederum unter den Menschen wohnen wird und in dem alle Völker der Erde zu ihrer Bestimmung und wesenhaften Einheit zurückfinden würden (Gen 12,1–3). Aus der Ruhelosigkeit und inneren Zerrissenheit zum Paradies zurückzufinden, heißt sich selber, alle Menschen und die gesamte Welt an jedem Morgen voll neu erwachter Dankbarkeit aus Gottes Händen in Empfang zu nehmen.
An einen solchen Augenblick betender Einfachheit und einer universellen Güte gegenüber allem Lebenden erinnert sich nun im »Jüngling« der Pilger Makar Iwanowitsch, und seine Worte seien wiedergegeben, weil in ihnen eine gewisse Ahnung hindurchleuchtet von der Vision, die den Jahwisten zu seiner Paradieserzählung drängte. »Einmal in diesem Sommer war's«, erzählte er, »im Julimonat, da pilgerten wir nach dem Muttergotteskloster zum Kirchen-

[42] F. M. Dostojewski, Der Jüngling, 371–372.

fest. Je näher wir dem Kloster kamen, um so zahlreicher schlossen sich andere Pilger an ... Wir übernachteten alle beisammen unter freiem Himmel, und ich erwachte frühmorgens, als alle noch schliefen und auch die liebe Sonne noch hinter dem Walde hervorsah. Ich erhob den Kopf, ... ließ den Blick ringsum über die Erde schweifen und atmete die Luft ein! Eine Schönheit überall, die unaussprechlich ist. Still ist alles, die Luft ist leicht. Die Gräschen wachsen – wachset nur, Gottes Gräschsen; ein Vögelchen singt – sing nur, Gottes Vögelchen; ein Kind quäkt einmal leise in den Armen eines Weibes – Gott sei mit dir, kleines Menschlein, wachse auf zum Glück, der du geboren bist! Und da war mir, als hätte ich zum erstenmal in meinem Leben all dies in mich aufgenommen ... Ich legte den Kopf wieder hin, und es schlief sich so leicht. Schön ist es auf der Welt, Lieber! Ich möchte, weißt du, wenn's mir besser gehen sollte, im Frühling wieder wandern gehen. Und daß die Welt ein Geheimnis ist, das macht sie sogar noch schöner; bang wird dem Herzen davor, und es staunt vor dem Wunder; und wiederum gereicht das Staunen in Ehrfurcht dem Menschenherzen zur Freude: ›Alles ist in dir, Gott, und auch ich bin in dir, und so nimm mich denn auf!‹ Murre nicht, Jüngling: um so schöner ist es noch, als es ein Geheimnis ist,‹ fügte er ergriffen hinzu.«[43] Diese Ergriffenheit dankbaren Glücks – das ist das ebenso verlorene wie wesenhaft in jedem Menschen angelegte Paradies, etwas Verheißenes, das sich erfüllen kann im Ring der Liebe und im Ring der Zeit sowie im Ring des Gartens Gottes, im Herzen dieser wunderbaren Erde. O gäbe Gott, die Angst zu lindern.

[43] A.a.O., 356–357.

Ehe – tiefenpsychologische Erkenntnisse für Dogmatik und Moraltheologie

Die Auffassung der Ehe ist in der katholischen Kirche zutiefst von den Worten Jesu im Markusevangelium (Mk 10,1–12) geprägt. Dogmatisch ist mit dieser Stelle die Sakramentalität der Ehe begründet worden, moraltheologisch ihre Unauflösbarkeit und kirchenrechtlich die Unmöglichkeit einer Wiederverheiratung Geschiedener. Alles hängt dabei an dem entscheidenden Satz: »Was also Gott gepaart hat, das soll ein Mensch nicht trennen.« (Mk 10,9) Was mit diesem Satz gemeint ist, bestimmt den gesamten Umkreis dessen, was ein Theologe über das Thema Ehe sagen kann.
Im folgenden soll es nicht um eine exegetische, sondern tiefenpsychologische und dogmatische Untersuchung des genannten Jesus-Wortes gehen. Was heißt: »Was Gott gepaart hat«? Was ist damit über den Menschen und von der Liebe zwischen Mann und Frau gesagt? Und welche Folgerungen ergeben sich daraus? Solche Fragen sollen erörtert werden, indem die theologische Bedeutung des Jesuswortes durch den Vergleich und den Kontrast mit bestimmten tiefenpsychologischen Einsichten über Ehe und Liebe aufgezeigt wird; dabei werden wir uns zur Verdeutlichung gelegentlich verschiedener Beispiele der Dichtung und Belletristik bedienen, da solche Beispiele allgemeiner zugänglich sind als persönlich ausgewähltes Erfahrungsmaterial.
Da die meisten Störungen der Liebe sich aus gewissen Übertragungsmechanismen ergeben, ist deren Analyse mehr als alles andere dazu geeignet, um die Bedingungen zu untersuchen, unter denen eine Ehe, wie es die katholische Dogmatik fordert, »unauflöslich« sein kann.
In einem ersten Abschnitt soll daher zunächst das Problem der Übertragungsliebe *tiefenpsychologisch* entwickelt werden, um dann in einem zweiten Abschnitt die Folgerungen zu erörtern, die sich aus dem Befund *theologisch*, insbesondere für Moraltheologie und Kirchenrecht, ergeben.

I. Tiefenpsychologische Grundlagen

1. Die Liebe ist von Gott

Die erste Feststellung, die sich in dem Text von Mk 10,1–12 inhaltlich treffen läßt, gibt etwas scheinbar Selbstverständliches wieder: Was Mann und Frau miteinander verbindet, ist die Liebe, sagt Jesus, und er meint, sie ist von Gott. Die entscheidende Frage wird dabei sein, wie diese Göttlichkeit der Liebe gemeint ist, denn seit altersher gibt es darüber die verschiedensten Vorstellungen.

Daß die Liebe von Gott ist, führt Jesus in Mk 10 aus, kann man daran erkennen, daß es keine Macht unter den Menschen gibt, die stärker ist als die Liebe. Diese Ansicht entspricht der alltäglichen Erfahrung. Menschen können an Hinderungsgründen und Schwierigkeiten der Liebe in den Weg stellen, was sie wollen, – sie werden die Liebe nicht besiegen können. Menschen vermögen, um die Liebe zu hindern, einander ins Unglück zu stürzen und zu Haß und Zerstörung zu treiben, aber noch das Unglück und der Haß legen Zeugnis ab von der ungebrochenen und unzerstörbaren Kraft der Liebe. »Die Liebe«, sagt daher das Alte Testament, »ist stark wie der Tod; selbst viele Wasser reißen sie nicht fort.« (Hld 8, 6.7) Und ganz entsprechend erzählt eine alte persische Legende die Geschichte von dem Beduinenjüngling Madschnun, der aus Liebe zu seiner Leila, weil deren Vater sie einem anderen zur Frau gab, in die Wüste floh »und dort ohne Hoffnung und ohne Furcht, im Herzen Liebeswahnsinn und auf den Lippen Liebesverse, unter den Tieren der Wildnis hauste, nackt und allein.« Ein arabischer König, der den wunderlichen Madschnun sehen wollte, verlangte, das Geheimnis seiner Liebe zu erfahren; aber Madschnun erwiderte nur:

»O könnten, die mich schelten,
Leilas Schönheit sehen,
so würden sie verzeihen
und verstehen ...«

Der König also begehrte, daß man Leila vor ihn brächte, aber er fand sie wider alles Erwarten mager und von der Sonne und dem Nomadenleben ausgezehrt – jede Sklavin seines Harems dünkte ihn schöner. Madschnun indes, der des Königs Gedanken erriet, sprach die Verse:

»Für Leilas Schönheit bist du blind –
was tun?
Du mußt sie sehen mit den Augen
von Madschnun ...«[1]

So rätselhaft, so menschlich unverständlich und so menschlich unbezwingbar ist die Liebe.

[1] Scheich Saadi (ca. 1250 n. Chr.), Hundertundeine Geschichte aus dem Rosengarten. Ein Brevier orientalischer Lebenskunst; aus dem Persischen übersetzt und ausgew. v. R. Gelpke, Zürich 1967; S. 248.

a) Die mythologische Vergöttlichung der Liebe

Die Märchen der Völker sind voll von Geschichten dieser Art. Die Mythen der Alten standen nicht an, die ganze Welt als Schauplatz der ewig sehnsüchtigen, ewig ersterbenden und ewig sich erneuernden Liebe zwischen Sonne und Mond zu betrachten, die durch die Räume des Kosmos voneinander getrennt seien und doch stets zueinander strebten.[2] Die ganze Welt, meinten sie, lebe von der Kraft der Liebe, obwohl doch gerade sie in ihrer äußeren Gestalt einer letzten Erfüllung der Liebe im Wege stehe. Die Liebe sahen sie als eine Kraft der Elemente an, als einen kosmischen Drang, als eine irreduzierbare Tatsache. Auch sie betrachteten die Liebe in gewissem Sinne als göttlich; und doch verstanden sie die »Göttlichkeit« der Liebe ganz anders als die Bibel. Man kann das leicht feststellen, wenn man die Erfahrungen reflektiert, die den Mythen der Völker zugrunde liegen, und daneben die Erfahrungen hält, von denen die Bibel ausgeht.
Bekannt ist vor allem in der griechischen Mythologie der Liebesgott Eros, der als ein Gott des menschlichen Herzens galt und in vermenschlichter Form geradezu groteske Züge annahm. Die Griechen sahen in ihm einen kleinen lustigen Burschen, der den Menschen unverhofft Pfeile ins Herz schießt, deren Gift ihnen die Freiheit nimmt.[3] Die Menschen, mit anderen Worten, sind zufolge dieser Vorstellung die Objekte einer göttlichen Jagd: Die Liebe hetzt die Menschen wie Tiere, sie dringt in ihr Innerstes ein, plötzlich und anfallartig, und macht sie zu spaßigen Kindern; der Gott der Liebe meint es mit seinen Streichen, wenn dieses mythische Bild zutrifft, nicht übel mit den Menschen, aber die Liebe, mit der er die Menschen vergiftet, ist zutiefst komisch und tragisch; sie macht aus dem menschlichen Leben ein nicht endendes Schauspiel, ein einzigartiges Theater. Sie ist, wie die Kunst, jenseits von Gut und Böse, außerhalb ethischer Bewertungen, ein göttliches Vergnügen, eine unberechenbare, unbeherrschbare Schicksalsmacht, eine chemische Bindungsenergie, ähnlich den »Wahlverwandschaften« Goethes.[4]

[2] E. Siecke, Die Liebesgeschichte des Himmels. Untersuchungen zur indogermanischen Sagenkunde, Straßburg 1892; S. 3.

[3] So verwandelt Eros mit einem Pfeilschuß die Wut Porphyrions beim Gigantenkampf in Lust, so daß er Hera vergewaltigen will: R. von Ranke-Graves, The Greek Myths, 1955; dt.: Griechische Mythologie. Quellen und Deutung; übers. von H. Seinfeld; 2 Bde.; Hamburg 1960 (rde 113–114; 115–116); Bd. 1, S. 116.

[4] »Diejenigen Naturen, die sich beim Zusammentreffen einander schnell ergreifen und wechselseitig bestimmen, nennen sich verwandt.« »... eigentlich sind die verwickelten Fälle die interessantesten. Erst bei diesen lernt man die Grade der Verwandtschaften, die näheren, stärkeren, entfernteren, geringeren Beziehungen kennen; die Verwandtschaften werden erst interessant, wenn sie Scheidungen bewirken.« »Hier ist eine neue

Es läßt sich nicht leugnen, daß vieles im menschlichen Leben der Vision der Griechen (und Römer) von dem Gott Eros (oder Amor) recht gibt. Nichts auf der Welt bringt den Menschen so sehr durcheinander, verheert seine Sinne, raubt ihm den Verstand, macht Jahre der Zucht und Treue zunichte, verhöhnt seine edelsten Absichten und Pläne so sehr wie das süße Pfeilgift der Liebe, wie dieses psychodelische Curare des Gottes Eros. Wenn irgendetwas, so ist im Sinne der Mythen daher die Liebe »göttlich«. Dem Wortlaut nach sagen also der griechische Mythos und die Bibel von der Liebe dasselbe. Und doch besteht zwischen ihnen ein unendlicher Abstand.

b) Die Menschlichkeit der Liebe in Gott

Wenn die Bibel von der Göttlichkeit der Liebe spricht, so meint sie ohne Zweifel nicht die tragikomische Gottheit der Griechen. Sie weiß zwar um die überragende Macht und Bedeutung der Liebe im menschlichen Herzen, aber sie wehrt sich dagegen, diese Macht mit Gott selbst zu identifizieren. Die Liebe ist *von* Gott heißt für die Bibel gerade nicht: die Liebe *ist* Gott. Dieser Unterschied ist alles andere als eine Wortklauberei; er ist für das Folgende ganz entscheidend. Eine Auslegung der Erzählung, wie in der *Bibel* Gott den Menschen schafft, kann das verdeutlichen.

Am Anfang der Hl. Schrift, in Gen 2,4-25, scheint es, als wenn Gott selber im Verlaufe seiner Schöpfung dazulernen müsse. Er hat den Menschen geschaffen und ihn in eine Welt versetzt, die wie ein Paradies für ihn bereitsteht, und doch – fast zur Überraschung Gottes – ist der Mensch im Paradies nicht glücklich. Im Gegenteil, er versinkt in einen verzweiflungsvollen Schlaf; denn anders als Gott, kann der Mensch allein nicht leben. Die ganze Schöpfung ringsum, die Tiere vor allem, begegnen dem Menschen als Partner eines möglichen Dialogs, – und der Mensch redet zu den Tieren und nimmt sie auf in das Feld seiner Liebe; und doch sucht er in allem nach etwas, das ist wie er, und findet es nicht.[5]

Dieses Verlangen des Menschen nach sich selbst in einem anderen, das er nicht selber ist, liegt wesenhaft in jedem Menschen, meint der Jahwist, dem wir diese

Trennung, eine neue Zusammensetzung entstanden, und man glaubt sich nunmehr berechtigt, sogar das Wort Wahlverwandtschaft anzuwenden, weil es wirklich aussieht, als wenn ein Verhältnis dem anderen vorgezogen, ein vor dem anderen erwählt würde.« J.W. v. Goethe, Die Wahlverwandtschaften (1809), 1. Teil, 5. Kap.; Goethe wurde zu den »Wahlverwandtschaften« veranlaßt durch seine (vergebliche) Liebe zu der jungen Minna Herzlieb in Jena.

[5] Vgl. zur Exegese von Gen 2,4 b-25: E. Drewermann, Strukturen des Bösen. Die jahwistische Urgeschichte in exegetischer, psychoanalytischer und philosophischer Sicht; 3 Bde., Paderborn 1977–1978; 1. Bd., [2]1979, S. 20–21.

auch von Jesus in Mk 10 zitierte Schöpfungsmythe verdanken; ein jeder Mensch, will die Bibel sagen, ist diesem Verlangen so sehr verpflichtet, daß ihm – nach dem Bild von der *Rippe,* die Gott ihm herausschneidet – in seiner Brust etwas fehlt, wenn er es nicht in einem anderen Menschen findet; es gibt in jedem Menschen etwas, das er in sich vermißt, etwas, das ihm fehlt und doch zu ihm gehört, und er kann es nur von außen wiedererlangen. Das Gegenüber der Liebe ist immer – zufolge dieses alten Mythems – geformt aus dem eigenen Mangel; die Geliebte ist stets die vollendete Erfüllungsgestalt der eigenen Wunde. Man müßte, m. a. W., sich die Frau, wenn es sie nicht gäbe, aus den Rippen schneiden, meint diese Erzählung; man bedarf ihrer, um »gut« zu sein und »ganz« zu werden. Der Partner der Liebe ist daher dem Menschen, wie die Bibel sagt, von seinem ganzen Wesen her eine notwendige Ergänzung, eine »Hilfe« (Gen 2, 18), und das stärkste Motiv der Liebe ist nicht, wie manche Idealromantiker meinen, die Hingabe, das Daseinwollen und das Opfer, sondern der Egoismus der eigenen Erfüllung, das göttliche Naturgesetz der eigenen Ganzheit.

Diese Gesetzmäßigkeit der Liebe ist nicht Gott selbst, aber sie ist der Bibel zufolge *von* Gott; sie ist für den Menschen so wesentlich, daß Gott sich in seiner Schöpfung selber danach richten muß. Er, Gott, ist in sich absolut; *er* bedarf keines Partners, und er kennt keine Einsamkeit. Der Mensch aber wird nur durch dieses Fehlen in seinem Herzen, durch diesen Hohlraum der Sehnsucht, durch diesen Mangel an autarker Absolutheit zum Menschen. Wer immer auf einen anderen trifft, der ihm zur Ergänzung bestimmt ist, wird es so erleben, wie die Bibel es schildert: daß Gott den anderen in den eigenen Lebensweg hineingesandt und »zugeführt« hat (Gen 2, 22), daß hier eine »Bestimmung« und »Fügung« am Werke ist, die er selbst weder geplant noch beeinflußt hat, für die er aber jetzt, wo immer sie sich ereignet, nur dankbar sein kann.

Dies also ist der erste Unterschied zwischen der Bibel und z. B. der griechischen Mythologie. Der Gott der Liebe ist für die Bibel kein spielender Knabe, sondern ein weiser, verständiger Schöpfer, der den Menschen kennt und entsprechend seinen eigentlichen Bedürfnissen handelt. So ist die Liebe *von* Gott. Man kann ihre Göttlichkeit daran erkennen, daß sie sich von innen, aus dem eigenen Fehlen und Bedürfen ergibt, daß sie sich ins eigene Herz, in die Hohlstelle der eigenen Brust fügt. Die Liebe ist für die Bibel daher das wesenhaft »Passende«, gerade also nicht eine Art Überfall, nicht ein hinterhältiges Attentat oder eine Schicksalsmacht, die im menschlichen Leben Unfug auf Unfug häuft. Will man die biblische und griechische Auffassung von der Liebe voneinander unterscheiden, so muß man sagen: Die Liebe des griechischen Eros ist psychologisch ein »Komplex«, ein unintegriertes Antriebsen-

semble, eine knabenhafte Heimtücke und Kinderei, die in sich selbst von unbeherrschbarer, göttlicher Allmacht ist; die Liebe demgegenüber, die der Gott der Bibel schafft, ist die Vollendung des Menschen, eine Notwendigkeit seines Wesens, keine fremde Zumutung. Der griechische Eros ist die Verkörperung eines Naturereignisses, die Personifikation einer Macht, die den Menschen letztlich um seine Personalität, um seine Freiheit und um sein Bewußtsein bringt; die Liebe, die der Schöpfungsgeschichte nach von Gott ist, erhebt die Person des Menschen und führt sie zur Einheit ihres Wesens.
An dieser Stelle erhält die entscheidende Wendung in Mk 10: »Was *Gott* gepaart hat« im Kontrast zum Griechischen erstmals einen klarer bestimmbaren Inhalt. Die Liebe bzw. der Geliebte, so lautet der Unterschied, verdient in sich keine göttliche Anbetung; es ist nicht Gott selbst, der hier begegnet; man verliert seine Person in der Liebe nicht an den anderen, man gewinnt sie vielmehr darin; die Liebe ist nicht das Letzte, im Hintergrund der Liebe steht eine absolute Person, der man sich selbst, die ganze Welt und auch den anderen, den man liebt, verdankt. Diese Differenz zwischen Bibel und Mythos in der Auffassung der Liebe wird für das Verständnis des Jesus-Wortes auch in Mk 10 die größte Rolle spielen.

2. Das Problem der Übertragungsliebe

Zunächst wird man sich über die »Kinderei«, über die Komplexnatur des griechischen Eros Gedanken machen müssen. Ist nicht, was zwanghaft kindisch macht, selbst in sich noch ein Rest der Kindheit? Ist nicht eine Liebe, die sich selbst und den anderen vergöttlicht, im Grunde eine Spielart kindlicher Abhängigkeit? Auch hier ist der Gegensatz deutlich: An der Stelle, wo die Bibel von der Liebe zwischen Mann und Frau erzählt, hebt sie betont hervor, daß der Mann »Vater und Mutter verläßt«, um zu seiner Geliebten zu finden (Gen 2,24); und so sehr auch damit im Vordergrund die äußere, wirtschaftliche und familiäre Trennung des Sohnes von seinen Eltern gemeint sein wird, so wird man darin doch auch die Andeutung einer inneren Loslösung, einer entscheidenden psychischen Ablösung von den Eltern sehen dürfen. Die Menschen, die der Gott Eros mit seinen Pfeilen verwundet, sind hilflose Kinder, die sich aneinander klammern wie an etwas Letztes, wie an Vater und Mutter; die Menschen, die der Gott Jahwe in der Bibel zueinander führt, sind erwachsene Menschen, die ihre Eltern zurückgelassen haben.
Viererlei also scheint für die Bibel zusammenzugehören: Gott gefunden zu haben, von den Eltern losgekommen zu sein, zu sich selbst zu finden und den anderen zu lieben, indem man in ihm sucht, was einem selber fehlt. Um den

Zusammenhang dieser vier Faktoren muß es gehen, wenn man verstehen will, was die Auffassung der Bibel von der Liebe von dem Mythos der Liebe – etwa bei den Griechen – unterscheidet.

a) Die Elternliebe des Kindes

Psychologisch gesehen, ist alle Liebe zunächst Elternliebe, und zwar eine Liebe der Abhängigkeit. Die Eltern sind die ersten, die all das, was einem Menschen, der zur Welt kommt, fehlt, durch ihr Dasein ergänzen können. In der Nähe seiner Eltern vermag ein Kind Wärme und Schutz, Nahrung und Geborgenheit, Annahme und Verständnis zu finden, und wenn man sagt, daß es an seinen Eltern in Liebe »hängt«, so eben infolge dieser grenzenlosen »Abhängigkeit«.[6] Im Kontakt mit seinen Eltern lernt ein Kind seine soziale und physische Umwelt kennen, und es gelangt vermittels seiner Eltern zu den ersten grundlegenden Einstellungen und Haltungen sich selbst gegenüber. Im späteren Leben wird es versuchen, diese Haltungen an anderen Menschen auszuprobieren und, je nach Erfolg oder Mißerfolg, verfestigen oder abwandeln; immer also werden die Beziehungen zu anderen Menschen entscheidend von den ersten Erfahrungen an Vater und Mutter mitgeprägt sein. In gewissem Sinne muß man psychologisch daher sagen, daß die Liebe des Erwachsenen nicht nur von den Eltern wegführt, sondern eigentlich gerade wieder zu ihnen zurückleitet. Jede Liebe unter Erwachsenen ist irgendwo auch eine Fortsetzung und Weiterführung der Elternliebe. Die Frage aber stellt sich, in welchem Maße das gilt, und hier trennen sich die Wege quantitativ wie qualitativ.

b) Kennzeichnungen der Übertragung der Elternliebe

Was der griechische Mythos vor Augen hat, ist offensichtlich die Möglichkeit, daß die Liebe *nur* eine Variante der Übertragung, eine Reproduktion frühkindlicher Einstellungen darstellt. Wenn Liebe das ist, als was die Verkörperung des Kindgottes Eros sie hinstellt, dann ist das Ich des Liebenden ein Spielball derjenigen Kräfte, die in den Kindertagen das Ich beherrschten und sich darin durch Angst, Liebe und Gewohnheit festgesetzt haben. Alles, was ihn als liebens- oder hassenswert überfällt, bezieht seine schicksalhafte Macht aus der Verknüpfung mit bestimmten Erinnerungsresten der Kindheit. Eine

[6] L. Szondi, Triebpathologie, 1. Bd.: Elemente der exakten Triebpsychologie und Triebpsychiatrie, Bern 1952; S. 419–420; E. Drewermann, Strukturen des Bösen, 2. Bd.: Die jahwistische Urgeschichte in psychoanalytischer Sicht, Paderborn 1977, S. 61.

Frau gilt als faszinierend oder (in Freudschem Sinne) als »unheimlich«[7] aufgrund ihrer Nähe zu dem Bild der Mutter, das unbewußt fortwirkt; ein Mann gilt als eine »hinreißende« oder »beeindruckende« Persönlichkeit infolge der unterschwelligen Nachwirkungen der Vatergestalt. Eigentümlicherweise genügen offenbar bereits geringfügige assoziative Anklänge an das unbewußte Bild von Vater oder Mutter, um gerade die Gefühle, Einstellungen und Verhaltensweisen in voller Macht wieder auf den Plan zu rufen, die in den längst zurückliegenden Jahren der Kindheit gegenüber Vater und Mutter eingeübt wurden. Keineswegs bedarf es einer weitgehenden Entsprechung des Geliebten mit der Gestalt der betreffenden Elternimago.[8] Die Verknüpfung erfolgt vielmehr in der Art, wie man ein vor 20 Jahren bespieltes Tonband in voller Länge einspielen kann: Ein einziger Druckknopf genügt, das längst Vergangene in die Gegenwart zu holen. Eine solche Liebe, die in der Übertragung der Elternimagines auf den Ehepartner besteht, bezeichnen wir mit Freud am besten als Übertragungsliebe[9], und wir müssen uns als erstes fragen, wie eine derartige Übertragungsliebe beschaffen ist, und dann untersuchen, welche moralischen, rechtlichen und theologischen Konsequenzen sich daraus ergeben.

Es ist zunächst wichtig zu sehen, daß die Übertragungsliebe eigentlich gar nicht dem Geliebten gilt, sondern dieser nur den Anlaß zur *Wiederholung*[10] kindlicher Einstellungen abgibt; ihre unentrinnbare beseligende oder zerstörende Gewalt gewinnt die Übertragungsliebe ganz und gar aus dem Umstand, daß sie in Wahrheit gar nicht dem scheinbar Geliebten zukommt, sondern daß dieser nur die Projektionsfläche *kindlicher* Übertragungen darstellt. Das Ich des Liebenden *regrediert* in der Übertragungsliebe zu Formen kindlicher Sorge und Anhänglichkeit. Es sieht nicht den anderen, wie er wirklich ist, es sieht ihn nur durch den Schleier der eigenen Übertragungen, die es selbst unbewußt an die Stelle der Wirklichkeit rückt.

[7] S. Freud, Das Unheimliche (1919), Ges. Werke Bd. 12, Frankfurt [1]1947, S. 227–268.

[8] Der Begriff der Imago stammt von C.G. Jung in: Wandlungen und Symbole der Libido. Beiträge zur Entwicklungsgeschichte des Denkens, in: Jahrbuch für psychoanalytische und psychopathologische Forschungen, III, 1911, S. 164; überarbeitet als: Symbole der Wandlung. Analyse des Vorspiels zu einer Schizophrenie (1952), Werke Bd. 5, Olten–Freiburg 1973, S. 65, Anm. 5. S. Freud übernahm den Ausdruck in der Arbeit: Zur Dynamik der Übertragung (1912), Ges. Werke Bd. 8, London [1]1945, S. 366.

[9] S. Freud, Bemerkungen über die Übertragungsliebe (1915), Ges. Werke Bd. 10, London [1]1946, S. 305–321.

[10] S. Freud, Erinnern, Wiederholen und Durcharbeiten (1914), Ges. Werke Bd. 10, London [1]1946, S. 134–135.

Die Kindlichkeit der Übertragungsliebe bedingt näherhin mit ihrer Realitätsferne ein hohes Maß an *Narzißmus.*[11] Sosehr die Liebe eines Kindes zu seinen Eltern als eine verschobene Form des Selbsterhaltungtriebes, des Freudschen »Urnarzißmus«,[12] verstanden werden muß, sosehr bedeutet die Übertragungsliebe eine höchst narzißtische Besetzung des »Libidoobjektes«. Man kann dies an den augenblicklichen Kränkungen und Enttäuschungen bemerken, die dann eintreten, wenn der »Geliebte« es wagt, zu deutlich von den kindlichen Erwartungen der Übertragungsliebe abzuweichen; augenblicklich pflegt der andere in der Übertragungsliebe sich dann das Recht zu maßlosen Vorwürfen, zu Verzweiflungsausbrüchen, zu erpresserischen Drohungen herauszunehmen und findet erst wieder zur Ruhe, wenn er den solcherart »Geliebten« in das erwartete Verhaltenskorsett zurückgezwungen hat. In gewissem Sinne sieht in der Übertragungsliebe der aktive Teil nicht den anderen, sondern nur sich selbst, und man brauchte nicht anzustehen, sein Verhalten egoistisch zu nennen, wenn man jemanden als »egoistisch« bezeichnen dürfte, der gerade darunter selber am meisten leidet, daß sein Ich in der Übertragungsliebe unter der Macht des Wiederholungszwanges bis zur Ohnmacht eingeengt ist. Die vollkommene Egozentrik der Übertragungsliebe ergibt sich eben nicht aus einer ungehemmten »egoistischen« Ichdurchsetzung, sondern aus einer fatalen Ich-Einengung, wie sie das Bild von den Giftpfeilen des Kindgottes Amor treffend wiedergibt.

c) Von »Angst und Gewalt« und vom »Irrtum der Person«

Um zu einer (kirchen-)rechtlich und moraltheologisch relevanten Beurteilung der Übertragungsliebe zu gelangen, muß man sich vor Augen halten, daß für die Übertragungsliebe in geradezu klassischer Weise diejenigen kanonischen Bestimmungen des kirchlichen Gesetzbuches zutreffen, die als Ehehinderungsgründe im CIC erwähnt werden. Eine Ehe, so heißt es dort, kann nicht geschlossen werden, wenn *»Gewalt und Furcht«* oder ein *»Irrtum der Person«* den Grund einer Heirat bilden. Als 1917 diese Bestimmungen in das kirchliche Gesetzbuch aufgenommen wurden, dachte man vor allem an äußere, soziale Formen von Zwang und Irrtum. Ein Räuberhauptmann, der ein Mädchen entführt und in einer Dorfkirche vor den Traualtar zwingt, übt Gewalt aus und vereitelt selbst das Zustandekommen einer wirklichen Ehe;[13] jemand, der eine

[11] S. Freud, Zur Einführung des Narzißmus (1914), Ges. Werke, Bd. 10, London [1]1946, S. 137–170.

[12] S. Freud, Triebe und Triebschicksale (1915), Ges. Werke Bd. 10, London [1]1946, S. 227, Anm. 1.

[13] CIC Canon 1074 § 1.3.

Frau von Adel zu heiraten glaubt und ehelicht in Wahrheit eine anderenorts stadtbekannte Kurtisane oder Sklavin[14], wird natürlich hintergangen und geht keine gültige Ehe ein, was immer auch vor dem Pfarrer und zwei Zeugen feierlich den Worten nach versprochen werden mag. Dergleichen Dinge sind *äußerlich* feststellbar und stellen daher kein Problem für die kirchliche Rechts- und Moralauffassung über die Ehe dar. Was aber ist es mit den *inneren,* psychischen Zwängen, Ängsten und Irrtümern, die in jeder Form von Übertragungsliebe die größte Rolle spielen? Was ist es mit der Liebe unter den Giftpfeilen des Gottes Eros? In der Lustigkeit des griechischen Mythos möchte man die Liebe des Gottes Eros für eine Folge überschäumender Lebenslust halten; aber eine tiefere psychoanalytische Betrachtung zeigt gerade aufgrund der Komplexnatur der Übertragungsliebe, die durchaus als Erfahrungsvorbild des Eros-Mythems gelten kann, daß sie keineswegs durch unmittelbare Triebhaftigkeit, sondern allein durch das Diktat kindlicher Angst zustande kommt; und immer basiert die Übertragungsliebe neben dieser kindlichen Angst auf einem Irrtum der Person.

Angst ist bereits in der *Genese der Übertragungsliebe* der wirksamste Faktor. Ein Kind vermöchte sich von den mächtigen Gestalten von Vater und Mutter mit zunehmendem Alter zu befreien, wenn es nicht unter dem Druck der Angst – und der entsprechenden Schuldgefühle, also Strafängste – sich in den Anfangsjahren seiner psychischen Entwicklung über die Maßen mit den moralischen Vorschriften und seelischen Erwartungen seiner Eltern zu *identifizieren* gezwungen sähe. Um die allmächtig erscheinenden Eltern nicht zu verlieren, um also der schlimmsten Form der Strafangst: der Verlustangst,[15] zu entgehen, klammert sich das Kind in verzweifelter Weise an das elterliche Vorbild, so daß es deren Gestalten in erdrückender Weise *introjiziert.*[16] Nur durch die melancholische Angst, ohne Vater und Mutter selber wie entwertet,[17] wie vernichtet zu sein, wird das Bemühen verständlich, später im Erwachsenenalter in dem Geliebten einen *Ersatz* für den verlorenen Vater oder die verlorene Mutter zu finden. Ein Eheschluß kommt unter diesen Umständen immer einem schweren »Irrtum der Person« gleich, insofern der andere in der Realität niemals ganz, oft nicht einmal auch nur annähernd der Gestalt des vermißten Elternteils gleicht; die Erwartung einer solchen Identität von

[14] CIC Canon 1083 § 2 a 1.2.
[15] S. Freud: Trauer und Melancholie (1916), Ges. Werke Bd. 10, London [1]1946, S. 435.
[16] Der Ausdruck stammt von S. Ferenczi, Introjektion und Übertragung (1909), in: Schriften zur Psychoanalyse, 2 Bde., hrsg. v. M. Bálint, 1970–72, Frankfurt; Bd. I S. 19.
[17] S. Freud, Trauer und Melancholie (1916), Ges. Werke Bd. 10, London [1]1946, S. 434.

Elternimago und Ehepartner bildet aber gerade die irrtümliche Voraussetzung der Übertragungsliebe.

Der Begriff »Irrtum« ist dabei ganz wörtlich zu nehmen, wofern damit gemeint ist, daß jemand subjektiv etwas als gegeben annimmt, das objektiv nicht zutrifft. Einem Außenstehenden könnte die Übertragungsliebe als eine Art absichtlicher Illusion, als ein Selbstbetrug erscheinen; das ist sie aber keinesfalls, vielmehr ist das Ich sich durchaus nicht darüber im klaren, wie sehr die Realität durch die Vorgänge der Übertragung verzeichnet wird, ja es ist sich dessen nicht im mindesten bewußt, daß die magische Faszination, die ein anderer ausübt, nicht von ihm selbst, sondern von der Gestalt der Eltern ausgeht. Insofern wird es buchstäblich von seinem Unbewußten in die Irre geführt, und es ist diesem ohne analytische Einsicht so hilflos ausgeliefert wie die Menschen der griechischen Mythe dem Gotte Eros.

d) Beispiele der Übertragungsliebe

Vielleicht wird nun gerade dieser fatalistische, zwanghafte Zug der Übertragungsliebe bei manch einem Menschenfreund Zweifel darüber wecken, ob es denn die hier beschriebene Form einer Übertragung der Vater- oderMuttergestalt mit ihrem hohen Maß an Unfreiheit wirklich gibt. Aber man muß sich verdeutlichen, daß es sich bei dem Begriff der Übertragungsliebe nicht um Spekulationen über Möglichkeiten, sondern um die Erklärung faktischer Vorkommnisse handelt.

Wer hätte nicht bereits erlebt, daß irgendwo in seiner Umgebung eine Frau wider alle Vernunft sich der verlockendsten Bekanntschaften begibt, um sich Hals über Kopf, unverständlich für alle, die sie kennen, aber mit unbeirrbarer Konsequenz, in eine völlig aussichtslose, gefährliche, mindestens unattraktiv erscheinende Beziehung hineinzustürzen? F. Truffaut zeigte, als er die Geschichte der »Adele H.« verfilmte,[18] nur die Magie, die Verfallenheit, die rätselhafte Hypnotisiertheit auf, mit der die schöne, hochbegabte und sensible Tochter des berühmten Victor Hugo wie vernarrt allen Zurückweisungen, Lieblosigkeiten und Enttäuschungen zum Trotz bis in den Wahn hinein ihrer ersten Liebe zu einem völlig unbedeutenden und ihrer unwürdigen Stutzer die stets unerwiderte Treue hielt; an keiner Stelle seines Films gibt Truffaut eine Erklärung für die willenlose Leidenschaft Adelens, aber es ist deutlich zu erkennen, daß die unglückselige Tochter Hugos den Mann, an den sie ihr Leben vergeudet, aller Realität spottend so hoch einschätzt und ehrt – wie

[18] François Truffaut, Die Geschichte der Adele H., Frankreich 1975; in der Hauptrolle: Isabelle Adjani.

ihren Vater; und es mutet tragisch an, daß selbst ein Mann mit soviel Einfühlungsvermögen, mit einer so hohen Menschlichkeit und einer solchen Güte wie Victor Hugo alles verstehen konnte außer den Beitrag, den er selbst durch seine eigene überragende Persönlichkeit zum Untergang seiner über alles geliebten Tochter leistete. – Andere Beispiele der Übertragungsliebe sind aus der Literatur wohlfeil und bekannt, so etwa Stefan Zweigs Novelle »24 Stunden aus dem Leben einer Frau«, die den unwiderstehlichen Einbruch einer Hotelbekanntschaft in das bisher als geordnet erscheinende Leben einer moralisch vollkommen integren Frau beschreibt[19] – S. Freud hat dieses Beispiel aphoristisch kommentiert und vor allem auf die Winzigkeit des Übertragungsanlasses hingewiesen.[20]

e) Das notwendige Risiko der Übertragungsliebe – oder: Kasuistik an einem Märchenbeispiel

Wer die Existenz derartiger Fälle von Übertragungsliebe anerkennt, begibt sich, wie sofort zu sehen ist, auf ein weites Feld: Er muß anerkennen, daß es Eheabschlüsse geben kann, die nicht eigentlich zwischen Mann und Frau, sondern im Grunde zwischen einem Ehepartner und einer Elternimago zustande kommen; vor allem muß er anerkennen, daß es niemanden gibt, der die Tatsache einer solchen Übertragungsliebe zum Zeitpunkt eines Eheabschlusses feststellen könnte: Die Ehepartner können es nicht, weil die Tatsache der Übertragung ihnen selbst unbewußt bleibt, die Trauzeugen, der Pfarrer u. a. können es zumeist nicht, weil sie die innere Situation der Eheleute zu wenig kennen; und, um das Maß der moraltheologischen und kirchenrechtlichen Verwirrung voll zu machen, selbst wenn die Trauzeugen und der Pfarrer psychoanalytisch genügend geschult und im Einzelfall hinreichend informiert wären, so müßten sie sich in der Regel doch mit dem Willen der Brautleute einverstanden erklären und den weiteren Gang der Dinge abwarten – Grund und Berechtigung zum Eingreifen hätten sie ja nur, wenn sie des notwendigen Scheiterns und Unglücks einer solchen Beziehung gewiß sein könnten, und das sind sie niemals. Denn die Übertragungsliebe *kann* lebenslänglich Bestand haben, z. B. wenn die Ehepartner die Bedingungen ihres Eheabschlusses unangetastet lassen oder sich in einer Weise fortentwickeln, daß die Grundla-

[19] S. Zweig, Vierundzwanzig Stunden aus dem Leben einer Frau (Die Verwirrung der Gefühle, Leipzig 1927), in: Meisternovellen, Frankfurt (Fischer) 1970, S. 265–325.
[20] S. Freud, Dostojewski und die Vatertötung (1928), Ges. Werke Bd. 14, London ¹1948, S. 416–418; es sind, meint Freud, hier vor allem die Hände, die onanistische Wunschphantasien wachrufen und eine Gleichstellung von Mutter und Dirne hervorrufen.

gen der Übertragung *gemeinsam* durch neue, reifere Beziehungsformen ersetzt werden; zudem bedürfte es eines gewissen Leidensdrucks und einer beträchtlichen Einsichtsfähigkeit der Betroffenen, um das Faktum einer Übertragungsliebe bewußt machen zu können, und diese Voraussetzungen werden gerade zum Zeitpunkt des Eheabschlusses am wenigsten gegeben sein. Andererseits ist das Gelingen einer Übertragungsliebe genauso wenig sicher und stets eine Art Glücksfall, der niemals rechtlich präjudiziert und noch weniger von vornherein zur unabdingbaren moralischen Pflicht der Eheleute erhoben werden kann. Ein dichterisches Beispiel mag das verdeutlichen.

Ein altes Märchen der Brüder Grimm »Das Mädchen ohne Hände« (Nr. 31) beschreibt auf unnachahmliche Weise die innere Notwendigkeit, die Auflösung und das unvorhersehbare Glück des Wiedergelingens einer Übertragungsliebe in allen ihren Stadien.[21]

»Das Mädchen ohne Hände« ist die symbolische Geschichte einer Frau, der als Kind die Hände abgeschlagen wurden, damit ihr Vater nicht dem Teufel anheimfiele; die Kindheit dieser Frau ist analytisch gesprochen also durch schwere Hemmungen im oralkaptativen Bereich[22] gekennzeichnet, und die Frage des Märchens lautet, wie eine Erlösung aus dem Getto derartiger Angst- und Schuldgefühle im gesamten Wunscherleben später noch möglich sein soll. Das Mädchen ohne Hände, erzählt die Geschichte, gerät in einer Art umgekehrter Sündenfallerzählung in den Garten eines Königs, von dessen Birnbaum es unter dem Schutze eines Engels drei Nächte lang ißt, bis der König es mit Hilfe seines Gärtners und eines Priesters überrascht; bald überzeugt von ihrer Schönheit und Frömmigkeit, nimmt der König sie an den Hof, erwählt sie zu seiner Gemahlin und läßt ihr *silberne Hände* anfertigen. Ohne Zweifel repräsentiert dieser »König« des Märchens das genaue Gegenbild des Vaters; von Anfang an zieht er alle diejenigen Hoffnungen und Erwartungen auf sich, die in der Kindheit des Mädchens so bitter enttäuscht wurden, und er läßt sich unvermerkt zu einem Verhalten bewegen, das ganz und gar den Erfahrungen des Mädchens mit seinem Vater widerspricht. Vor allem gleicht der König- bzw. der Vatergemahl in dem Bild von den silbernen

[21] Naturmythologisch ist das »Mädchen ohne Hände« offenbar eine Mondgestalt und mit dem Knaben Anios (Schmerzensreich) der griechischen Mythologie verwandt; vgl. H. Usener: Die Sintfluthsagen, Bonn 1899, S. 97; E. Drewermann, Strukturen des Bösen. Die jahwistische Urgeschichte in exegetischer, psychoanalytischer und philosophischer Sicht; 3 Bde., Paderborn 1977–1978; Bd. 2, 2. Aufl. 1980, S. 361; zur Interpretation des Märchens vgl. E. Drewermann und I. Neuhaus: Das Mädchen ohne Hände, Olten–Freiburg 1981.

[22] H. Schultz-Hencke, Lehrbuch der analytischen Psychotherapie, Stuttgart 1951; Nachruck: Stuttgart 1957, S. 58–59.

Händen die oralen Gehemmtheiten des Mädchens künstlich aus, so daß nach außen hin das Mädchen an nichts Mangel leidet. Doch trotz aller Bemühungen und allen Wohlwollens seitens des Gatten bleiben die silbernen Hände des Mädchens Prothesen, – niemals also vermag es seine Angst- und Schuldgefühle zu überwinden und selber zuzugreifen; im Gegenteil: Es *überträgt* auf seinen Gatten nicht nur die Hoffnungen, sondern ebenso die Ängste, die es dem Vater gegenüber besessen hat. Die gesamte Beziehung zwischen dem Mädchen und dem König wird, so erzählt das Märchen, übers Jahr von quälenden, schließlich mörderischen Mißverständnissen heimgesucht, denn immer verdreht der »Teufel«, d. h. die negative Seite der Vaterimago, auf unbewußte Weise – wenn der Bote »schläft«, sagt das Märchen – selbst die schönsten und bestgemeinten Mitteilungen. Das Mädchen äußert und versteht stets nur das Gegenteil von dem, was es selbst meint und was der andere ihm sagen will. Aus einem Anlaß der Freude wird somit ein Anlaß des Schreckens, aus einer Botschaft der Liebe wird buchstäblich eine Aufforderung zur Hinrichtung. Die Angst vor dem Vater wird daher durch die Liebe des Gatten geradezu von neuem provoziert und bis zur Unerträglichkeit gesteigert, so als wenn der Gatte, der soviel wie irgend möglich das Mädchen zu fördern und zu unterstützen sucht, ihm gerade jedes eigene Urteilsvermögen und jede eigene Meinungsäußerung verbieten wollte, – in der Bildersprache des Märchens: wie wenn der »König« seiner Gemahlin die Zunge herausschneiden und die Augen ausstechen lassen wollte. Erst als das Mädchen sieben Jahre lang den Kontakt zu seinem Gatten abbricht und mit seinem Kind in einem Hause mit der Aufschrift: »Hier wohnt ein jeder frei« den Gebrauch seiner Hände zurückgewinnt, findet der »König« wieder Zugang zu ihm, so daß beide, wie das Märchen betont, *aufs neue* die Ehe eingehen. –

An diesem Märchenbeispiel ist wohl besonders zutreffend die Ahnungslosigkeit geschildert, mit der das Mädchen ohne Hände in die Falle seiner Übertragungen gerät. Die Ehe mutet es wie der Eintritt in ein Paradies an, und es *kann nicht wissen,* daß gerade dieser Paradieseseindruck nur die Kehrseite der nachfolgenden Ängste, Schuldgefühle und mörderischen Unerträglichkeiten darstellt, ja, daß es in seiner ganzen Ehe nur in umgekehrter Weise seine Vaterbeziehung *wiederholt.* Vor allem ist dem Märchen darin zuzustimmen, daß die »Ehe« mit dem »König« eigentlich in sich noch gar keine Ehe, sondern nur eine Zwischenstufe für die psychische Reifung des Mädchens bedeutet; dabei wird man sagen müssen, daß die Beziehung zu dem »König« für das Mädchen unerläßlich war, um überhaupt in einem ersten Schritt das unglückselige Bild seines Vaters aufzuarbeiten; – seine »Ehe« war also wohl ein folgenschwerer *Irrtum der Person* des Partners, der mehr und mehr in die Verwechslung mit dem Vater hineingezogen wird, aber sie war kein Irrtum in

dem Lebensweg des Mädchens. Denn erst in der Beziehung zu dem »König«, so unglückselig diese auch zunächst scheitert, lernt das Mädchen, daß es auch selber für sich leben kann und darf.
Lediglich der Abschluß des Märchens muß im gewöhnlichen Leben als ein unerhörter Glücksfall betrachtet werden: daß der »König« seine Geliebte am Ende aller Widerstände und Verwechslungen wiederfindet und sie gesund zurückerhält; für gewöhnlich wird der Partner der Übertragungsliebe nur die notwendige (und hoffentlich einzige) Brücke zu einer eigentlichen Beziehung sein, die den Partner nicht mit den Ängsten und Schuldgefühlen frühkindlicher Erfahrungen bis zur Unkenntlichkeit überzieht, sondern ihn in seiner Realität wahrnimmt und bejaht.

3. Formen der Übertragungsliebe

a) Die antithetische Übertragungsliebe

An diesem kurzen Märchenbeispiel ist zu ersehen, daß es Fälle gibt, in denen ein formeller Eheabschluß, und zwar ohne Kenntnis aller Beteiligten und womöglich sogar unter dem Eindruck eines allgemeinen Glücks und Wohlbefindens der Ehepartner, gleichwohl bereits von Anfang an die Keime seines Scheiterns in sich schließt und bei denen dieses Scheitern in der weiteren Entwicklung die unerläßliche Voraussetzung bildet, um vielleicht später einmal überhaupt eine dauerhafte Bindung zu einem Menschen eingehen zu können. Zudem lehrt das Märchen, daß die Übertragungsliebe eine sehr komplizierte Form annehmen kann und ihre Auflösung nicht in gerader Linie, sondern u. U. nur in scheinbaren »Sprüngen« erfolgt: Die Liebe des Mädchens erkennt zu Beginn in dem Königsgemahl ja gerade nicht die Gestalt des Vaters wieder, sondern sie beruht auf dem Gefühl, daß der Geliebte »ganz anders« sei als der Vater; es ist also nicht die Vaterimago selbst, sondern die *antithetische* bzw. *kompensatorische* Wunschphantasie, die, entstanden unter dem Druck der negativen Vaterimago mit ihren Ängsten und Schuldgefühlen, als deren positives Umkehrbild jetzt auf den Gatten übertragen wird; um so weniger kann demgemäß das Mädchen merken, daß es beim Eintritt in den Paradiesesgarten des Königs in Wahrheit geradewegs in die Wunschwelt seiner Kinderzeit zurückkehrt und damit zugleich die unerträglichen Ängste der Kindertage wieder heraufbeschwören muß. Der Königsgemahl seinerseits kann natürlich nicht entfernt ahnen, daß er mit seiner vorbehaltlosen Liebe und seinem überaus bemühten Entgegenkommen notwendigerweise in eine Falle uralter Ängste hineingerät und daher gerade nicht auf die erwartete

Gegenliebe, sondern auf eine Kette von Mißtrauen und Mißverständnissen trifft. Diese vollkommene Hilflosigkeit und Unfreiheit in der Übertragungsliebe bei allem guten Bemühen und bei äußerlich sogar optimalen Voraussetzungen zeigt das Märchen vom »Mädchen ohne Hände« in erschreckender Deutlichkeit und realer Richtigkeit.

Verschiedene Märchen bei allen möglichen Völkern sprechen ebenso wahr von den verschiedensten Variationen der Übertragungsliebe und ihren Schwierigkeiten. Die Erzählungen aus »1001 Nacht« z. B. kennen mehrere Geschichten[23], in denen in der Liebesnacht der Geliebte jeweils von einem »Geist«, also wiederum von der Elternimago, entrückt wird, und es bedarf in solchen Erzählungen natürlich stets einer langen Entwicklung, ehe die eigentlich füreinander bestimmten Partner auch wirklich zueinander finden. Wer immer die Besonderheiten und Verwicklungen der Übertragungsliebe zur Kenntnis nimmt, wird den Erfahrungen derartiger Märchen zustimmen müssen: Es ist psychologisch durchaus nicht sicher und ausgemacht, ob eine Ehe gelingen kann oder nicht; es bedarf in der Übertragungsliebe eines langen Weges der Reifung und der inneren Entwicklung, für den es trotz allen guten Willens keine Garantien und Sicherungen gibt.

Somit verändert das Faktum der Übertragungsliebe die gesamte konventionelle rechtliche und moralische Bewertung von Liebe und Ehe. Es ist im Falle der Übertragungsliebe unumgänglich, den Liebenden ein Recht zum Wagnis, also auch zum möglichen Scheitern ihrer Liebe zuzuerkennen; es ist nötig, im Fall der Übertragungsliebe die Begrenztheit menschlichen Urteilsvermögens einzugestehen und dementsprechend das Fiktive aller rechtlichen Kriterien und Abmachungen bei einem Eheabschluß zu bestätigen; und dies bedeutet m. a. W., der Liebe ihre Rätselhaftigkeit, ihre Unberechenbarkeit, ihre anarchische bzw. ihre »göttliche« Kraft im Sinne des griechischen Mythos zu belassen. Vor allem ist es unerläßlich, fortan mit einem unwägbaren Mehr oder Weniger an Übertragung in *jeder* Liebe zu rechnen und in vollem Umfang die Notwendigkeit des Probierens, Lernens, Irrens und Reifens in der Liebe zuzugeben: Der Weg zur Ehe kann lang sein und führt oft zunächst aus der bisher geschlossenen *scheinbaren* Ehe in jenes Niemandsland, in dem, wie in

[23] So in der Geschichte des zweiten Kalenders in der 47. Nacht oder in der Geschichte Aladdins, der nach Weisung seiner Mutter mit Hilfe der Wunderlampe den Sohn des Großwesirs, seinen Konkurrenten in der Liebe zur Prinzessin Badrulbudur, in der Brautnacht von einem Geist entführen läßt – eine Geschichte, die Scheherazade in der 541. Nacht erzählt: I. Dreecken: Tausenundeine Nacht. Eine Sammlung phantasievoller orientalischer Liebes-, Abenteuer-, Gauner- und Schelmengeschichten; übers. v. G. Weil nach der Breslauer Handschrift (1838–1841); Neufassung v. I. Dreecken; 3 Bde.; Wiesbaden o. J.; Bd. I, S. 171; Bd. II, S. 692.

dem Märchen von dem »Mädchen ohne Hände«, ein jeder »frei« zu wohnen vermag, bis er sich selbst – vielleicht – zurückgegeben wird.

b) Die »Luftwurzeln« der Übertragungsliebe – oder: Hilfe für Major Scobie

Dabei wäre es zu simpel, wollte man die Übertragungsliebe auf den engen Umkreis der projizierten Elternimago in ihren positiven oder negativen Inhalten beschränken. Zwar behandelten die bisher gewählten Beispiele nur diese Form der Übertragungsliebe; man muß aber bedenken, daß alle psychischen Komplexbildungen nach Art von »Luftwurzeln« (H. Schultz-Hencke)[24] ein ganzes Gezweig neuer Reaktionsbildungen und Verästelungen mit sich bringen. Die *Folgeerscheinungen* der unmittelbaren Übertragung können in der Liebe weit verhängnisvoller wirken als die direkte Projektion der Elternimago und die darin gelegenen Erwartungen und Enttäuschungen, Hoffnungen und Mißverständnisse. Oft geben sich überhaupt nur noch die »Luftwurzeln« zu erkennen, und die eigentliche Übertragungsthematik dahinter ist nur noch hypothetisch rekonstruierbar.
Ein berühmtes Beispiel für einen solchen Fall der *Folgen* der Übertragungsliebe liefert die Gestalt des Major Scobie in G. Greene's Roman »Das Herz aller Dinge«.[25] Scobie's Beziehung zu anderen Menschen, wie Greene sie schildert, ist nicht eigentlich Liebe, sondern Mitleid. Sein einziges Ziel besteht darin, seine Frau glücklich zu machen; doch mit den Jahren muß er zunehmend feststellen, daß das Leben miteinander sich auf die Einhaltung eines im Grunde verlogenen Rituals zärtlicher Gebärden reduziert, das nur mühsam den sich ansammelnden Haß verdeckt und dessen bloße Aufrechterhaltung bereits übermenschliche Anstrengungen verlangt. Mehr und mehr wächst in Scobie die Gewißheit, daß er an seiner einzigen Lebensaufgabe, die er sich gestellt hat: wenigstens einen Menschen in seinem Leben glücklich zu machen, hoffnungslos scheitert.
Es sind, analytisch betrachtet, wiederum deutlich väterliche Züge, die Scobie in seiner Rolle als Ehemann verkörpert: Er allein ist verantwortlich für das Glück seiner Frau. Eben diese Einstellung wird ihm zum Verhängnis, als nach einem Schiffsunglück ein junges Mädchen hilflos und mittellos, nur mit einem Briefmarkenalbum in der Hand, in seine Obhut gegeben wird und, während seine Frau zu einem längeren Urlaub in Südafrika weilt, all sein Mitleid und

[24] H. Schultz-Hencke, Lehrbuch der analytischen Psychotherapie, Stuttgart 1951; Nachdruck: Stuttgart 1957, S. 152.
[25] G. Greene, The Heart of the Matter; dt.: Das Herz aller Dinge; übers. v. W. Puchwein; Hamburg (rororo 109) 1954.

seine Aufmerksamkeit erregt. Scobie entdeckt, daß er aus Mitleid und Verantwortung schließlich zwischen zwei Frauen wählen muß und unentrinnbar, wie immer er sich entscheidet, etwas letztlich Unverantwortbares tun und Leiden zufügen muß. Außerstande, an Vergebung zu glauben, nimmt Scobie sich das Leben; und selbst sein Versuch, seiner Gemahlin die Tatsache seines Selbstmordes zu verschleiern, mißrät. Am Ende hat Scobie wirklich recht damit, daß sein Tod für alle Beteiligten noch der beste Weg ist, ihnen wenigstens ein Stück des »Glücks« zu schenken, das er ihnen im Leben so sehr schuldig blieb.

G. Greene berichtet so gut wie nichts über die biographische Genese seiner Romangestalt; dennoch gibt es eine Szene, die zeigt, was Scobie eigentlich sucht, wenn er sich Liebe nur als eine verzweifelte Anstrengung väterlicher Sorge vorstellen kann. Nach jenem Schiffsunglück stirbt ein sechsjähriges Kind in seiner Nähe, und Scobie fleht vergeblich zu Gott, das Kind möge gerettet werden; während er versucht, das sterbende Kind zu beruhigen, schreibt Greene, kehrte in ihm eine zärtliche »Erinnerung, die er sorgfältig begraben hatte«, zurück: er formt aus einem Taschentuch den Schatten eines Kaninchenkopfes und tröstet das Kind: »Da hast du dein Häschen... Schlaf mit ihm ein. Es bleibt bei dir, bis du schläfst.« Aber das Kind ist tot.[26] Es ist eine »Erinnerung«, der offensichtlich eine starke Identifikation Scobie's mit dem sterbenden Kinde zugrundeliegt, und man hat deutlich den Eindruck, als wenn er dem Kind gerade das geben wollte, was er selbst von seinem Vater als Kind bekam oder doch hätte bekommen mögen; somit identifiziert Scobie sich in dieser Szene nicht nur mit dem Kind, sondern vor allem mit seinem Vater. Das geheime Motiv von Scobie's Mitleid offenbart sich in diesem einen Moment daher voll und ganz: seine Fürsorge, sein Mitleid mit den anderen, sein Verantwortungsgefühl beruhen auf dem Empfinden, selber im Grunde an der Stelle eines hilfsbedürftigen Kindes zu stehen und diesem Kind stellvertretend geben zu müssen, was ihm damals sein Vater hätte geben müssen (bzw. gegeben hat). Scobie muß ständig in der Rolle des verantwortungsbewußten, helfenden Vaters verharren, weil in ihm selber ein kleiner, hilfloser Junge steckt, den er in der Not eines jeden anderen wiederfindet und für den er stellvertretend als Vater eintritt.

Auch so also kann die Übertragungsliebe strukturiert sein, daß die Elternimago nicht auf den anderen projiziert, sondern als Ichideal aus Sehnsucht und Verpflichtung zur Bedingung und Forderung des eigenen Verhaltens erhoben wird; in den anderen hineinverlagert wird demgegenüber die eigene kindliche Hilflosigkeit, Abhängigkeit oder Liebeserwartung, und die Folge dieses

[26] A. a. O., S. 100.

Arrangements kann natürlich nur in einer heillosen Selbstüberforderung bestehen, indem das Ich seine eigenen Bedürfnisse stets nur ersatzweise im anderen befriedigt und selber dabei völlig leer ausgeht. Am Ende wird die Erfahrung Scobies unvermeidlich sein, daß die ständige Verpflichtung und Inanspruchnahme die Liebe in der Wurzel zerstört – trotz oder gerade wegen eines ungeheuren Ausmaßes an Einsatz und gutem Willen.

c) Die anima-Projektion

Im Zusammenhang mit dem Thema der Übertragungsliebe ist vor allem eine abgeleitete Form der projektiven Verzeichnung des Partners zu erörtern, die man als anima-Projektion bezeichnen muß. Unter »anima« ist in der komplexen Psychologie C. G. Jungs das unbewußte Gegenbild zu der persona-Maske der alltäglichen psychischen Anpassung an die Rollenvorschriften der äußeren sozialen, kulturellen, religiösen oder beruflichen Realität zu verstehen.[27] Ein klassisches Thema der Weltliteratur, das die anima-Übertragung verdeutlichen kann, ist das Motiv des Dr. Faustus, die Geschichte eines hochgestellten, gelehrten, überaus tüchtigen und angesehenen Mannes, der auf unheilvolle, tragische Weise in die Liebe zu einer meist einfachen, naturhaften Frau verwickelt wird, der er unrettbar zu verfallen droht. Die Märchen und Mythen stellen diese Frau gern als eine verwunschene Prinzessin dar, die in einer häßlichen, minderwertigen Zerrform, ihrer eigentlichen Schönheit beraubt, fernab an einem verborgenen, von wilden Tieren bewachten Orte ihrer Erlösung harrt (vgl. die Grimmschen Märchen vom »Wasser des Lebens«, Nr. 97, oder »Die Kristallkugel«, Nr. 197). Die Gestalt der verwunschenen Prinzessin, die sich zumeist im Besitz einer besonderen lebenswichtigen Kostbarkeit (wie der kristallenen Kugel – eines Mandala-Symbols des Selbst – oder des »Wassers des Lebens«, der Regeneration im Unbewußten) befindet, repräsentiert fast immer die Figur der »anima«. Sie verkörpert all diejenigen Strebungen, Fähigkeiten und Lebensmöglichkeiten der Psyche, die an sich in einer bestimmten Person angelegt waren, aber unter dem Druck der äußeren Anpassung nicht zum Leben zugelassen wurden und somit im Unbewußten verblieben sind. Insofern handelt es sich in der Gestalt der anima stets um Einstellungen und Strebungen, die in sich undifferenziert, primitiv, in der Tat entstellt und wie verwunschen geblieben sind, und es ist höchst gefährlich, sich

[27] C.G. Jung, Die Beziehungen zwischen dem Ich und dem Unbewußten (1928), Werke Bd. 7, Olten–Freiburg 1964, S. 214; E. Drewermann, Strukturen des Bösen; Bd. 2: Die jahwistische Urgeschichte in psychoanalytischer Sicht, 2. erw. u. verb. Aufl. Paderborn 1980, S. 50.

auf sie einzulassen. Gleichwohl scheint gerade dieses Abenteuer oft wie eine unausweichliche Notwendigkeit, wie eine heilig-unheilige Pflicht, an den einzelnen heranzutreten. Wie eine teuflische Verzauberung, wie eine magische Verfallenheit – den Streichen des Gottes Eros würdig – entwickelt sich die anima-Liebe mit einer unerbittlichen Zwangsgesetzlichkeit. Man erkennt aber leicht, daß die Abspaltung der anima eine erweiterte Form und Folge grundlegender Übertragungen darstellt. Eine Frau wie die Mondpriesterin Mut-em-enet in dem Roman von Thomas Mann »Joseph und seine Brüder« z. B. hat ihr Leben lang nur in dem Bereich gelebt, der ihr von der Tradition zugewiesen wurde; sie wird aber aufgrund der vollkommenen Einseitigkeit ihrer bisherigen Lebenseinstellung von der Gestalt des Joseph mit buchstäblich göttlicher Gewalt hinweggezogen, so daß all ihr Denken und Tun nur noch darum kreist, wie sie ihn für sich gewinnen kann.[28]

In ähnlicher Weise sieht man in der Realität vielleicht jemanden jahrelang in scheinbar geordneten Verhältnissen leben, treu und untadelig in der Wahrung seiner Pflichten gegenüber Ehe und Beruf, unbescholten in der Redlichkeit seines Verhaltens, so daß niemand auch nur entfernt auf den Gedanken kommen könnte, es wäre irgend etwas im Leben eines solchen Mannes oder seiner engsten Angehörigen brüchig und fragwürdig – und doch ist es so. Denn über Nacht gewissermaßen gerät ein solches Leben oft genug völlig durcheinander. Der Anlaß dafür kann eine zufällige, an sich völlig nebensächliche Begebenheit sein, eine Kongreß- oder Lufthansa-Bekanntschaft, die aber mit Mal lebensbestimmend wird und mit der Kraft eines fremden Sterns das gesamte bisherige Schwerkraftgefüge durcheinander bringt.

Wenn man zur Erklärung dieses sonderbaren Einbruchs näher hinsieht, wird man zumeist mit großer Regelmäßigkeit feststellen, daß der Betreffende bis dahin ganz und gar in dem engen Rahmen der von seinen Eltern bzw. seinem Überich festgelegten Welt gelebt hat; er stand seiner Frau so gegenüber, wie es Kirche und Gesellschaft zu erwarten schienen, d.h., er übertrug auf seine

[28] Th. Mann, Joseph und seine Brüder; Roman in vier Teilen:
1. Die Geschichten Jakobs; Berlin 1933
2. Der junge Joseph; Berlin 1934
3. Joseph in Ägypten; Wien 1936
4. Joseph, der Ernährer, Stockholm 1943
1. Gesamtausgabe: Joseph und seine Brüder; Stockholm–Amsterdam 1948; Neudruck: Frankfurt–Hamburg 1971 (Fischer Tb., Bd. 1183: Die Geschichten Jakobs. Der junge Joseph, S. 5–495; Bd. 1184: Joseph in Ägypten, S. 497–962; Bd. 1185: Joseph, der Ernährer, S. 955–1363); zur Darstellung und Deutung der Geschichte Mut-em-enets vgl. E. Drewermann, Strukturen des Bösen; Bd.3: Die jahwistische Urgeschichte in philosophischer Sicht, Paderborn 1979, S. 317–323.

Gattin wie selbstverständlich und ungeprüft diejenigen Erwartungen, die ihm zur Pflicht gemacht worden waren, und er konnte nicht merken, daß er nur mit wenigen, im Grunde sehr oberflächlichen, hauptsächlich vom Verstand und Willen gesteuerten Kräften seines Ichs »liebte«; erst anläßlich der Begegnung mit einer »ganz anderen«, seiner anima verwandten Frau bricht in ihm nun die Hintergrundwelt seines verborgenen Lebens auf,[29] und wirklich müssen die Umstehenden denken, es gehe irgend etwas nicht mit rechten Dingen zu, so absurd, unvernünftig, womöglich unsittlich, pflichtvergessen oder vor der Hand ruinös erscheint eine solche anima-Liebe.

Dieser Eindruck wird oft sogar noch verstärkt durch die objektive Minderwertigkeit der anima-Geliebten, die tatsächlich mitunter eine gefährdete, haltlose, dem Alkoholismus oder Dirnentum ergebene oder auch durch Herkunft, Alter und Ausbildung völlig unterlegene Person sein kann. Gerade das »vernünftigerweise« Abschreckende an einer solchen Gestalt wird merkwürdigerweise in der anima-Liebe zum unwiderstehlich Faszinierenden[30]: Die Geliebte muß – wie in den Märchen – *erlöst* und *gerettet* werden, eben deshalb ist die Hilfsbedürftigkeit und Niedrigkeit der Geliebten sehr oft die unerläßliche Liebesbedingung der anima-Übertragung. In Wahrheit geht es natürlich nur mittelbar um die Rettung des anderen; der eigentliche Rettungsversuch dient der eigenen Seele. Indem der andere »minderwertig« gewählt wird (wenn hier von »Wahl« die Rede sein kann), bietet er die Möglichkeit und Erlaubnis, die eigenen minderwertig gebliebenen, angstbesetzten Strebungen an ihm zu erproben und in eine weniger verzerrte Gestalt zu überführen.

Die Mythen und Märchen der Völker haben ganz recht, wenn sie meinen, daß die Auseinandersetzung mit den frei werdenden Energien der anima-Liebe durchaus mit der Bändigung, Tötung oder Aussöhnung reißender Raubtiere

[29] L. Szondi hat diese Hintergrundwelt sehr treffend mit einer »Drehbühne« verglichen, auf der die Gestalt des »Hintergängers« auf ihren Auftritt warte, und er hat dies am Beispiel des Gegensatzes von Kain und Abel erläutert: L. Szondi: Lehrbuch der experimentellen Triebdiagnostik, Bd. I: Textband, Bern–Stuttgart, 2. völlig umgearb. Aufl. 1960, S. 119–120; E. Drewermann, Strukturen des Bösen; Bd. 2: Die jahwistische Urgeschichte in psychoanalytischer Sicht, 2. erw. u. verb. Aufl., Paderborn 1980, S. 259.

[30] C.G. Jung vergleicht die Identifikation mit der anima mit einer Art von Sterben und nennt sie ein »opus contra naturam«; zwar kann man, meint er, sich mit der anima nur auseinandersetzen, wenn man sich nicht mit ihr identifiziert, aber er fügt hinzu: »Die Nichtidentifikation erfordert eine tatsächliche moralische Anstrengung. Sie ist zudem nur dann legitim, wenn man sie nicht als einen Vorwand benützt, um sich dem notwendigen Maß an persönlicher Auseinandersetzung zu entziehen.« C. G. Jung: Die Psychologie der Übertragung. Erläutert anhand einer alchemistischen Bildserie (1946); Bd. 16, Olten–Freiburg, S. 278–279.

zu vergleichen sei, die am Eingang des Palastes der verwunschenen anima-Jungfrau Wache halten; denn in jedem Falle stellt die anima-Liebe ein Wagnis mit höchst zweifelhaftem Ausgang dar: Es besteht die Chance, die bis dahin unintegrierten Strebungen im Unbewußten der Psyche aufzuarbeiten und damit die eigene Persönlichkeit weiter und freier werden zu lassen; es besteht aber auch die nicht geringe Wahrscheinlichkeit, den bis dahin unbekannten Energien wenigstens zeitweise hilflos zu verfallen und auf der ganzen Linie zu scheitern; und natürlich berührt ein solches Finale, wie schon das ganze Szenarium, die Umstehenden – Verwandte und Bekannte – stets peinlich oder schmerzlich, so daß der Held der anima-Liebe mit der Gefahr zugleich auch noch zumeist die völlige Einsamkeit teilen muß.
Bis hierher erscheint die Übertragungsliebe wie ein zumeist tragisches Schicksal, und das ist sie auch wirklich oft genug. Um so mehr stellt sich natürlich die Frage, ob und wie eine Aufarbeitung der Übertragungsmechanismen möglich ist, und vor allem, wie die kirchliche Moralauffassung und Rechtsprechung sich zu diesem Phänomen verhält oder, besser, wie sie sich dazu verhalten sollte.

II. Theologische Folgerungen aus einem tiefenpsychologischen Befund

In ihrer Auffassung von der Ehe hat die katholische Kirche bisher stets moraltheologisch wie kirchenrechtlich den Standpunkt vertreten, daß die Ehe *als Sakrament* unauflöslich sei. Diese Lehre ist immer wieder diskutiert worden, aber merkwürdigerweise hat man sich bislang wenig Gedanken darüber gemacht, wieso erst im Glauben an Gott die psychische Voraussetzung für ein dauerhaftes Gelingen der Ehe gegeben sein soll. Im Gegenteil: man tut offiziell so, als ob man nur mit rechtlichem Zwang und genügender moralischer Selbstzucht zu Werke gehen müsse, damit Eheleute einander die »Treue« hielten. Daß eine solche Sicht der Dinge viel zu abstrakt, nämlich kurzschlüssig, grausam und fahrlässig unwissend ist, davon können Eheleute wie Eheberater ein trauriges Lied singen, nur sind sie bisher nicht gehört worden. Ja, noch auf der Synode in Würzburg versteifte man sich auf die unsinnige Entgegensetzung von Mitleid (= Praxis) und Wahrheit (= Theologie) und macht dadurch selbst die Schizophrenie und Lebensfremdheit des kirchlichen Standpunktes deutlich. Man hatte im Ernst die Stirn, sich mit einer Zweigleisigkeit des Denkens zu beruhigen, die man besser als einen bestehenden Skandal denn als eine für alle Zukunft wohlausgewogene Kompromißformel nach Rom depeschiert hätte. In Wahrheit freilich kann die katholische Kirche offenbar nicht einmal ihren eigenen Standpunkt recht begreifen und darlegen, solange sie die Auseinandersetzung mit der Tiefenpsychologie, z. B. zum Thema Liebe und Ehe, nicht in ihren Hauptdisziplinen: in Dogmatik, Moraltheologie (nebst Kirchenrecht) und Bibelexegese führt und sie stattdessen, wenn überhaupt, hochmütig in die Pastoralpsychologie zur Behandlung einiger bedauernswerter Neurotiker und sog. »psychisch Eheunfähiger« verbannt. – Rekapitulieren wir dazu das bisher Gesagte.

Es bedeutet für die kirchliche Eheauffassung zweifellos eine außerordentlich wichtige Korrektur, wenn sich tiefenpsychologisch zeigt, daß manche Motive der Liebe keinesfalls mit Verstand und gutem Willen zu steuern sind, weil sie tief im Unbewußten liegen. Bereits die antike Mythologie wußte, daß Amor ein Gott sein kann, der Menschen, je nach Laune, von einem Augenblick zum andern in spaßige bzw. in tragisch-hilflose Kinder zu verwandeln vermag. In der Tat ist dies psychologisch ein Hauptproblem der Partnerschaft, daß oft im anderen die eigene Mutter oder der eigene Vater gesucht, geliebt, gehaßt wird und auf ihn Erinnerungen übertragen werden, die seine wirkliche Persönlichkeit nahezu unsichtbar machen. Eine solche Übertragung der Elternimagines geschieht *unbewußt*; die Betroffenen wissen nicht, daß sie einander zugetan sind wie Kinder ihren Eltern; sie wissen noch weniger, daß sie sich in der Person des anderen *irren* und an ihn, statt mit erwachsener Liebe, mit den Fesseln kindlicher Angst und Abhängigkeit gebunden sind. In einem Zeitpunkt ihres Lebens, da sie sich u. U. am glücklichsten wähnen, ahnen sie nicht, daß sie in Wahrheit vollkommen unfrei handeln und gerade dabei sind, eine Tragödie vorzubereiten.

Dabei ist die Übertragung der Elternimagines auf den Partner nicht nur ein außerordentlich starkes, sondern zumeist auch äußerst kompliziertes Geflecht aller möglichen Reaktions- und Kompensationsbildungen, deren wichtigste die sog. anima-Liebe darstellt. Sie trifft fast immer Menschen, die in ihrem Berufsleben Hervorragendes leisten und gesellschaftlich, nicht selten auch innerkirchlich, über die Maßen angepaßt sind (bzw. sein müssen) und, bestärkt von dem Lob ihrer Mitmenschen, nicht wissen können, daß sich in der Tiefe ihrer Seele ein Gegenbild zu ihrer bewußten Lebenseinstellung formt, das bei Gelegenheit eine schicksalhafte Macht über das Ich erlangen kann. Es sind keinesfalls die minderwertigen, sondern gerade die besonders wertvollen Menschen, unter denen der Sage nach ein Tristan, der treue Diener seines Oheims Marke von Tintajol, die schöne Isolde lieben *mußte*, weil er *ohne Wissen* (!) den Liebestrank Brangänes zu sich genommen hatte, und unter denen der berühmteste Ritter an König Artus' Tafelrunde, der unvergleichliche Lancelot vom See, vom ersten Anblick an die Gattin seines Königs, die schöne, edle Ginevra, liebgewann, so sehr, daß er *gegen seinen Willen* den Gral

verriet, ein Zauberreich zerstörte und doch von dem Verhängnis seiner Liebe niemals lassen konnte. Sind dies nur dichterische Übertreibungen? Der kirchlichen Lehre nach müßte man's beinahe glauben. Aber die Dichter verdichten nur die Wahrheit des Lebens, und dieses ist noch weit geheimnisvoller, glücklicher und tragischer, als es Othello, Romeo oder Petruccio verkörpern können.
Gleichwohl, das ist zuzugeben, bedarf es einer gewissen Ordnung und Vernünftigkeit auch des Geheimnisvollsten, auch der Liebe, und so ist daher die Frage, was die Kirche mit ihrer Lehre von Gott angesichts der scheinbaren Anarchie der Liebe anfängt.

4. Konsequenzen der Übertragungsliebe

a) Die generelle Unsicherheit in der Bewertung

Zunächst stellt das, je nachdem, tragische oder beglückende Phänomen der anima-Liebe immer wieder vor die Frage nach den Möglichkeiten und Bedingungen einer *Beurteilung* und *Bewertung* menschlicher Liebe. Der erschütternde Eindruck, den die anima-Liebe hinterläßt, besteht offenbar vor allem in der Zwiespältigkeit und Ausgeliefertheit von Menschen, die für integre und wertvolle Menschen zu halten man bis dahin mancherlei Grund zu haben glaubte; daß gerade sie in Wahrheit unfähig gewesen sein sollten, mit ganzem Herzen und ganzer Seele zu lieben, ja, daß sie nur Marionetten gewisser Rollenvorschriften und Übertragungsmechanismen gewesen seien – dies ist eine arge Zumutung und nicht geringe Infragestellung des gesamten »normalen« Urteilsvermögens und »gesunden« Menschenverstandes. Aber gerade so ist es oft und immer wieder. Das Faktum der Übertragung, ihre Folgewirkungen, ihre zwanghaft-unbewußte Determination nötigt daher zu dem Eingeständnis der Hilflosigkeit nicht nur der Betroffenen, sondern vor allem auch der Urteilenden. Besonders die *Unbewußtheit* der Übertragung schränkt das Vertrauen in die Zuverlässigkeit und Tragfähigkeit der Ichkräfte: Verstand und Willen, mithin auch das Vertrauen in die Gewähr für irgendeine *moralische* Sicherheit ehelicher Bindungen stark ein. Zudem hilft, wenn es so steht, der Einwand nicht mehr sehr viel weiter, die Übertragungsliebe sei eben schlechthin ein infantiles, neurotisches, also abnormes Gebilde und stehe deshalb von vornherein außerhalb jeder Norm. Denn selbst wenn man die Übertragungsliebe für neurotisch hält, so ist doch zu fragen, was eine Norm, wie z. B. die von der Unauflösbarkeit der Ehe, für eine Bedeutung haben soll, wenn es im Einzelfall keine gesicherten Kriterien gibt, die zeigen, daß und wie man sie unzweideutig anwenden kann? Und weiter: was soll die theoretische Ausklammerung neurotischer Einzelfälle, wenn praktisch feststeht, daß die Zahl neurotischer Persönlichkeitsstrukturen im Anteil der Bevölkerung heute gut und gern auf mehr als die Hälfte, vielleicht auf mehr als 70% geschätzt werden muß? Zudem ist die Grenze zwischen Gesundheit und Neurose fließend und jedenfalls eher quantitativ als qualitativ. Schließlich bleibt, selbst wenn dies alles nicht anerkannt würde, am Beispiel der Übertragungsliebe immer noch festzustellen, daß die Aufdeckung und Durcharbeitung bestimmter Übertragungen aus der Ehe ein hochriskantes Spiel von Versuch und Irrtum machen muß, dessen Lernertrag durchaus ungewiß und in keiner Weise, am wenigsten durch moralisch-willentliche Zielsetzungen, etwa im Sinne einer unbedingten Aufrechterhaltung der alten Ehe, vorwegzunehmen ist.

b) Die religiöse Dimension der Übertragung: der Archetypus der Eltern und die Angst

Um so mehr ist zu überlegen, welche (moral-)theologischen Einsichten und Folgerungen aus dem Phänomen der Übertragungsliebe zu ziehen sind, und an dieser Stelle muß man noch einmal die alte Formel überdenken, daß die Ehe im Sinne der Bibel voraussetzt, jemand habe aufgrund seiner Liebe »Vater und Mutter verlassen«. Ohne Zweifel, das wird jetzt deutlich, hängt beides zusammen: So sehr die Übertragung die Dauerhaftigkeit einer Ehe, ja überhaupt eine wirkliche Liebe zum anderen verhindert, so sehr kann und wird die Auflösung der Elternübertragung, also die Loslösung von Vater und Mutter, die unerläßliche Voraussetzung für eine wirkliche Ehe bilden. Alles konzentriert sich daher auf die Frage, wie eine Auflösung der Übertragungsliebe möglich ist, und hier erst wird deutlich, wie die psychologischen Darlegungen unmittelbar in die Theologie hineinreichen. C.G. Jung hat vor Jahren die Schwierigkeiten der Ablösung einer Übertragung im Verlauf einer psychotherapeutischen Behandlung geschildert und sich bei dieser Gelegenheit vor allem mit der Trostlosigkeit des Freudschen Standpunktes auseinandergesetzt. Seine Argumente und Erfahrungen gegenüber Freud sind religionspsychologisch außerordentlich lehrreich und verdienen an dieser Stelle kurz referiert zu werden.

In jeder längeren Psychoanalyse, so erkannte bereits Freud, wird und muß es geschehen, daß der Patient die Erinnerungen an seine (frühe) Kindheit auf den Analytiker »überträgt« und an ihm »wiederholt« und »durcharbeitet«, also seine überkommenen Einstellungen aufgrund eigener Einsicht in die Realität modifiziert und situationsgerecht umgestaltet. Besonders wenn, wie wünschenswert, Therapeut und Patient verschiedenen Geschlechtes sind, wird es zeitweilig zu Formen von Übertragungsliebe zwischen Analysand(in) und Analytiker(in) kommen.[31] Es war Freud dabei klar, daß es therapeutisch nicht sehr sinnvoll sein kann, wenn der Therapeut auf die (kindlichen) Liebeserwartungen des Patienten in der Realität eingeht, denn das würde bedeuten, daß der Therapeut den Klienten auf eben der Stufe seiner Entwicklung zum Partner erwählt, auf der dieser gerade steht – einer kindlichen Stufe; die Notwendigkeit einer Weiterentwicklung würde damit wahrscheinlich blockiert, denn der Patient wäre, ohne weiter an sich arbeiten zu müssen, bereits am Ziel seiner Wünsche. Insofern bedeutet jede Analyse ein erhebliches Maß an Triebverzicht und »Frustration« bei Therapeut wie Patient(in).

Wie nun aber, wenn der Patient die Zurückweisung seiner Liebeswünsche nicht akzeptieren will und darauf besteht, daß seine Übertragungen durch den Therapeuten unkorrigiert übernommen werden? In solchen Fällen sah Freud keinen anderen Ausweg, als resigniert festzustellen, es gebe eben Leute, die nur »Suppenlogik mit Knödelargumenten« verstünden,[32] und hier hülfe nur eine rasche Beendigung der ganzen Therapie. Anders sah es C.G. Jung. Er meinte, ein so starkes Bedürfnis, wie es sich in der Übertragung der Vater- und Muttergestalt ausspreche, könne nicht einfach als ein lusus naturae betrachtet werden; vielmehr verberge sich dahinter ein tieferer Sinn, der zudem, wie nur weniges sonst, beweise, daß die gesamte Psychoanalyse Freuds im Grund zu spät ansetze, wenn sie ihr Augenmerk primär auf die Psychogenese des Individuums lenke.

Jung legte sich vor allem die Frage vor, woher eigentlich die überaus große Macht herrühre, die Vater und Mutter auf das frühkindliche Erleben ausüben. *Freud* hatte darauf mit der vollkommenen Hilflosigkeit des Kleinkindes geantwortet, und gewiß kann man sich die Angewiesenheit des Kindes auf seine Eltern, besonders auf seine Mutter, nicht groß genug vorstellen. Gleichwohl zeigt vor allem die Verhaltensforschung, besser noch als Jung es selber damals wissen konnte, daß die Beziehung des Kleinkindes zu seiner Mutter (und später zu seinem Vater) keineswegs nur durch erlernte Verhaltensweisen zustande kommt, sondern durch eine Reihe angeborener auslösender Mechanismen vermittelt wird. Dieser Tatbestand spricht sehr für die Ansicht *Jungs*, daß die individuellen Erfahrungen mit den Personen der Eltern

[31] S. Freud, Die Frage der Laienanalyse (1926), Ges. Werke Bd. 14, London [1]1948, S. 256–259; ders.: Bemerkungen über die Übertragungsliebe (1915), Ges. Werke Bd. 10, London [1]1946, S. 318–319.

[32] S. Freud, Bemerkungen über die Übertragungsliebe (1915), Ges. Werke Bd. 10, London [1]1946, S. 315.

archetypisch kollektiv vorgeprägt sind und ihre Energie aus Erwartungen beziehen, in denen sich die kollektiven Erfahrungen der menschlichen Art aus dem Erbe der Evolution niedergeschlagen haben. In gewissem Sinne tritt der individuelle Vater bzw. die individuelle Mutter in den Rahmen eines Bildes ein, das unendlich viel größer und reicher ist als sie selbst.[33] So wie die Webervögel das fertige Bild ihres Nestes und den kunstfertigen Plan seiner Konstruktion nicht erst durch die Erfahrungen im Nest lernen, sondern in artspezifischer Differenzierung vorgeprägt mitbringen, wenn sie aus dem Ei schlüpfen, so, meinte Jung, bringt der Mensch das Gestaltbild von Vater und Mutter archetypisch vorgeprägt mit auf die Welt.[34] Die individuellen Eltern sind daher lediglich die ersten Katalysatoren von Sehnsüchten und Erwartungen, die sie nicht begründen, sondern nur auslösen, und die weit über sie hinausweisen.

In dieser Sicht gelangte C.G. Jung natürlich zu einer von Freud weit abweichenden Wertung auch der Übertragungsliebe. Wenn die Bilder von Vater und Mutter dem Menschen archetypisch angeboren sind, so ist es keinesfalls ein bloßer Infantilismus, eine bloße Regression auf bestimmte Fixierungsstellen der Libidoentwicklung, wenn in der Liebe eines Erwachsenen Sehnsüchte und Wünsche sich zu Worte melden, die ursprünglich zuerst Vater und Mutter gegolten haben. Es scheint vielmehr unvermeidlich, daß in der Liebe stets und immer nicht nur die Imagines, sondern die *Archetypen* von Vater und Mutter wiederbelebt werden.

Die Verhaltensforschung und die Paläoanthropologie haben, wie zur Bestätigung dieses Standpunktes, tatsächlich gezeigt, daß die Verhaltensweisen zweier Verliebter auf ein wechselseitiges Mutter-und-Kind-Spielen hinauslaufen: Die Verliebten reden miteinander in den agrammatischen Sätzen und mit

[33] C.G. Jung meint, »daß das Kind ein angererbtes System besitzt, welches das Vorhandensein von Eltern und deren möglicher Einwirkung antizipiert... hinter dem Vater steht der Archetypus des Vaters, und in diesem präexistenten Typus liegt das Geheimnis der Vatergewalt, wie die Macht, welche den Vogel zum Wandern nötigt, nicht von ihm selber erzeugt wird, sondern aus seiner Ahnenreihe stammt.« C.G. Jung, Die Bedeutung des Vaters für das Schicksal des Einzelnen (1909); Bd. 4, Olten–Freiburg 1969, S. 368.

[34] »Wir müssen heutzutage«, erklärte C.G. Jung, »von der Hypothese ausgehen, daß der Mensch insofern keine Ausnahme unter den Geschöpfen darstellt, als er unter allen Umständen, wie jedes Tier, eine präformierte, artgemäße Psyche besitzt, welche überdies... noch deutliche Züge familiärer Vorbedingungen aufweist... Es muß sich um Funktionsformen handeln, die ich als ›Bilder‹ bezeichnet habe. ›Bild‹ drückt nicht nur die Form der auszuübenden Tätigkeit, sondern auch zugleich die typische Situation aus, in welcher die Tätigkeit ausgelöst wird.« C.G. Jung, Die psychologischen Aspekte des Mutterarchetypus (1939), Bd. 9, 1. Teil, Olten–Freiburg 1976, S. 94

den verniedlichenden Wörtern der Babysprache, sie umarmen einander wie die Mutter das Kind, und sie bringen einander Geschenke dar, die mit Absicht uralte Kinderwünsche wiederbeleben.[35] Wie Untersuchungen z. B. bei Lachmöwen ergeben haben, beruht dieses Verhalten auf evolutiv weit verbreiteten Mechanismen, deren biologischer Sinn offenbar darin liegt, die Brutpflegeinstinkte im anderen wachzurufen bzw. die Fähigkeit zu eigenem Brutpflegeverhalten unter Beweis zu stellen und somit die Übernahme der eigenen Vater- und Mutterrolle einzuüben.[36] Aber bezeichnenderweise ist es nur möglich, selber in die Aufgaben und Pflichten der Eltern hineinzuwachsen, wenn man selbst am anderen den Halt und den Schutz erfährt, den früher Vater und Mutter bedeutet haben.

Bei den Tieren, die ohnedies zumeist nur kurzlebige Paarbindungen kennen, nehmen die gegenseitigen »Übertragungen« von Vater und Mutter zumeist ein vorübergehendes Moment in der »Liebe« ein. Beim Menschen jedoch ist die Auflösung der Übertragung in der Liebe offensichtlich nicht so einfach. *Ein* Grund dafür mag individuell in gewissen (quasi-)neurotischen Faktoren der persönlichen Psychogenese gelegen sein; aber ein anderer, wichtigerer Faktor liegt in der Eigenart des allgemein menschlichen *Sicherheitsbedürfnisses*, das sich vom tierischen Erleben prinzipiell unterscheidet.

Anders als das Tier nämlich, das bestimmte Bedrohungen und Gefährdungen seitens der Umwelt nur momentan erlebt und nach artspezifischen Reaktionsmechanismen beantwortet, ist der Mensch aufgrund seiner geistigen Fähigkeiten imstande, ja in gewissem Sinn förmlich dazu verurteilt, sein *gesamtes* Dasein als letztlich gefährdet und unausweichlich bedroht wahrzunehmen, und diese *prinzipielle, ontologische* Verunsicherung der menschlichen Existenz führt offenbar zu eine Vertiefung und Radikalisierung des menschlichen Verlangens nach Geborgenheit, Halt, Akzeptation und Sicherheit insgesamt.[37] Die archetypischen Gestalten von Vater und Mutter gewinnen damit die Funktion eines *absoluten* Versprechens, das nicht nur das Maß der eigenen Eltern, sondern das Maß eines jeden Menschen unendlich übersteigt. An sich ziehen gerade die Archetypen von Vater und Mutter das menschliche Sicherheitsbedürfnis auf sich; aber unter dem Druck der Angst, die das menschliche Bewußtsein angesichts der natürlichen Gefährdungen des Daseins ins Unend-

[35] R. Bilz, Schrittmacherphänomene (1948), in: Die unbewältigte Vergangenheit des Menschengeschlechts. Beiträge zu einer Paläoanthropologie, Frankfurt 1967, S. 22.

[36] R. Bilz, a. a. O., S. 17; 19; E. Drewermann, Strukturen des Bösen, 2. Bd.: Die jahwistische Urgeschichte in psychoanalytischer Sicht; 2. erw. und verb. Aufl. Paderborn 1980, S. 114

[37] L. Szondi, Lehrbuch der exp. Triebdiagnostik, Bd. I: Textband, Bern–Stuttgart, 2. völlig umgearb. Aufl. 1960, S. 182.

liche hinein verlängert und steigert, werden die Elternarchetypen im Menschen in eine Dimension hineingetrieben, die alles menschliche Vermögen bei weitem transzendiert und im strengen Sinne *religiös* verstanden werden muß, indem hier ein Absolutes an Halt und Geborgenheit auf dem Hintergrund einer ontologischen Ungesichertheit und Angst in dem Bild eines absoluten Vaters, einer absoluten Mutter angeschaut und erwartet wird.
Was in der (neurotischen) Form der Übertragungsliebe sowie in der Übertragung der therapeutischen Situation als Problem auftaucht, ist daher keineswegs eine Sondervariante oder eine rein krankhafte Abart menschlicher Beziehungen, sondern das Symptom einer eminent anthropologischen bzw., besser, einer rein religiösen Thematik.[38] Statt die Vater- oder Muttersehnsucht in der Übertragungsliebe für einen puren Infantilismus oder für eine maßlose Gefühlsverirrung zu halten, läßt sich eine gewisse Wahrheit der Elternübertragung in der Liebe nicht verleugnen, wenn man ihre *religiösen* Implikationen begreift. Die Frage stellt sich dann vollkommen neu, wie die Übertragung ohne die resignierte »Desillusionierung« Freuds gelöst werden kann.
Zweifellos wird kein Mensch seine Suche nach Sicherheit bei einem bestimmten Menschen aufgeben, ohne in einen größeren Raum von Geborgenheit einzutreten; insofern ist es nur natürlich und »normal«, daß ein Mensch sich von seinen Eltern äußerlich löst und in der Liebe innerlich die Bedürfnisse, die sich bis dahin an Vater und Mutter wendeten, nun auf den Geliebten überträgt. Aber an dieser Stelle wird deutlich, daß es um der Möglichkeit menschlicher Liebe willen nötig ist, die Archetypen von Vater und Mutter, mithin das *unendliche* Bedürfnis nach Sicherheit und Halt, überhaupt von *jedem* Menschen zu lösen und selbst ins Unendliche zu richten.
Es gibt also für die Auflösung der Übertragungsliebe letztlich nur eine *religiöse* Antwort. Nur wenn jemand den Archetyp des Vaters bzw. der Mutter im Unendlichen festmachen kann, vermag er seine Erwartungen nach Schutz und Geborgenheit zu relativieren und den anderen in seiner realen Begrenztheit zu erkennen und anzuerkennen; klarer gesagt: Nur im Glauben an Gott ist eine Auflösung der Übertragungsliebe und eine reelle Liebe zum anderen Menschen möglich.

c) Die Alternative von Gottesglauben und Übertragungsliebe

Diese psychologische Einsicht ist nun für die theologische Auffassung von der Ehe in Anbetracht der Übertragungsliebe von allergrößtem Gewicht. Als

[38] E. Drewermann, Strukturen des Bösen; 3. Bd.: Die jahwistische Urgeschichte in philos. Sicht, Pb. 1979, S. 323–324.

erstes wird deutlich, was es tiefenpsychologisch und dogmatisch (nicht im strengen exegetischen Sinne allerdings) bedeutet, »Vater und Mutter zu verlassen«, um die Liebe zu einem Menschen zu erlernen, und es wird ferner klar, wieso die Liebe unter Menschen in Mk 10 von Jesus mit einem Tun Gottes in Verbindung gebracht werden kann. Für die *Mythologie* ist, nach dem eingangs Gesagten, die Liebe göttlich, insofern sie als eine überwältigende Naturmacht erlebt wird. Anders verhält es sich, wie sich jetzt zeigt, im Judentum und Christentum. Hier ist die Liebe offenbar ein Werk Gottes, insofern der Mensch in Gott eine Geborgenheit findet, die den Menschen neben ihm als einen Menschen leben läßt und es ihm allererst ermöglicht, den anderen Menschen menschlich zu lieben, und der beste Beweis dafür ist die Auflösung der Übertragungen der Elternarchetypen auf den Geliebten, das »Verlassen von Vater und Mutter« in tiefenpsychologischem Sinne.

Daß diese Sichtweise zutreffend ist, wird durch das Bild bestätigt, das Jesus im Neuen Testament auch sonst von der Stellung des Menschen zu Gott entwirft. Man erinnert sich, daß Jesus an anderer Stelle als Folge oder Zeichen des Glaubens die Auflösung sogar der engsten Bindungen unter Menschen fordert; an Gott zu glauben bedeute, meint er dort, selbst die Liebe zu Vater und Mutter, zu den eigenen Kindern, zu allem, was man überhaupt zu besitzen glaubt, zu relativieren (Mk 10, 29; Mt 10, 37). Offensichtlich ist es also für Christus ein und dasselbe, zu Gott hinzufinden und die absoluten Erwartungen aneinander, tiefenpsychologisch gesprochen: die Übertragung der Elternarchetypen aufzulösen. Und in der Tat ist jetzt tiefenpsychologisch zu sehen, wie beides zusammengehört. Die Liebe zwischen Mann und Frau ist eigentlich nur möglich, wenn ein jeder der Ehepartner sich selbst soweit in Gott geborgen weiß, daß er davon lassen kann, jenen Halt im anderen wiederzusuchen, den er als Kind in Vater und Mutter besaß (oder jedenfalls zu besitzen suchte); und so wie die Geborgenheit bei den Eltern nur das erste Stadium, die erste Verheißung einer Geborgenheit bildet, die unendlich über das hinausweist, was Vater und Mutter einem Menschen sein können, so ist auch die Liebe zwischen Mann und Frau nur insoweit wirklich, als sie über sich hinaus auf den Halt und die Geborgenheit hinweist, die ein jeder in Gott besitzt. Nur von Gott her ist es also möglich, zu einer dauerhaften, unauflöslichen Beziehung zueinander zu finden, denn nur in der Bindung an Gott kann ein Mensch den anderen so gelten lassen, wie er wirklich ist, ohne seine Person mit absoluten, vergöttlichenden Erwartungen aus dem Umkreis der Elternarchetypen zu überziehen. Nur im Glauben ist er möglich, wirklich »Vater und Mutter zu verlassen«, und nur von Gott her ist eine Liebe unter Menschen auf Dauer möglich, die das Verlassen von Vater und Mutter, die Auflösung der Elternübertragungen voraussetzt.

d) Vom Realismus des mosaischen Gesetzes: im »Anfang« und in der »Herzenshärte«

Von daher erscheint die Problematik von Mk 10, auf die Jesus antwortet, in einem völlig neuen Licht, denn sie ist jetzt vor allem zu lesen auf dem Hintergrund menschlicher Angst und Ungesichertheit, auf dem Hintergrund menschlicher Suche nach Halt und Geborgenheit und vor allem: in der radikalen Alternative zwischen Übertragungsliebe und Gottesglauben, zwischen der Projektion der Elternarchetypen auf den anderen und der Verankerung der archetypischen Strebungen im Absoluten. Insbesondere gewinnt jetzt das Wort Jesu vom »Anfang« und in der »Herzenshärte« des mosaischen Gesetzes eine besondere Zuspitzung.
Der »Anfang« ist im biblischen Denken niemals rein zeitlich zu verstehen, sondern meint das, was »prinzipiell«, »wesenhaft« im Menschen verankert ist.[39] Vornehmlich das Bild vom Paradies in Gen 2,24.25, auf das Jesus zurückgreift, zeichnet den Menschen so, wie er von Gott her *eigentlich* gemeint ist und wie er nur in Gott sein kann. Eine Liebe zwischen Mann und Frau, die ohne Scham und ohne gegenseitige Erniedrigung zueinander steht, ist nur im »Paradies«, in der Einheit des Menschen mit Gott, vorstellbar – dies ist schon die Ansicht des Jahwisten; trennt sich der Mensch von Gott, so zerbricht auch die Einheit der Liebe und verwandelt sich in eine Gemeinsamkeit der Scham (Gen 3,8) und der Mühsal (Gen 3, 16.17) sowie in ein Verhältnis der Über- und Unterordnung, das von vornherein den Keim des Verfalls in sich enthält.
Es ist folglich lediglich ein auch von Jesus anerkannter juristischer Realismus, wenn Moses in seinem Gesetz die Möglichkeit der Ehescheidung zuläßt, »wegen eurer Herzenshärte«, wie Christus sagt. Die »Herzenshärte« ist gewiß an dieser Stelle auch soviel wie »Liebesunfähigkeit«; man muß sich aber vor Augen halten, daß insbesondere der Prophet Jeremias dem Volk Israel »Herzenshärte« im Sinne von *Glaubenslosigkeit* vorwirft, und der Ausdruck im biblischen Sprachgebrauch eher das Verhältnis des Menschen zu Gott als das Verhältnis der Menschen zueinander bezeichnet.[40] Erst aus dem zerbrochenen Verhältnis zu Gott, aus der religiösen »Herzenshärte« folgt, daß die Menschen einander nicht lieben können, ohne sich gegenseitig mit letztlich religiösen Erwartungen nach Geborgenheit und Sicherheit zu überfordern und ihre Liebe daran zugrunde zu richten. Aufgrund dieser Herzenshärte vor Gott

[39] E. Drewermann, Strukturen des Bösen; 1. Bd.: Die jahwistische Urgeschichte in exegetischer Sicht, 2. erw. u. verb. Aufl. Paderborn 1979, S. XVIII–XXV.
[40] Vgl. Dtn 29,18; Jer 3,17; 7,24; 9,13; 11,8; 13,10; 16,12; 18,12; 23,17; Ps 81,13.

ist es nur konsequent, wenn Moses die Ehe für auflösbar hält. Aus der religiösen Verschlossenheit ergibt sich mit Notwendigkeit die moralische Unfähigkeit zur Liebe. Eben deshalb ist das Scheitern menschlicher Liebe aber keine Naturtatsache, und es kann, meint Jesus weiter, nicht als eine rechtliche Selbstverständlichkeit in Anspruch genommen werden: im »Anfang« – also vom Wesen des Menschen vor Gott her – »war (ist) es anders«. Es ist zwar innerhalb der Gottesferne, jenseits von Eden, eben in der »Herzenshärte« unmöglich, einander ein Leben lang zu lieben; aber es ist doch menschliche Schuld, nicht in der Einheit mit Gott zu leben; und so ist die Auflösung der Ehe selbst, so menschlich notwendig sie im Einzelfall auch erscheinen mag, dennoch ein Zeichen menschlicher Schuld.

e) Die Unauflösbarkeit der Ehe als eine religiöse, nicht moralische Frage

Aber wenn dem so ist, so stellt sich die alles entscheidende Frage, wie denn aus dieser religiösen, nicht zunächst moralischen Schuld herauszufinden ist. Man sagt oft leichthin, Jesus habe in seiner Person die ursprüngliche Ordnung wiederhergestellt, und er sei gerade darin von einem messianischen Bewußtsein, daß er über das mosaische Gesetz hinaus den Menschen zu seiner eigentlichen Wirklichkeit vor Gott zurückführe. Es ist nicht falsch, theologisch so zu sprechen; aber es ist sehr wichtig, sich eine möglichst klare Vorstellung darüber zu verschaffen, was inhaltlich mit dem theologischen Vokabular von Urstand, Messianität und Gnade gemeint ist. Man versteht, daß es Jesus in der Frage nach der Ehe so wenig wie auch sonst um ein moralisches Problem geht; es geht Christus mit seinem Rückgriff auf den »Anfang« wesentlich darum, den Menschen auch in den Beziehungen zueinander wieder vor Gott zu stellen. Und von Gott her gibt es in der Tat eine Antwort auf das menschliche Liebesunvermögen. In der Ordnung des »Paradieses«, im Vertrauen zu Gott also, ist es möglich, den anderen als Menschen zu lieben und gelten zu lassen. Wenn der Mensch aus der Gottlosigkeit seiner Angst herausfindet, vermag er auch wieder zum anderen zu finden, ohne ihn mit den angstbedingten Projektionen elterngleicher Sicherheitsbedürfnisse zu überfordern; im Glauben an Gott kann die Liebe zueinander tragfähig und von Dauer sein.

Alles, was sich moralisch oder rechtlich verordnen läßt, kommt daher in der Frage der menschlichen Liebe zu spät. Allein das Vertrauen zu Gott entscheidet über das Schicksal der Liebe untereinander. Nur wenn es stimmt, was Jesus andernorts zentral verkündet: daß der Mensch in seinem Vertrauen zu Gott

wie ein Kind sei – oder sein müsse – (Mk 10, 13-16), wird die liebezerstörende Übertragung der Elternarchetypen auf Menschen vermeidbar sein.[41]
Auf diese Weise wird auch die Zweigliedrigkeit der Antwort Jesu in Mk 10 verständlich. Das Markus-Evangelium schildert das Auftreten Jesu an vielen Stellen nach Art des Lehrvortrags der spätjüdischen Rabbinen: Sie geben der Öffentlichkeit auf eine bestimmte Problemfrage eine Antwort, die nur bedingt gilt, und erläutern später die Antwort im Kreise ihrer Jünger ausführlicher.[42] So weist Jesus in Mk 10 die Zuhörer in der Öffentlichkeit nur darauf hin, daß die Rechtspraxis des mosaischen Gesetzes keinesfalls als »gutes Recht« gelten kann, sondern lediglich eine Notverordnung unter den Bedingungen der Gottesferne darstellt. Dies ist offensichtlich für »die draußen« (Mk 4,11)[43] genügend Stoff zum Nachdenken. Im Umkreis seiner Jünger dann formuliert Jesus, was in der Einheit mit Gott gilt: Die Ehe ist wesenhaft unauflöslich, und eine Wiederverheiratung Geschiedener ist soviel wie ein Ehebruch. Alles liegt an dieser Stelle daran, zu begreifen, daß der Ortswechsel von draußen nach drinnen, von öffentlicher Rede und Jüngererklärung einen radikalen Wechsel der inneren Einstellung voraussetzt und alles andere als eine bloße Formalität rabbinischer Lehrweise darstellt. Allein derjenige, der im Umkreis Jesu gelernt hat, zu einem kindlichen Vertrauen gegenüber Gott zurückzufinden, wird verstehen, daß die Liebe zwischen Mann und Frau von Gott her dauerhaft ist; jedem, der noch in der »Herzenshärte« lebt, ist diese Ansicht (noch) nicht nachvollziehbar, ja innerlich unmöglich; zu ihm spricht Christus so auch nicht.

[41] Man kann demgegenüber nicht übersehen, daß die meisten rein moralischen Stellungnahmen der Kirche zum Thema Ehe und Sexualität gerade nicht Vertrauen, sondern Angst und Schuldgefühl verbreitet haben, und es liest sich weitgehend wie eine Persiflage zur kirchlichen Ehemoral, wenn G. Orwell in seinem nur scheinbar utopischen Roman »1984« von der Partei des Großen Bruders schrieb: »Das Ziel der Partei war nicht nur, das Zustandekommen enger Beziehungen zwischen Männern und Frauen zu verhindern, die sie vielleicht nicht mehr übersehen konnte. Ihre wirkliche, unausgesprochene Absicht ging dahin, den sexuellen Akt aller Freude zu entkleiden. Nicht so sehr die Liebe, als vielmehr die Erotik wurde als Feind betrachtet, sowohl in wie außerhalb der Ehe.« (G. Orwell: 1984; übers. v. K. Wagenseil; [1]1950 Zürich; Neudruck: Frankfurt–Berlin–Wien 1976, Ullstein-Tb. 3253, S. 62–63).

[42] H. Zimmermann, Neutestamentliche Methodenlehre. Darstellung der historisch-kritischen Methode, Stuttgart 1966, S. 112–113, mit ausführlichem literarkritischem Vergleich von Mt 19,3-12 und Mk 10,2-12, S. 105–115.

[43] J. Gnilka, Die Verstockung Israels. Is 6,9-10 in der Theologie der Synoptiker (St ANT 3), München 1961, S. 23–28.

5. Drei Thesen

Diese eminent theologische Differenz zwischen Glaubenden und Nicht-Glaubenden, zwischen denen »draußen« und denen »drinnen«, muß natürlich dogmatisch und moraltheologisch den Kern aller weiteren Überlegungen bilden. Denn es ergeben sich auf der Stelle wie von selbst jetzt daraus drei wichtige Thesen.

a) Die Sakramentalität der Ehe als Grund ihrer Unauflösbarkeit

Die erste Folge lautet: Nur wenn und insoweit eine Ehe geschlossen wird, daß ein jeder der Ehepartner seine Liebe nicht als eigentlichen Ort, sondern im Gegenteil als *Verheißung*, als *Zeichen* einer absoluten Geborgenheit versteht, kann die Ehe den Charakter der Unauflöslichkeit erhalten.
Somit wird verständlich, welch eine Bedeutung der Lehre der katholischen Kirche zukommt, daß die Ehe eben ein solches Zeichen der Geborgenheit in Gott, also ein *Sakrament* sei. Offenbar gibt die Lehre von der Sakramentalität der Ehe ganz korrekt wieder, was Jesus in Mk 10 über die Liebe zwischen Mann und Frau sagen will: Die Liebe unter Menschen steht und fällt mit dem Vertrauen zu Gott; ja sie ist, wo sie zustande kommt, selbst in sich ein wirksames Zeichen der Geborgenheit in Gott. Zugleich ist es deutlich, daß nur unter der Voraussetzung der Sakramentalität der Ehe von der Unauflöslichkeit der Ehe die Rede sein kann. Der Protestantismus, der die Ehe gut lutherisch für ein »natürliches Ding« hält und zudem auch noch an die Verderbtheit der menschlichen Natur glaubt, bleibt nur seinem eigenen Ansatz treu, wenn er, allen Worten Jesu zum Trotz, die Ehe für auflösbar erklärt und sich damit an die mosaische Notverordnung anschließt.

b) Die unendliche Differenz wischen einem Wesensgesetz des Glaubens und einem moralischen Gesetz

Eine andere Frage aber ist es, ob die katholische Kirche gut daran tut, ja überhaupt das Recht dazu hat, *rechtlich* und *moralisch* die Unauflösbarkeit der Ehe zum Gebot zu erheben. Hier ergibt sich eine zweite Reihe wichtiger Ableitungen. Die katholische Kirche befindet sich – gegenüber dem Protestantismus – sicher in der Nähe der Worte Jesu in Mk 10, wenn sie die Ehe für ein *Sakrament* erklärt und in der Sakramentalität der Ehe die Unauflösbarkeit der Ehe begründet sieht: denn dieser Zusammenhang läßt sich, wie man sieht, dogmatisch und psychologisch plausibel machen. Aber gerade wenn die Ehe als ein Sakrament verstanden wird, ist es äußerst problematisch, daraus bestimmte *gesetzmäßige* Vorschriften abzuleiten.

Wenn zwei Menschen sich lieben, so tun sie dies im Sakrament der Ehe nach dem Gesagten in einer Weise, daß sie über sich selbst hinaus auf Gott verweisen, in dessen Gegenwart sie sich geborgen und geschützt genug fühlen, um einander in aller menschlichen Begrenztheit zu akzeptieren und sich selbst und den anderen nicht mit absoluten Erwartungen zu überfordern. Daraus folgt, daß die Ehe in streng theologischem Sinne ein reines Werk der *Gnade* Gottes ist. Menschen finden, wie in dem Märchen vom »Mädchen ohne Hände«, nicht anders zueinander, als daß sie leben lernen in einem Hause, woran geschrieben steht: »Hier lebt ein jeder frei.« Nur im Umraum der Gnade Gottes ist Liebe unter Menschen möglich. Die unbedingte Voraussetzung zum Empfang der Ehe ist daher der Glaube, mithin die Geborgenheit eines jeden Ehepartners in dem Vertrauen auf Gott. Fehlt diese feste Verankerung der eigenen Existenz bei einem der Partner, so ist die Ehe in der Gefahr, zusammenzubrechen, – so wie eine Brücke nicht mehr tragfähig ist, wenn eines ihrer Widerlager an einer der beiden Uferseiten ins Wanken gerät. Die Festigkeit der Liebe zweier Partner ist daher ganz und gar ein Werk der Gnade; sie ist das Ergebnis eines unbedingten Vertrauens; sie ist also gerade nichts, das mit Verstand und Willen moralisch oder rechtlich zu erzwingen wäre.
Eben darin liegt aber die außerordentliche Bedenklichkeit, wenn man aus der Unauflöslichkeit der Ehe ein moralisches oder kirchenrechtliches Gebot macht: Aus einer Konsequenz des Glaubens macht man damit einen Gegenstand des Wollens; aus einem Werk der Gnade Gottes wird ein Werk des Menschen; aus einem theologischen Geheimnis wird ein juristisches Präjudiz; aus einem übernatürlichen Geschehen wird ein Akt, der den Anschein erweckt, als wäre er so natürlich wie die Eheschließung in anderen sozialen Gruppen außerhalb der Kirche auch: ein Akt nach gesellschaftlichen Regeln und Konventionen, der im Raum der Kirche nur eben auch noch die moralische Forderung der Unauflöslichkeit mitumfassen würde. Auf diese Weise wird verdeckt, was eigentlich beste theologische Lehre ist: daß die Ehe als Sakrament eben keine rein naturhafte Veranstaltung, sondern ein Werk der Gnade Gottes ist. Auf der Grundlage der Gnade lassen sich keine *Gebote* begründen; es lassen sich nur *Folgerungen* ableiten, die sich wie selbstverständlich ergeben, wenn und solange ein Mensch in der Gnade steht. Folgerungen dieser Art sind gerade kein Teil der allgemeinen Ethik und Jurisprudenz; sie sind überhaupt nicht moralisch mit Verstand und Willen durchzusetzen; sie ergeben sich, wenn die Voraussetzungen des Vertrauens stimmen; sind diese Voraussetzungen nicht gegeben, so sind sie durch keine moralische Anstrengung mehr zu erzwingen.
Die Unauflöslichkeit der Ehe ist also eine streng moral*theologische* Lehre, die den Rahmen einer philosophischen Ethik vollständig sprengt, sie ist die

Konsequenz aus einer Lebenseinstellung, die aus einem Dasein der Angst und der Gottesferne zu der »ursprünglichen« Verankerung in Gott zurückgefunden hat; sie ist, rein moralisch gesehen, so wenig zu leisten und willentlich durchzusetzen wie die Weisungen der Bergpredigt, im Streit nicht zurückzuschlagen (Mt 5,39) oder gewalttätige Angriffe und Forderungen eines Gegners durch freigiebiges Entgegenkommen aufzufangen (Mt 5,4), und so wenig man je gewagt hat, die Weisungen der Bergpredigt zum Gesetz zu erheben, obwohl sie wie nichts sonst die Gesetze des Neuen Bundes formulieren, so wenig kann offenbar die Unauflöslichkeit der Ehe zur *moralischen* Verpflichtung erhoben werden.

Alles hängt demnach daran, ob das Grundempfinden der Geborgenheit in Gott wirklich gegeben ist oder nicht; ist es nicht gegeben, so können die Gesetze und Sanktionen die Liebe nicht erzwingen; im Gegenteil: sie verbreiten nur neue Furcht und Angst, die der Wiedergewinnung von Angstfreiheit und Vertrauen gerade im Wege stehen; und selbst wo sie äußerlich eingehalten werden, zerstören und verwüsten sie die Liebe mehr, als daß sie sie fördern könnten: Sie schaffen am Ende asketische Statuen ohne Herz und Gefühl, ohne Wärme und Leben, bloße Fossilien der Pflicht. Lediglich dies kann und *muß* man sagen, daß die Ehescheidung immer ein Zeichen für den Verlust der Gnade darstellt; aber es ist eben offen, ob im Einzelfall die Erfahrung der Gnadenlosigkeit, der Angst, der Menschenabhängigkeit subjektiv eine »Schuld« darstellt oder ob sich in ihr nicht gerade ein erster Schritt zu mehr Vertrauen, mehr Selbständigkeit und mehr Güte vollzieht.

Für die scheinbare Berechtigung von Gesetzen und Sanktionen innerhalb der kirchlichen Praxis mag man gegenüber diesen Darlegungen ins Feld führen, daß nur mit Hilfe eines strengen Kirchenrechts und mit klaren moralischen Geboten der Leichtfertigkeit, der Zügellosigkeit, kurzum der Unmoral im weitesten Sinne vorgebeugt werden könne. Das mag begrenzt der Fall sein. Aber man vergißt bei einer solchen Argumentation, daß im Menschen eigentlich – wie Gen 2 es schildert – das Bedürfnis nach Liebe wesenhaft verankert ist und daß erst die Zerstörung der Einheit mit Gott die Dauerhaftigkeit menschlicher Bindungen untergräbt. Der Grund der menschlichen Ausschweifungen kann daher theologisch nicht einfach in moralischen Gebrechen gesehen werden, wie Willensschäche, ungezügelte Sinnlichkeit, mangelnde Gewissensbildung u. ä. – Fehlern also, denen man zur Not mit moralischen Statuten beikommen könnte. Wenn es stimmt, daß der Mensch seinem ganzen Wesen nach auf die Liebe hin geschaffen ist und er erst im Feld der Gnadenlosigkeit, getrennt von Gott, zur Liebe unfähig wird, so ist rechtlich und moralisch kein anderes Gesetz möglich als eines, das so realistisch und pragmatisch über die Möglichkeiten des menschlichen Zusammenlebens denkt

wie das Gesetz des Moses: Es weiß, daß die »Herzenshärte« des Menschen moralisch und rechtlich nicht zu überwinden ist, sondern geradezu als Ausgangspunkt aller menschlichen Gesetzgebung betrachtet werden muß; und es weiß, daß der Mensch an seiner Liebesunfähigkeit selber *leidet,* daß sie ihm vom Ursprung her jedenfalls nicht naturgegeben und artgemäß zukommt, aber daß er doch nur anders sein und leben könnte, wenn er aus der Gnadenlosigkeit eines Daseins ohne Gott zurückgefunden hätte – und eben dieses Werk der Gnade kann der Mensch moralisch nicht erzwingen.
Die Lehre Jesu von der Unauflöslichkeit der Ehe kann also nicht den Sinn haben, das mosaische Gesetz durch ein Übergesetz *moralisch* zu verbessern; sie beschreibt lediglich, wie das menschliche Zusammenleben zu seinem Wesensursprung zurückkehrt, wenn Menschen zu Gott zurückgefunden haben. Sie ist eine Lehre, die allein vom Glauben her getragen wird; unabhängig davon, außerhalb des Jüngerkreises, hat sie keine Geltung, ja kann sie ohne menschlichen Schaden nicht ernsthaft aufgestellt werden. Was daher von kirchlichen Versuchen zu halten ist, mit weltlichen Mitteln – wie heute noch in Italien – die Ehescheidung zu verbieten und die Wiederverheiratung »Geschiedener« strafrechtlich zu verfolgen, ergibt sich von selbst.
Aber, wird man vielleicht jetzt sagen, *innerhalb* der Kirche, innerhalb der Gemeinschaft der Gläubigen, innerhalb der Christengemeinde muß und kann es doch die Festsetzung von Gesetzen und Geboten geben; für den getauften, gläubigen Christen muß doch die Unauflöslichkeit der Ehe als ein *Gesetz* gelten, das aus dem Glauben folgt. Gewiß, aus dem Glauben folgt mit Selbstverständlichkeit eine gewisse Gesetzmäßigkeit des Handelns und Verhaltens, und wenn die Kirche eine Gemeinschaft der Heiligen wäre, so besäße die Unauflöslichkeit der Ehe die unabdingbare Gültigkeit eines Naturgesetzes; sie brauchte dann durch keinerlei Gesetz und Strafe erzwungen zu werden; sie wäre der selbstverständliche zwischenmenschliche Ausdruck eines Lebens, das sich selbst in Gott zurückgeschenkt ist. Aber die Kirche ist keine Gemeinschaft der Heiligen, und eben deshalb ist hier mit moralischen und rechtlichen Gesetzen nichts auszurichten. In der Kirche leben Menschen, die nicht Christen sind, sondern *werden,* und es ist durchaus nicht sicher, inwieweit das Bekenntnis zu Christus oder der äußere Empfang eines Sakramentes wie der Ehe wirklich auf »Glauben« trifft, in dem Sinne, daß ein Mensch im Vertrauen auf Gott innerlich »Vater und Mutter verlassen« hat. Wie oft es Religiosität als Folge psychischer Abhängigkeit von den Eltern geben kann, dazu vergleiche man Freuds Analyse der Bekehrung.[44]

[44] S. Freud, Ein religiöses Erlebnis (1928), Ges. Werke Bd. 14, London [1]1947, S. 393–396.

Selbst wenn man daher zugeben wollte, daß der Glaube bestimmte Gesetze des Handelns nach sich zieht, so ist deswegen noch keineswegs gesagt, daß die Unauflöslichkeit der Ehe rechtlich und moralisch in der Kirche zum Gesetz erhoben werden kann.

Die Schwierigkeit liegt vor allem darin, daß die Mittel des subjektiven Bewußtseins, wie sich am Beispiel der Übertragungsliebe gezeigt hat, nicht ausreichen, um hinlänglich zu wissen, wie es um die eigene Existenz einem anderen Menschen gegenüber und noch weniger Gott gegenüber bestellt ist. Ein Eheabschluß kann moralisch und kirchenrechtlich durchaus unbedenklich erscheinen und ist doch ungültig im Sinne der alten Bestimmungen über die Ehehindernisse von Furcht und Gewalt, von Irrtum der Person und der Unfähigkeit, »zusammenzukommen«, vorausgesetzt, man nimmt diese Bestimmungen innerlich statt in platter Äußerlichkeit. In solchen Fällen, müssen wir jetzt sagen, wird u. U. eine Ehe, die in bürgerlichem Sinne und womöglich auch mit dem Segen der Kirche geschlossen wurde, nach theologischem Maßstab gar nicht erst zustandekommen, und wenn sie eines Tages geschieden werden muß, so liegt hier *theologisch* gleichwohl keine eigentliche Ehescheidung vor. Anders als das bürgerliche Gesetzbuch, das eine Reihe äußerer Festsetzungen einer gültigen Eheschließung kennt, existiert für die Theologie nur ein einziges wesentliches Kriterium für das Zustandekommen einer Ehe als Sakrament: die Voraussetzung des Glaubens. Wenn sich nun aber zeigt, daß der Glaube weder den Eheleuten selbst noch den Umstehenden eindeutig feststehen kann, wenn es Formen der Angst, der Abhängigkeit und Unfreiheit gibt, die dem einzelnen selbst unbewußt sind, obwohl sie ihn doch wesentlich mitbestimmen, so ist deutlich, daß die Theologie sich gerade umgekehrt zur Ehe stellen muß wie die bürgerliche Gesetzgebung und Moral. Im bürgerlichen Sinne ist die Ehe grundsätzlich auflösbar, aber ihr Zustandekommen ist nach eindeutigen Kriterien festellbar; in theologischer Betrachtung ist die Ehe grundsätzlich unauflöslich, aber ihr Zustandekommen ist ein Geheimnis, das allein in dem Verhältnis zwischen Mensch und Gott begründet liegt und das keine äußeren Kriterien zuläßt. Keinerlei Rechtsfiktionen oder Rechtssanktionen können an dieser Ungewißheit vorbeitäuschen: Es ist nicht endgültig feststellbar, ob zwei Menschen, die sich das Sakrament der Ehe versprechen, es auch wirklich empfangen; es ist im Einzelfall nicht klar, »was Gott geschlossen hat« und was bindend und trennend vom Menschen her in die Beziehung eindringt. Lediglich läßt sich – ähnlich wie im Ratschlag des Gamaliel (Apg 5, 34-39) – präsumieren, daß etwas, das Gott geschlossen hat, sich in der Tat gerade an seiner Unzerstörbarkeit zeigen wird. Das, was aus dem Glauben wesenhaft folgt, ist somit das einzige Erkenntnismittel, um festzustellen, daß zwischen Menschen Gott am Werke ist; und umgekehrt

wird das Scheitern einer Ehe wahrscheinlich ein Hinweis darauf sein, daß hier etwas geschlossen wurde, das nicht von Gott war.
Es gilt also in der Lehre von der Unauflöslichkeit der Ehe zu vermeiden, daß ein essentielles Gesetz und Kriterium des Glaubens zu einem glaubenslosen Moralgesetz entartet. In dem Roman G. Greene's »Das Herz aller Dinge« fragt Major Scobie sich einmal, ob er denn glauben könne, daß Gott für das Glück seiner bemitleidenswerten Gattin eintreten werde, wenn er, Scobie, es nicht tue, und er muß sich eingestehen, daß er diesen Glauben nie gehabt hat; eben darin liegt die Tragik seines überforderten guten Willens begründet; er müßte, sollte seine Ehe Bestand haben, sich entlastet fühlen können in dem Vertrauen, daß Gott auch dort wirkt, wo sein eigenes Tun zu Ende ist. Es ist das gleiche Vertrauen, das mit den Eheleuten zusammen die Kirche als ganze bzgl. der Ehe aufbringen müßte: Sie verwaltet Geheimnisse der Gnade, nicht Eindeutigkeiten einklagbarer Rechte.

c) Ehe und Ehelosigkeit

Dabei kann das hier erörterte Beispiel der Übertragungsliebe auch in einer dritten Konsequenz aus dem Gesagten ein neues Licht auf die von der Kirche oft vertretene Zusammengehörigkeit und gegenseitige Ergänzungsbedürftigkeit von Ehe und Ehelosigkeit in der Kirche werfen, wie sie vor allem im Anschluß an Mt 19, 10-12 gelehrt wurde. In der Tat: Es gehört, wie sich am Beispiel der Übertragungsliebe gezeigt hat, konstitutiv zur Fähigkeit der Liebe, sich von den Bindungen an die eigenen Angehörigen loszusagen und das Spiel absoluter Projektionen und Übertragungen einzustellen; insofern bedarf die Ehe eines Momentes, das am reinsten in der »Ehelosigkeit um des Himmelreiches willen« gelebt wird; umgekehrt aber bedarf die religiöse Ehelosigkeit ihrer Bestätigung in der Liebesfähigkeit und Freiheit dem anderen gegenüber, wie sie am reinsten in der Ehe verwirklicht ist. Zölibat und Ehe sind daher wie zwei Momente ein und derselben Bewegung, in der die Liebe zu Gott und die Liebe unter Menschen eine Einheit bilden. Beide sind die einander bedingenden Teile dessen, was die Kirche selbst als ganze ist – oder doch sein sollte (vgl. Mt 19,10-12 und Eph 5, 31.32).

Von einer besonders tragischen Form des Mißverständnisses in der Ehe – oder: vom Recht auf Scheidung und auf Wiederverheiratung in der katholischen Kirche

Ich verwünsche die Glücklichen,
denen der Unglückliche
nur zum Spektakel dienen soll.

J. W. v. Goethe: Wahlverwandtschaften, 1. Teil, 18. Kap.

1. Der innerkirchliche Appell zur Treue und die Not der Scheiternden

Die innerkirchliche Diskussion um die Ehe entzündet sich nach wie vor sehr wesentlich an der Frage, ob die katholische Kirche (k. K.) einer Wiederverheiratung Geschiedener zustimmen kann oder nicht. Das Problem, das hier zur Debatte steht, besitzt in der Tat ein hohes kirchenrechtliches und moraltheologisches Interesse; aber seine größte Bedeutung erlangt es eigentlich dadurch, daß sich an dieser Problematik besonders deutlich zeigen läßt, wie die k. K. ihre eigene dogmatische Lehre von der Sakramentalität der Liebe zwischen Mann und Frau verstellen müßte oder verstellen könnte.
In der Öffentlichkeit muß (und soll auch wohl) bereits nach der Synode in Würzburg, mehr noch aber nach der römischen Bischofssynode im Oktober 1980 der Eindruck vorherrschen, als ließe sich der offizielle Standpunkt der k. K. zur Ehe in zwei Sätzen zusammenfassen: Die menschliche Sexualität sei »ein menschliches und moralisches Gut nur innerhalb der Ehe«, und: »diese ist unauflöslich« (H. J. Fischer: Die katholische Lehre über die Ehe, FAZ, 27. Okt. 80, S. 12). Entsprechend diesen beiden Grundsätzen gehen die Mahnungen der Enzykliken und der Hirtenbriefe mit wachsender Eindringlichkeit dahin, die Sexualität unter allen Umständen an die Institution der Ehe zu binden und in irgendeiner Weise auf die Fortpflanzung zu beziehen; daß viele Jugendliche und Erwachsene sexuelle Beziehungen auch ohne Heiratsabsichten pflegen, glaubt man im kirchlichen Sprachgebrauch als »Bindungsangst« deuten zu müssen. Den Schwierigkeiten und Zerreißproben innerhalb der Ehe meint man mit der Mahnung zur Treue begegnen zu sollen. Den Widerspruch zur öffentlichen Meinung nimmt man dabei bewußt in Kauf, ebenso wie die abweichenden Folgerungen, die in anderen christlichen

Kirchen aus den gleichen Bibelstellen gezogen werden, auf die sich auch die katholische Theologie zur Begründung ihrer Position beruft.

Im Jahre 1981 faßte z. B. die Generalsynode der anglikanischen Kirche nach einer Debatte über die Haltung der Kirche in Fragen der Ehescheidung den Beschluß, daß Geschiedene nach einer abermaligen Eheschließung die heilige Kommunion empfangen dürften und daß geschiedene Männer, die sich noch zu Lebzeiten ihrer früheren Ehepartnerin neu verheiraten, sogar zu Priestern der Kirche von England ordiniert werden könnten; allein die Frage der kirchlichen Trauung von Geschiedenen wurde noch verschoben (epd. 26. 2. 81, FAZ).

Wie sehr die Meinung der Bevölkerung über die Formen des Zusammenlebens von Mann und Frau sich von den Vorstellungen der Kirche inzwischen entfernt hat, zeigt eine repräsentative Umfrage in Gottes Heimatland, in Frankreich: Zwei von drei Franzosen im Alter von achtzehn bis fünfzig Jahren befürworten eine »Ehe auf Zeit«; drei Viertel der Befragten sagen, eine Heirat sei nicht unbedingt notwendig für ein Paar, wichtig sei allein die Liebe; etwa 60% sprechen sich deshalb für ein Zusammenleben vor der Ehe aus, wobei etwa die Hälfte von ihnen eine solche »Ehe auf Probe« auch wirklich versucht hat (dpa v. 22. 2. 81, FAZ). Dem hält die k. K. das Papstwort entgegen, daß man nicht auf Probe lieben könne – so wenig, wie man auf Probe sterben könne. Freilich meinte bereits Shakespeare, man sei »besser gut gehängt als schlecht verheiratet«; aber die k. K. hält daran fest, daß es aus Treue zur Wahrheit Christi weder eine Lehrzeit der Liebe noch eine Inkubationszeit des Hasses geben dürfe, sondern wer sich zur Liebe (im sexuellen Sinne) entschließe, der dürfe das nur tun in der Absicht und mit dem Versprechen einer unverbrüchlichen Treue; eben darin bestehe die Sakramentalität der Ehe, daß sie in der Treue zueinander die ewige Treue Gottes zum Menschen sichtbar mache.

Es soll im folgenden gezeigt werden, daß diese Auffassung zweifellos ein gewisses ideelles Recht besitzt, daß sie aber in ihrer moralischen und rechtlichen Form viel zu äußerlich und abstrakt konzipiert ist, um wahr zu sein, daß sie, so feierlich vorgetragen auch immer, im Grunde ohne analytische Schärfe, also oberflächlich und verständnislos der Wirklichkeit gegenübertritt und daß sie vor allem ein Sprechen von Gott voraussetzt oder mindestens begünstigt, das einem latenten Verrat an der katholischen Anthropologie und Sakramentenlehre gleichkommt: Demgegenüber soll versucht werden, die Lehre von der Liebe und der Sakramentalität der Ehe so zu interpretieren, daß sich aus ihr Kategorien des Verstehens sowohl für das Gelingen wie für das Scheitern menschlichen Zusammenlebens in und außerhalb der Ehe entwikkeln lassen.

Es beginnt bereits mit dem Begriff der Treue, der, verstanden als sittliche Pflicht zum Zusammenstehen, »bis daß der Tod euch scheidet«, zu einem äußerst problematischen Zielbegriff entwertet werden kann. Treue ist eine Haltung, die aus der Liebe erwächst; sie ist nicht die Grundlage, sondern eine Folge der Liebe; will man also die Krise einer Liebe mit dem Befehl der Treue meistern, so verabsolutiert man damit eine Erscheinungsform der Liebe zu deren Inbegriff ohne Rücksicht darauf, unter welchen Voraussetzungen die Liebe entstehen und bestehen kann; der Begriff der Treue wird dann zu einem Wert an sich erklärt, der jede weitere Reflexion und Analyse über die Motive, weswegen Eheleute beieinander bleiben oder auseinander gehen, erübrigt und offensichtlich sogar ganz bewußt ausschalten soll. Für alle Ehepartner, die sich endgültig zu einer Trennung voneinander gezwungen sehen, weil ihre Liebe zerstört ist, oder weil sie, vielleicht nach langen Jahren, die Entdeckung machen müssen, daß sie sich eigentlich niemals richtig geliebt haben, hat die Kirche stets nur dieses eine und einzige Wort bereit, um einen solchen Vorgang zu kennzeichnen: Solche Eheleute seien einander »untreu«, sie brächen ihr sakramentales Versprechen, ja sie lebten im Zustand der schweren Sünde vor Gott, wenn sie ihre Trennung ein für alle mal aufrecht erhalten wollten und nach einer neuen Form der Bindung Ausschau hielten.
Noch viel eindeutiger fällt die moraltheologische und kirchenrechtliche Wertung in all den Fällen aus, wo jemand in eine schon bestehende Ehe von außen eindringt und womöglich auf lange Zeit hin ein Liebesverhältnis neben der Ehe zu einem anderen Partner unterhält; hier steht die kirchliche Jurisprudenz noch weit fassungsloser vor dem Phänomen der »Untreue«, das sie, gemäß ihrer Barmherzigkeit, wohl vergeben wird, wenn der Sünder sein Handeln bereut, aber das sie doch kraft göttlichen Rechtes und Gebotes, in der Bindung an die unbedingte Treue zu dem Wort des Herrn, entschieden ahnden zu müssen glaubt, wissend freilich, daß in der Geschichte der Menschen noch selten jemand eine wirkliche Liebe zu »bereuen« oder gar durch »Reue« zu zerstören vermocht hätte.
Wie ungeheuer selbstzufrieden, ungerecht und pauschal die Reduktion eines in jedem Einzelfall außerordentlich komplizierten Problems wie das einer Ehescheidung auf einen einzigen Wertbegriff (der Treue oder Untreue) wirken muß, wird man sogleich ersehen, wenn man sich auch nur einen Augenblick lang vor Augen hält, zu welch einem moralischen Amoklauf eine solche Lehre in ihrer rigorosen Form auffordert. Dichter aller Zeiten und Zonen haben sich die größte Mühe gegeben, ehrlich und sorgfältig den Regungen und Verwicklungen des menschlichen Herzens nachzugehen. Sie haben so wundervolle und wundersame Gestalten überliefert oder ersonnen wie Jason und Medea, Theseus und Ariadne, Aeneas und Dido, Tristan und Isolde, Lancelot du Lac

und Ginevra; und in allen diesen Gestalten haben sie geschildert, wie mächtig und unbezwingbar die Liebe ist, wie vielfältig in ihren Auswirkungen und Motiven, und wie oft sie in dieser Welt zum Scheitern verurteilt ist. Sollte wirklich jemand die Stirn haben, all diese Beispiele der Liebe, wie er nach kirchlicher Lehre wohl müßte, für eheliche Untreue, für Unmoral, Ehebruch und schwere Sünde zu erklären? Und wenn er ein solches Urteil in der schöngeistigen Literatur schon nicht wagen kann, ohne sich den Vorwurf einzuhandeln, daß er offenkundig sich selbst als einen Banausen und gefühlsrohen Fanatiker zu erkennen gibt – wie denn wollte er sich in der Beurteilung des wirklichen Lebens eines solchen Urteils vermessen, ohne daß man ihn nicht weit mehr noch als einen Mann bezeichnen müßte, der sich weigert, die Gefühle von Menschen zu verstehen oder auch nur ernst zu nehmen.
Man rühmt z. B. die Odyssee des Homer als das große Epos der Gattenliebe. Aber hat nicht der Grieche Odysseus sein Bild von der Frau erst stufenweise läutern müssen, ehe er zu seiner Gattin Penelope zurückfand? Auf seinen Irrwegen jedenfalls erschien ihm die Gestalt der Frau zunächst als versucherische und Zwietracht stiftende Helena, als gesangesbetäubende Sirene, als zauberische Kirke, welche die Macht besaß, Männer in Schweine zu verwandeln, als wohlgelockte und liebliche Nymphe Kalypso im Paradies ihrer Höhle – und als rettende Ino, die dem Schiffbrüchigen ihr Zauberband um die Brust schlang, daß es ihn sicher ans Festland trug; es war bereits ein endloser Weg der Gefahren und Irrungen, ehe Odysseus als Schiffbrüchiger des morgens nackt der verschreckten Phäakentochter Nausikaa entgegenzutreten vermochte, und danach erst war er imstande, zu der getreuen Gattin zurückzufinden. Wieviele Ehen sind nicht eine solche Odyssee des langen Weges zur Liebe, und wer wollte gegen den Willen der Götter und unter Strafe und Schuld befehlen, daß es entweder überhaupt keinen oder nur einen gradlinigen und stets im Sinne der Moral und des Rechts »erfolgreichen« Entwicklungsweg der Liebe geben dürfe? Will man im Ernst Goethe einen Konkubinisten und Hermann Hesse einen Ehebrecher und in schwerer Sünde Lebenden nennen? Will man die »Leiden des jungen Werther« und die Nöte des seiner Ehe müden »Klein« in H. Hesses Novelle »Klein und Wagner« als Folgen bloßer Unmoral brandmarken? Ja, wie will man eigentlich solche Wertungen durchhalten?
Man steht hier vor der Wahl.
Man kann, wie es geschieht, sich eisern auf das sogenannte Wort Gottes berufen, wonach der Mensch nicht trennen darf, was Gott verbunden hat; dann muß man das Zusammenleben in der Ehe selbst für den höchsten Wert der Ehe ausgeben und mit dieser Einstellung in Kauf nehmen, daß die Form der Ehe – das Ergebnis der Liebe – wichtiger wird als die Liebe selbst; man muß akzeptieren, daß ein solches Verständnis von Treue sich schließlich sogar

gegen vieles richtet, was zur Liebe selbst gehört: Phantasie, Erotik, Erfahrungsreichtum, Intensität des Gefühls, Ehrlichkeit und innere Freiheit – all dies muß dann im Namen Gottes und der Kirche als zu gefährlich ausgeklammert bleiben; zur »Pflicht« hingegen muß die »Treue« um jeden Preis erhoben werden, obschon man sehr klar wissen könnte, daß eine äußere »Treue« des Zusammenlebens sich aus mancherlei Haltungen ergeben kann, die mit Liebe und dauerhafter Bindung im Inneren nicht das Geringste zu tun haben, wohl aber z. B. mit Bewegungslosigkeit, Starre, Herzensarmut, Faulheit und vor allem mit einer vollkommen kindlichen Einstellung gegenüber einem von Kirche und Elternhaus mustergültig großgezogenen sadistischen Überich. Insbesondere muß man in einer solchen Einstellung theologisch hinnehmen, daß das Wort Gottes immer wieder in einer Weise auf Einzelfälle bezogen werden muß, die man nur als unmenschlich und bar jeden gesunden Menschenverstandes bezeichnen kann – ein Widerspruch von Menschlichkeit und Göttlichkeit des Wortes Gottes, der einer vernünftigen Inkarnationstheologie geradewegs Hohn spricht.

Man kann aber auch den eklatanten Widerspruch zwischen dem Wortlaut eines Bibelwortes und der Härte der Lebenswirklichkeit als einen Hinweis dafür nehmen, daß ein bestimmtes Gotteswort in seiner Verbindlichkeit doch wohl noch nicht genügend tief verstanden worden ist, wenn es zu Folgerungen führt, deren Wirkung nach allem menschlichen Empfinden grausam und ungerecht ist.

Die Alternative zwischen diesen beiden Möglichkeiten stellt sich bereits sehr früh. Wem der Konflikt zwischen offizieller moraltheologischer Ehedoktrin in der k. K. und den Erfordernissen praktischer Seelsorge im Umgang mit den vielfachen Nöten der Eheleute nicht in sich selbst ein religiöses und theologisches Problem ist, der kann es sich zweifellos subjektiv ohne geistigen Widerspruch leisten, etwa den katholischen Eheberatern anzumahnen, das Ziel ihres Beratungsdienstes müsse unter allen Umständen die Wiederherstellung einer noch so zerrütteten Ehegemeinschaft sein. Wem indessen der Widerspruch von Theorie und Praxis mehr ist als nur ein Symptom für die bedauerliche Schwäche der menschlichen Natur, wer gelernt hat, vor den Erfordernissen menschlicher Not und menschlicher Liebe einen solchen heiligen Respekt zu empfinden wie ein Naturforscher vor einer gesicherten Naturtatsache – eine einzige Ausnahme wie der Michelson-Versuch, und das ganze wohldurchdachte Gebäude der Newtonschen Physik mußte verlassen werden –, der wird eher an seiner sich vielleicht vollkommen logisch und klar darbietenden Auffassung des Gotteswortes Zweifel tragen, als daß er der Erfahrung unzähliger Eheleute unrecht gäbe, die beteuern, an der Tragödie ihrer Ehe ohne Schuld zu sein; er wird fürchten, Gott mit unrechten

Argumenten zu rechtfertigen und also letztlich zu verleumden, wenn er Gott so ähnlich erscheinen läßt wie den »Guten Gott von Manhattan« in Ingeborg Bachmanns Hörspiel – ein sittenstrenger Stadtwächter, der wohl noch mit gewissen nächtlichen Affären der Liebe, nicht mehr aber mit der eigenartigen Treue Verliebter am folgenden Morgen einverstanden ist und seinen »Eichhörnchen« befiehlt, jedem Ansatz von liebender Anarchie mit Dynamit ein Ende zu bereiten. Angesichts der Not der »unordentlich« Liebenden wird er es eher mit dem bengalischen Dichter Rabindranath Tagore halten, der betete: »Ehrwürdiger Vater, vergib diesem sündigen Paar. Frühlingswinde wehen heute in wilden Wirbeln, sie fegen Staub und dürres Laub hinweg, mit ihm dahin sind auch deine Lehren. Sag nicht, daß Leben eitel sei, ehrwürdiger Vater. Denn wir haben Waffenstillstand mit dem Tod geschlossen für diese Zeit, und nur für ein paar Stunden voller Duft ist uns Unsterblichkeit verliehen, uns beiden« (R. Tagore: Der Gärtner, Nr. 44, S. 56). Auf jeden Fall wird er daran denken, wie Jesus den Pharisäern und Schriftgelehrten geantwortet hat, als sie ihn wegen des Ährenraufens am Sabbat zur Rede stellten (Mk 2,25); er gab ihnen zur Antwort, daß der leibliche Hunger des Menschen vor Gott *ein Argument* sei, um den Sabbatfrevel und den Mundraub zu rechtfertigen, und er sagte sogar, daß David recht hatte, als er aus Hunger das Allerheiligste im Tempel von Nob plünderte und das Sakrileg beging, die Schaubrote zu stehlen und zu essen (1 Sam 21,2–7).

2. Das wahre Problem sind die unbewussten Ängste

Im folgenden wollen wir am Beispiel einer besonders tragischen Form von »Hunger«, am Beispiel eines unausweichlichen Mißverständnisses in der Ehe, einmal grundsätzlich aufzeigen, daß die moralische und rechtliche Anmahnung zur Treue in der Ehe oft nicht nur nicht hilfreich, sondern geradezu schädlich und gefährlich sein kann, ja daß es möglich ist, eines Tages aus Treue zu dem eigentlichen Wesen eines anderen endlich eine unhaltbar gewordene Ehe zu beenden, und daß es vor Gott und den Menschen ein Recht, ja sogar eine Pflicht geben kann, ein neues und eigenes Leben zu wagen, aus alten Fehlern zu lernen und, gebe es Gott, um sein Glück in einer neuen, wahreren Ehe zu kämpfen. Es sind für gewöhnlich gerade die Irrwege des Herzens, die am meisten über die Wahrheit des Menschen belehren, und so wollen wir denn von der *Tragik* der Liebe sprechen, um die Wahrheit ihres *Glücks* um so klarer zu begreifen.

In einem früheren Aufsatz (vgl. oben S. 52–59) habe ich gezeigt, daß es Formen des Eheabschlusses geben kann, die in ihren wechselseitigen Übertragungen eher von Angst als von Glauben, eher von einer inneren Hörigkeit gegenüber den Gestalten von Vater und Mutter als von Unabhängigkeit und Freiheit, eher von projektiver Verzeichnung des Ehepartners als von einer wirklichen Annahme des anderen, kurz: eher von Furcht, Gewalt und Irrtum der Person als von einer Liebe geprägt sind, die über sich hinaus auf Gott verweisen und somit ein sakramentales Zeichen göttlichen Wirkens und göttlicher Gnade sein könnte. Insbesondere die wie schicksalhaft anmutenden, jeden eigenen Willen hinwegreißenden Formen der Liebe lassen sich psychoanalytisch als Folgen gewisser Übertragungsverhältnisse verstehen. Gäbe es nun lediglich diese speziellen psychischen Verwirrungen der Liebe, so könnte die katholische Moraltheologie sich vielleicht immer noch unverändert in die Trutzburg ihres »Was Gott geschlossen hat ...« zurückziehen, indem sie die Fälle der Übertragungsliebe unter der Klausel der psychischen Eheunfähigkeit subsumierte und mithin alle Ehen, die an Übertragungskonflikten zugrundegehen, aus der Zutändigkeit ihrer Betrachtungsweise entließe. Aber selbst dann bereits müßte man zugeben, daß die Dinge mitnichten so einfach liegen können, wie es die katholische Moraltheologie seit ihren Anfängen gern sehen möchte: daß der Mensch ein freies, von Gott vernunftbegabtes Wesen sei, das unter allen Umständen fähig sein müsse, den göttlichen Geboten nachzukommen. Vielmehr, wenn die Dinge so liegen, muß man anerkennen, daß der größte Teil der menschlichen Psyche dem Unbewußten angehört und folglich unfrei ist; man muß ferner zugestehen, daß es Ängste gibt, die im Unbewußten liegen und Wirkungen zeitigen, die sich einer bewußten Kontrolle und mithin auch einer moralischen Verantwortung entziehen. Und daraus folgt vor allem, daß die Problematik der Ehe überhaupt auf einer anderen Ebene angesiedelt sein muß als auf der Ebene der Moral. Das eigentliche Problem liegt, wenn es so steht, in der Frage, wie man die Ängste des Unbewußten aufarbeiten kann und ein Vertrauen ermöglicht, das tief genug ist, um von sich her eine tragfähige Psychologie der Liebesfähigkeit zu eröffnen.

Ganz zentral ist die Frage nach der Ehe also bereits in Anbetracht der Übertragungsproblematik eine Frage nach dem Glauben oder Nicht-Glauben; sie ist mithin genau das, als was die katholische *Dogmatik* sie auch sieht: eine Frage nach Gott und dem unverbrüchlichen Zeichen seines Beistandes und seiner Gnade; sie ist primär keine Frage der *Moral* und der bürgerlichen Ethik. Um gerecht zu urteilen, muß man folglich zunächst einmal sehen, welche Ängste und Angstverarbeitungsmechanismen der Haltung des Glaubens im Wege stehen, und dies ist das Geschäft der *Tiefenpsychologie*. Ohne die Einsichten der Tiefenpsychologie in die Charakterstruktur der jeweiligen Personen ist es auch theologisch ungerecht, fahrlässig (weil absichtlich unwissend) und anmaßend, ohne Umschweife mit moralischem Anspruch und erhobenem Zeigefinger von »Treue« zu reden und das Zusammenleben der Eheleute kategorisch und schlechthin zur Pflicht zu machen. Im Gegenüber der Angst bewährt sich der Glaube, und *hier* liegt das Gebiet theologischen Fragens; alle moralischen Betrachtungen gelten dem Theologen erst unter der Voraussetzung des Glaubens; mit der Verneinung des Glaubens in der Angst ist daher zu beginnen.

3. Das tragische Modell einer zwangsneurotisch-depressiven Ehe

Um der moralisierenden Betrachtung der Ehe in der k. K. prinzipiell zu wehren, soll einmal an einer psychologisch besonders unglücklichen Form der Paarbeziehung gezeigt werden, welche Folgen das Einpeitschen der Treueverpflichtung für bestimmte Eheleute haben kann und welche Konsequenzen sich aus dem notwendigen Scheitern bestimmter Ehen für Dogmatik, Moraltheologie und Kirchenrecht zwangsläufig ergeben müssen. Die Rede soll jetzt nicht allein von Leuten sein, denen die psychische Ehefähigkeit (wenn darunter eine Fähigkeit zu dauerhafter Gemeinschaft mit einem anderen Partner verstanden werden soll) womöglich rundum abgesprochen werden könnte; es soll die Rede von Leuten sein, die mit einem anderen Partner als dem eigenen u. U. sehr glücklich werden können, die aber mit dem Ehepartner, den zu heiraten sie vor Jahren das Pech, ja sogar seinerzeit eine Art Pflicht zu haben glaubten, durchaus nicht zusammenleben können. Wir sprechen dabei von Menschen, die an sich einander unbedingt die eheliche Treue halten möchten und ihre moralischen Pflichten außerordentlich ernst nehmen. – Leichtfüßigkeit und Oberflächlichkeit sind nicht geeignet, um die Problematik der Ehe in der Tiefe zu verstehen.

Um zu begreifen, wie wenig den eigentlichen Tragödien der Ehe mit moralisch-rechtlichen Kategorien beizukommen ist, genügt das etwas ausführlichere Studium einer moralisch gerade vollkommen intakten, menschlich aber außerordentlich unglücklichen Beziehung, wie sie am klarsten in der unheilvollen Ehe eines zwangsneurotischen (zwn) Mannes und einer depressiven (dp) Frau realisiert ist. Die hier vorausgesetzten Begriffe »zwangsneurotisch« und »depressiv« können an dieser Stelle nicht psychoanalytisch begründet und in ihrem differentialdiagnostischen Symptomenkomplex vorgestellt werden[1];

[1] Vgl. u. a.: P. Federn, Ichpsychologie und die Psychosen; übers. v. W. u. E. Federn, Frankfurt 1978; O. Fenichel, Psychoanalytische Neurosenlehre; übers. v. K. Laermann; 3 Bde., Olten–Freiburg 1975; 2. Bd., 109–168; 272–309; E. Jacobson, Depression. Eine vergleichende Untersuchung normaler, neurotischer und psychotisch-depressiver Zustände; übers. v. H. Desorno, Frankfurt 1978; G. Benedetti, Psychodynamik der Zwangsneurose, Darmstadt 1978. Vgl. auch E. Drewermann, Psychoanalyse und Moraltheologie, 1. Bd., bes. 136ff und 149ff.

die für unsere Betrachtung relevanten Merkmale aber lassen sich von Fall zu Fall hinlänglich deutlich machen, um zu verstehen, worum es geht. Daß wir – zur Vereinfachung – eine Situation annehmen, in welcher der *Mann* als Zwangsneurotiker (Zwn) und die Frau als depressiv (dp) gilt, ist an sich nicht von Belang – es könnte sich auch umgekehrt verhalten; aber die psychosoziale Lage von Mann und Frau in unserer Gesellschaft bringt es doch mit sich, daß die Männer in größerer Zahl in das Perfektions- und Leistungsstreben der Zwangsneurose (Zwn) gedrängt werden, während Frauen eher auf die Demutshaltung und Resignation der Depression (Dp) vorbereitet werden. Insofern hat die angenommene Charakterverteilung einen größeren repräsentativen Wert. Schließlich ist noch einschränkend zu sagen, daß wir einen Fall annehmen, in dem ein *reiner* Zwangsneurotiker (Zwn) einer *rein* depressiven (dp) Frau gegenübersteht; solche reinen Neuroseformen sind nicht die Regel; aber sie kommen doch häufig genug vor, und es ist gerade das Aufeinanderprallen solcher ausgeprägten und reinen Charakterstrukturen, die den Grund besonders tragischer Verwicklungen in der Ehe bilden. Wohlgemerkt lassen sich die neurotischen Beziehungen auch genetisch, also gleichermaßen als Varianten von Übertragungsliebe darstellen; uns aber soll es jetzt ausschließlich um die Psychodynamik des Scheiterns bei Anstrengung allen guten Willens gehen, und dies kommt dem realen Erleben sogar am nächsten; denn der genetische Hintergrund ist den Betreffenden inmitten ihrer tragischen Eheverkettung ja unbewußt, und noch ehe sie merken, was sie tun, ist es zu spät.

a) Der Irrtum des gemeinsamen Vorteils

Das Drama einer zwangsneurotisch-depressiven (zwn-dp) Ehe beginnt sonderbarerweise oft mit einer geradezu euphorischen Verführungskraft. Schon die Gelegenheit, sich kennenzulernen, und der Grund, aufeinander zuzugehen, ist meist bezeichnend.[2] Ein zwn 20jähriger kurz vor dem Abitur ist etwa auf dem Gymnasium ein Musterschüler, aber privat viel zu steif und gehemmt, um von sich aus ein Mädchen anzusprechen; im Kontaktbereich leidet er unter schweren Minderwertigkeitsgefühlen, die er indessen im Leistungsbereich zu kompensieren sucht, indem er vage und im Grunde nicht ganz so fälschlich hofft, für seine Tüchtigkeit eines Tages auch seitens des anderen Geschlechts Wertschätzung und Anerkennung zu erhalten. Auf ihn trifft ein dp Mädchen,

[2] Vgl. J. G. Lemaire, Leben als Paar. Strukturen, Krisen, therapeutische Hilfen; übers. v. W. Wydler; Olten 1980, 143.

das eigentlich eine große Sehnsucht nach Liebe, Geborgenheit und Verständnis besitzt, aber aus Angst und Schuldgefühlen seine diesbezüglichen Wünsche nicht zu äußern wagt. Stattdessen glaubt es, durch Opferbereitschaft, Hingabe und Fügsamkeit doch die Gunst eines Mannes erringen zu können, der es nicht enttäuscht und im Stich läßt. Beider Erwartungen scheinen sich daher auf verzügliche Weise zu entsprechen: Der zwn Mann findet auf dem einzigen ihm möglichen Weg einen Zugang zum anderen Geschlecht – auf dem Weg des Tuns und der Leistung; und umgekehrt kann die dp Frau ein Stück weit glauben, daß auch sie dem Mann etwas zu geben hat: ihre Wärme und ihre Verständnisbereitschaft, so mag sie hoffen, werde ihm guttun und ihn freier, fröhlicher und menschlicher machen. Diese an sich sogar sehr berechtigten wechselseitigen Hoffnungen lassen es anfangs als überaus vernünftig und richtig erscheinen, sogar recht bald in eine Ehe einzuwilligen. Der vermeintliche gemeinsame Vorteil erweist sich jedoch schon nach kurzer Zeit fast immer als eine herbe Enttäuschung, wenngleich es für gewöhnlich noch Jahre brauchen wird, bis die sich anbahnende Tragödie den beiden Eheleuten in ihrem ganzen Ausmaß deutlich wird.

b) Die unterschiedliche Einstellung zur Sexualität

Nicht selten beginnt das Fiasko der dp-zwn Beziehung schon mit der ersten Brautnacht, sei diese nun vor oder in der Ehe. Für den Dp bedeutet die Sexualität etwas grundsätzlich Verschiedenes wie für den Zwn. Sexualität – darunter versteht der Dp vor allem persönlichen Austausch im Gespräch sowie das Erleben einer vollkommenen Geborgenheit; beim anderen schön zu kuscheln und von allen Seiten umschlossen zu werden, ist für ihn das allerwichtigste; hinzu kommt der Wunsch, sich dem anderen hinzugeben und dessen Wünsche möglichst restlos zu befriedigen. Von daher haben es viele dp Frauen außerordentlich schwer, zu einem eigenen Orgasmus zu gelangen; sie können ihn sich höchstens gestatten, wenn der Partner bereits befriedigt worden ist; aber auch dann bestehen gerade bei einem zwn Gatten die größten Schwierigkeiten. Der Zwn nämlich sieht in der Sexualität vor allem die Leistung, die es zu absolvieren gilt, und zwar nach der Definition, daß Leistung eine Arbeit in angemessener Zeiteinheit darstellt. Was ihn an der dp Gattin fasziniert, ist eigentlich die breit angelegte Unterwerfungsgebärde des Dp, die dem zwn Wunsch nach Herrschaft und Überlegenheit auf das vorteilhafteste schmeichelt. Aber gerade die Willfährigkeit des Dp kann den Zwn schon im sexuellen Erleben zur Verzweiflung bringen. Der Dp ist noch nicht zum Orgasmus gekommen – also muß sich der Zwn eingestehen, daß er

irgendwie als Mann versagt hat; er wird geneigt sein, die Lösung des Problems in der Vermehrung seiner körperlichen Anstrengungen und aller möglichen verbesserten Techniken zu suchen; sein Ärger und sein neuerlicher Zwang zur Beeilung indes irritieren die dp Gemahlin noch viel mehr; *sie* erlebt, daß ihr Gatte eigentlich auf sie böse ist, und dieser Eindruck macht sie vor Schrecken wie gelähmt. Der Zwn wirft ihr, enttäuscht und müde, beizeiten vor, sich passiv wie ein Sandsack zu verhalten und überhaupt nicht »mitzuarbeiten«; kaum ausgesprochen aber, geht nach diesem Vorwurf überhaupt nichts mehr. Der Zwn denkt wohl, daß seine Frau sich künftig halt mehr anstrengen müsse und daß nicht er die Schuld an dem Versagen trage; die dp Frau aber muß sich beschämt und tief erniedrigt fühlen.
Dieser Eindruck muß ihr zur Gewißheit werden, indem die Sexualität für den Zwn zusätzlich noch den latenten Charakter des Unreinen annimmt, der ihn nötigt, zu den ehelichen Reinigungsvorschriften des Propheten Mohammed seine Zuflucht zu nehmen. Die Frau liegt nun vollends verstört und alleingelassen im Bett; sie fühlt sich, womöglich als Neuvermählte, abgrundtief schuldig, ohnmächtig und mutterseelenallein; sie hat alles gegeben, aber nichts bekommen, und auch die weitere Entwicklung der Tragödie ist bereits vorgezeichnet: Für gewöhnlich wird die dp Frau sehr bald aus Resignation und um es hinter sich zu bringen, ihrem Gatten alle nur wünschbaren Erregungszustände vorspielen, aber in Wahrheit sich noch viel mehr als unverstanden und vereinsamt empfinden, als eine Frau ohne Liebe und Zärtlichkeit und vor allem ohne die Möglichkeit, sich auch nur in irgendeiner Weise ausdrücken zu können. Der zwn Gatte hingegen wird sich nur allzugern mit den Täuschungsmanövern seiner Gemahlin zufrieden geben, denn ihm liegt an dem reibungslosen Funktionieren seiner Ehe. Womöglich wird er auf Dauer freilich doch nicht völlig übersehen können, daß seine Gattin unglücklich ist und leidet, wenn er nach vollbrachter Ehepflicht zu einem technischen Journal oder zu einem Warenhauskatalog greift, um die neuesten Preise für Stereogeräte zu studieren; er wird die passive Forderung spüren, die in dem verstörten und hilflosen Gesichtsausdruck seiner Frau zu lesen ist; aber gerade dann wird er ihr vorwerfen, in ihren Ansprüchen maßlos und nie zufrieden zu sein – er hat doch alles gemacht, was er konnte, nur: Er hat eine Frau, die offensichtlich immer mehr will, als er geben kann.
Diese *sexuelle Ebene der Mißverständnisse* einer zwn-dp Ehe eignet sich als Ausgangspunkt der Betrachtung am meisten, weil oft genug in einer solchen Beziehung die konfliktreiche Andersartigkeit des anderen wirklich zum ersten Mal und jedenfalls am deutlichsten im sexuellen Bereich erfahren wird. Zudem ist in diesem kleinen Ausschnitt des ehelichen Zusammenlebens bereits das Schema besonders klar zu erkennen, nach dem die ganze Ehe zusammengefügt

ist und an dem sie zwangsläufig zerbrechen muß: Der Zwn befindet sich in seiner Sicht der Dinge stets im Recht, der Dp im Unrecht; der zwn Partner erscheint als der aktive und tüchtige, der dp Teil als der passive und untüchtige; der zwn Mann wiegt sich in dem Glauben, seine Pflicht mustergültig erfüllt zu haben, während die dp Frau als unverständlich, als Versagerin, als in ihren Ansprüchen maßlos dasteht.

c) Die Unfähigkeit zu eigenen Wünschen: Rationalisierung und Gedankenlesen

Was die Auseinandersetzung zwischen beiden Ehegatten näherhin erheblich kompliziert und dramatisiert, ist die gemeinsame, aber auf fatale Weise einander ergänzende Unfähigkeit beider, eigene Wünsche zu äußern.

Der Dp ist aufgrund seiner oralen Gehemmtheiten außerstande, seine eigenen Wünsche zu erleben oder, wenn er sie erlebt, womöglich sogar anderen gegenüber zu vertreten. Er wird deshalb darauf hoffen, daß der andere von selber merkt, was in ihm vor sich geht, wessen er bedarf und was er wünschen könnte. Zu dieser Hoffnung kann sich der Dp auch in der Tat ein gewisses Recht zusprechen; denn er selber steht über die Maßen auf dem Sprung, anderen die Wünsche von den Augen abzulesen und sie nach Möglichkeit bereits zu erfüllen, längst ehe der andere selbst überhaupt merkt, was ihm fehlt. Subjektiv lebt der Dp eigentlich in der ständigen Erwartung, daß der andere ihn für so viel Entgegenkommen, Feingefühl und Aufmerksamkeit durch ein gleiches Verhalten belohnen werde; und wenn das, wie gewöhnlich, nicht geschieht, so ist er leicht enttäuscht, fühlt sich unwert und verachtet und zieht sich in dem Gefühl, grenzenlos ausgenutzt zu werden, immer weiter in den Schmollwinkel zurück. Tatsächlich wird ihm dieses Schicksal aber gerade an der Seite eines zwn Partners kaum erspart bleiben.

Dem Zwn ist es nämlich seiner ganzen Charakterstruktur nach völlig unvorstellbar, daß es irgendwelche Wünsche geben dürfte, die man aufgrund rein persönlichen Entgegenkommens und Austausches sollte erfüllen können oder gar müssen. Eigentlich hat der Zwn von sich aus überhaupt keine Wünsche; vielmehr verwandelt er seine Wünsche durch geschickte Rationalisierungen in Rechtsansprüche und objektiv erscheinende Erfordernisse, die unabdingbar erfüllt werden müssen. Die zahlreichen Bedürfnisse, die ihm seine Gattin aus purem Entgegenkommen in der Hoffnung auf Wertschätzung und Anerkennung vorwegerfüllt, kann er gar nicht wahrnehmen, weil er sie nicht registriert; er wäre wirklich höchst überrascht zu hören, daß man solche »Kleinigkeiten« wie Blumenschmuck, Gardinenwaschen, Handarbeiten u. ä. über-

haupt für wichtig nehmen kann, und würde seine Gattin ihm ihre häuslichen Leistungen vorhalten, so würde er erstaunt zur Antwort geben, daß sie das alles tun könne oder auch nicht – ihm sei es völlig egal, er wolle lediglich seine Ruhe haben und nicht dieses allabendliche unnötige Pallaver erleben müssen etc. – Äußerungen, die natürlich die dp Gattin wiederum auf das äußerste kränken und beleidigen müssen, ohne daß der Zwn auch nur die Chance hat zu verstehen, was er da anrichtet. Er selbst erlebt sich im Gegenteil als vernünftig, pflichtbewußt, sparsam und nahezu bedürfnislos.
Die »Wünsche«, die er wirklich äußert, haben es indessen in sich: Sie werden wie Befehle bzw. wie objektive Gesetze der an sich seienden Vernunft diktiert. Der Zwn ist mit aller Anstrengung bemüht, nur ja den Eindruck zu vermeiden, als ob es irgendwelche willkürlichen Wunschregungen frei nach Laune und Geschmack geben dürfte; er, der sich selber eisern diszipliniert, um der Furcht vor dem inneren Chaos und Durcheinander zu entkommen, wird sich nur gerade das gestatten, was aus einsichtigen Gründen erforderlich ist: weil es gerecht ist, gesund ist, religiös, moralisch, wirtschaftlich oder politisch so sein muß, weil es bestimmte maßgebliche Autoritäten so gesagt haben etc. – deshalb muß er das Haushaltsgeld in einer bestimmten Weise einteilen, die Kinder gerade so und nicht anders maßregeln, die Speisenfolge der Woche, die Wahl des Urlaubsortes, die Art der Winterkleidung einrichten, kurz: Alles und jedes hat für den Zwn seine notwendige Begründung. Deshalb kann er seine Wünsche im Grunde nur als Befehle der Vernunft aussprechen, d. h. er übt einen ständigen Druck auf seine Umgebung aus, sich seinem Willen, mithin, wie er meint, der objektiven Vernunft, zu beugen. Sich ihm zu widersetzen, ist (oder besser, wäre) nur möglich kraft der besseren Argumente; aber die Diskussion mit dem Zwn besitzt nur den Anschein einer rationalen Auseinandersetzung; in Wahrheit ist sie ein Kampf auf Leben und Tod, wer recht hat oder nicht, wer seinen Willen wem aufzwingt – die »Argumente« sind nur Waffen der Selbstdurchsetzung. De facto kämpft bereits in aussichtsloser Position, wer sich auf den Abnutzungskrieg solcher Scheinbeweise einläßt.
Man könnte sich gegen den rationalen Überlegenheitsanspruch des Zwn nur behaupten, wenn man den ganzen Apparat seiner Rationalisierungen und Vernünfteleien, nicht en detail, sondern in der ganzen Machart und Anlage infrage stellen würde; aber das liefe auf nichts Geringeres hinaus, als das ganze Wesen des Zwn zu bekämpfen und ihm klarzumachen, daß seine Gedanken in Wahrheit nur den Ersatz für verdrängte Gefühle und Affekte darstellen – ein aussichtsloses Unterfangen. Der Dp zumal ist gerade dazu am allerwenigsten geeignet – ein kühl ironisierender intelligenter Schizoider am ehesten. Der Dp mit seiner Anpassungsbereitschaft wird im Gegenteil sich selber Vorwürfe

machen, daß er zu dumm sei, alles das verstehen zu können, was der Zwn ihm zumutet; er wird es seiner mangelnden Ausbildung, seiner persönlichen Trägheit oder angeblichen Ideenarmut zuschreiben, daß er nicht längst schon von selbst auf die hehren Weisheiten der zwn Darlegungen verfallen ist; und da er ohnedies stets in der latenten Furcht lebt, allmählich zu verblöden oder wahnsinnig zu werden, gießt der ständige Kontakt mit einem Zwn auf die Dauer immer mehr Wasser auf die Mühle der dp Selbstbezichtigungen und Unterlegenheitsgefühle.

d) Befehle, die Vorwürfe sind

Vor allem löst die Sprechweise des Zwn durch sich selbst, ohne jede bewußte Absicht, bei dem Dp schwere Schuldgefühle aus. Da der Zwn niemals sagen wird: »Ich möchte mal gern, daß Du heute morgen zum Frühstück ein Ei kochst«, oder: »Du wärst lieb, wenn Du den Brief noch zur Post bringen könntest«, sondern nur in Wendungen sich ergeht wie »Man muß aber« oder: »Es hätte eigentlich«, werden seine als abstrakte Befehle verstellten Wünsche von dem Dp notwendig als getarnte Vorwürfe empfunden. Wenn der Zwn sagt: »Ein deutsches Frühstück ist bekanntermaßen langweilig. Warum sind die Deutschen nur so einfallslos, immer nur mit Brötchen und Graubrot sich abzuspeisen«, so wird seine dp Gattin solche Ausführungen mit einem gewissen Recht dahin verstehen, daß eigentlich gemeint ist, *sie* sei zu »deutsch« und »einfallslos«; und so wird sie schuldbewußt einen Vorwurf an einer Stelle heraushören, wo es unter »normalen« Umständen nur darum ginge, einer Laune oder dem Wunsch nach einer anderen Brotsorte aus Gefälligkeit, wenn man sich partout der Mühe unterziehen will, zu entsprechen. »Der Brief muß heute noch zur Post«, bedeutet für den Dp nicht: »Sei so lieb«, sondern: »Warum hast Du den Brief nicht schon längst weggebracht?« – usw.
Wohlgemerkt treffen derartige unbewußte Verbalinjurien und unfreiwillige Oberlehrerattitüden auf eine Persönlichkeit, die ohnehin ihr Leben lang schier verzweifelt darum bemüht ist, auf jeden Fall zu verhindern, daß man dem anderen lästig wird oder ihn gar ärgerlich machen könnte. Der Unwille des Partners wird von dem Dp wie ein Todesurteil erlebt; er bedeutet für ihn wie in Kindertagen, daß die wichtigste Kontaktperson ihn im Stich lassen und einfach fortgehen wird; schon der Schatten von Unmut kann beim Dp furchtbare Verlassenheitsgefühle und Einsamkeitsängste auslösen, und man muß sich nun vorstellen, wie verheerend unter solchen Voraussetzungen gerade die Maßregelungen des Zwn wirken müssen. Der Dp verlangt ja von sich selbst bereits, daß er ein wahrer Hellseher und Gedankenleser fremder Wünsche ist; aber nun muß er immer wieder bei seinem zwn Partner feststellen, daß er offenbar

wirklich geistig zu beschränkt ist, um von sich aus zu wissen, was für den anderen richtig ist. Also wird er verzweifelt den Gatten oder Liebespartner anflehen, ihm doch zu sagen, was man tun muß und wie man denken soll; und schon eskaliert die Auseinandersetzung auf ein noch viel schlimmeres Niveau.

e) Selbständigkeit contra Hingabe

Der Zwn, der bestrebt ist, von sich her tüchtig, zuverlässig und korrekt seine Aufgaben zu erledigen, merkt nicht, daß er selbst in seinem Verhalten gewissen Standards und Vorurteilen nachkommt, die nicht seinem eigenen Denken, sondern den starren Schablonen seines Überichs entspringen; subjektiv empfindet er sich wirklich, wenn er Erfolg hat, als eine freie und ichstarke Persönlichkeit, die auf jeden Fall gelernt hat, niemals gegenüber einer gestellten Aufgabe zu versagen. In schroffem Gegensatz zu seinem eigenen Pflichtgefühl muß er jetzt erleben, wie der dp Ehepartner sich an ihn hängt und ihn mit Fragen bombardiert, die er im Grunde als kindisch, albern und Zeichen blanker Unselbständigkeit empfindet. Eine Zeitlang mag ihm die offensichtliche Anlehnungs- und Hilfsbedürftigkeit seiner Gemahlin vielleicht sogar insgeheim schmeicheln; aber über kurz oder lang wird ihm »das Getue« zu albern und lästig. »Man muß selbständig und erwachsen im Leben sein« – lautet jetzt seine mit steigendem Zorn ausgesprochene Devise, und der Tag ist nicht fern, wo er dem Dp vorwerfen wird, ein Vampir und ein unersättlicher Quälgeist zu sein. Und dieser Vorwurf, offen und bewußt geäußert, trifft nun wieder seinerseits exakt in das schlimmste Angstgebiet, das der Dp überhaupt entwickeln kann: in die Angst, zu viel zu fordern oder sich herauszunehmen; gerade das will der Dp auf keinen Fall, aber gerade das bekommt er nun tagaus tagein mit den Morgennachrichten von seinem Gatten zu hören.
Von sich her kann der Dp nicht merken, daß sein Bemühen, es dem anderen recht zu machen und ganz in ihm aufzugehen, in der Tat ein Ausmaß von Unselbständigkeit fördern kann, das dem anderen als äußerst lästig, quälend und überfordernd erscheinen muß. Um selbständig zu sein, müßte der Dp sich in Wahrheit viel mehr an eigenen Freiheiten, Rechten und Wünschen herausnehmen, als er sich von Hause aus zu gestatten vermag und der Engherzigkeit, Sparsamkeit und Ordnungsliebe des Zwn genehm wäre; die Querschläge des zwn Gatten aber, die ihm verbal Unabhängigkeit und Eigenständigkeit förmlich zur Pflicht machen, bewirken faktisch das genaue Gegenteil: Sie zerstören den letzten Rest an Selbstachtung und Selbstvertrauen, das der Dp in seine Ehe mitgebracht haben mag. Und wieder geschieht diese grausame Erosion des Partners, ohne daß der Zwn sehen könnte, was er anrichtet, und

ohne daß der Dp auch nur den Hauch einer Möglichkeit hätte, sich zu schützen. Der Dp wird vielmehr in einem rapiden Schwund seiner seelischen und bald auch körperlichen Kräfte sich immer weniger zutrauen; er wird sich immer falscher und unberechtigter vorkommen und im ganzen in einer Art ständiger Fasten- und Abstinenzzeit sich immer mehr einschränken.

Es beginnt jetzt für den Dp die Zeit des Lebens an der Klagemauer und für den Zwn die Zeit des Königs Nebukadnezar. Subjektiv völlig zu Recht, fleht der Dp darum, daß doch sein Ehegemahl ihn nur einmal, und wenn auch nur für Minuten, gütig anhören oder einfach in den Arm nehmen oder doch nur einmal ein gutes Wort sagen möge. Der Zwn aber faßt solche Klagen erneut als einen Angriff gegen seine fehlerlose Pflichterfüllung auf, und da er nur unter größten Qualen sich oder gar anderen einen Fehler eingestehen kann – er *muß* stets alles perfekt erledigen und erledigt haben! –, wird er dieses neuerliche und noch schlimmere Gewimmer seiner Frau verstärkt als Zeichen ihrer Abhängigkeit und seiner Erpressung deuten. »Du hast kein Recht, mir dauernd Schuldgefühle zu machen«, wird es jetzt heißen; und: »Ich lasse mich von Dir nicht länger erpressen!«, oder gar: »Von mir aus kannst Du verrecken – ich springe nicht hinter Dir her.« Der Zwn kommt sich jetzt vor wie ein Tiefseetaucher im Kampf mit einem Kraken – wirklich schneidet und hackt er jetzt brutal um sich, damit die Aussaugeversuche seiner Gattin endlich aufhören; er will ja nur seine Ruhe haben. Aber er sieht nicht, daß das einzige Mittel, um Ruhe zu bekommen, gerade in der Richtung liegt, die er um alles in der Welt vermeidet: Er müßte, wenn er wirklich die Eigenständigkeit seiner Gemahlin fördern wollte, deren Klagen beim Wort nehmen und einfach tun, was sie sagt.

Wirklich könnten ein paar Worte der Ermutigung und der Anerkennung, ja womöglich sogar des Lobes bei dem Dp Wunder wirken. Denn *das* Wunder im Leben des Dp wäre es wirklich, wenn selbst ein Mensch wie er einmal ernst genommen oder gar für wichtig, brauchbar, hilfreich, ja unersetzlich erachtet würde. Ein solches Lob oder eine aufmerksame Anerkennung wäre für ihn so wichtig wie Regenwasser in der Wüste; aber nun ist gerade sein zwn Partner dazu von seiner ganzen Charakterstruktur her völlig außerstande. Für ihn ist das »Gute« selbstverständlich und das »sehr Gute« höchstens eines Kopfnikkens würdig; in seiner Welt der Perfektion ist allein bemerkenswert der 100. Punkt, wo etwas *nicht* in Ordnung ist. Wäre der Dp imstande, die Wesensart des Zwn zu verstehen, so wüßte er, daß es an der Seite einer solchen Persönlichkeit das größte nur denkbare Lob bedeutet, auf lange Zeit, womöglich auf Jahre hin, nicht getadelt zu werden; aber der Dp tut sich schon unendlich schwer, zu glauben, daß ein ehrlich gemeintes und oft wiederholtes Lob auch tatsächlich ihm gilt und so gemeint ist, – daß es sich bei einer ausgesprochenen Anerkennung auf jeden Fall nicht, wie er geneigt ist zu fürchten, um eine versteckte Falle oder einen besonders raffiniert getarnten Tadel handelt; noch viel unmöglicher ist es demgemäß für ihn zu glauben, daß schon der Nicht-Tadel ein Lob sein könnte – er erlebt es als Mißachtung und Demütigung, und auch das wiederum nicht einmal ganz zu Unrecht.

f) Der Mangel an Lob und die totale Wertlosigkeit

Denn nicht nur, daß das Perfektionsstreben es dem Zwn erschwert, überhaupt etwas wahrzunehmen, das der Anerkennung wert wäre – vor allem hindert ihn sein ständiges Leistungs- und Konkurrenzdenken daran, neben sich etwas gelten zu lassen. Unbewußt hat er wirklich ein ausgesprochenes Bedürfnis, seine Mitmenschen zu demütigen, um selbst vor sich als der Einzige und Größte dazustehen. Wenn er also ein Lob erteilt, dann höchstens in einem für ihn nebensächlichen, seinen Leistungswillen nicht bedrohenden Aufgabengebiet; und in gewissem Sinne läuft daher wirklich selbst sein Lob noch auf eine versteckte Mißachtung dafür hinaus, daß man sich mit solchen lobenswerten Unwichtigkeiten überhaupt derart beschäftigt hat. Der Dp ahnt also gegenüber dem Zwn vollkommen richtig, daß nicht einmal das selten ausgesprochene Lob als solches zu werten ist; die Gleichgültigkeit und das Desinteresse jedoch, das er an der Seite seines zwn Gemahls spürt, verwandelt sich für ihn, je länger, je mehr, in eine Quelle schwerer Selbstwertzweifel und Gefühle der Selbstmißachtung, ja der kompletten Sinnlosigkeit all seiner Anstrengungen und Bemühungen. Beginnt er aber zu klagen, daß er nichts wert sei, nichts könne und zu überhaupt nichts nutze sei, so wird er beizeiten erleben, daß sein Partner nunmehr vollends aus der Haut fährt und die dringende Neigung verspürt, seiner Gemahlin das Selbstwertgefühl förmlich mit dem Rohrstock einzubläuen: diesem wird es immer schwerer, seine latenten sadistischen Neigungen noch unter Kontrolle zu halten; seine anfänglich mitleidsvolle Helferhaltung schlägt aus Frustration und Hilflosigkeit jetzt zunehmend in die blanke Wut und Empörung um. Er empfindet es schlechtweg als unverschämt, daß man einem Mann wie ihm, der sich von früh bis spät erfolgreich für wichtige Ziele einsetzt und abplagt, am Abend auch noch regelmäßig mit Geweine und Klagen, und zwar wohlgemerkt, wie ihm scheint: um Lappalien, zusetzt und auf die Nerven geht, und seine Auskunft auf solches Gebaren lautet jetzt zunehmend, daß er fortan nicht länger willens sei, sich derart malträtieren zu lassen.

Es beginnt nunmehr die Zeit, in der der Dp verzweifelt hinter dem Zwn wie ein geprügelter Hund hinter seinem Herrn herzulaufen beginnt; er selber kann seine Anliegen verbal nicht verständlich machen, und der Zwn verbittet sich gewissermaßen aus erzieherischen Gründen jedes weitere Wort, bevor nicht »das Theater« aufhört. »Das Theater« hört aber nicht auf; denn es könnte überhaupt erst ein Ende finden, wenn von irgendwoher so etwas wie ein neues Selbstwertgefühl in dem Dp geweckt werden könnte. Aber: woher soll das kommen? Der Ehekrieg – von einem solchen muß jetzt unbedingt die Rede sein – entzündet sich vielmehr inzwischen an den für einen Außenstehenden in der Tat lächerlichsten Kleinigkeiten.

g) Der Unterschied des Zeiterlebens

Das *Zeitgefühl* des Dp, um ins Detail zu gehen, ist vollkommen anders als das des Zwn, und schon allein dadurch entwickeln sich die folgenschwersten Divergenzen.
Ein Besuch ist zu tätigen. Der Dp hat vermutlich als erster die Einladung angenommen aus Unfähigkeit, nein zu sagen, vielleicht aber auch in der Hoffnung, bei anderen Menschen etwas von dem so notwendigen und bei seinem Partner arg vermißten Verständnis finden zu können; der zwn Gemahl indes findet die ganze Einladung womöglich zeitraubend, unnütz und lästig; aber entsprechend seiner Exaktheit und Genauigkeit rechnet er fortan doch mit dem Termin; der Dp hingegen lebt in einer »unendlichen Zeit« – er plant nie, er überläßt sich den Forderungen des Augenblicks und ist eigentlich außerstande, überhaupt zu glauben, daß seine stets bedrohte Welt noch morgen bestehen wird; er hat keinerlei Zeitgefühl, das mit der Uhrzeit und dem Kalender übereinstimmen würde. So kommt es denn, daß besagter Termin plötzlich ins Haus steht und den Dp völlig unvorbereitet trifft. Nun sind die Dpen aufgrund ihrer hohen Anpassungsfähigkeit Meister der Improvisation, und sie würden immer noch rechtzeitig kommen, aber zunächst fährt ihnen der Vorwurf des zwn Gatten durch Mark und Gebein, wie man seine eigene Einladung hat in solcher Unordnung und Dummheit nur außer acht lassen können. Dabei kommt es freilich nicht selten zu dem kuriosen Schauspiel, daß es schließlich der Zwn ist, der trotz seiner exakten Planung infolge seines ängstlichen Sicherungs- und Perfektionsstrebens wirklich nicht rechtzeitig fertig wird: Die Krawatte sitzt selbst beim 10. Mal noch nicht richtig, das Fenster auf dem Klosett ist noch nicht abgeschlossen, das Anschlußkabel für den Fernsehapparat ist noch nicht aus dem Stecker gezogen worden, usw. Inzwischen wartet die dp Gattin ungeduldig auf das Erscheinen ihres Gemahls und erlebt zu Recht nicht ohne inneren Groll und Vorwurf, daß ihrem Gatten

nicht die Menschen, sondern scheinbar nur die Ordnung an sich von Wichtigkeit ist.

Ein anderes Beispiel. Man tätigt einen harmlos scheinenden Spaziergang an einem Sommernachmittag. Für den Dp ist dies eine willkommene Gelegenheit, endlich einmal in Ruhe miteinander ins Gespräch zu kommen oder, wo das schon nicht mehr möglich scheint, doch wenigstens mit den Vögeln und den Blumen Zwiesprache zu halten; er also wird häufige Pausen wünschen, um hier einen Kleiber auf der Futtersuche und dort einen Aaronstab zu besichtigen. Nicht so indes der Zwn. Für ihn bedeutet der Spaziergang einen willkommenen Anlaß, seine Leistungsfähigkeit zu regenerieren, Luft zu schöpfen, die Muskeln zu trainieren, kurz, eine Art Fitnessübung hinter sich zu bringen. Von einer gemeinsamen Erholung ist mithin weit und breit keine Spur mehr zu entdecken; vielmehr erlebt der Zwn, daß ihn die dp Gattin mit ihrer lahmen Watschelei in seinem Vorwärtsdrang behindert, während der Dp erlebt, daß der Zwn ihm aus purer Bosheit keine Ruhe und überhaupt gar keine Erholung gönnt. Wieder kommt es zur Aufführung des Dramas von dem Herrn und seinem Hund.

h) Wie anders Krankheit und Tod wirken können

Mit dem Zeitgefühl hängt indirekt auch die sehr unterschiedliche Einstellung zu Krankheit und Tod zusammen.

Der Zwn fühlt sich vom Tod bedroht – sein eigener Sadismus und die Bedrohtheit seines Perfektionsstrebens erinnern ihn ständig daran – und so kämpft er dagegen und sucht unter allen Umständen seine Leistungsfähigkeit zu erhalten. Er sehnt sich danach, etwas hervorzubringen, das die Größe und Bedeutung der Ewigkeit besitzt, und der Gedanke an den Tod überfällt ihn mit dem Gefühl völliger Nichtigkeit und Wertzerstörung. Eine Krankheit ist daher für ihn wie ein Skandal, mindestens wie ein Kampfgegner, ein Raubtier, das er niederzwingen muß. Hat er Husten oder Schnupfen, so erschüttert die Befreiung seiner Atemwege den Hausfrieden; fühlt er sich unpäßlich, ist er gereizt und ungenießbar – ein äußerst undankbarer Patient. Der Dp hingegen rechnet nicht nur mit dem Tod, er wartet ständig auf ihn und empfindet ihn fast wie die wohlverdiente Strafe für sein wertloses und abgetanes Leben. Eine Krankheit erträgt er leise wie ein Tier im Walde, und nicht selten sehnt er sich sogar danach, um wenigstens auf diesem Wege sich ein bißchen Fürsorge und Zuwendung zu erstehlen. Im Extrem kann eine zwn-dp Ehe sich unter diesen Umständen dahin polarisieren, daß der dp Teil immer öfter kränkelnd im Bett liegt und der zwn Ehepartner wütend einen Zwang zu ständiger Gesundheit registriert, bis ihn schließlich eine ärztliche Kurverschreibung vorübergehend aus dem Dilemma erlöst. Die ständigen Liebesentbehrungen können den dp Ehepartner zu oralen Ersatzbefriedigungen (Süßigkeiten, Alkohol, etc.) treiben, die sein Gewicht, seine Figur, seinen Kreislauf reaktiv belasten und wiederum die Abneigung und Verachtung seines zwn Asketen von Ehemann nur erhöhen können.

Zudem erlebt der Dp sich und die Welt stets ganzheitlich, mit Haut und Haaren; jeder psychische Schmerz schlägt sich für ihn gleich auch psychosomatisch, vor allem im Magen-Darmtrakt nieder. Der Zwn hingegen steht seinem Körper wie ein Fahrer seinem Auto gegenüber: Er bedient sich des Körpers als eines ihm fremden Vehikels; von daher ist er außerstande zu Konversionssymptomen, und wenn er funktionalen Störungen unterworfen ist, erfordert es regelmäßig ein wahres psychotherapeutisches Kunststück, um ihm zu zeigen, daß sogar *seine* Krankheiten psychische Ursachen haben könnten. Für ihn ist »psychisch« identisch mit Verstand und Wille, und psychische Beschwerden sind demgemäß für ihn eine unanständige Schwäche. Eben dies ist denn auch das Urteil, das er über die »Wehwehchen« seines dp Ehepartners verhängt. Tatsächlich neigt die permanente Katastrophenangst des Dp zu maßlosen Selbstdiagnosen: unklare Schmerzen im Magen, im Unterleib, in der Brust – und sicher ist es Krebs. Für den zwn Partner liefern solche Mißdeutungen den endgültigen Beweis, daß der dp Eheteil nur simuliert, ihn erpressen will und jeden guten Willen vermissen läßt. Kurz: es ist wieder vorauszusehen, daß in der dp-zwn Ehe die Gatten in dem Moment einander am wenigsten verstehen werden, wo sie einander am meisten brauchen würden.

i) Die Bilanz wechselseitiger Zerstörung

Was hält bei einer derartigen Tragödie ständiger Mißverständnisse auf allen Ebenen eine solche Ehe eigentlich noch zusammen? Diese Frage muß man sich stellen; denn die Teufelskreise wechselseitiger Torturen stabilisieren sich an allen beziehungsrelevanten Stellen des Zusammenlebens; ja sie durchdringen und verstärken sich gegenseitig. Nach Jahren eines solchen Ehedramas sieht die Bilanz im Selbstbild der Beteiligten sehr oft etwa wie folgt aus:

Der Zwn denkt von sich, er sei:	*Der Dp hält sich für:*
klug	dumm
rational-vernünftig	»zu emotional«

im Recht	im Unrecht
fleißig	unfähig
aufsteigend	absteigend
ordentlich	unordentlich
beherrscht	unbeherrscht
präzis	chaotisch
charakterfest	schwach
sparsam	maßlos
selbständig	haltlos
autark	abhängig
diszipliniert	süchtig

Im ganzen hat man ein sadistisch-masochistisches Ergänzungssyndrom vor sich, und dieses Gefühl beginnen beide Partner auch immer mehr auszusprechen: der Zwn, indem er den Dp als Vampir und Schlampe beschimpft, der Dp, indem er den Zwn einen gefühlskalten Eisschrank und rohen Sadisten nennt.

Es ist gleichwohl nicht die Lust an der Qual, es ist nicht die Perversion, die eine solche Ehe oft bis ins Unerträgliche aneinanderkettet; es ist vor allem der bedingungslose Wille zur Treue, der den Zwn und den Dp zusammenschmiedet. Freilich, was beide unter Treue verstehen, weicht wieder auf charakteristische Weise von einander ab, und es beweist nun endgültig, wie wenig, es sei denn zum Schaden, das moralisierende Einpeitschen der bloßen Treueverpflichtung auszurichten vermag.

k) Von einer Treue bis zum Endsieg oder: von der Suche nach dem Alibi

Der Zwn betrachtet, wie gesagt, auch seine Ehe als eine Pflicht und Aufgabe, die es abzuleisten und zu bewältigen gilt; er müßte sich als Versager fühlen, wenn er sich das Fiasko seiner Ehe eingestehen würde. Zudem wüßte er wirklich nicht, wodurch er eigentlich versagt hätte; denn der entscheidende Punkt seines Versagens: die Reduktion aller menschlichen Beziehungen auf Verhältnisse von Recht, Eigentum und erbarmungsloser Konkurrenz, muß ihm völlig verborgen bleiben. Er hat von sich den Eindruck, alles nur Erdenkliche und Menschenmögliche getan zu haben; die Schuld am Scheitern seiner Ehe geht in seiner Optik daher voll und ganz zu Lasten seines dp Partners. Um nun nicht vor aller Augen als gescheitert dazustehen, wird er bis zum äußersten moralisch – und oft genug auch physisch – auf seine dp Gattin einschlagen, daß sie sich endlich bessern, zusammennehmen, ein Mensch werden, Vernunft annehmen, sich erwachsen aufführen – und was sonst noch alles *soll*. Die verzweifelte Hoffnung auf die längst für unmöglich gehaltene Besserung des dp Partners verfestigt sich zu der fixen Idee eines Festhaltens an der zerstörten Ehe um jeden Preis. Treue – das ist der Titel für den Selbstbeweis des Zwn auf Kosten seines dp Ehegemahls; sie ist der Titel der narzißtischen Befriedigung eines grausamen Überichs, dessen Inhalte mit Vorliebe von einer entsprechenden Rechts- und Moralauffassung in Kirche und Gesellschaft profitieren.

Aber auch der Dp klammert sich aufs äußerste an die Hoffnung auf Fortbestand der Ehe, zunächst um seiner selbst willen wie ein Ertrinkender, dann aber und vor allem, weil er sich selber dem Partner gegenüber schuldig fühlt und unbedingt um Vergebung und Wiedergutmachung anhalten möchte; wenigstens will er unter allen Umständen erreichen, daß man nicht im Streit auseinander geht. Paradoxerweise könnte der Dp die für ihn besonders zerstörerische Ehe verlassen, wenn er nicht ständig die Vorwürfe seines Ehepartners im Nacken spüren würde. Nur um diesen zu entgehen, hält er an der Ehe fest, indem er sich auf die Strategie der russischen Kriegsführung verlegt, den Partner durch ständiges Nachgeben und Zurückweichen schließlich doch zur Kapitulation, sprich: zum Eingeständnis auch seines Schuldanteils zu bewegen. Treue – das ist für den Dp mithin der Inbegriff seiner Rehabilitation; es ist die endlose Hoffnung auf Freispruch und Erlösung von seiner tödlichen Schuld.

So kommt es tragischerweise dazu, daß der Zwn wie der Dp, beide je auf ihre Art, gerade durch diejenigen Einstellungen sich zum Fortbestand der Ehe gezwungen sehen, die ihre Beziehung so verhängnisvoll machen und von Tag zu Tag in einen unablässigen Abnutzungskrieg verwandeln müssen. Auf seiten des Dp ist die Geduld und Zähigkeit, der »Raum« des Nachgebens von Hause aus unendlich – er würde selbst nach 20 Jahren gegenseitiger Schikane dem Partner für ein bißchen Anerkennung und für das Eingeständnis, wirklich gebraucht zu werden, zu Fuß bis zum Nordpol folgen; aber auch an seinen Kräften zehrt die Strategie des Nachgebens, der immer neuen Liebesbeweise, die Kette demütigender Zurückweisungen; die Zeiten werden immer länger, in denen er buchstäblich nicht mehr hochkommt. Auch der Zwn findet die Zumutungen und Belastungen, die ihm aus der vermeintlichen Unbelehrbarkeit des Dp erwachsen, schließlich unerträglich; doch er braucht, genauso wie der Dp, ein Alibi, ehe er es sich gestatten kann, die Ehe aufzukündigen. Im Grunde folgen beide in ihrem starren Festhalten an der Ehe nicht der Vernunft und einer realitätsgerechten Lagebeurteilung; ihre »Treue« ist keine Leistung des Ich, sondern beide stehen unter der unerbittlichen Diktatur ihres Überichs: Der Zwn darf nicht versagen, sonst ist er moralisch erledigt; der Dp

kommt um in der einseitig ihm angelasteten Schuld; er kämpft wie um sein Leben, wenn er den Ehepartner bestürmt, sein Urteil auf wenigstens nur »bedingt schuldig« statt »total schuldig« abzumildern. Der Zwn muß an der Ehe festhalten, um sich eine Schuld zu ersparen, für die sein Überich ihn zerstören wird; der Dp hält an der Ehe fest, um gegen das längst ergangene Todesurteil seines Überichs Berufung einzulegen: Er möchte sich mindestens sagen können, daß er nichts, buchstäblich nichts unversucht gelassen hat, um die verlorene Ehe vielleicht doch noch zu retten. Die »Treue« beider beruht letztlich nur noch auf der Illusion, den anderen doch noch ändern zu können. Dabei wird beiden Partnern immer klarer, daß sie einander längst schon nicht mehr gewisse Einzelmerkmale, sondern in Wahrheit das ganze Wesen des anderen sich wechselseitig zum Vorwurf machen. Die Tragödie beider liegt in der Tat darin, daß sie nicht an irgendwelchen vermeidbaren Fehlern, sondern an der Unvereinbarkeit ihres Charakters sich gegenseitig zugrunde richten müssen, und zwar so, daß gerade das an sich Wertvollste an der eigenen Wesensart dem anderen zum Verhängnis wird.
Bringt man das Wesen der Zwn auf eine knappe Formel, so stellt sie einen Versuch dar, das Gefühl der Minderwertigkeit durch eigenes *Tun* und den Erwerb von Besitz zu beseitigen; gerade dieser Besitz- und Machtanspruch aber ist es, der den Dp abstößt und verstört: Die Tüchtigkeit des Zwn beweist ihm seine Unfähigkeit; die Sparsamkeit des Zwn zeigt ihm, daß er kein Recht hat, etwas für sich in Anspruch zu nehmen; der Wille zum objektiv Notwendigen beim Zwn zeigt ihm seine Dummheit, usf. Umgekehrt beantwortet der Dp das tiefreichende Gefühl, ein Nichts zu sein, mit dem Verlangen, sich an den Partner zu klammern und so zu *sein* wie er. Das Habideal des Zwn erscheint ihm hohl und äußerlich, da seine eigene Infragestellung ungleich früher einsetzt: Nicht erst das Tun, bereits der Umstand dazusein ist für den Dp problematisch; und so versucht er sich mit dem anderen, mit seinen Wünschen und Bedürfnissen soweit zu identifizieren, daß er durch das, was der andere ist, auch selber jemand wird – als sei er selber eine Null, die erst durch die Position und den Zahlenwert des Partners Bedeutung und Geltung erlangen könnte. Auf diese Weise aber wird der Dp für den Zwn in der gezeigten Weise geradewegs zu einer regelrechten Bedrohung, und seine Gefühlstiefe, seine Wärme, seine Hingabefähigkeit und Opferbereitschaft, seine Güte und Verständnisfähigkeit verwandeln sich in eine Gefahr für den zwn Ehepartner, der so nicht sein kann und sein will und der für die Ängste des Dp nur seine in der Tat zu oberflächlichen Lösungsvorschläge parat hat, man müsse eben dieses oder jenes *tun*, planen und machen.
Der zumeist einzige, immer jedenfalls einfachste Weg, um diesen Tanz der Skorpione zu beenden, eröffnet sich wohl erst, wenn einer der beiden

Kombattanten auf flagrante äußere Weise am anderen schuldig wird. Es kann sein, daß der dp Ehepartner aus Erschöpfung dem Alkohol verfällt oder verzweifelte Bekanntschaften auf der Straße eingeht –, das kann nun endlich für den Zwn den Ausschlag geben, um den Stab über seinen verlorenen Ehegemahl zu brechen; oder der Dp bekommt unzweideutige Beweise dafür in die Hand, daß der zwn Partner sexuell ein Doppelleben führt; dann kann auch er, vor seinem Überich entschuldigt, die Ehe aufkündigen, obwohl natürlich gerade jetzt der Partner darauf bestehen wird, daß auch seine sexuellen Entgleisungen nur die Folge, also eigentlich die Schuld der Frustrationen des Dp darstellen. Natürlich bedeutet die Erlaubnis zur Scheidung durch die Schuld des anderen noch lange kein wirkliches Ende der Tragödie. Keiner der beiden Partner hat im Umgang mit dem anderen wirklich zu leben gelernt, und keiner von ihnen weiß so recht, wie es allein weitergehen kann und soll. Eben darin liegt jetzt die Chance einer Psychotherapie.

l) Der begrenzte Spielraum der Psychotherapie in der Ehe

Bisher haben wir die Möglichkeit eines psychotherapeutischen Eingriffs in das Dilemma einer zwn-dp Ehe nicht erörtert und auch wohl nicht zu erörtern brauchen, weil die subjektive Schuldlosigkeit und der stets nur funktionale Leidensdruck des Zwn es ganz unwahrscheinlich macht, daß man zur Rettung einer solchen Ehe einmal beide Eheleute über ihre Probleme ins Gespräch miteinander bekäme. Tatsächlich wird es für gewöhnlich der dp Eheteil sein, der sich irgendwann zu einer Psychotherapie bereitfindet; und das einzige, was man dann tun kann, besteht zunächst darin, dem Dp durch ein Maximum an Zuwendung, Wohlwollen und Güte, wie einem Verdurstenden, wieder die Zuversicht zu vermitteln, daß doch auch er zu etwas nützlich und brauchbar sei, daß man ihn sehr gern mögen könne und daß er durchaus ein Recht besitze, positiv von sich zu denken. Jeden Behandlungsfortschritt muß man dabei indessen gegen den Widerstand des Ehepartners erkämpfen, und so wird mit der wachsenden Ichstärke die Bereitschaft des Dp zunehmen, endgültig doch nicht allein sich selber ständig für schuldig zu halten, sondern unter zunächst zögernden, dann immer heftigeren Vorwürfen mindestens die Hälfte der Ehetragödie seinem Partner anzulasten. Von diesem Zeitpunkt an sind die letzten Motive des Zusammenlebens erloschen. Es ist klar, daß der Dp bei jedem anderen Menschen eher auf Mitgefühl und Verständnis zählen kann als bei einem Mann von der Art seines zwn Gatten, und es wird jetzt vor allem darauf ankommen, für sich selber wieder zu lernen, was durch den zwn Partner am

meisten zerstört wurde: daß er sehr wohl durch eigenes Tun und Planen in seinem Leben etwas sein und werden kann.
Der Zwn hingegen kommt für gewöhnlich erst zur Beratung, wenn die Ehe schon nicht mehr zu retten ist, und man kann ihm allenfalls noch zeigen, wie unmenschlich und starr die Prinzipien sind, an denen er bislang festgehalten hat. Er müßte und könnte jetzt lernen, was er wiederum von seinem dp Partner gerade nicht hat lernen können: daß es so etwas gibt wie Freiheit, Spiel und eigene Wünsche, ein zweckfreies Tun durch ein einfaches Dasein, wie es der Dp in der Obhut des anderen für sich selber suchte. Selbst dazu aber müßte er ein gewisses Maß an Schuldeinsicht und Leidensdruck mitbringen, was bei einer reinen Charakterneurose kaum der Fall sein dürfte.
Schaut man für beide Ehegatten in die Zukunft, so kann man ihnen nur gönnen und Mut machen, ihr Glück noch einmal in einer günstigeren Konstellation zu suchen. Beide sind am Ende ihrer Ehe seelisch und körperlich völlig erschöpft; beiden droht die Versuchung zur Verwahrlosung: dem Zwn, indem er seine Beziehung zu Frauen nunmehr mit Geld und Macht zu »regeln« sucht und sich künftig mit den primitivsten Ansprüchen zufrieden gibt; dem Dp, indem er aus Kummer und Hilflosigkeit in die Nähe des sozialen Ruins gelangen kann. Es ist zumeist äußerst wichtig, daß der Zwn das Vertrauen aufbringt, doch mit seinen beträchtlichen Fähigkeiten auch wieder auf Dauer einer anderen Frau etwas bedeuten zu können, und realisiert sich sein Wunschtraum, dann sollte die neue Partnerin am ehesten von zwn-hysterischer Art sein; sie sollte womöglich attraktiv genug sein, um sie als »seine« Frau vorzeigen zu können, aber vor allem müßte sie *äußerlich* arm genug sein, um die Habmacht des Zwn mit Dankbarkeit als Wohltat zu erleben. Dem Dp hingegen wäre zu wünschen, daß er einen Partner findet, der mit der notwendigen Sensibilität auch ein Stück Distanz und geistige Differenzierungsfähigkeit verbindet, ein schizoid-dp Mischcharakter am ehesten. In jedem Falle gilt es für beide zu vermeiden, daß der unglückliche Mechanismus der ersten Partnerwahl sich unreflektiert noch einmal wiederholt. Eine längere psychotherapeutische Begleitung ist dazu in der Regel unerläßlich.

4. Das Scheitern des moralischen Standpunktes und die Notwendigkeit des Religiösen

Ziehen wir aus dem geschilderten Syndrom einer zwn-dp Ehetragödie die notwendigen Folgerungen.
Es dürfte deutlich geworden sein, daß es Eheformen gibt, die trotz und sogar wegen der besten und mühevollsten Anstrengungen beider Ehepartner um ein

Gelingen der Ehe *mit Notwendigkeit* scheitern *müssen.* Damit ist zugleich deutlich, daß hier nicht nur bestimmte Ehekonstellationen zum Scheitern verurteilt sind; mit ihnen scheitert zugleich ein Verständnis von Ehe, das vermeint, das Zusammenleben zweier Menschen in jedem Falle durch die Absicherung institutioneller und moralischer Reglements gewährleisten zu können. In dem aufgeführten Strukturmodell wird im Gegenteil die Ohnmacht des Institutionellen und der folgenschwere negative Einfluß des Moralischen überdeutlich. Wenn Menschen unter Anspannung all ihrer moralischen Kräfte aus eben den Gründen aneinander scheitern müssen, die ihnen die Aufrechterhaltung der Ehe unter allen Umständen zur Pflicht machen und in ihrem Überich ehern befestigt sind, so kann man nur den Schluß ziehen, daß es entgegen dem Wortlaut von Moral und Institution keine unbedingte Pflicht geben kann, die Ehe unter allen Umständen aufrechtzuerhalten, ja daß es notwendig sein kann, *gegen* die Überich-Engramme aus öffentlicher Moral und institutioneller Vorschrift aufzustehen und sich das Recht zu einer eigenen Entscheidung im Widerspruch zu dem Standpunkt des Sittlich-Allgemeinen zu nehmen.

Und hier eigentlich zum ersten Mal, *nach* dem Scheitern der moralischen Begründung der Ehe, kommt die Frage nach den spezifisch religiösen Grundlagen von Liebesfähigkeit und Ehe in Sicht; erst jetzt, im Zusammenbruch des Ethischen, wird der Weg frei zur Einsicht in die eigentlich religiösen Dimensionen menschlicher Reifung und menschlicher Liebe.

Man erkennt die religiösen Implikationen der Liebesfähigkeit und des Liebesglücks am einfachsten wiederum an den Erfahrungen, die im Verlauf einer psychotherapeutischen Behandlung gemacht werden und die sich im Umkreis von Zwn und Dp wie folgt darstellen.[3]

Der Zwn, dessen Lebensaufbau ausschließlich von den Gesetzen des »Du mußt« und »Du sollst« bestimmt wird, kann im Verlauf einer Behandlung, wenn sie erfolgreich ist, nach und nach lernen, daß er nicht nur die Pflicht hat, bestimmten fremden Forderungen nachzukommen, sondern daß er gleichermaßen ein Recht, ja, innerlich betrachtet, sogar wiederum die Pflicht besitzt, auch seine Wünsche und Möglichkeiten zu entdecken und für sich selber wahrzunehmen. Die Voraussetzung dafür aber liegt ganz und gar in dem Gefühl, nicht erst durch sein Tun und seine Leistung, sondern mehr noch und allererst durch sein Dasein, seine Person, Ansehen und Wertschätzung zu verdienen. Vor allem sein Perfektionismus, das Prinzip, erst als hundertpro-

[3] Vgl. E. Drewermann, Sünde und Neurose. Versuch einer Synthese von Dogmatik und Psychoanalyse, in: Münchener Theologische Zeitschrift, 31. Jg., Heft 1/1980, 24–48; Neudruck in: Psychoanalyse und Moraltheologie, 1 Bd., 128–162.

zentiger Alleskönner geduldet zu werden, mag allmählich einer geduldigeren und menschlicheren Betrachtung weichen.
In einem Bild der Bibel ausgedrückt, geht es für den Zwn jetzt darum, von einer Einstellung loszukommen, die am Anfang des Alten Testamentes der Jahwist in der Person des Brudermörders Kain gezeichnet hat. Er schildert dort das menschliche Dasein in einer Weise, als sei der Mensch im ganzen Dasein von vornherein ein Verbannter und Ausgestoßener, ein Wesen jenseits von Eden, und als komme nun alles darauf an, die verlorene Berechtigung im absoluten Sinne durch Leistung und durch Opfer zurückzugewinnen, stets bedroht von der Konkurrenz des anderen, der bereits durch sein bloßes Dasein die tödliche Gefahr des zweiten Platzes mit sich bringt und deshalb aus dem Wege geräumt werden muß. Der Zwn, wenn er die Einseitigkeiten seiner starren, angstgefrorenen Lebenseinstellung zu begreifen beginnt, wird die Welt und sein Leben mehr und mehr als ein Geschenk zu sehen lernen denn als etwas, dessen Notwendigkeit er durch sein eigenes Tun allererst begründen müßte. Seine tiefste und am meisten unbewußte Angst, in seinem ganzen Dasein durchaus nicht-notwendig, also überflüssig, also unberechtigt zu sein, findet erst ihre Ruhe, wenn er zu einer Haltung gelangt, die im letzten jene Wirklichkeit voraussetzt, die die Theologen Gott nennen: Nur in Gott ist es möglich, sich selbst als gewollt zu betrachten, als an sich vollkommen kontingent und dennoch als vorweg bestätigt, akzeptiert und aus einem vorgängigen Entschluß und Willen ins Dasein gerufen. Die geistige Voraussetzung der Haltungen und Einsichten, die das Gelingen einer Psychotherapie dem Zwn vermittelt, ist letztlich – ob man es subjektiv reflektiert oder nicht – eminent religiöser Natur.
Desgleichen macht der Dp in der therapeutischen Beratung eine Erfahrung, die sich wiederum am besten in einem biblischen Bild wiedergeben läßt.[4] Als die erste Sünde schildert der Jahwist, daß die Menschen auf die Worte der Schlange hören, die Gott verdächtigt, die ganze Welt nur geschaffen zu haben, um sie dem Menschen zu verbieten. Gerade so ist das Gefühl des Dp: daß ihm alles, besonders die oralen Wünsche nach Aneignung und In-sich-Aufnehmen, verboten sind; und da er notwendig essen und die notwendigen Lebensutensilien sich aneignen muß, empfindet er sich für sein ganzes Dasein als schuldig; auch die »Strafen«, die Gott in der Bibel nach dem Sündenfall über den Menschen verhängt, drücken im Grunde in meisterhafter Verdichtung das dp Weltgefühl und Selbsterleben aus – Gefühle der Nichtigkeit und Nacktheit,

[4] Vgl. zur Auslegung von Gen 3–4: E. Drewermann, Strukturen des Bösen.– Die jahwistische Urgeschichte in exegetischer, psychoanalytischer und philosophischer Sicht, 3 Bde., Paderborn [3]1981, Bd. 1, 53–110; 117–147; Bd. 2, 203–221; Bd. 3, 228–251.

der Sinnlosigkeit und Mühsal, der Todverfallenheit und Daseinsschuld im ganzen. In der Therapie kann ein Dp demgegenüber lernen, daß das Zerrbild des Lebens, die Logik der Lebensangst, der Abgrund der »Schlange« nicht die eigentliche Wirklichkeit darstellen und daß er sein Leben nicht dazu verschleißen muß, die vermeintliche Schuld seines Daseins abzuarbeiten. Gegen das Schuldgefühl und die Angst eines sadistischen Überich-Götzen kann er die Worte Gottes aus dem Paradies ins Feld führen, daß die ganze Welt ihm zur Verfügung stehe und daß er selbst berufen sei, sie zu bedienen und zu bewahren. Statt an Minderwertigkeitsgefühlen zu verkommen, kann er im Namen und im Auftrag Gottes sich zutrauen, den anderen und aller Welt von Nutzen zu sein, berechtigt und im ganzen angenommen – auch er.
Es steht naturgemäß nicht zu erwarten, daß eine Psychotherapie die Charakterstruktur eines Menschen völlig ändert; aber wohl sollte es therapeutisch unter günstigen Bedingungen möglich sein, einem Dp oder Zwn ein Leben zu ermöglichen, das ein Stück weniger entfremdet ist; und wie sich zeigt, ist jeder Schritt dahin mindestens implizit von religiösen Einsichten begleitet. Man wird es in unserer Gesellschaft wohl relativ selten erleben, daß die notwendigen und heilenden Einsichten von dem Klienten oder dem Therapeuten ausdrücklich im Verlauf einer Behandlung mit den Vokabeln der Kirchen- oder Theologensprache bezeichnet werden, aber das muß auch gar nicht der Fall sein. Von der Sache her wird für eine theologische Betrachtung deutlich, daß es in biblischer Sprechweise für den Zwn wie für den Dp im Grunde um eine Rückkehr ins Paradies geht, um eine Rückbesinnung auf ein Vertrauen, in dem die Welt wie ein bereitgestellter Gottesgarten ist. Die Wirklichkeit, die in dem Bild vom Paradies beschrieben wird, ist dabei eine Urgegebenheit im Herzen eines jeden Menschen vorab zu allen Formen und Bestimmungen einer einzelnen Religion; und das Vertrauen, das sie damit voraussetzt, liegt nicht einer bestimmten Religionsform, sondern jeder Religion bzw. der Religiösität des Menschen überhaupt zu Grunde; – schon deshalb ist es nicht notwendig, die therapeutischen Erfahrungen in das Begriffsnetz einer bestimmten Theologie zu übertragen. Aber es dürfte deutlich geworden sein, daß es erst auf der Basis eines solchen Vertrauens möglich ist, einen anderen Menschen so zu lieben, daß eine Ehe ein Leben lang von Dauer und von Glück sein mag.

5. Drei Folgerungen für die katholische Sicht der Ehe als eines Sakramentes

Für die Auffassung von der Ehe in der k. K. ergeben sich daraus drei wichtige Folgerungen, die besonders mit dem Verständnis der Worte Jesu von der Unauflöslichkeit der Ehe in Zusammenhang stehen.

a) Das Paradies der Liebe kennt keine Gebote

Die erste Folgerung ergibt sich unmittelbar aus dem gerade Gesagten. Man versteht, wieso Jesus die Ehe neu begründen konnte, indem er auf die Ordnung des Paradieses zurückverwies. Ohne die Verankerung in einem tiefen Vertrauen in die Grundlagen des Daseins, ohne eine gewisse Beruhigung der fundamentalen Daseinsangst durch den Glauben ist, wie sich gezeigt hat, ein menschliches Zusammenleben in Anbetracht der ständigen Zersetzungsarbeit neurotischer Mißverständnisse, Schuldgefühle und Ängste aller Art in der Tat auf Dauer nicht möglich. Die Ehe als eine Gemeinschaft auf Lebenszeit ist strictissimo sensu nur im Glauben, von Gott her, als Sakrament, als Erneuerung einer paradiesischen Ordnung möglich.

Wie indessen diese ursprüngliche Ordnung *inhaltlich* zu verstehen ist, darüber wird man wiederum vor allem durch die Paradieserzählung des Jahwisten selbst belehrt, der, im Gegensatz zu der Mythologie vieler Völker, die Beziehung zwischen Mann und Frau gerade nicht als eine Quelle von Schuld und Strafe verstand, sondern als die eigentliche Erfüllung des menschlichen Daseins zu begreifen suchte.[5] Für den Jahwisten ist die Schöpfung erst gut durch die Liebe zwischen Mann und Frau. Anders als Gott, der von der Geschlechterdifferenz, welche die Mythen dem Göttlichen zuschreiben, in der Bibel ausdrücklich ausgenommen wird, ist der Mensch, wie alle Kreatur, kein absolutes und autarkes Wesen; er bedarf einer Ergänzung, so sehr, daß – im Bild von der herausgeschnittenen Rippe – ihm in seiner Brust das Verlangen nach Liebe und das schmerzhafte Gefühl der Sehnsucht physisch wie der Druck eines Vakuums spürbar wird. Längst ehe die Geliebte ihm entgegentritt, trägt er sie als ein Stück von sich selber in seinem Herzen, und wenn er ihr begegnet, kann er sie anreden mit einem Wort vollkommener Wesensverwandtschaft oder, wie die ägyptische Liebeslyrik und das Hohe Lied es so gern tun, mit den Worten: »Meine Schwester, meine Geliebte«; denn es ist die (der) Geliebte, bei dem man sich von neuem wie zu Hause fühlt. Eine solche Liebe bedeutet das Ende auch der Abhängigkeit von Vater und Mutter, das Ende auch der neurotischen Übertragungen der Vater- und Muttergestalt auf den anderen. Vor allem aber erlaubt es die Liebe, voreinander »nackt« zu sein. Getrennt von Gott, zerbricht die menschliche Gemeinschaft an dem ständigen Schamgefühl, in den Augen des anderen nicht gut genug zu sein; in dem Vertrauen aber, von Gott her berechtigt zu sein, kann man auch einander so gegenübertreten wie man ist: Der Mangel des eigenen Wesens ist für die Liebe keine Schande – sie

[5] Vgl. zum Folgenden: E. Drewermann, Von dem Geschenk des Lebens oder: das Welt- und Menschenbild der Paradieserzählung des Jahwisten, in: Strukturen des Bösen, Bd. 1, ^{3}1981, S. 389–410, Nachtrag; s. o. S. 17–37.

erfüllt gern, was dem Geliebten fehlt, und ihre größte Freude, ja ihr ganzes Streben geht dahin, das, was dem andern mangelt, den Hohlraum seines Ichs, durch die eigene Person zu ergänzen und mit allem, was man selber ist, zu schließen.

Offensichtlich hat Jesus, wenn er im Neuen Testament die Ehe unter Bezug auf diese jahwistische Paradieserzählung als Sakrament begründet, eine solche Geborgenheit in Gott und ein derartiges vorbehaltloses Vertrauen zueinander vor Augen. Dies zuzugeben heißt jedoch sogleich, *das* nicht zu tun, was in der Kirche gang und gäbe geworden ist: die Ehe als *ihr* Sakrament zu verstehen und im Rahmen einer neuen kirchlichen Gemeinschaft mit Gesetzen und Vorschriften in ihrer Dauerhaftigkeit zu »stützen«.

Die Kirche mag sich selber als das Gottesvolk des Neuen Bundes, als eine Gemeinschaft von Menschen verstehen, in welcher insbesondere in Gestalt der Sakramente die Gegenwart Gottes quer durch das ganze Menschenleben erneut sichtbar und wirksam werde; sie mag vor allem auch die Ehe als eine solche Rückkehr zu der von Gott gemeinten ursprünglichen Ordnung Gottes verstehen – und man wird ihr dabei zustimmen müssen; denn wo, wenn nicht in der Liebe, erschiene einem Menschen sonst die Welt und sein eigenes Leben wie neugeboren; und wo, wenn nicht in der Liebe, begänne alles von neuem wie am Schöpfungsmorgen mit ihm ein zärtliches, einander suchendes, verstehendes Gespräch? Nur: wer einer solchen paradiesischen Sicht der Liebe zustimmt, der muß zugleich die Radikalität begreifen, mit der Christus die Liebe unter Menschen von Gott her zu heilen sucht. Undenkbar, daß es in der Einheit mit Gott so etwas wie moralische oder gar gesetzliche Vorschriften gegeben hätte oder geben könnte! Das Paradies liegt gerade darin, daß ein Mensch so sehr im Ursprung seines Daseins ruht, daß er die Ordnung seines Herzens, seines Wesens wie etwas absolut Verläßliches und völlig Selbstverständliches fühlt und befolgt. Gebote und Gesetze werden erst jenseits des Paradieses, für die verbannten Kinder Evas, notwendig: Erst der lauernden Mordlust Kains muß Gott entgegenhalten, daß er das Böse vor der Türe seines Herzens bezwingen soll – und selbst die Weisung Gottes kommt, als moralische Aufforderung, jenseits von Eden zu spät, um das Gefühl der Unterlegenheit und Konkurrenz in Kain zu unterdrücken. Die Liebe als Sakrament in die Ordnung des Paradieses zurückzuführen – das heißt zugleich, ihr die absolute Unschuld und Freiheit jenseits allen Zwangs, aller »Moral« und aller Rechtsvorschriften zurückzugeben. Wer es für nötig hält, moralische Statuten und gesetzlich-institutionelle Vorschriften über die Ehe zu erheben, der hat nicht mehr die Ehe des Paradieses, die Ehe als Sakrament, als Ausdruck der vollkommenen Geborgenheit in Gott vor Augen, der bezieht sich auf die Ehe gefallener Menschen, deren Grundgefühl nicht von Vertrauen, sondern von Angst, nicht von Geborgenheit, sondern Verlorenheit, nicht von Berechtigung und Schutz, sondern von Ausgestoßenheit und Heimatlosigkeit geprägt ist. Für derartige Menschen muß es zweifellos Gesetze und Vorschriften geben; aber es ist gegen alle theologische und psychologische Einsicht, von solchen Menschen im Rahmen von Gesetz und Vorschrift die Ewigkeit und Unverbrüchlichkeit der Liebe zu *verlangen.* Das eine schließt das andere aus. Die Wiedererinnerung an die Paradiesesordnung in puncto Ehe ist im Munde Jesu folglich nicht anders zu verstehen als die Weisungen der Bergpredigt sonst, z. B. die Weisung, das Schwören dranzugeben: Es ist der Versuch, von Gott her in ein Vertrauen einzutreten, das keinerlei institutionelle Absicherungen mehr braucht; wo Institution, Recht und Gebot, da ist der Boden der Unerschütterlichkeit bereits von Angst soweit zersetzt, daß nichts von Dauer mehr darauf gegründet werden kann. Die Kirche kann nicht gegen das Wort Jesu auf der einen Seite zum Beispiel zum Eid und zur Institution verpflichten und mithin in ihrer eigenen Ordnung die Realität der Angst und des Mißtrauens voraussetzen, und im gleichen Atemzug auf der anderen Seite die Unauflöslichkeit der Ehe fordern – es sei denn sie wollte den Eindruck befestigen, daß sie in allen Punkten, die auch Kleriker betreffen, die Jesus-Worte der Bergpredigt für gefallene und sündige Menschen auszulegen verstände und nur diesen einen nicht-klerikalen Fall der Ehe in der vollen Härte des Gesetzes festzuschreiben beliebte.

Wie sehr die Liebe einzig in dem Glauben, in der Gegenkraft der Angst, und nicht in irgendwelchen Institutionen und moralischen Geboten begründet ist, mag man daran erkennen, daß es für den Jahwisten in der Ordnung des Paradieses nicht nur keine sittlichen oder sozialen, sondern nicht einmal religiöse Gesetze zu geben braucht noch geben kann. Das »Paradies« ist die Ordnung *des* Menschen, wie Gott ihn gemeint hat; es ist durchaus nicht die Ordnung einer bestimmten kulturellen und sozialen Gemeinschaft, auch nicht die Ordnung der Kirche, insofern diese sich selbst als »römisch«-katholische ausdrücklich an das Erbe einer bestimmten zeitlich und lokal begrenzten Kultur bindet. Von daher ist es desgleichen sehr fragwürdig, wenn die Kirche, in offenbarem Widerspruch zu der »Katholizität« und Universalität ihres Auftrags und Wesens, die Eheformen anderer Kulturbereiche mit Berufung auf das Gotteswort der Bibel ablehnt. Paradiesisch an der Ehe ist die Liebe, die im Glauben wurzelt; ob diese Liebe sich in einer Ehe verwirklicht, die in der Polyandrie mehrere Männer oder in der Polygamie mehrere Frauen gleichzeitig verbindet, ist eine kulturelle, institutionelle und moralische Frage, die durchaus nicht mit der theologischen Frage nach dem Wesen der Liebe und deren Begründung durch den Glauben an Gott verwechselt werden darf. Gerade wenn die k. K. so sehr die Sakramentalität der Ehe betont, sollte sie die absolute Transzendenz der Glaubensgrundlage der Liebe und der Ehe gegenüber allen institutionellen und moralisch-rechtlichen Fragen unbedingt in den Vordergrund ihrer Betrachtung stellen.

b) Die Relativität von Form, Institution und Recht

Ein zweites legt sich unter dieser Voraussetzung wie von selber nahe: die Relativität des formalen Eheabschlusses. Es ist naturgemäß das gute Recht und ein verständliches Lebensbedürfnis einer jeden menschlichen Gesellschaft »jenseits von Eden«, die Ehe unter normativ eindeutigen Bestimmungen abzusichern und schon um ihres Selbsterhaltes willen der privaten Willkür zu wehren. Aber »jenseits von Eden« gibt es auch keine Gesellschaft, die – mosaischer als Moses – ihren Mitgliedern die moralische Pflicht zur Dauerhaftigkeit der Ehe vorschreiben könnte oder würde; der einfache Realismus der Menschenkenntnis spräche dagegen. Vielmehr wird man, solange überhaupt Institutionen und moralische Gebote nötig sind, gerade die Brüchigkeit der Liebe, ihre innere Distanz von der Paradieseswirklichkeit, den Status der »Herzenshärte« voraussetzen und mit ihm rechnen müssen. Man wird dann keinerlei Schwierigkeiten haben, anzunehmen und zuzugeben, daß viele Menschen auch im Raum und mit dem Segen der k. K. einander heiraten, die im eigentlichen Sinne außerhalb der Geborgenheit in Gott leben und die womöglich – ohne dabei in moralischem Sinne schuldig zu sein – im Ehepartner mit der Kraft der Verzweiflung vergeblich nach einer Geborgenheit suchen, die nur in Gott gegeben sein kann. Solche Menschen müssen oft genug erst aneinander scheitern, ehe sie, je für sich, aus den Verirrungen der Liebe nach und nach auf einer tieferen Ebene zu lernen vermögen, woraus ihr Leben gedeihen und wovon es getragen sein kann. Was man »Psychotherapie« nennt, ist ja kein Verfahren der Manipulation oder der Seelenchirurgie, wie es in einer gewissen Literatur immer wieder dargestellt wird, sie ist einfach ein Bemühen darum, daß im anderen unverstellt nachreifen kann, was unter den (Miß-)Weisungen der Vergangenheit verstellt war; es handelt sich, theologisch gesprochen, um ein Bemühen, Blumen, über die der Frost gefallen ist, wieder in die Sonne zu stellen, sie zu begießen und zu behüten und möglichst wenig von der eigenen Person als Schatten auf sie zu werfen. Eine solche »psychotherapeutische« Nachreifung im Glauben ermöglicht es oft und immer wieder erst nach dem Scheitern einer bestimmten Ehebeziehung, auf einen anderen Menschen so hinzuwachsen, daß eine feste und dauerhafte Bindung für ein ganzes Menschenleben nicht zu viel versprochen scheint. Statt die qualvollen Jahre des Scheiterns einer Ehe als moralische Schuld zu brandmarken und damit den betroffenen Eheleuten zu ihrem persönlichen Unglück auch noch das bornierte Unrecht eines verständnislosen und grausamen Rechtsurteils hinzuzufügen (inklusive der üblichen Arbeitsentlassung aus dem Kirchendienst!), sollte man in den Tragödien der Liebe eher Reifejahre des Herzens, Lehrjahre der Gnade bzw. Vorstadien des Glaubens sehen. Die k. K. gewänne dann sowohl für sich selbst als auch vor allem für die Not der Eheleute eine Perspektive des Hoffens und der Lebenserweiterung, die wohl zu unterscheiden weiß zwischen dem, was man auf der moralischen Ebene fordern, und dem, was man nur in der Tiefe der menschlichen Existenz beruhigen und besänftigen kann.

c) Die Notwendigkeit der Tiefenpsychologie für die Theologie

Damit aber ist vor allem die dritte, in ihren methodischen und praktischen Konsequenzen am weitesten reichende Folgerung aus dem Gesagten zu ziehen. Um das Scheitern einer Ehe zu verstehen, so hat sich gezeigt, muß man die Angst zu begreifen suchen, von der die Persönlichkeitsstruktur der Ehepartner und die Art ihrer wechselseitigen Beziehungen geprägt sind; und umgekehrt: auf dem Hintergrund der Angst in ihren zahlreichen psychodynamischen Ausformungen, genetischen Ursachen und geistigen Sinngehalten versteht man allererst die absolute Bedeutung des Glaubens für das Zusammenleben zweier Menschen. Methodisch gesprochen: erst durch die Tiefenpsychologie der Angst wird deutlich, was die Haltung des Vertrauens inhaltlich bedeuten kann. Die Tiefenpsychologie ist mithin ein unentbehrliches Hilfsorgan zum Selbstverständnis einer Theologie des Glaubens. Ohne die Tiefenpsychologie deformiert die Theologie sich selbst von einer Lehre, die dazu bestimmt ist, den Menschen durch Verständnis und Güte zu heilen und in das Zentrum seiner Persönlichkeit von Gott her zurückzuführen, in eine Doktrin lebensfremder moralisierender und verrechtlichender Mißverständnisse. Ohne den Abgrund der Angst in der Tiefe der menschlichen Existenz vor Augen zu haben, verkommt die Theologie, ganz in Übereinstimmung zu dem Programm der Aufklärungsphilosophie, bei ihrem Sprechen von Gott zu einer reinen Moral- und Rechtslehre, zu einem Teilzweig der Gesellschaftskunde, die im Grunde Gottes wie des Glaubens völlig entraten kann. Indem eine solche Theologie ohne Rücksicht auf die konkreten Formen des Angsterlebens den Glauben vollkommen abstrakt in ein Prinzip des Christseins verwandeln muß, geht ihr der entscheidende Inhalt der »neuen Schöpfung«: die Überwindung der spezifischen Ängste des menschlichen Daseins, verloren; sie kann von da an nicht anders, als dem Menschen die Möglichkeiten, die

sich aus seiner neu gewonnenen Angstfreiheit ergeben, als isolierte Gebote und göttliche Forderungen vorzuhalten, die ihrerseits nur Angst erzeugen statt Erlösung wirken können. Aus einer Heilslehre wird dann ein Symptom der Selbstentfremdung des menschlichen Bewußtseins, eine Glaubensform, in welcher schon die Vokabeln Selbstfindung und Selbstverwirklichung schließlich als Chiffren des Antichristlichen und Glaubensfeindlichen aus dem theologischen Sprachgebrauch ausgemerzt werden müssen.
Insofern erweist sich die unaufhörliche Debatte um die Eheproblematik mitsamt ihren sich orthodox gebenden Ungereimtheiten in der k. K. nur als ein Nebenschauplatz der viel wichtigeren und umgreifenderen Frage, wie die christliche Theologie ihre Jahrhunderte alte Frontstellung gegen das Unbewußte, heutzutage also gegen die Tiefenpsychologie, überwinden kann. In ihrer abendländischen Tradition hat die christliche Theologie – vor allem durch den Kampf gegen den heidnischen Mythos[6] – die mythenbildenden Kräfte im Menschen zunehmend verteufelt und schließlich ein Menschenbild begründet, das in der Neuzeit nur den Verstand und den Willen am Menschen gelten ließ. Damit hat sie den dogmatischen Glaubensinhalten selbst die Grundlage entzogen und sich gegen ihren Willen recht eigentlich zum Begründer des modernen Atheismus, der Verleugnung des Dogmas im Namen der Autonomie des menschlichen Verstandes gemacht. Solange die christliche Theologie fortfährt, an ihrer eigenen Bewußtseins- und Verstandeseinseitigkeit festzuhalten, gerät sie nolens volens mit Recht in den Verdacht, selber ein System der Veräußerlichung und Entfremdung zu sein. Die moralische Starre, die sich daraus ergibt, läßt sie dann selbst als eine Doktrin erscheinen, die nicht aus dem Herzen des Menschen erwächst, sondern ihm von außen eingepflanzt werden muß. Die Religion des Christentums wird dann selbst eine Lehre, die sich nicht sowohl die Integration des Individuums, seine Verwirklichung und sein Heil in Zeit und Ewigkeit zum Ziel setzt, sondern die, in psychoanalytischer Sicht, ganz im Gegenteil nur die Unterdrückung des Ichs und des Es im Namen eines drakonischen Überichs verlangt. Einer derartigen Religionsform kann man den Vorwurf nicht ersparen, mit ihrer ständigen Betonung des Institutionellen, Rechtlichen und Moralischen der Ehe, aber auch in allen anderen Lebensbereichen, im Grunde selber zwangsneurotisch-depressiv organisiert zu sein – ein sadomasochistisches Gebilde verinnerter Gewalt und äußerer Gewaltausübung.
Insofern war es nicht verkehrt, gerade am Scheitern einer dp-zwn Ehe die Krise einer gewissen Art von Religiösität im ganzen aufzuzeigen. Speziell zur

[6] Vgl. E. Drewermann, Strukturen des Bösen, Bd. 3, 514–540 (Exkurs: Die Mythenfeindlichkeit des Christentums, der Widerstreit der Konfessionen und die innere Zerrissenheit des Menschen).

Eheproblematik jedenfalls kann man ganz sicher sagen: Auch eine Kirche Gottes hat kein Recht, im Namen eines Gottesrechtes Tausenden von Menschen Unrecht zu tun, nur weil ihre Theologen sich nicht abgewöhnen wollen, die Problematik menschlichen Zusammenlebens weit unterhalb des analytischen Wissens ihrer Zeit und im Rahmen eines zwar ehrwürdig tradierten, aber sehr verengten Menschenbildes zu erörtern.

Aus Schuld geschieden – verdammt zum Unglück? Von dem Recht auf Vergebung auch in der katholischen Kirche. Ein Plädoyer.

„Wie die Liebe die Menschen erniedrigen kann,
Das zeigen die Tränen der Liebenden an.
Doch wird von bittersten Qualen geplagt,
Wer niemanden findet, dem er sie klagt."

Die Geschichte von den drei unglücklichen Liebenden, in: Die Erzählungen aus den 1001 Nächten, VI 556.

I. Von der unberücksichtigten Tiefenpsychologie der Angst

Die katholische Lehre von der Unauflöslichkeit der Ehe stößt auf zwei Schwierigkeiten, die sie nicht überwinden kann, solange sie ihre eigene Lehre nicht mit der Tiefenpsychologie der Angst verbindet.

1. Die Tragödie der Übertragungsliebe oder: Was eigentlich hat Gott gewirkt?

Nur im Glauben kann das Sakrament der Ehe empfangen werden, lehrt die Kirche. Es gibt aber Ängste, die aus psychologischen Gründen ein ruhiges Vertrauen zu sich selbst, zum anderen und zur Welt im ganzen verhindern, und solche Ängste, zumeist in der frühen Kindheit verfestigt und später dem erwachsenen Ich des einzelnen für gewöhnlich unbewußt, treiben unbemerkt dazu, sich mit der Kraft eines Ertrinkenden an den Ehepartner als vermeintlichen Garanten der Liebe zu binden, um an ihm auszugleichen und nach Möglichkeit abzutragen, was ein Leben lang an seelischen Entbehrungen und Nöten durchlitten werden mußte. Unglückseligerweise besteht in solchen Beziehungen der unbewußten Angstsicherung ein schier unvermeidbarer Zwang, all die Ängste, Verbote und Icheinschränkungen, aber auch die entsprechenden Sehnsüchte und Erwartungen auf den anderen zu übertragen und an ihm zu wiederholen, die seit Kindertagen das Ich besetzt hielten. Als ob das Schicksal heimlichen Mutwillen mit den Menschen treiben wollte, kann zu

Beginn einer Ehe niemand sagen, ob eine solche *Übertragungsliebe* im späteren Leben sich zu einer vertieften Erfahrung der Selbstannahme und des Vertrauens öffnen oder im Gegenteil in dem Bannkreis alter Ängste zugrundegehen wird; ja, nicht einmal die Tatsache einer solchen Übertragungsliebe selbst ist für einen außenstehenden Beobachter feststellbar. Jede Liebe, so lehrt es die Erfahrung, ist ein Wagnis, und sie steht in der Ungewißheit möglichen Glücks ebenso wie bitterer Enttäuschungen. Auch die dogmatische Lehre der Kirche von der Unauflöslichkeit der Ehe, will sie nicht in sinnlose und grausame Abstraktionen verfallen, hat diesem Umstand Rechnung zu tragen; jedenfalls hat sie nicht das Recht, nur zur Vereinfachung der kirchenrechtlichen Praxis fiktiv eine Rechtssicherheit vorzutäuschen, die es in Anbetracht der Unsicherheit menschlicher Gefühle nicht geben kann: Man kann nicht wissen, ob ein Tun unter Menschen »von Gott geschlossen« ist, wenn irgend es das Wachstum und die Reifung des menschlichen Daseins in Vertrauen und Liebe ist, was Gott als Wesensbestimmung dem Menschen ins Herz gelegt hat. Nicht das, was »die« Kirche (in Gestalt des Pfarrers und zweier Zeugen) notariell beglaubigt, ist ipso facto auch von Gott gewirkt; die Kirche kann vielmehr nur als göttlich gewirkt beglaubigen, was wirklich von Gott ist, und das entscheidet sich im Leben selber, nicht aber in apriorischen Verklausulierungen des Rechts und gewisser von außen dekretierter Rechtskriterien.
Von dieser Problematik der Übertragungsliebe handelt der Beitrag »Ehe – tiefenpsychologische Erkenntnisse für Dogmatik und Moraltheologie« (s. o. S. 38–76).

2. Die Dynamik der Wahlverwandtschaft oder: die Unlogik im Begriff der »partiellen Eheunfähigkeit«

Ein zweites Problem ergibt sich aus der eigentümlichen Affinität, die bestimmte Charaktere zueinander führt. Das kirchliche Eherecht mag sich damit trösten, bei den tragischen Formen der Übertragungsliebe immerhin im nachhinein eine »Eheunfähigkeit« zum Zeitpunkt des Eheabschlußes zu konstatieren (oder zu rekonstruieren), die eine eigentliche Ehe in dogmatischem Sinne erst gar nicht habe zustande kommen lassen; tatsächlich haben Menschen jedoch oft viele Jahre darum gerungen, ihre verbliebene Fähigkeit zur Liebe zu pflegen und zu entfalten, und es klingt seltsam schnöde, ihnen nachgerade zu bescheinigen, das alles habe mit Gott gar nichts zu tun gehabt. Weit besser stünde die katholische Kirche schon angesichts der Tragödien der Übertragungsliebe da, wenn sie den Eheleuten und sich selber zubilligen würde, daß man als Mensch nicht wissen kann, was und wie Gott im Leben wirksam ist, und daß es einem jeden gehen wird wie Moses, der in der Felsspalte am Sinai nur die Rückseite Gottes zu sehen bekam, damit er im Angesicht Gottes am Leben bleibe (Ex 33, 18–23); – ein Wissen, das sich anmaßt, Gott ins Vorhinein, gewissermaßen vis-à-vis, zu sehen, tötet. Aber wenn auch schon diese Einsicht für die offizielle kirchliche Lehre offensichtlich nur schwer zu gewinnen ist, so tut sie sich in einem anderen Fall noch weit schwerer, den sie, wenn er negativ ausgeht, unter dem *Begriff der »partiellen Eheunfähigkeit«* zu rubrifizieren sucht, den man aber, wenn er zum Glück gedeiht, im Sinne Goethes am besten als *»Wahlverwandtschaft«* bezeichnen sollte.

Gemeint ist das sonderbare Phänomen, daß Menschen einer bestimmten Charakterstruktur einander wie magisch anziehen, indem sie im anderen gerade diejenigen Ergänzungsmöglichkeiten und Qualitäten wähnen, die dem eigenen Wesen so sehr ermangeln.

So mag ein *Schizoider* von der Wärme und Gemütstiefe, der Nähe und Ganzheitlichkeit eines *Depressiven* verlockt werden, während dieser, im Wissen um die eigene Gefährdung einer zu starken Identifikationsbereitschaft, sich gerade von der Distanziertheit und scheinbar kühlen Souveränität des Schizoiden angezogen fühlt; oder es wird ein *Depressiver* sich einem eher *zwangsneurotischen* Charakter anvertrauen, um seiner eigenen Unsicherheit zu entfliehen und im anderen die schmerzlich vermißte Beständigkeit und Gradlinigkeit zu gewinnen, wohingegen der Zwangsneurotiker sich geschmeichelt fühlt, seine verantwortungsbewußte Korrektheit durch so viel Dankbarkeit und Anlehnungsbereitschaft belohnt zu finden. Ein anderer *Zwangscharakter* wiederum fühlt sich beglückt durch das quicklebendige Temperament eines *Hysterikers,* der seinerseits ein unbewußtes Bedürfnis nach Obhut und Festlegung spürt, wie er es in der soliden Art einer rechten Zwangsnatur wohl finden mag – alles Arrangements der wechselseitigen Ergänzung und des offensichtlich scheinenden gemeinsamen Vorteils.

Wenn die katholische Ehemoral im Fall eines Mißlingens derartig günstig scheinender Beziehungen von einer partiellen Eheunfähigkeit zu sprechen beginnt, so macht sie sich mindestens begrifflich einer Unkorrektheit des Denkens schuldig, mit der sie freilich nur eine Unlauterkeit des Gefühls zu maskieren sucht.

Der Begriff der partiellen Eheunfähigkeit ist ein Strukturbegriff eng umschriebener menschlicher Beziehungen, und er gewinnt seine Berechtigung nur von der Annahme, daß eben das strukturelle Element das Glück gewisser Liebesbeziehungen ausschließen müsse. Das aber ist nicht der Fall, und praktischerweise unterdrückt die kirchliche Denkweise mit ihrem Begriff der partiellen Eheunfähigkeit die eigentliche Dialektik des Gelingens oder Mißlingens

jener Beziehungen, die durchaus nicht im strukturellen, sondern entscheidend im quantitativen Bereich zu suchen ist. Die *strukturelle* Unterschiedenheit der Charaktere bildet in den »Wahlverwandtschaften« der Liebe zwar die außerordentliche Bindungsenergie, die Menschen auf Gedeih und Verderb einander zutreibt; ob solche Beziehungen jedoch aneinander scheitern oder miteinander harmonieren, hängt gewissermaßen vom energetischen *Quantum* ihrer Polarität und von dem Effekt der Anziehungskraft ab, mit der sie aufeinander zustürzen. Es ist das *Zuviel* an Herzlichkeit und Nähe, das einen Depressiven dem schizoiden Partner gefährlich macht, so wie ein *Zuviel* des schizoiden Habitus mit seiner kalten Gleichgültigkeit einen Depressiven zur Verzweiflung treiben kann; es ist ein *Zuviel* an zwangsneurotischer Pedanterie und Ordnung, das einem Depressiven unmenschlich scheinen muß, und ein *Zuviel* an Anpassungsbereitschaft und Gefügigkeit, das den Depressiven in den Augen eines Zwangsneurotikers als quallig und charakterlos erscheinen läßt; es ist schließlich das *Zuviel* an Sprunghaftigkeit, Zerfahrenheit und Improvisation, das den Hysteriker bei einem Zwangsneurotiker verhaßt macht, und wiederum ein *zu großes* Ausmaß an zwanghafter Gefühlsabsperrung und Steifheit, mit dem ein Hysteriker auf Dauer bei einem Zwangsneurotiker nicht zurecht kommt.
Gerade diese quantitativen Verhältnisse aber will sich die katholische Ehemoral in ihrer bisherigen Form nicht eingestehen. Alles Quantitative lebt von gleitenden Übergängen, und eben dieses Gleiten ist das Leben selbst; die katholische Moraltheologie aber, selbst wie zwangsneurotisch, fürchtet anscheinend ein Entgleiten aller Maßstäbe und Normen, wenn sie dem Leben in seiner Verwandlungsvielfalt Rechnung trägt. Alles Mehr oder Weniger, an dem gerade die Tragödien und Beseligungen des Lebens sich immer wieder entzünden, schlägt sie willkürlich auf die Seite des sog. freien Willens, so als ob der geringe Spielraum unseres bewußten Handelns und Vermögens über das Tempo des Lebens selbst zu entscheiden vermöchte, und zwar selbst dann noch, wenn sich das Lebensgefühl überhaupt erst aus dem Sog eines fremden Daseins ergibt, dessen Eigenart prinzipiell der eigenen Entscheidung verschlossen bleibt. Die katholische Moraltheologie steht bzgl. des Problems der »Wahlverwandtschaften« endgültig vor der Entscheidung, ob sie endlich selber mehr an Lebendigkeit, Geschmeidigkeit und Offenheit im Sinne eines quantitativen Denkens in dynamischen Übergängen des Glücks in Schmerz, des Ergänzenden ins Unzumutbare, des Tragenden ins Unerträgliche dazulernen will, oder ob sie sich in rigider Lebensferne selbst dazu verurteilt, statt der Vermenschlichung lieber der Neurotisierung derer zu dienen, die in ihrer Botschaft von Christus ursprünglich mehr Vertrauen und nicht noch mehr Angst erhoffen und erleben möchten.

Von diesem zweiten Problempunkt der katholischen Ehemoral handelt am Modellfall einer depressiv-zwangsneurotischen Ehe der Beitrag »Von einer besonders tragischen Form des Mißverständnisses in der Ehe« (s. o. S. 77–111).

II. Von Ehen, die aus »Schuld« gescheitert sind

Es gibt aber einen dritten, im Grunde sogar noch wichtigeren Punkt, in dem die katholische Eheauffassung in ihrer bisherigen Einstellung so nicht bestehen bleiben darf; das ist ihr Umgang mit denjenigen Ehen, die nach landläufigem Urteil nicht aus den Verirrungen neurotischer Mechanismen oder aus charakterbedingten Verwicklungen, sondern »einfach« aus menschlicher Schuld gescheitert sind. Von ihnen lehrt die katholische Kirche scheinbar besonders eindeutig, daß es Vergebung von Schuld nur geben könne, wenn der Wille zur Besserung und Wiedergutmachung gegeben sei, und dies bedeute im Fall einer schuldhaft geschiedenen Ehe die feste Absicht, die zerstörte Gemeinschaft mit dem angetrauten Gatten wiederherzustellen, mithin alle Schritte zu revidieren, die einer solchen Absicht im Wege stünden, konkret gesprochen also auf jeden Fall neue eheähnliche Bekanntschaften zu meiden oder aufzulösen.
Daß diese Lehre menschlich zu kurz und theologisch unhaltbar ist, wollen wir in diesem Beitrag zeigen.

1. Nur eine wesentliche Schuld zerstört das Wesen einer Ehe

Zunächst ist es äußerst schwierig, den Übergang von schicksalhafter Verstrikkung zu moralisch verantwortbarer Schuld bei dem Scheitern einer Ehe festzulegen. Es kann sein, daß Eheleute sogar von sich selbst den Eindruck haben, daß eine bestimmte Tat, sagen wir ein Ehebruch oder eine länger dauernde Romance, ursächlich zur Zerrüttung der Ehe beigetragen habe und daß dafür mindestens der eine Partner die Schuld und Verantwortung trage. Gleichwohl ist dieser Eindruck trügerisch. Nicht an einzelnen Fakten und Ereignissen, sondern aufgrund ihres Wesens scheitern die Liebenden aneinander, und nur dann besitzt eine einzelne Tat die ungeheuere Sprengkraft, die Leidenschaft der Zuneigung und die geduldig gezähmte Gewohnheit des Vertrauens wurzeltief zu zerstören, wenn sie wie im Brennglas zur Manifestation der Fremdheit und des Unwesens des bisherigen Geliebten wird. Erst wenn ein einzelnes Verhalten zu dem bitteren Eindruck führt, sich in der Person des anderen gründlich getäuscht zu haben, und wenn diese *Enttäuschung* zudem noch die schmerzliche Erkenntnis vermittelt, daß jene Tat für die wahre Persönlichkeit des anderen, wie sie nunmehr in Erscheinung tritt, geradezu charakteristisch und offensichtlich für ihn typisch sei – dann erst wird eine einzelne »Schuld« eine bestehende Liebe oder Freundschaft zer- oder verstören können. Es gibt Handlungen, bei denen man nicht mehr versteht, wie ein anderer so handeln konnte, wie er gehandelt hat, und die oft genug schon ihm selber wie ein unbegreifbares opus alienum erscheinen; solche völlig unverständlichen, d. h. nur unter der Voraussetzung einer völlig anderen Persönlichkeit als der des bisher Geliebten zu verstehenden Handlungen können als »Schuld« eine Ehe zerstören. Wenn es an solchen Handlungen indessen etwas zu »bereuen« oder »wiedergutzumachen« gibt, dann ist es zunächst nicht die einzelne Tat, sondern die Tatsache, so zu sein, wie man ist; die Tatsache des eigenen Wesens aber kann man nicht ändern, man kann nur mit ihr leben lernen, und es ist schwer zu sagen, wo die Schicksalsmacht des eigenen Charakters und der eigenen Art sich zum Freiraum persönlicher Entscheidung öffnet.

2. *Darf man sich an König David ein Beispiel nehmen?*

Nehmen wir als Beispiel solcher Wesensschuld zunächst einen »einfachen« Fall. Die Bibel kennt die erschreckende Tat König Davids. Ihm wird der Bußpsalm 51 in den Mund gelegt, in dem ein Mann Gott um Vergebung bittet, weil ihn seine »Mutter bereits in Sünden geboren« habe – eine hebräische Redewendung, die nichts anderes ausdrücken will als die erschütternde Einsicht, daß eine bestimmte Tat – die Tradition meint: Davids Ehebruch mit Bethsabe und die Ermordung ihres Gatten, des Hethitergenerals Urias – kein einfaches Malheur, kein passagerer Fehler, sondern eine Tat aus der Tiefe der eigenen Persönlichkeit gewesen ist.[1] Wollte man diesen Vers von Ps 51,7 aus dem Kontext der Biographie Davids paraphrasieren, so müßte man ihn als das Geständnis einer Lebensbeichte wiedergeben: »So ein Ungeheuer«, will David dann sagen, »wie es in dieser einen Tat zum Ausdruck kommt, war ich doch immer schon; so skrupellos, gierig, intrigant und verlogen, herrschsüchtig und buchstäblich über Leichen gehend war ich doch ausnahmslos bisher; mein ganzes Leben kommt mir jetzt, rückblickend von dem Gipfel meines Frevels her, wie eine einzige Vorbereitung auf eine Tat wie diese vor; wenn du mir, Gott, etwas vergeben willst, so nicht nur diese Tat, sondern mein ganzes

[1] Zur Kategorie des »Anfangs« im Hebräischen vgl. E. Drewermann, Strukturen des Bösen. Die jahwistische Urgeschichte in exegetischer, psychoanalytischer und philosophischer Sicht, 3 Bde., Paderborn ³1981–82, Bd. 1, S. XVIII–XXXI.

Wesen, alles, was ich bin.« *Das* heißt: »in Sünden gebar mich meine Mutter«. Wie aber soll man mit einer solchen Schuld des eigenen Wesens weiterleben? Die katholische Kirche weigert sich, eine Ehe zu schließen, die durch Mord zustande gekommen ist; sie verlangt, daß Menschen eine so furchtbare Schuld ihr Leben lang sühnen und auf ein gemeinsames Glück, das zu solch blutigem Preis erkauft wurde, zu verzichten haben. Wenn König David sich nach dieser Regel hätte richten müssen, so hätte er seiner Leidenschaft zu Bethsabe entsagen müssen, und auch sie, die vielleicht nicht nur das Opfer, sondern womöglich die eigentliche Verführerin gewesen ist[2], hätte dem Glück ihres Lebens abschwören müssen. Eine gerechte Strafe, mag jemand denken. Bethsabe aber trug zu diesem Zeitpunkt bereits des Königs Kind in ihrem Schoß, das in Schande und ohne Vater hätte aufwachsen müssen; eine lebenslängliche Sühne der Schuld hätte nicht nur zwei, sondern gleich drei Menschen unglücklich gemacht und auf die leibliche Frucht jener Schuld nur sinnlos neuerlich Schuld gehäuft. Die Bibel erzählt, daß David den Mut hatte, aus seiner Untat eine menschlichere Folgerung zu ziehen. Er trauerte tief, als er erleben mußte, wie der Sohn, den Bethsabe zur Welt brachte, zu Tode erkrankte; als das Kind verstarb, nahm er den Schmerz darüber als eine Art gerechter Strafe aus den Händen Gottes an; dann aber entschloß er sich zu seinem und zu Bethsabes Glück: Er zeugte mit ihr jenes Kind, dem er den Namen »Seinen Frieden« gab, und eben dieser »Salomo« ward später zur Verkörperung der Weisheit und Humanität des alten Israels.

Ungleich kräftiger, fruchtbarer und dem Leben dienlicher als der Masochismus nicht endender Sühnerituale ist der Mut und das Vertrauen, eine begangene Schuld dürfe man sühnen durch die Verpflichtung gemeinsamen Glücks. Jede schwere Schuld ist wie ein Attentat auf die Grundlagen des Lebens; man sühnt sie deshalb nur, indem man weniger dem Tod, dem Leben aber gehorsamer zu dienen lernt. Nur durch den Mut zum Glück entrinnt man dem unseligen Kreislauf quälender Schuld und schuldiger Qual.

Indessen erkannte David (bzw. der Beter des Psalms 51) immerhin die Schuld seiner Tat als Ausdruck seines Wesens an, und er mochte sich vorsetzen, die Charakterzüge seiner Persönlichkeit zu läutern. Immer wieder aber werden Menschen aufgrund ihres Wesens zu Taten gedrängt, die in moralischem Sinne als Schuld erscheinen und zudem das Maß an Verständnis beim Partner weit überschreiten, die aber in tieferem Sinne durchaus gar nicht als Schuld verstanden werden können, schon weil sie zumeist das Ergebnis eines langen

[2] So die geistreichen Erwägungen bei St. Heym, Der König David Bericht, München 1972 (The King-David-Report, übers. aus dem Amerik. v. Autor); Neudruck, Frankfurt (Fischer Tb. 1508) 1974, 129–144.

willentlichen Abwehrkampfes gegen diese eine (Un-)Tat darstellen. Es braucht dabei gar nicht von gewissen Triebzielinversionen oder Triebfixierungen die Rede zu sein, deren perverser Charakter – freilich wieder in Unkenntnis der psychologischen Hintergründe – gerade von der katholischen Sexualmoral besonders heftig verurteilt und sogar als ehehindernd anerkannt wird. Nein, es genügt, als Beispiel einmal eine sozusagen »durchschnittliche« Ehetragödie sich vor Augen zu stellen, wie sie in den Sprechzimmern der Eheberater durchaus gewöhnlich ist.

3. Wenn an der Schuld vorbei kein Weg ins Leben führt

Ein Mann, heute 36jährig, hat vor 12 Jahren eine Frau geheiratet, die durch ihr anlehnungsbedürftiges, gefügiges, schutzsuchendes Wesen seine Aufmerksamkeit, man kann auch sagen: sein Mitleid, ja in gewissem Sinne sogar seine Sympathie erregte. Um die Beziehung zwischen beiden zu verstehen, muß man vorausschicken, daß der Mann sich ursprünglich ein anderes Verhältnis als das des Helfers und Beschützers zu einer Frau gar nicht hätte erlauben oder auch nur vorstellen können. Er war der einzige Sohn einer früh verwitweten Mutter, die ihren ganzen Stolz darin setzte, aus dem Jungen etwas Rechtes zu machen. Mit all ihrem Ersparten hatte sie ihrem Kind eine höhere Schulausbildung ermöglicht, und ihr geheimer, obzwar nur allzu durchsichtiger Wunsch war es gewesen, ihren Sohn eines Tages als Priester am Altar zu sehen. Bei dem Heranwaschsenden hatte diese Art der Mutterliebe allerdings nicht nur günstige Auswirkungen gezeitigt, vielmehr hatte sie dazu beigetragen, das gesamte Erleben des jungen Mannes in ständige Strafängste und Schuldgefühle sowie in außerordentliche Minderwertigkeitsgefühle zu tauchen. So sehr er sich auch in Schule und Beruf anstrengen und objektiv sogar zu gewissen Erfolgen gelangen mochte, so sehr betrachtete er sich doch als Versager – nichts Gutes war nach dem unbewußten Anspruch seiner Mutter gut genug und jede Freude eigentlich die Vorbotin des drohenden Gerichtes: Der Tod lastete als ständige Gewißheit über dieser gesamten zwangsneurotisch zerrissenen Lebenseinstellung.
Die Frau ihrerseits hatte als eines von vielen Kindern einer Bauernfamilie zur Lebensausstattung nur gelernt, daß man durch willenlosen Gehorsam und prompte Anpassung sozusagen einen Rechtsanspruch auf eheliche Dauerversorgung erwirbt. Ihre geistige Regsamkeit beschränkte sich aufs Kartoffelschälen und Strümpfestopfen und auf die moralische Überzeugung, daß sexuelle Regungen schwer sündhaft sind. Nach etwa 10jähriger Dauer dieser Ehe, die im wesentlichen durch die Geburt zweier Kinder stabilisiert wurde, erkrankte

die Frau an einer langwährenden Schizophrenie mit vorwiegend paranoischem Einschlag: Nachdem sie vergeblich versucht hatte, es auf ihre Weise den Geltungserfolgen ihres Mannes in der Öffentlichkeit gleichzutun, glaubte sie sich gewissen Attentaten durch Gift und Sprengstoff ausgesetzt und fühlte sich unter ständiger Kontrolle fremder Mächte. Bei ihrem Mann mußte dieser Gemütszustand natürlich die ohnehin vorhandene Ambivalenz gegenüber seiner Gattin noch verstärken: Einerseits empfand er ein noch gesteigertes Gefühl des Mitleids und der Verantwortung, andererseits zehrte die Dauerbelastung die letzten noch verbliebenen Reserven des Wohlwollens endgültig bei ihm auf. Obwohl auch bis dahin bereits an eine Reihe von sexuellen Ersatzhandlungen gewöhnt, begann er jetzt ernsthaft um den Bestand seiner Ehe zu fürchten. Voller Angst mied er geradezu alle sich bietenden Kontaktmöglichkeiten, die sich ihm sowohl beruflich als auch durch ein bestimmtes Freizeithobby jederzeit hätten bieten können – er fühlte seine innere Bedrohung viel zu stark, um nicht genügend gewarnt zu sein. Jedoch erhöhte gerade diese halb-freiwillige Klausur wiederum das Gefühl der Enge, ja des wachsenden Abscheus und der Verachtung gegenüber seiner Frau, und die Szenen häuften sich, in denen er seiner Gemahlin ihre Unselbständigkeit, Schwäche und Apathie geradewegs zum Vorwurf machte. Tatsächlich konnten die schizophrenen Angstzustände der Frau wohl durch den Einsatz von Psychopharmaka sediert werden, aber nur um den Preis noch weitergehender Einschränkungen im Vitalbereich, mit der Folge einer fast gänzlichen Antriebslosigkeit. In dieser Zeit nun geschah, was eines Tages unausweichlich geschehen mußte: Ein junges Mädchen, das eben erst sein Studium begonnen hatte, verliebte sich unsterblich in den 15 Jahre älteren Mann. Auch die Liebe dieses Mädchens hatte ihre unglückselige Vorgeschichte. Es entstammte einem äußerst strengen katholischen Elternhause, und mit allem guten Willen hatte vor allem das despotische Regiment des Vaters es schließlich dahin gebracht, daß die Tochter trotz eines pünktlichen sonntäglichen Meßbesuchs die Existenz eines Gottes überhaupt kategorisch in Frage stellte, nur um wenigstens geistig ein Stück Freiheit für sich selber in Anspruch nehmen zu können. Ihr Geliebter nun war für sie gerade aufgrund seiner fast zwanghaften Zuverlässigkeit und Korrektheit das rechte Gegenbild zu der väterlichen Autorität und verbietenden Strenge, und sie klammerte sich an ihn mit der Leidenschaft einer Verzweifelten. Er wiederum erfuhr zum ersten Mal in seinem Leben ein wirklich starkes Gefühl der Zuneigung und Liebe; alles, wonach er sich mehr als ein Dutzend Jahre lang gesehnt hatte: Austausch, Interesse, Gemeinsamkeit, ein Stück Romantik und Poesie, eine gewisse Seelenverwandtschaft wechselseitiger Ergänzung und nicht zuletzt ein intensives Begehren nach der zärtlichen Nähe des anderen – Verlangen und Liebe, Trieb und Persönlichkeit schienen sich zum ersten Mal in ihm zu verbinden, und kataraktartig wurden beide von der Heftigkeit ihrer erwachenden und nie gelebten Gefühle überschwemmt. Vor allem erlebte der Mann erstmals, daß er imstande war, eine andere Frau durch seine Persönlichkeit rundum zu befriedigen und glücklich zu machen, und er konnte in dieser Liebesbeziehung gerade an dem Punkt anknüpfen, an dem seine eigene jugendliche Entwicklung durch die Heirat mit seiner Frau unterbrochen worden war.

Während beider Beziehungen sich also auf das vorteilhafteste zu ergänzen und wechselseitig zu steigern schienen, breitete sich gleichwohl ein Feld der Schuld aus, an dem beide trotz ihres Glücks intensivst zu leiden begannen. Zwar verlieh die Liebe ihnen kraftvolle Schwingen, um sich erstmals über die Beengtheiten ihres elterlichen Gewissens zu erheben – der Mann verlor zum ersten Mal seine Todesangst, und in dem Mädchen erwachte eine nie gekannte Lebenslust und Freude. Aber dem Glück beider stand nicht allein die erdrückende Moral des dörflichen Milieus sowie der bedenkliche Umstand entgegen, daß der Vater des Mädchens, aus gewissen Briefen über die wahren Gründe für das plötzliche Aufblühen seiner Tochter belehrt, mit brachialer Gewalt auf einen Abbruch der unglückselig-selig-glücklichen Beziehung drängte –, vor allem der Mann stand vor dem schier unlösbaren Problem, daß er die allmählich wieder erwachende psychische Genesung seiner Frau nicht durch einen Akt brutaler Härte, wie er durch ein ehrliches Eingeständnis seiner Lage unzweifelhaft entstanden wäre, von neuem aufs Spiel setzen durfte; die Liebe zu dem Mädchen aufzukündigen erschien ihm jedoch gleichermaßen unmöglich. Wohl daß er, die Jugend der Geliebten erwägend, sich für den Fall zu wappnen gedachte, daß sie eines Tages seiner väterlichen Fürsorge entraten und zu einer altersgemäßeren Verbindung drängen sollte; aber einstweilen sagte er sich mit Recht, daß nur ein starker Rückhalt, wie er in seiner Person gelegen sei, sie zu einer solchen Reifung vermögen könnte und er von daher geradewegs die Pflicht habe, an ihrer Seite zu bleiben, freilich nur insgeheim, wie er wohl wußte, und das hieß: täglich um den Preis der Lüge und Verstellung. Statt einer Entscheidung stand ihm mithin ein Spiel um Zeitgewinn ins Haus, das selbstredend die ohnehin verbitterten Beziehungen der alten Ehe noch durch die Nuance eines geistreichen Zynismus weiter vergiften mußte – undenkbar, daß eine solche Ehe auf Dauer hätte halten können, und es schien bereits viel, wo nicht alles gewonnen, wenn sich die neue außereheliche Liebesbeziehung wenigstens ca. fünf Jahre lang verheimlichen und aufrechterhalten ließ, bis die Kinder erwachsen, die Studentin selbständig und die Frau vielleicht von sich aus der Ehe überdrüssig geworden wäre.

Wir wollen dem Leser die Neugier nicht nehmen, wie die Geschichte ausging – er selber möge seine Phantasie bemühen, sich dafür eine Lösung auszudenken;

leichthin wird er dann finden, daß kein Weg gangbar ist, der sich mit den Begriffen einer äußeren Moral verbinden läßt, und nur auf diesen Punkt kommt es uns an. Ganz sonnenklar scheint die Schuld an dem Scheitern der Ehe einzig auf den Schultern des Mannes zu ruhen, und der Dorfklatsch, würde die Affäre ruchbar, zögerte gewiß keinen Augenblick, um sich dieses Urteil zu eigen zu machen. Und dennoch ist es bei näherer Betrachtung kaum möglich, selbst im Anfangsstadium, da die »schuldhafte« Auflösung der Ehe eben erst beginnt, von wirklicher Schuld im Sinne der subjektiven Anrechenbarkeit und Vorwerfbarkeit zu sprechen. Wenn bereits feststeht, daß die Grenzen zwischen dem unbewußten Zwang der Übertragung mit den eigentümlichen Gesetzen ihrer Psychodynamik und dem vermeintlichen Spielraum von Freiheit und Verantwortbarkeit fließend sind, wer will dann Richter im fremden oder auch nur im eigenen Leben sein? Es gibt ein Maß der Belastung, an dem die Liebe erstirbt, der gute Wille ohnmächtig zusammenbricht und selbst der Versuch einer rücksichtsvollen Fairneß zunehmend mißrät. Muß es, wenn eine Liebe erstirbt, immer auch einen Mörder der Liebe geben? In dem geschilderten Fall war der betreffende Mann sogar durchaus gewillt, sein Verhalten auch als Schuld zu verstehen; aber er war zugleich außerstande, daran etwas zu bereuen. Er hatte lange versucht, der drohenden Liebe auszuweichen; als sie ihn fand, traf sie einen Verdurstenden, der nicht mehr in der Lage war darüber nachzudenken, daß er das Wasser des Lebens aus einem fremden Brunnen trank.

4. Balzac oder: die Weisheit des Königs Artus

In dieser Situation befindet sich die moraltheologische Bewertung der »Schuld« in Fragen der Ehe (und auch sonst) sehr oft: Sie müßte mit der Unterdrückung des Schuldhaften zugleich das Leben selber unterdrücken, und wenn ihr auch nur ein Rest an menschlichem Respekt vor den Verwirrungen des Herzens übrig wäre, würde sie sich selber eingestehen und den Menschen zugestehen müssen, daß es Formen der Schuld gibt, die das Leben eher erweitern als verschließen und die trotz des ungerechten Leids, das sie für dritte unverdientermaßen mit sich bringen, am Ende doch ein Maß an Glück ermöglichen, daß man sie um des Lebens willen nicht umgehen darf.
Die Richtigkeit dieser Einsicht bewährt sich am eindringlichsten wohl in den zahlreichen Spielarten, mit denen ein drakonisches, meist kirchlich geschultes Überich jeden Ausweg aus einer unhaltbar gewordenen Ehe versperrt und einzig die Flucht in die Krankheit, in die psychosomatische Lebenszerstörung auf Zeit offen läßt. »Nichts schützt die Tugend so sehr wie die Krankheit«,

meinte schon im Wien von 1908 S. Freud,[3] aber er wollte eigentlich fragen, was das für eine Tugend sei, die sich nur auf dem Umweg über die Krankheit erhalten könne, weil ihre Anforderungen die Kräfte des Ich bei weitem überstiegen.

Wer statt der prosaischen Beispiele der Psychotherapie eher belletristische Darstellungen körperlicher Erkrankungszustände aufgrund einer erkrankten Ehe bevorzugt, wird an berühmten Vorbildern nicht Mangel haben und bald schon entdecken, wie stark die Suche nach Verständnis ehelicher Not sich zu allen Zeiten ein breites Leserpublikum erschafft.

Der genialische Honoré (de) Balzac z.B. legte mit seinem nicht gerade meisterlich komponierten, aber sehr lesenswerten Roman über »Die Frau von dreißig Jahren«[4] allein durch das Sujét der unverstandenen Frau den Grundstein zu dem bleibenden Ruhm seiner späteren Werke. Die Handlung des Romans ist rasch erzählt: Die sensible Julie d'Aiglemont, die trotz aller Warnungen einen oberflächlichen und gefühlsrohen Offizier zu ihrem Gatten erwählt hat, ist von dem ehelichen Alltag bald schon derart verbittert, daß gerade, »als die Fähigkeit zu lieben sich kräftiger und tätiger in ihr entwickelte, ... die erlaubte, die eheliche Liebe inmitten schwerer körperlicher und seelischer Leiden« immer mehr dahinschwand. »Überdies empfand sie für ihren Gatten jenes an Verachtung grenzende Mitleid, das auf die Dauer alle Gefühle erstickt.«[5] Ihr Leben, das sie nur mit Hilfe von Opium erträglich gestaltet, gehört einzig ihrer Tochter, bis sie in dem edlen Lord Arthur Grenville einen Freund kennenlernt, der ihr durch seine viktorianisch gezügelte Liebe nicht allein die Gesundheit zurückgibt, sondern sie vor allem lehrt, »ihren Wert zu begreifen«[6]. Aber wie soll sich die so entstandene Spannung zwischen Gefühl und Pflicht lösen? Frauen, meint Balzac, wenn »sie dem Gefühl der Ausschließlichkeit, das ihnen nicht gestattet, zwei Männern anzugehören, Schweigen geboten haben, sind sie dann nicht wie Priester ohne Glauben?«[7] Indes, wenn die Liebe zu einem anderen Mann zur einzigen Quelle des Lebens geworden ist, was ist dann die Ehe für sie anderes als die

[3] S. Freud, Die ›kulturelle‹ Sexualmoral und die moderne Nervosität (1908), Werke VII, London 1941, 141–167.

[4] H. (de) Balzac, La femme de trente ans, Paris 1842, in: La comédie humaine, 17 Bde., 1842–1843, 3: Scènes de la vie privée III.; dt.: Die Frau von dreißig Jahren, in: Szenen aus dem Privatleben (Die Frau von dreißig Jahren. Modeste Mignon. Der Ehevertrag. Oberst Chabert), übers. v. I. Täubert, A. Wagenknecht, H. Blattmann; Nachw. u. Anm. v. H. Hinterhäuser; München (dtv 2012) 1976, 5–207.

[5] A.a.O., 48.

[6] A.a.O., 61.

[7] A.a.O., 68.

ständige Entehrung einer legalisierten Prostitution? Um die »Ehre« der Geliebten zu retten, stirbt Arthur, aber statt daß dadurch der Konflikt gelöst würde, versinkt Julie gerade dadurch in neue unbekannte Leiden, und die Frage erhebt sich zu Recht, ob wirklich ein Gott im Himmel diese Qualen vereinsamter Seelen will und seine Weisung identisch sein muß mit den sittlichen Anweisungen der Gesellschaft. Julie d'Aiglemont jedenfalls kann daran nicht glauben; im Gegenteil, sie erklärt freimütig dem alternden, die Ergebenheit ins Leiden predigenden Abbé: »All unsere (sc. der Frauen, d. V.) Leiden rühren von ihr (sc. der Gesellschaft, d. V.) her. Gott schuf kein einziges Gesetz des Unglücks; doch die Menschen verfälschten sein Werk, als sie sich zusammentaten. Wir Frauen werden von der Gesellschaft weit mehr mißhandelt als von der Natur.«[8]

Und die *Mutterpflicht,* die von Kirche und Gesellschaft zur Begründung der Unauflöslichkeit der Ehe so hoch veranschlagt wird?

Auch darüber lernt Julie sich aus ihrem Leid eine eigene Auffassung zu bilden. »Ist ein Kind«, fragt sie den Priester, »nicht das Abbild zweier Geschöpfe, die Frucht zweier Gefühle, die freiwillig ineinander verschmolzen? Wenn es nicht von allen Fasern unseres Körpers wie auch von allen zärtlichen Herzensregungen Besitz ergreift, wenn es die köstliche Liebe nicht erneut wachruft, die Zeiten, die Orte, da diese beiden Geschöpfe glücklich waren, ihre Sprache, die voll menschlicher Musik war, und ihre beschwingten Gedanken, dann ist dieses Kind eine Fehlschöpfung. Ja, es muß für sie eine bezaubernde Miniatur sein, in der sich die Poesie ihres doppelten geheimen Lebens wiederfindet; es muß ihnen eine Quelle fruchtbringender Anregungen bieten, und es muß gleichzeitig ihre ganze Vergangenheit, ihre ganze Zukunft in sich einschließen.« Julie's Tochter Hélène hingegen »ist das Kind ihres Vaters, das Kind der Pflicht und des Zufalls«[9], eben deshalb vermag es auch kein Gefühl der Mütterlichkeit wachzurufen, und selbst der Priester, der bei diesen Worten den Abgrund ermessen kann, »der zwischen der Mutterschaft des Fleisches und der des Herzens liegt«[10], stimmt Julie darin zu, daß es für sie besser wäre, tot zu sein, als so zu leben. Julie aber will und wird leben – durch das mutige Glück der Liebe zu dem jungen Charles de Vandenesse, das Julies Gemahl, nunmehr verständnisvoll, duldet.

Die verworrene Fortsetzung der Romance des Balzacschen Romans braucht hier nicht mehr referiert zu werden. Deutlich aber ist die Erfahrung, die Balzac aufgreifen und mit Vehemenz verteidigen wollte: daß manch eine Frau,

[8] A.a.O., 92.
[9] A.a.O., 93.
[10] A.a.O., 96.

manchmal ein Mann, die Ehe erleben wie ein Grab und sie *um des Überlebens willen* ihr Menschenrecht auf Liebe vom Leben fordern müssen. Balzac selbst hat in seinem Leben erfahren, wie die Liebe der 45jährigen mütterlichen und treuen Madame de Berny ihn, den 22jährigen, allererst von seiner Mutter erlöste und zum Manne heranreifen ließ, so daß Stefan Zweig von dieser Beziehung zu Recht meinte: »Er (sc. Balzac, d. V.) hat seine Kindheit wie eine Krankheit überstanden, man spürt ihn genesen, herrisch und herrlich die Lust an der eigenen Kraft fühlen. Nicht mehr das Elternhaus, sondern das der Madame de Berny ist seine Heimat geworden. Keine Beschwörungen, keine Vorwürfe, keine Hysterien im Elternhaus, kein heimliches Getuschel und Gerede in der Stadt können seinen Willen brechen, frei und leidenschaftlich der Frau anzugehören, die ihn liebt.«[11] Erst durch den langwährenden »Ehebruch« der großartigen Madame de Berny wurde das Genie Balzac geboren, und ihr Gatte war weise genug – seltenes Beispiel der Toleranz! –, dieses Verhältnis zum Vorteil aller Beteiligten hinzunehmen.

Vor der Frage nach der Schuld im moralisch-rechtlichen Sinne sollte man mithin die Frage stellen nach dem Nutzen, ja der lebenrettenden Wirkung, die u. U. die »freie« Liebe haben kann. Wer am Hofe des legendären König Artus war im eigentlichen Sinne schuldig: Lancelot, der Ritter vom See, der schicksalhaft Ginevra, die Gemahlin seines Königs, liebte, oder der im Inzest gezeugte Bastard Mordred, der zur Rache an seinem Vater das Liebesverhältnis beider in die Öffentlichkeit zerrte und damit den duldsamen und verständigen König Artus zu Maßnahmen zwang, die ein Königreich vernichteten und die Idee der Tafelrunde, der Veredelung der Menschheit durch Toleranz und Güte, sterben ließ?[12] Was sollen Tristan und Isolde tun, wenn es kein Hündchen Petitcrü mehr gibt, dessen Glöckchenspiel alle Trauer der getrennten Seelen heilt?[13] Man kommt wohl nicht daran vorbei zu konzedieren, daß es

[11] St. Zweig, Balzac. Eine Biographie. Aus dem Nachlaß hrsg. und mit Nachw. vers. v. R. Friedenthal; Stockholm 1946; Neudruck: Frankfurt (Fischer Tb. 2183) 1979, 66–67.

[12] R. Schirmer, Lancelot und Ginevra. Ein Liebesroman am Artushof. Den Dichtern des Mittelalters nacherzählt v. R. Schirmer; Zürich 1961, 159–160. Vgl. T. H. White, The Once and Future King, London 1976; dt.: Der König auf Camelot; übers. v. R. Rocholl u. H. C. Artmann; 4 Bücher in 2 Bden., Stuttgart 1980; 4. Buch: Die Kerze im Wind, 249–254; 309–311. – Oder man denke an die Tragödie der Effi Briest, die in ihrer jugendlichen Unbewußtheit an der Seite des pflichtbewußten, aber liebearmen Baron von Instetten dahinsiecht, ehe sie sich, gegen ihren Willen fast, in den Bezirkskommandanten Crampus verliebt: Duell, Scheidung, Krankheit und Tod sind die Wegsteine dieser unterdrückten Liebe. Th. Fontane, Effi Briest, Berlin 1894–95.

[13] R. Schirmer, Der Roman von Tristan und Isolde. Den alten Quellen nacherzählt von R. Schirmer; Zürich 1969, 252–256. J. Bédier, Der Roman von Tristan und Isolde, übers. v. R. G. Binding, Frankfurt (Insel Tb. 387) 1979, 131–134. – Mit tiefem

Formen der Liebe gibt, die einzugehen eine Schuld gegenüber den Gesetzen der Sittlichkeit und der Schicklichkeit darstellt, die aber nicht einzugehen eine Schuld gegenüber dem Leben bedeutet, und diese Schuld wiegt schwerer; denn der Sinn aller Gesetze ist der Schutz des Lebens und ihr Richtmaß stets der Nutzen, den sie zum Erhalt und zur Förderung des Lebens zu leisten vermögen. Und umgekehrt: wo ein Leben in den Grenzen des Gesetzes und an der Einhaltung ihrer Bestimmungen zu verkümmern droht, sollte es da nicht als ein höheres Erfordernis, ja geradezu als eine Pflicht der Menschlichkeit erscheinen, die Grenzen eines solchen Gesetzes zu zersprengen und der eigenen Bestimmung zu folgen, die zu kennen allein dem einzelnen in etwa möglich ist und die exakt zu formulieren die Allgemeinheit des Gesetzesstandpunktes für immer außerstande ist und sein wird?

5. Gervaise oder: die Zerstörung der Liebe durch die Übermacht des Unglücks

Es gibt demnach Engpässe des Lebens, an denen Menschen *innerlich* zerbrechen müßten, würden sie nicht durch Not und Neigung wie von selbst über die Grenzlinien des Gesetzes mit unwiderstehlicher Kraft hinausgetrieben. Daneben aber stehen die Fälle, in denen die persönliche Seelenstärke des einzelnen nicht an innerer Auszehrung der Liebe, sondern an der Ungemäßheit des Schicksals scheitert. Auch hier entsteht der Eindruck von Schuld, ohne daß doch subjektiv – also gerechtermaßen – noch zwischen Zwang und Freiheit, zwischen Verhängnis und Wollen, zwischen Fügung und Fehltritt zu unterscheiden wäre.

Bekannt sind die unzähligen Fälle am Ende des 2. Weltkrieges, als Tausende von Frauen auf ihren Mann warteten, der in russische Gefangenschaft geraten oder als vermißt gemeldet war. Viele dieser Frauen hatten ihre Männer vielleicht nur für wenige Monate gesehen, ehe sie schon kurz nach der Vermählung durch einen grausamen und sinnlosen Befehl auf Jahre hin von

Einfühlungsvermögen schilderte z. B. St. Zweig die Beziehung Marie Antoinettes zu dem schwedischen Gesandten Graf Axel von Fersen, dem einzigen wahren Freund und Geliebten der französichen Königin an der Seite ihres seiner ganzen Wesensart nach fremden Gemahls Ludwig XVI.; St. Zweig, Marie Antoinette. Bildnis eines mittleren Charakters, Leipzig 1932; [2]erw. Aufl. Wien 1938; Neudruck: Frankfurt (Fischer Tb. 2220) 1980, 205–224, wo St. Zweig die Königin in ihrer Liebe mit den großartigen Worten freispricht, »...nie ist eine Frau ehrlicher und edler, als wenn sie ganz frei ihren untrüglichen, jahrelang geprüften Gefühlen folgt, nie eine Königin königlicher, als wenn sie am menschlichsten handelt« (224).

ihnen getrennt wurden. Sie hatten Jahre der Einsamkeit, der Angst, der Sorge und des Wartens hinter sich; sie hatten von Feldpost zu Feldpost gebangt und gehofft, und sie hatten womöglich noch Jahre nach der Kapitulation allen Ratschlägen wohlmeinender Freunde widerstanden, ehe sie sich der quälenden Ungewißheit entledigten und in eine neue Heirat einwilligten. Wenn wirklich Jahre später der Mann überraschend doch noch nach Hause zurückkehrte, fanden sich oft genug in solchen Begegnungen Menschen wieder, die nicht mehr zueinander finden konnten: Was sie verbunden hatte, waren die Bilder einer Erinnerung, die entweder zu schwach war, um in der Gegenwart noch irgendein wärmeres Gefühl entfachen zu können, oder die, genährt von langen sehnsüchtigen Vorstellungen, mit der Wirklichkeit der Person des anderen längst nichts mehr zu tun hatten. Die katholische Kirche ist in der Praxis der Stellenbesetzung ihrer Kleriker klug genug, nach Möglichkeit niemanden als Pfarrer in den Ort zurück zu lassen, in dem er als Vikar tätig war – der sicher zu erwartenden Enttäuschungen auf beiden Seiten wegen; sollte dieselbe Kirche außerstande sein zu begreifen, daß es Formen äußerer Trennung gibt, in denen selbst das treue Warten aufeinander zur Entfremdung voneinander beiträgt und am Ende keine gemeinsame Zukunft mehr zuläßt?
Die innere Entfremdung zweier Ehepartner aufgrund äußerer Not kann aber auch Seite an Seite erfolgen, indem bereits bestimmte *äußere* Veränderungen die Ichstärke des einzelnen schlechterdings überfordern und gerade die besten Eigenschaften an ihm in ihr Gegenteil verkehren.
É. Zola z. B. hat in seinem Roman »Der Totschläger«[14] – beispielhaft für die Verelendung der Arbeiterklasse in der Mitte des 19. Jh.'s – das traurige Schicksal der tapferen Gervaise geschildert, die nach der Trennung von ihrem Liebhaber, dem Hutmacher Lantier, sich und ihre Kinder als Wäscherin durchzubringen sucht, ehe sie den Bauklempner Coupeau heiratet. An der Seite dieses Mannes besäße Gervaise durchaus die Chance eines einfachen Glücks, aber als Coupeau durch einen Unfall arbeitsunfähig wird, nimmt das Schicksal seinen Lauf: Gervaise könnte durch ihre Arbeit an sich die kleine Familie über Wasser halten, doch der verzweifelte Coupeau erträgt es nicht, passiv herumzusitzen – aus Ekel über sich selbst ergibt er sich dem Alkohol, und seine Trunksucht ruiniert nicht nur ihn und seine Familienangehörigen, sie hinterläßt auch bei Gervaise einen unüberwindlichen Widerwillen, ja Todeswunsch gegen ihn. In äußerster Prägnanz schildert Zola den Abstieg ins

[14] É. Zola, L'Assomoir, Paris 1877; Paris 1961 (in: Les Rougon-Macquart); dt.: Der Totschläger; nach der v. M. Le Blond besorgten Gesamtausgabe übers. v. G. Krüger; Nachw. u. Anm. v. R. Schober (in: Die Rougon-Macquart. Natur und Sozialgeschichte einer Familie aus dem Zweiten Kaiserreich, hrsg. v. R. Schober); München 1975.

Elend, den die Coupeaux verantworten müssen und doch nicht verantworten können: »Ja, es war die Schuld des Ehepaares«, schreibt Zola, »wenn es von einem Vierteljahr zum anderen mehr herunterkam. Aber das sind Dinge, die man einander niemals sagt, besonders, wenn man im Dreck sitzt. Sie klagten das Mißgeschick an, sie behaupteten, Gott sei böse auf sie. In ihrem Zuhause war jetzt die Hölle los. Den ganzen Tag über gerieten sie aneinander... Das traurigste war, daß sie den Käfig der Freundschaft geöffnet hatten, die Gefühle waren davongeflogen wie Kanarienvögel. Die behagliche Wärme von Vater, Mutter und Kindern, wenn sich diese kleine Welt auf einen Haufen eng aneinanderdrängt, floh vor ihnen und ließ sie schlotternd zurück, jeden in seiner Ecke. Alle drei, Coupeau, Gervaise und (ihre Tochter, d. V.) Nana, waren überaus reizbar und fraßen einander wegen eines Wortes mit haßerfüllten Augen; und es war, als sei irgend etwas zerbrochen, die große Triebfeder der Familie, der Mechanismus, der bei glücklichen Menschen die Herzen zusammen schlagen läßt... An den Tagen, da es Krach im Hause gab, schrie sie (sc. Gervaise, d. V.), warum man ihn ihr denn nie auf einer Tragbahre zurückbringe. Sie wartete darauf, da würde man ihr ihr Glück zurückbringen. Wozu sei er nütze, dieser Säufer? Um sie zum Weinen zu bringen, um ihr alles aufzufressen, um sie zum Bösen zu treiben... Wann würde er bloß verrecken, dieser Saukerl?«[15] Was Wunder, daß Gervaise bei »diesem vor Elend tollwütigen Dasein«[16] sich wieder dem gewissenlosen Lantier zuwendet und schließlich, getrieben von Hunger und Armut, versucht, als Dirne zu überleben?[17] Selbst der Tod scheint am Ende die würdelose Trinkerin Gervaise zu verschmähen: »Die Erde wollte sie anscheinend nicht haben. Sie verblödete, sie dachte nicht einmal daran, sich vom sechsten Stock auf das Pflaster des Hofes zu stürzen, um dem ein Ende zu machen. Der Tod mußte sie nach und nach, Stück für Stück zu sich nehmen, indem er sie so in dem verdammten Dasein, das sie sich bereitet hatte, bis ans Ende schleppte.«[18]

Man möchte bei der Lektüre von Zolas »Totschläger« wirklich dem hl. Paulus Glauben schenken, es gebe vor Gott »Gefäße des Zorns, hergerichtet zum Verderben« (Röm 9,22) – so zwangsläufig erscheint der Niedergang der eigentlich zu so viel Glück begabten Gervaise. Es hätte für diese Frau nur einen Ausweg gegeben, den rechtzeitig zu beschreiten sie gerade aufgrund der

15 A.a.O., 488–489.

16 A.a.O., 489.

17 A.a.O., 620ff.

18 A.a.O., 660. Vgl. zu der gewalttätigen Fortsetzung gescheiterter Ehen: F. Tanner, Bis daß der Mord euch scheidet. Ein Therapeut zum verhängnisvollen Weiterführen zerrütteter Ehen, Olten-Freiburg 1981.

bürgerlichen Moral vollkommen außerstande war: Sie hätte sich nur möglichst bald von ihrem Mann trennen, ja ihn förmlich fliehen müssen, ehe dieser Unglückliche noch alle anderen mit in den Abgrund seines Unglücks riß.
Derartige Fälle, in denen unvorhergesehene Not den Charakter eines Menschen so weit verändert, daß die Liebe des anderen daran zerbricht, weil sie nicht mehr wiederfindet, worauf sie sich gründete, ließen sich unzählig vermehren. Vor allem an das breite Spektrum unheilbarer körperlicher und seelischer Krankheiten, das wir soeben schon in einem Beispiel gestreift haben, muß hier erinnert werden. Was es bedeutet, jahrelang an der Seite eines Alkoholikers, eines Paranoikers, eines Schizophrenen, eines bis zur Unkenntlichkeit *veränderten* Menschen zu leben, kann niemand von außen ermessen, und noch weniger kann jemand von außen her festlegen, wo für den einzelnen die Grenze des Erträglichen erreicht oder bereits überschritten ist. Desgleichen ist das ausgedehnte Feld zu erwähnen, wo die Persönlichkeitsentwicklung eines einzelnen Ehepartners von innen heraus mit Notwendigkeit dazu führt, den anderen fortschreitend als Hemmschuh und Fessel zu erleben: Je mehr man selber sich entfaltet, desto unerträglicher erscheint u. U. die Bindung an den alten Partner – Henrik Ibsens Drama »Nora, oder ein Puppenheim« mag diesen Konflikt verdeutlichen. Jeder Mensch kann nur verpflichtet sein, so zu handeln, wie es seiner Natur entspricht, und wenn gerade die Entfaltung des eigenen Wesens, womöglich entgegen dem eigenen Wollen, zum Auseinanderdriften einer Partnerschaft führt, so kann es nicht die Pflicht des einzelnen sein, das Auseinanderbrechen der Eisscholle beim Eintritt in wärmere Gewässer zu verhindern. Auch hier sieht nach außen hin wie Schuld aus, was in Wahrheit ein treuerer Gehorsam gegenüber dem eigenen Wesen sein mag.
Die katholische Kirche kennt zum Verständnis derartiger Tragödien der Ehe bisher einzig die eingangs erwähnte sehr unzureichende Klausel vom »Irrtum der Person«, und auch diese muß man noch psychoanalytisch interpretieren, ehe sie zum Verständnis der Übertragungsproblematik tauglich wird. Zur Beurteilung der zahlreichen nicht-neurotischen Formen des Scheiterns einer Ehe trägt die Klausel vom »Irrtum der Person« indes gar nichts mehr bei. Denn nicht um einen Irrtum des subjektiven Urteilsvermögens beim Eheabschluß, sondern eher um einen grausamen Betrug des Schicksals während der Eheführung scheint es sich bei derartigen Schicksalsschlägen oder entwicklungsbedingten Polarisierungen der Ehe zu handeln. Wenn unter solchen Belastungen eine Ehe zerbricht, mag es wohl sein, daß der einzelne sich selbst Schuld und Versagen vorwirft, wo er in Wahrheit oft genug weit jenseits allen Vermögens sogar noch das Unmögliche zu tun versucht hat. Sollte nicht gerade in solchen Fällen das Wort aus dem 1. Joh.-Brief (3,20) Gültigkeit haben, »daß, wenn

unser Herz uns anklagt, Gott größer ist als unser Herz und alles kennt«?[19] Was uns anklagt, ist zumeist ja nicht einmal unser »Herz«, sondern der Zwangsinhalt des Überichs, der äußerlichen, institutionalisierten Regeln; aber sogar dann, wenn wir selbst nicht mehr wissen, wie sich Schicksalsübermacht und Ohnmacht, wie sich Schuld und Unvermögen mischen, sollte es da nicht gerade Aufgabe und Pflicht einer religiösen Weisung sein, ein Vertrauen zu begründen, das aus Schuld und Ohnmacht herausführt und Gott zutraut, daß er auch die Gründe unseres Herzens sieht, die uns jenseits unserer Freiheit schuldig werden ließen und uns jenseits der Enge des »Gewissens« freisprechen? Zu dieser Art Vertrauen auf Vergebung zählt auch das Recht, jenseits des unglücklichen Scheiterns einer Ehe ein neues Eheglück suchen zu dürfen, und sicher gibt es keine Pflicht, die »Strafe« eines unverdienten Schicksalsunglücks lebenslänglich abzubüßen.

III. Die moralische Zerstörung der Liebe oder: Hat Herr Karenin immer Recht?

1. Von einer Institution kann man Vergebung verlangen, von einem einzelnen nicht immer

Wenn wir auf diese Weise von der Kirche als Institution die Bereitschaft zum *Prinzip der Vergebung* im Angesicht menschlichen Unglücks verlangen, so kontrastiert diese Forderung umgekehrt gerade mit der *Pflicht zur Vergebung*, die von seiten der kirchlichen Moraltheologie den Eheleuten persönlich auferlegt wird, um den Bestand der Ehe zu gewährleisten. Gerade die Forderung persönlicher Vergebung, mit der die kirchliche Moral- und Rechtsauffassung ein scheinbar alle Zerwürfnisse heilendes Remedium ehelicher

[19] Eine interessante Parallele zu dem Gedanken, daß Gott verzeiht, selbst wo das Herz uns anklagt, findet sich auf dem ägyptischen Papyrus Berlin 3127 um etwa 1200 v. Chr., wo der Tote mit dem Namen Amun-em-uja (Amun ist im Schiff) zu seinem eigenen Herzen betet, »damit es den wahren Sachverhalt (sc. der Schuld, d. V.) im Jenseitsgericht nicht gegen ihn bekunde, sondern dem Ritual der Sündenverleugnung seine Wirkung lasse.« Das Gebet lautet: »Osiris Oberer der Kammer vom Tempelgut des Amun-em-uja (sc. der Verstorbene mit seinem Titel, d. V.), er sagt, ›O Herz von meiner Mutter, Herz von meiner Mutter, Herz von meinem Wesen‹«; die Unterscheidung bezeichnet wohl die angeborenen und die erworbenen Eigenschaften. S. Morenz, Altägyptischer Jenseitsführer. Papyrus Berlin 3127, mit Bemerkungen zur Totenliteratur der Ägypter, Leipzig 1964, 11.

Schwierigkeiten zu besitzen vermeint, ist theologisch wie psychologisch indessen keineswegs so praktisch, wie es scheint, und wohl kann man fordern, daß eine Rechtsordnung vom Prinzip der Vergebung getragen ist und das private Glück des »Schuldigen« nicht auf ewig hin zerstört, aber es ist nicht in gleichem Maße möglich, vom einzelnen die Fähigkeit zur Vergebung als Grundlage seines Handelns geradewegs zu verlangen. Zum ersten nämlich ist es gegen alle psychologische Erfahrung, Vergebungsbereitschaft *absolut* zu fordern – viele Menschen sind zur Vergebung oft noch gar nicht fähig, und dies entspricht ganz und gar auch theologischer Einsicht. Als im Johannesevangelium (20, 19–23) Christus den Jüngern die Gabe der Vergebung schenkt, ist dieses Geschenk auf das engste mit der Entdeckung der *Verwandlung der Wunden* Jesu verbunden: Es gibt, zufolge dieses Bildes, keine Vergebung, solange sich nicht zeigt, daß die an sich tödlichen Verletzungen der Schuld in ein neues Leben übergegangen sind; man muß m. a. W. das Leid, das einem zugefügt wurde, erst innerlich überwunden haben und daraus erneuert hervorgegangen sein, um zur Vergebung fähig zu sein; oder umgekehrt gesagt: Solange jemand durch bestimmte Verhaltensweisen sich noch tödlich getroffen fühlt, solange ihm durch fremde Schuld alles vernichtet scheint, kann er (noch) nicht ehrlich zur Vergebung bereit sein.
Die Unfähigkeit zur Vergebung wird dabei zumeist von dem unverarbeiteten Schmerz des *Ich* herrühren: Eine depressive Frau z. B., die von ihrem Mann betrogen wurde, kann (etwa aufgrund bereits vorhandener latenter Minderwertigkeitsgefühle) so tief in ihrem Selbstwertgefühl gekränkt sein, daß sie nur vor der Wahl steht, entweder *sich* zu hassen oder ihren Mann. Es kann aber auch eine überstrenge Reaktion des *Überich* jede Vergebung unmöglich machen, und dieser Fall sei in einem kurzen abschließenden Beispiel dargestellt, weil er u. a. zeigen kann, wie zerstörerisch für eine Ehe gerade die verinnerte Ehemoral der Kirche in ihrer verständnislosen Härte zu wirken vermag.
Ein Mann leidet seit über einem halben Jahr unter einer furchtbaren Entdekkung: Er hat bei zufälligen Aufräumarbeiten im Keller gewisse Briefe seiner Frau gefunden, aus denen unzweideutig hervorgeht, daß sie noch vor ihrer Eheschließung vor 15 Jahren, offenbar während der Zeit der Verlobung, ein intimes Verhältnis zu einem kirchlich hochgestellten Geistlichen hatte. Die Frau war ohne Vater aufgewachsen und hatte in diesem geistlichen Würdenträger, einem echten Patriarchen, etwa vier Jahre lang Halt und Schutz gesucht und erfahren, ehe dieser, getrieben wohl von unbewußten Gefühlen männlicher Konkurrenz und Eifersucht, noch im letzten Moment eine Art großfürstlichen jus primae noctis an seiner geistlichen »Tochter« wahrnahm. Die Frau ward bald schon mit ihrem nichtsahnenden Mann verheiratet und lebte mit

ihm so gut wie glücklich zusammen, bis durch die Entdeckung der unglückseligen Briefe förmlich der Himmel über ihrer Ehe einstürzte.
Man sollte vielleicht meinen, daß ein Fehltritt vor so vielen Jahren durch die Erfahrung einer Tag um Tag bewährten Gemeinsamkeit längst hätte »verjährt« sein können und daß vor allem die Hilflosigkeit der damals jugendlichen Frau nachträglich sehr zu ihren Gunsten spräche. Doch gründlich anders sah es der gehörnte Ehemann. Nicht daß er, früher als zum Brautgemahl, bereits zum Hahnrei ward, erboste ihn; vielmehr daß man ihn so gemein hatte betrügen können, brachte seine Welt ins Wanken: Keine Wahrhaftigkeit noch Wahrheit dünkte ihn unter den Menschen mehr vorhanden; die ganze Ehe schien ihm nichtig; er selber schalt sich einen Toren, daß er im Wahne, eine Jungfrau heimzuführen, um jenes nun doch einzig wirkliche Erlebnis eines Mannes heimtückisch sei betrogen worden. In endlos langen Nächten, schlaflos, gequält, fahrig im Dienst, unwirsch im Hause, sann er auf Rache und Vergeltung: Wie, wenn er jenen hochgestellten Würdenträger durch eine Zeitungsmeldung an den Pranger stellen würde? Oder wenn er, Gleiches für Gleiches, sich seinerseits ein junges Mädchen nehmen würde? Mit seiner Frau, die händeringend ihn um Mitleid und Verständnis bat, sprach er, wenn überhaupt, tagaus tagein nur über dieses eine Thema: Wie man nur all die Jahre habe den Skandal vor ihm verschweigen können; nie würde er, in Kenntnis solcher Tatbestände, in eine Heirat eingewilligt haben –, und desselben nimmer müde Litaneien. Dann wieder suchte er sich als untadeliger Caballero von wahrem Adel und von Seelengröße zu erzeigen, der mit jenem gemeinen Strauchdieb von einem pflichtvergessenen Pfaffen nichts gemeinsam habe: Wo dieser nur die Unzucht seines Vorteils habe sehen können, da stehe er, der wahre Ehemann, bereit, großmütig und mit Nonchalance die Nichtigkeit derartiger Nichtswürdigkeiten einfach zu vergessen. Und wie um seinem schon wieder hoffenden Weibe förmlich eine Probe seiner Langmut zu bieten, arrangierte er sogar ein Treffen zu Dritt mit jenem Verräter, sich seiner Gemahlin somit zwiefach liebenswert darbietend: in der Vortrefflichkeit der Tugend ebenso wie in der Tüchtigkeit, nach des Apostels Rat »Glühkohlen auf des Gegners Haupt zu häufen« (Röm 12,20). Indes, die Aufführung mißriet. Es kam, statt zu Versöhnung, zu sehr heftigen Zerwürfnissen, und was bei diesem Manne alle Beratungskunst nicht fertigbrachte, erreichte schließlich nach drei Viertel Jahr die Gunst des Schicksals: Jener Geistliche verstarb an einem Herzschlag, und erst die Kunde seines wohlverdienten Ablebens zehrte in jenem gut katholischen Gemahl den Rest an rächendem Gelüste auf.
Es hätte, wenn wir diesen Fall erläutern, naturgemäß nicht den geringsten Zweck gehabt, dem Mann das Unvermögen zur Vergebung als sein eigenes (deutlich zwangsneurotisches) Problem bewußt zu machen oder ihn womög-

lich darauf hinzuweisen, daß er mit seinem Willen zur Vergeltung eines alten nur neues Unrecht schaffe; noch weniger wäre ihm klarzumachen gewesen, daß er mit seiner unberührten Tugendhaftigkeit womöglich nur ein mangelndes Vertrauen in seine eigene Rolle als Mann zu kaschieren suche und die »Treue« nur deshalb zu einer so absoluten Pflicht erhebe, weil er anders nicht glauben könne, seine Frau auf die Dauer an sich zu binden. Er, der selber so etwas wie Nachsicht und Verständnis in seiner Jugend nie kennengelernt hatte, beharrte bis zuletzt auf dem Standpunkt des Rechts, auf der Lehre der Kirche, auf der Makellosigkeit seiner Lebensführung. Eine Tat wie diese zu vergeben hätte für ihn tatsächlich einen noch schwereren Zusammenbruch seines Weltbildes bedeutet, als er schon durch den Fehltritt seiner Frau erfolgt war. Ein solcher Mann konnte nicht merken, daß er in seiner moralischen Richtigkeit letztlich nur die Kälte seines Herzens und in gewissem Sinne die völlige Unfähigkeit zur Liebe manifestierte, und die Tragik seines Schicksals lag offensichtlich darin, daß er, der *nur moralisch* war und sein wollte, gar nicht begreifen konnte, daß sein Pharisäertum *religiös* und *menschlich* ihn insgesamt weit schuldiger sprechen mußte als seine schuldig gewordene Gattin. In seiner Haltung und Person führte sich die Reduktion des Religiösen auf das Ethische selbst ad absurdum: Sein starrer Moralismus zerstörte, was die Moral bewahren sollte; aber hätte man ihm auch subjektiv als Schuld vorwerfen können, was man als geistige (Fehl-)Haltung von den Verkündern des Religiösen selbst in der Kirche fast ausnahmslos verbreitet findet: sich stets für das richtige Tun und die Normen des sittlich korrekten Handelns, selten aber für die Motive und die unbewußten Triebfedern des Handelns zu interessieren?

2. Leo Tolstois Beispiel einer unglücklichen Ehe oder: Wer hat die eigentliche Schuld?

Man muß vor allem bedenken, daß die Zerstörung der Liebe durch die Gefühllosigkeit eines moralischen Vollkommenheitsstrebens und der Unmöglichkeit einer wahren Vergebung nicht erst mit dem Problem bestimmter Fehltritte beginnt.

Leo Tolstoi hat in dem Roman »*Anna Karenina*«[20] für alle Zeiten gültig beschrieben, wie eine Ehe an dem Kontrast zwischen der steifen Korrektheit des Mannes (Alexej Alexandrowitsch Karenin) und dem Erlebnishunger seiner Frau (Anna Arkadjewna) zerbricht. Alexej, der als Waisenkind aufgewachsen

[20] L. N. Tolstoi, Anna Karenina, Moskau 1878; dt.: Anna Karenina. Ein Roman in acht Teilen, übers. v. A. Scholz; München (Goldmann Tb. 692–694) 1961.

ist, hat in seinem Leben einzig gelernt, das Gymnasium und die Universität mit Auszeichung zu bestehen, eine glänzende Karriere zu machen und sich mustergültig nach außen hin zu disziplinieren. Aufstieg, Ehrgeiz und Erfolg waren die alleinigen Ziele seines Lebens. Um Freunde hatter er sich nie bemüht, und auch seine Heirat mit Anna war lediglich ein Akt der Vernunft und der gesellschaftlichen Anpassung gewesen, den er sich schwer genug hatte abringen müssen.[21] Alle menschlichen Beziehungen waren für ihn »in gewisse, durch Gewohnheit und Sitte fest bestimmte Grenzen eingeschlossen, die nicht überschritten werden durften.«[22] Seiner Einstellung zur Religion fehlte, wie Tolstoi sagt, »jegliche Tiefe der Vorstellungskraft«. »Er sah nichts Unmögliches und Absurdes in dem Gedanken, ... daß, da er den vollkommenen Glauben besaß, dessen Maß er im übrigen selbst bestimmte, auch für die Sünde kein Raum sei«.[23] Eben diese äußerliche und oberflächliche Art des Religiösen ist es, die ihn schließlich hindert, Anna zu vergeben, als sie, hungrig nach Liebe, den Verführungskünsten des eitlen Wronskj erliegt, und statt mit einer gewissen Hochherzigkeit in die einzig alle erlösende Möglichkeit einer Scheidung einzuwilligen, versteckt er sich hinter den Paragraphen der kirchlichen Vorschriften, bis er seine Gattin endgültig in die Verzweiflung und in den Tod treibt. »Das ist kein Mann«, erklärt Anna von ihm gegenüber Wronskj, »sondern eine Marionette... Das ist kein Mensch, sondern ein ministerieller Automat. Er begreift nicht, daß ich (in Wahrheit, d. V.) deine Frau bin, daß er ein Fremder, daß er überflüssig ist.«[24] Im Sinne der Moral ist Anna zweifellos schuldig, aber ungleich schuldiger ist die Schuldlosigkeit ihres Gemahls; um seine bedrohte Ehe noch rechtzeitig zu retten, müßte Herr Karenin sich eine Wahrheit zugeben können, die sein ganzes Leben zerstören würde: daß die Versuchbarkeit der Liebe menschlicher sein kann als die korrekte Seelenstarre, die zu keiner freien Handlung fähig ist.

Alle Gesetze, alle Institutionen stehen zweifellos auch heute noch immer auf seiten der Karenins; aber eine menschliche Ordnung, eine göttliche gar, sollte einer Anna Arkadjewna die Chance zum Leben lassen. Wenn es ein Heilmittel gäbe, das alle Untreue unter den Liebenden ausschlösse, meinte schon um 1900 der große Dichter unglücklicher Liebe A. Schnitzler in der kleinen Parabel »Die drei Elixiere«[25] einmal, dann würde es das Leben selber töten; aber wenn dies zutrifft, dann gilt doch wohl auch umgekehrt: Die Liebe lebt von der

[21] A.a.O., 499.
[22] A.a.O., 500.
[23] A.a.O., 503.
[24] A.a.O., 357–358.
[25] A. Schnitzler, Die drei Elixiere (1890), in: Gesammelte Werke in Einzelausgaben. Das erzählerische Werk Bd. 1–7; Bd. 1, Frankfurt (Fischer Tb. 1960) 1961, 87–91.

Notwendigkeit und der Bereitschaft, das Glück des anderen *bedingungslos* zu wollen, und sei es selbst in einer neuen Form der Partnerschaft nach dem schuldlos-schuldhaften Zusammenbruch der eigenen Glücksvorstellungen und -erwartungen.

3. Was also heißt hier »Besserung« und »Wiedergutmachung«?

Vor dieser Wahl steht heute, 100 Jahre nach Tolstoi, zugleich mit Herrn Karenin freilich die gesamte Kirche. Sie, die von den Eheleuten im privaten Leben eine totale Vergebungsbereitschaft fordert und erwartet, zeigt sich selbst nach wie vor außerstande, das Scheitern einer Ehe zu vergeben. Sie vergibt einer Nonne, die die »ewigen« Gelübde bricht und einen jungen Mann heiratet; sie vergibt einer Dirne, die »Buße« tut und in ein Kloster eintritt; sie vergibt dem Raubmörder und dem Dieb; aber Eheleuten, die – fast immer wider ihr eigenes Wollen in schwer zu unterscheidender Vermengung von Unfreiheit und Freiheit, von Schicksalsfügung und wirklicher Schuld – an einander scheitern, weigert sie die Vergebung. Ihnen, so sagt sie, dürfe man nur vergeben, wenn sie sich zur »Besserung« und »Wiedergutmachung« bereitfänden. Aber wenn die »Besserung« menschlich gerade darin lag, die Kraft gefunden zu haben, eine unhaltbar gewordene Ehe zu verlassen – was heißt dann »Wiedergutmachung«? Wenn die beste Form der »Gutmachung« gerade darin liegt, den anderen in sein ewiges Leben freizugeben und ihm nicht mehr mit der eigenen Person im Wege zu stehen, was heißt dann »Besserung«? Und wenn selbst der zumeist recht kleine Anteil subjektiver Schuld schließlich dazu geführt hat, in einer neuen Ehe ein neues Glück mit der ihm eigenen Verpflichtung und menschlichen Zusammengehörigkeit zu finden und zu begründen, soll es dann eine »Wiedergutmachung« sein, alles, was gut geworden ist, unter dem Zwang der zeitlichen und ewigen Strafen eines grausamen Gottes mutwillig zu zerschlagen und das menschlich Unmögliche zu versuchen: eine seit Jahren erstorbene Liebe von den Toten zu erwecken bzw. eine Ehe wiederaufzunehmen, die auf nichts sich gründet als auf dem starren Willen zum Gesetz? Kein Zweifel: die Kirche könnte ihre eigene Unversöhnlichkeit in der Frage der Ehescheidung und der Wiederverheiratung Geschiedener nur aufrechterhalten, wenn sie damit einverstanden sein könnte, selber nach wie vor die Botschaft Jesu in einer Weise auszulegen, daß das göttliche Gebot der Versöhnung der Forderung der Menschlichkeit in Unversöhntheit gegenüberstünde. Wider besseres Wissen müßte sie den Gott verleugnen, der auf krummen Wegen gerade schreiben kann; sie müßte König David verfemen und stattdessen der absurden Rechtfertigungstheologie des

Ezechiel folgen, daß Gott den Reumütigen belohne und den Abtrünnigen bestrafe (Ez 18, 1–29) – als ob im Menschen Gut und Böse von einander so wohlfeil unterscheidbar wären und nicht vielmehr hinter jedem Dr. Jekyll ein Mr. Hyde[26] und umgekehrt hinter jedem Saulus ein Paulus wartete. Noch erlaubt sich die Kirche als »nicht vorbildlich«, als »inhonestus« (»unehrenhaft«!) jeden aus dem Kirchendienste zu entfernen, der in seiner Ehe trotz allen Bemühens gescheitert ist; noch verweigert sie einem jeden die Gemeinschaft des Altarsakramentes, der in einer neuen Ehe seinen Weg zu Gott gefunden hat. Aber auch die Kirche ist an den Satz gebunden, den Jesus im Matthäusevangelium an die Pharisäer richtete: »Ich sage euch: Hier ist Größeres als ein Tempel. Wenn ihr erkannt hättet, was das heißt: Barmherzigkeit will ich und nicht Opfer, so hättet ihr die Unschuldigen nicht verurteilt« (Mt 12,7), und, man darf hinzufügen: so würdet ihr den Schuldigen vergeben und nicht die Tempelordnung für wichtiger nehmen als die Gottheit, die im Herzen des Menschen wie in einem Tempel ihre Wohnung nehmen möchte.[27]

[26] R. L. Stevenson, The strange case of Dr. Jekyll and Mr. Hyde, 1866; dt.: Der seltsame Fall des Dr. Jekyll und Mr. Hyde; übertr. v. R. Mummendey; in: R. L. Stevenson, Erzählungen; Stuttgart 1974, 671–753.

[27] Den offiziellen Stand der Dinge kann man ablesen an dem Brief über »Seelsorge an wiederverheirateten Geschiedenen«, den der Erzbischof von Paderborn, J. J. Degenhardt, im Advent 1981 an die »Mitbrüder im priesterlichen Dienst« verschickte. Darin wird wohl zur Kenntnis genommen, daß 1977 von 100 Katholiken, die standesamtlich heirateten, mehr als 11 % geschieden wurden (S. 2); aber gleichzeitig wird eingeschärft, daß eine Anstellung im kirchlichen Dienst für wiederverheiratete Geschiedene nicht möglich ist (S. 12) und eine Zulassung zum Bußsakrament und zur Kommunion nicht möglich sei (S. 8). Allerdings wird eingeräumt, daß »nach der Praxis der Kirche ›in foro interno‹ die Zulassung zu den Sakramenten gestattet werden« kann, »wenn sichergestellt ist, daß kein Ärgernis zu erwarten ist«, und wenn »mit moralischer Gewißheit einer der... Gründe für eine kanonische Ehenichtigkeit« vorliegt, »aber ein diesbezüglicher prozessualer Nachweis... nicht möglich« ist (S. 7). Zu diesen »Gründen«, bei denen die kirchlichen Offizialate sich immer wieder sehr schwer tun, zählen psychische Gründe, wie krankhafte Unfähigkeit zur ehelichen Treue, Homosexualität (c. 1081 i.V.m.c. 1086 § 2 CIC, oder die Einflößung von Furcht und Zwang (c. 1087 CIC). Im Sinne der anderenorts angestellten Erwägungen (s. o. S. 46) bestünde hier also ein weiter Ermessensspielraum seelsorglicher Praxis. De facto aber sind Vorkommnisse wie diese keine Seltenheit: »Weil sie nach Ansicht des katholischen Priesters (N. N.) mit einem Mann in ›wilder Ehe‹ lebt, verweigerte der Geistliche einer 49jährigen Witwe aus Herne die Heilige Kommunion. Der zuständige Paderborner Erzbischof... billigte die Zurückweisung der Katholikin vom Abendmahl als ›Amtspflicht des Priesters‹. (Die Witwe) ist seit fünfeinhalb Jahren verwitwet. Als sie Anfang Juli bei einer Totenmesse für ihre Mutter die Heilige Kommunion empfangen wollte, wurde ihr dies vor dem Altar vom Pfarrer verweigert. (Die Witwe)...: Der Priester sagte mir: Das geht nicht, und ließ mich einfach stehen. Meine Kinder und ich waren völlig geschockt! Weinend verließ die Frau die Kirche. Aus der Zeitung erfuhr sie dann von dem Geistlichen, daß sie als eine

›öffentliche Sünderin das Sakrament nicht empfangen‹ könne. Die in den Augen der katholischen Kirche ›öffentliche Sünderin‹ ist mit einem Mann befreundet, lebt mit ihm aber nicht zusammen. Für den Priester (N. N.) ist dies dennoch eine ›wilde Ehe‹... (Die Witwe) will die Konsequenzen aus der Zurückweisung durch den Priester ziehen und aus der katholischen Kirche austreten. Sie sei bereit, ihr Tun vor Gott, aber nicht vor dem Herner Priester zu verantworten, erklärte sie... gegenüber der Frankfurter Rundschau« (vom 28. 7. 81).

»Warte, bis Vater wiederkommt!«

Lebenskrisen aus Kindheitserinnerungen der Nachkriegszeit

Das Gesetz der verspäteten Auswirkungen oder: die persönliche Tapferkeit

Immer wieder stößt man in seelsorglichen oder therapeutischen Gesprächen auf Konflikte, die vor allem Frauen betreffen, die heute etwa vierzig Jahre alt sind. Zunächst könnte man meinen, es handle sich um typische Probleme der Lebensmitte: Unzufriedenheit mit der Ehe, mit dem Ehemann besonders, mit der häuslichen Situation insgesamt, mit der Stellung als Frau in Beruf und Gesellschaft; überraschende neue Freundschaften sorgen für Aufregung; Fragen nach dem Wert und Sinn des eigenen Lebens melden sich unabweisbar und quälend; diffuse Ängste und psychosomatische Symptome machen sich bemerkbar – im allgemeinen scheinbar nichts Dramatisches, aber doch zunehmend Ungemütliches, schließlich Gefährliches, das nach einer verzweifelten Lösung drängt. Die geschilderte Problematik wirkt um so eigentümlicher, als das äußere Leben dieser Frauen wohlgeordnet scheint und ihre Lage objektiv eher einen beneidens- als beklagenswerten Eindruck hinterläßt. Und doch diese schleichende Unerträglichkeit! Und doch diese chronische Gereiztheit! Im Persönlichkeitsbild dieser Frauen liegt vor der Hand nichts Auffälliges, nichts, das unmittelbar als neurotisch gelten müßte. Selbst ihr Lebenslauf verrät anamnestisch kaum Besonderes – Millionen Kinder sind auf diese Weise großgeworden. Woher dann aber diese Unruhe und Angst, dieses wie panische Umsichschlagen, dieses offenbare Leiden an einer an sich durchschnittlichen Wirklichkeit?

Man muß schon recht genau hinsehen, um unter dem Firnis von mehreren Jahrzehnten eines scheinbar ganz normalen Lebensschicksals die Spuren einer längst verjährten, äußerst zugespitzten Kindheitstragödie wiederzuentdecken. Während sonst ein neurotoider oder neurotischer Konflikt sich an einer bestimmten auslösenden Situation der jüngsten Zeit entzündet, fehlt in diesen Biographien scheinbar jeder Anlaß für die bestehende Problematik. Ja, man kann in die biographische Vorgeschichte offenbar so tief hinabsteigen, wie man mag – es ist beim besten Willen nichts Auffälliges zu bemerken. Allenfalls, daß man eben durch diese Unauffälligkeit in allen Erinnerungen besonders der frühen Kindheit allmählich mißtrauisch wird: So harmlos kann es nicht gewesen sein!

Was aber führt dann dazu, die eigene Vergangenheit vor dem Therapeuten und sich selbst derart ins Positive zu verfälschen? Woher dieses Schamgefühl, diese Peinlichkeit, diese fanatische Abwehr, bestimmte Erinnerungen an die Kinder- und Jugendzeit zu präzisieren, woher dieser so willkürliche Umgang mit der Wirklichkeit bei Leuten, deren Realitätssinn anfangs völlig außer Zweifel schien? Woher plötzlich die Angst, ja das zornige Verbot, auf gewisse Details im Familienleben der Eltern auch nur entfernt zu sprechen zu kommen? Durchdringt man den Sperrzaun einer Fülle privater Tabus, angstvoller Denkhemmungen, ständiger Finten und Täuschungen, Ausflüchte und Verdrehungen, so wird man nach und nach zum Zeugen eines furchtbaren Dramas, dessen Drehbuch in den ersten Kinderjahren, vor allem aber in der Zeit von etwa 5–8 Jahren, während und im Abschluß der ödipalen Phase, entstand und dessen Lektüre schon deshalb so unheimlich ist, weil es niemals vor den Augen des Bewußtseins erscheinen durfte. Jede Erinnerung daran war strengstens untersagt, und wenn, dann höchstens unter der Kautele des beliebten Titelvorspanns mancher Filme der 50er Jahre zugelassen: »Jede Übereinstimmung mit wirklichen Personen und Begebenheiten ist rein zufälliger Art.« Trotzdem beginnt man bald zu ahnen, daß der Hauptakteur des Stückes in jenen frühen Kindertagen *der Vater* gewesen sein muß, diese in allem am meisten geschützte, am meisten verehrte, am meisten gefürchtete, am meisten gehaßte Person. S. Freuds Genie war es, als Kern aller Neurosen den Ödipuskomplex entdeckt zu haben – eine These, die in dieser Ausschließlichkeit im allgemeinen nur für das hysterische Erleben Geltung hat; hier aber ist es, ungeachtet einer spezifischen Neurosezuweisung, in der Tat allein der Vater, dessen Gestalt wie übermächtig die frühe Kindheit traumatisch geprägt hat und der seinen Schatten seitdem über das ganze Leben wirft. Nur um ihn handelt es sich, nur gegen ihn kämpft man; aber der Widerstand, den seine Gestalt noch heute jeder Heilung entgegensetzt, läßt das therapeutische Bemühen so erscheinen, wie wenn man, entsprechend einem bekannten Märchenmotiv, erst einen siebenköpfigen Drachen töten müßte, um eine verwunschene Jungfrau aus seinen Fängen zu erlösen.
Eben weil die Frauen, die es angeht, von diesen Kindheitserinnerungen an die Person ihres Vaters in der frühen Kriegs- und Nachkriegszeit nur scheu und zögernd zu erzählen wagen, sei von ihrem Schicksal an dieser Stelle ausführlicher die Rede. Denn mehr als alles haben sie diese Würdigung verdient. Gerade ihre persönliche Stärke, ihr Mut und ihre Tapferkeit, ihre Aufopferungsbereitschaft und ihre Geduld haben es ihnen ermöglicht, jahrzehntelang in dem Korsett der Disziplin, der Leistung und einer allzufrühen, allzugroßen ständigen Verantwortung zu leben. Nur infolge ihrer unglaublichen Zähigkeit, ihrer hohen Intelligenz und ihres leidenschaftlichen Willens zum Leben

haben sie es vermocht, die Nachwirkungen jenes Erdbebens hinauszuzögern, das schon vor mehr als dreieinhalb Jahrzehnten eingesetzt hat. Um so ungerechter, daß sie jetzt, mit Vierzig, wo sie oft genug zusammenzubrechen drohen, dem Mißverständnis, ja dem Kopfschütteln ihrer Mitbürger ausgesetzt sind, als seien sie lebensschwache Versager. Um für die besondere Art von seelischem Konflikt im Leben dieser Frauen der Kriegs- und Nachkriegszeit Verständnis zu wecken und weil sie selber nie davon auch nur ein Wort verraten durften, wollen wir im folgenden in ein paar Strichen nachzeichnen, was es für ungezählte Frauen bedeutet hat, um 1940 in Deutschland als Mädchen in einer an sich ganz normalen Familie zur Welt gekommen zu sein, in einer Zeit, als man auf die einfache Kinderfrage: »Wo ist Vater«, immer wieder hören mußte: »Dein Vater ist im Krieg«, und: »Warte, bis dein Vater wiederkommt.«

Die Mütter und der Geist der Zeit

Um die Kinder von damals, die heutigen Frauen, zu verstehen, muß man sich in die Lage ihrer Mütter hineinversetzen. Die meisten waren noch jung, Mitglieder beim »Bund deutscher Mädchen«, als Hitlers Truppen über die Ringstraße Wiens paradierten; sie heirateten, unbekümmert und verliebt, in einer Welt, da »Deutschland« sich eben anschickte, die Welt zu erobern. Ihre Männer träumten davon, die Pioniere eines tausendjährigen Reiches zu sein, und die Ideale des Deutschtums, an die sie glaubten, suchten sie selbst zu verkörpern. Gesundheit, Jugend und Kraft galten ihnen gewissermaßen als Existenzbedingung, das furchtbare »Weh dem, der schwach ist« prägte den »Geist« dieser »neuen« Zeit. Es war damals kein privates Ereignis, es war eine nationale Pflicht, eine vaterländische Großtat sozusagen, einem Kind das Leben zu schenken. Mit Orden zeichnete man die Mütter aus, die sich am »fruchtbarsten« erwiesen, und am größten war das Glück, wenn das neugeborene Kind ein Junge war. Als Mädchen das Licht der Welt zu erblicken, war zwar erlaubt, aber doch so etwas wie ein Ergebnis zweiter Wahl – das Gefühl der Minderwertigkeit, »nur« ein Mädchen zu sein, wurde diesen Kindern bereits in die Wiege gelegt. Es war eine Zeit, in der die Erziehung noch wie selbstverständlich in der Hand der Mütter lag, die Väter verfuhren mit Eifer die Überstunden, die der Aufbau des Großdeutschen Reiches verlangte. Wenn Vater nach Hause kam, hatte das Heim zu seiner wohlverdienten Ruhe und Erholung bereitzustehen: nur keinen Ärger, kein Geschrei, nur kein übermütiges Tollen und Herumlaufen. Der Vater war müde, wenn er heimkam, und er wollte ungestört die Zeitung mit den neuesten weltgeschichtlichen Ereignissen lesen oder am »Volksempfänger« die Nachrichten hören. Aber eines Tages ging Vater fort und kam gar nicht mehr wieder, denn es war Krieg.

Immer wieder hat man beschrieben, daß der Ausbruch des 2. Weltkrieges jene Begeisterung und Überschwenglichkeit vermissen ließ, die 1914 das ganze Volk wie ein Taumel umfing.[1] Das ist im ganzen richtig; für die Psychologie der Frauen aber, die von 1939 an in immer größeren Rekrutierungswellen ihre Männer in den Krieg gehen ließen, trifft diese Feststellung nur sehr begrenzt zu. Natürlich erfüllte die Frauen Angst und Sorge beim Abschied ihrer Männer, aber es war doch ein »stolzer« und in jedem Falle befristeter Abschied, mit dem man rechnete. Wie furchtbar der Krieg sein konnte, erfuhren sie von ihren eigenen Eltern und Schwiegereltern, die vom »Steckrübenwinter« und von Verdun zu erzählen wußten. Doch wer rechnete schon damit, daß alles noch einmal und noch viel schlimmer kommen würde? Selbst bei der Eröffnung des »Feldzuges« Barbarossa 1941 versprach man sich, Weihnachten wieder zuhause zu sein. Diese Hoffnung lebte in allen Frauen beim Abschied, sie flammte auf bei den großen »Blitzkriegerfolgen« im Osten und Westen, und sie quälte sich hin in den endlosen Stunden verzweifelten Wartens; sie war durch nichts zu widerlegen, nicht einmal durch die »Unglücksfälle« bei engen Bekannten. Welch eine Frau, deren Mann als gefallen oder vermißt gemeldet wurde, hätte sich damals auch schon offen ihrer Trauer hingeben können, in einer Zeit, da es eine Pflicht war, sich auf der Straße mit »Heil Hitler« und auf den Versammlungen mit dreifachem »Sieg, Heil« zu begrüßen?

Und dann muß man sich *den Alltag* an der »Heimatfront« vorstellen.

Bis 1942 schien die äußere Existenz noch unbedroht. Aber wer macht sich heute noch eine Vorstellung von der Zerreißprobe des ohnmächtigen Wartens auf einen Menschen, den man liebt und doch in ständiger, in tödlicher Gefahr weiß? An jedem Morgen das Warten auf den Briefträger. Zitternd öffnet man den Postkasten, ob sich darin nicht ein Feldpostbrief befindet, und wenn ja, für einen Augenblick die noch bangere Frage, was in dem Brief stehen wird. Hoffentlich nichts von Verwundung oder von noch Schlimmerem, hoffentlich keine Andeutungen von heftiger Kampftätigkeit oder beginnenden Truppenverlegungen. Im übrigen unterliegt die Post der militärischen Zensur – inwieweit kann man den Mitteilungen des Gatten Glauben schenken? Immer

[1] St. Zweig, Die Welt von Gestern, 166–167 z. B. beschreibt den Unterschied zwischen 1914 und 1939 mit den Worten: »1939 war dieser fast religiöse Glaube an die Ehrlichkeit oder zumindest an die Fähigkeit der eigenen Regierung in ganz Europa schon geschwunden... Man ging an die Front, aber man träumte nicht mehr, ein Held zu sein; schon fühlten die Völker und die einzelnen, daß sie nur Opfer waren entweder irdischer, politischer Torheit oder einer unfaßbaren und böswilligen Schicksalsgewalt.«

von neuem liest man die viel zu knappen Zeilen, um ihren geheimen Sinn zu ergründen. Schließlich weiß man um die rücksichtsvolle Selbstdisziplin des Geliebten – nie würde er ehrlich von seinen Schwierigkeiten berichten, schon um in seiner Gattin nicht die vergebliche Qual einer ohnmächtigen Hilfsbereitschaft zu schüren. Beim morgendlichen Einkauf dann die Gespräche mit den Nachbarinnen. Die eine will von neuen Siegen oder neuen Niederlagen erfahren haben, womöglich gerade in dem Einsatzgebiet, in dem man den eigenen Mann vermuten muß; einer anderen hat man lakonisch mitgeteilt, daß ihr Gatte seit einem bestimmten Datum als vermißt gilt oder in Gefangenschaft geraten ist. Wer aber weiß etwas von den Zuständen in russischer Gefangenschaft? Verzweifelt dreht man das Radio an, aber alle Nachrichten sind, wie man weiß, propagandistisch gefiltert und keine besagt, was man einzig hören will – etwas vom Schicksal des eigenen Gatten.

Nicht einmal die wenigen Tage des »Heimaturlaubs« bilden eine Erholung von dieser Tortur geduldig nagender Sorge. Der Stau der monatelang aufgesparten Gefühle will sich nicht entladen unter dem Zwang, es dem endlich Zurückgekehrten in der Kürze der verbleibenden Zeit so angenehm wie möglich zu machen. Jetzt nur keine Schwäche, nur keine Sentimentalitäten, nur keine ärgerlichen Fragen. Man schließt einen Mann in die Arme, den man oft ein Jahr lang nicht gesehen hat, dessen Gedanken und Verhaltensweisen fremd geworden sind, den man im Grunde überhaupt erst wieder kennenlernen müßte; aber um so heftiger die Nötigung, die alte Verbundenheit und Vertrautheit, wo schon nicht wiederherzustellen, so doch wenigstens zu bekunden. Kinder werden gezeugt nicht aus leichtsinniger Unachtsamkeit, sondern um einander trotz allem der unverbrüchlichen Zusammengehörigkeit zu versichern.

Aber dann ist der Mann wieder fort, und die Folter des Wartens beginnt von neuem, nur um so schlimmer. Wer wird das Kind, das unterwegs ist, schützen? Die Nachrichten verschlechtern sich. Mitmal hört man von heftigen Abwehrkämpfen im Raum XY, von verlustreichen Kesselschlachten, von abgebrochenen Offensiven. Die Angst, die Sorge wollen niemals weichen. Und nicht einmal die Zeit der Ruhe ist ungefährlich. Was werden Soldaten tun, wenn sie sich in einer eroberten Stadt einquartieren, in der nur die Frauen, die Kinder und die alten Männer zurückgeblieben sind? Man schlägt sich diese quälenden, mißtrauischen Gedanken aus dem Kopf, aber sie wollen nicht weichen. Schlaflose Nächte kostet dieser zermürbende, dieser vielleicht ganz unbegründete, aber nach aller menschlichen Wahrscheinlichkeit doch nur zu begründete Verdacht.[2] Geht es denn nicht im eigenen Dorf bereits ähnlich zu?

[2] Man vergleiche dazu die Erinnerungen schon an die Gepflogenheiten des 1. Weltkriegs bei Ch. Zentner: Illustrierte Geschichte des Ersten Weltkriegs, 306–307. Zu

Untersagt man sich nicht selbst schon die harmlosesten Vergnügungen, nur um bestimmte Gelegenheiten zu fliehen? Wählt man nicht wie unbewußt die Kleidung unauffälliger und weiter als es vielleicht nötig wäre? Und doch genügen flüchtige Kontakte, um einen schwer zu unterdrückenden Sturm zu entfachen. Könnte man nur endlich mit einem Mann einmal in Ruhe reden. Aber mit wem? Und mit wem ohne Gefahr? Not lehrt beten, sagt das Sprichwort; aber wenn das Kreuz an der Wand auch für den Augenblick trösten mag, es überwindet nicht die Traurigkeit, die Sehnsucht, die unsägliche, alltägliche Nervenanspannung, die sich irgendwie entladen will.

Doch man darf und kann nicht an sich selber denken. Ab 1943 ändert sich vor allem in den Großstädten die Lage auf dramatische Weise. Buchstäblich über Nacht gehen ganze Stadtviertel in Flammen auf, in wenigen Minuten kann, was in Jahren gespart wurde und einmal den Grundstein für ein bescheidenes Glück bilden sollte, im Hagel der Bomben vernichtet sein. Evakuierungen, Umsiedlungen, Umzüge, Fabrikeinsatz und Trümmerräumung werden zur Tagesordnung, schließlich verwandelt sich jeder Tag in einen Kampf ums tägliche Brot. Und wieder sind es vor allem die »unauffälligen«, die in jener Zeit »normalen« Gefühlsregungen, die am meisten belastend sind: Plötzlich muß ein Großstadtviertel geräumt werden, und eine alleinstehende Frau, gerade 25jährig, muß mit ihren zwei oder drei Kindern zu entfernten Verwandten aufs Land. Bereits ein solcher Wechsel der Umgebung, an sich ein relativ harmloses Geschehen, bedeutet unter den gegebenen Umständen einen schweren Schock: Man verliert den Halt der wenigen Menschen, mit denen man in der Zeit der Not um so enger zusammengerückt war; nach Jahren der Freiheit und eines mühsam gewahrten Stolzes sieht man sich plötzlich in der demütigenden Rolle eines Bittstellers und gerade noch geduldeten Gastes, das größte Wohlwollen kann den Eindruck nicht verwischen, lästig zu sein, und dieser Konflikt wird voll an die Kinder weitergegeben: Sie müssen über Gebühr »brav« sein, um nicht als ausgemachte Störenfriede zu gelten.

Dann kommt die Zeit des Zusammenbruchs. Flucht und Vertreibung erfaßt Millionen, Hungersnot und Krankheit, Nahrungs- und Wohnungssuche,

der obszönen Mischung aus Trotz und Zynismus in der Soldatenmentalität vgl. die Bemerkungen zu den Liedern des 2. Weltkriegs bei R. W. Leonhardt: Lieder aus dem Krieg, 71–73; 91–97. Im Kontrast dazu sei das damals weltweit bekannte Lied zitiert »Komm zurück«: »Du sprichst von Abschied für kurze Zeit / und bist schon morgen von mir so weit. / Was sind schon Worte im Augenblick? / Was ein verlorenes Glück? // Weil ich dich liebe, glaub ich an dich. / Doch will's das Schicksal, vergißt du mich. / Das darf nicht sein, / tausendmal nein! // Komm zurück! / Ich warte auf dich, denn du bist für mich / all mein Glück. / Komm zurück! / ruft mein Herz immerzu, nun erfülle du / mein Geschick. / Ist der Weg auch weit, / führt er dich / und auch mich / in die Seligkeit. / Darum bitt ich dich heut: / Komm zurück.« (A.a.O., 191).

Schwarzmarkt und Tagelöhnerei – ein jeder Tag voll neuer Schrecken. Jetzt mitmal sind die liebsten Kinder den liebsten Müttern zuviel. Man weiß nicht mehr, wovon man leben, wie sich kleiden soll. Zeit und Ruhe, wie sie für eine geordnete, harmonische Erziehung unerläßlich wären, fehlen in dem notvollen Durcheinander gänzlich. Und über allem schwebt die blanke Existenznot. Besonders die rechtlich und moralisch denkenden Frauen kommen in die ärgste Bedrängnis. Könnte man nicht bei etwas mehr Entgegenkommen auf dem Schwarzmarkt oder beim Hausieren viel erfolgreicher abschneiden? Ein wenig offenherziger, und schon besorgte einem irgendein GI ein Schlaraffenland aus Konservendosen. Aber was wird der Mann sagen, wenn er zurückkommt? Nur: kommt er zurück? Und wann? Und wenn, in welchem Zustand?

Alles in allem verbrachten die Frauen in jenen Tagen eine Zeit nicht endender Aufschübe. Wohl war die anfängliche Hoffnung auf einen baldigen Sieg schon mitten im Krieg zu einer »Hoffnung« auf eine baldige Niederlage geworden. Aber das Furchtbarste zwischen all den Enttäuschungen und Ängsten war das Gefühl eines permanent gestohlenen und unwirklichen Lebens. Das eigentliche, das wirkliche Leben verschob sich in eine immer fernere Zukunft, und bis dahin galt es nicht, zu leben, sondern bedingungslos zu überleben. Richtig wieder leben würde man, wenn der Mann aus dem Krieg zurückkäme. In dieser Erwartung gipfelten für Hunderttausende von Frauen alle Tröstungen, alle Erwartungen, alle Wünsche. Die Rückkehr des Mannes – das war nicht nur eine Hoffnung, das war die Aussicht einer magischen Wende zum Guten.

Und die Kinder? Sie wuchsen im Schatten dieser unwirklichen Wirklichkeit heran, und das, worunter sie schließlich am meisten leiden mußten, war dies, was man die rücksichtsvolle Lüge oder die verlogene Rücksichtnahme nennen könnte – eine Doppelbödigkeit und Unsicherheit in allen Lebensbereichen.

Die doppelte Wirklichkeit

Was geht in einem vierjährigen Mädchen vor sich, das seine Mutter weinen sieht?

Wenn es die Mutter liebhat, wird es versuchen, sie zu trösten. »Du darfst nicht weinen«, wird es der Mutter sagen und dabei fühlen, was es nicht zu sagen weiß: »Wenn du weiter weinst, muß auch ich ganz traurig werden; ich muß dann denken, daß ich selber schuldig bin an deiner Traurigkeit, oder daß ich ein vollkommener Versager bin, weil ich nicht einmal den Menschen, der für mich am allerwichtigsten ist, aus seiner Niedergeschlagenheit erlösen kann.« Schuldgefühle und eigene Depressionen sind die ersten Folgen aus Muttis Traurigkeit.

Was aber muß ein Kind denken, wenn seine Mutter ihm erklärt, daß ihre Traurigkeit gar nicht mit ihrem Kind zusammenhänge, sondern mit der Tatsache, daß ein Mann, den es noch nie gesehen hat, sein Vater, schon seit Wochen nicht geschrieben habe?
Es muß denken, daß dieser unbekannte Mann über eine außerordentliche Macht verfügt und offenbar weit wichtiger ist als alle Menschen ringsum, die man kennt. Irgendetwas Geheimnisvolles und Unheimliches scheint es um diesen Unbekannten zu sein, der einen solch unbegreiflichen Einfluß auf die Mutter haben kann. Vielleicht erinnert man sich dunkel an den letzten Besuch eines fremden Menschen, der plötzlich von draußen hereinkam und einen Augenblick lang einen furchtbaren Schrecken ausgelöst hat, weil er so zudringlich war und mit seinen großen Händen unbedingt streicheln und auf den Arm nehmen wollte – sollte wirklich dieser unsympathische und laute Geselle derselbe Mann gewesen sein, um den Mutter jetzt weint? Dennoch kommt es vor, daß abends beim Gebet besonders eindringlich für die Heimkehr gerade dieses Mannes gebetet wird, oder daß Mutter auf ein Bild an der Wand hinweist und mit nachdrücklicher Stimme erklärt: »Das ist dein Vater«. Oft kann man Mutter kaum eine größere Freude machen, als wenn man selber nach Vater fragt – sie wird dann ganz gerührt und sagt, man sei ein gutes Kind. Immer, wenn man eine Bitte oder einen Wunsch hat, den Mutter nicht erfüllen kann, immer, wenn sie selbst sich in Schwierigkeiten befindet, die man nicht zu durchschauen vermag, spricht sie wie zum Trost die immer gleichen Worte: »Warte, bis Vater wiederkommt.« Und: »Wenn Vater wiederkommt, wird alles gut.«
Es kann aber auch geschehen, daß Mutter für irgendeine Nichtigkeit sehr ärgerlich ist oder daß sie hilflos, verzweifelt und nervös herumschimpft, und auch dann kann sie plötzlich sagen: »Warte, bis Vater wiederkommt!« Himmel wie Strafe, Seligkeit wie Folter, nicht endendes Glück oder neuerliche Schrecken – ganz Zwiespältiges und extrem Gegensätzliches scheint gleichermaßen von diesem Manne auszugehen. Sein Bild malt sich in der Phantasie des Kindes dementsprechend übergroß. In der Gestalt dieses Unbekannten verdichten sich, *längst ehe man ihn kennt,* alle wesentlichen Hoffnungen und Befürchtungen, und man ahnt, daß mit seiner Ankunft etwas Allesentscheidendes passieren wird. Die Person des unbekannten Vaters ist auf Jahre hin gerade infolge ihrer Abwesenheit unendlich viel anwesender als alle »wirklichen« Personen; seine unsichtbare Gestalt erschafft eine Neben- und Hinterwelt, leuchtender und dunkler als alles Sichtbare; seine *fehlende Gegenwart* macht ihn gegenwärtiger als alles ringsum sonst.
Die Erwartungen, die sich auf diese Weise mit der Rückkehr des Vaters verbinden, sind jedoch nicht nur in sich selbst bereits höchst ambivalent und

Teil einer immer phantastischeren Wirklichkeit neben der Wirklichkeit, sie werden zusätzlich aufgeladen von den Irritationen, denen die Kinder jener Zeit schon bisher ausgesetzt waren.
Die erste Irritation betraf vor allem die Mädchen: Sie spürten, daß man sie lieber als Jungen gesehen hätte; aber wenn sie sich »jungenhaft« gaben, schalt man sie als »unartig« und »frech«. Zudem führte die zeitbedingte Sexualangst der Mütter ihrerseits zu einer besonders repressiven Erziehung. Deutlich mußten die Mädchen sich daher als benachteiligt und ungerecht behandelt fühlen, und ihr Wunsch, eigentlich als Junge groß zu werden, sollte nie mehr ganz verlöschen.
Noch doppelbödiger aber erfuhren sie den gesamten Bereich von Freude und Traurigkeit. Die eigene Mutter konnte gerade noch einer Nachbarin gegenüber freundlich und lachend gesprochen haben – kaum überschritt sie die Schwelle der Haustür, brach sie in Tränen aus; oder sie weinte, erklärte aber, daß sie an sich glücklich sei, oder gab Begründungen, die man nicht verstehen konnte. Ständig ging von der Mutter unter diesen Umständen ein Gefühl der Unsicherheit und Angst, ja in gewissem Sinne das Gefühl einer unendlichen Verantwortung aus: Man mußte Mutter irgendwie trösten und beruhigen, ohne doch zu wissen, wie. Fragte man sie, was zu tun sei, gab es allgemeine Hinweise, daß man ein braves Kind sein solle; aber so sehr man sich darum auch mühen mochte, die Forderung blieb unerfüllbar und erzeugte nur immer neue Schuldgefühle. Vor allem die wachsende äußere Not, vollends womöglich die Dichte der Wohnverhältnisse oder die Evakuierung zur Untermiete bei völlig fremden, oft feindseligen Personen mußte das Empfinden verstärken, der Mutter bereits durch die bloße eigene Existenz lästig zu sein. Man mochte so still, so ruhig, so fleißig, so um Anpassung und Freundlichkeit bemüht sein wie nur irgend möglich, es ließ das Grundgefühl sich doch nicht überwinden, daß man schon durch sein Dasein der Mutter nichts als Ungemach, Verdruß und Last bereite.
Dieses stark depressiv getönte Schuldgefühl, am besten gar nicht auf der Welt zu sein, oder, wenn schon, dann alles nur Erdenkliche tun zu müssen, um den Schaden der eigenen Existenz wiedergutzumachen, kennzeichnet wohl am tiefsten den Teufelskreis, in dem ein Kind in dieser Zeit fast normalerweise aufwachsen mußte.
Was gleichwohl auch hier als ein Hoffnungsschimmer wirken konnte, war erneut die Vertröstung, durch Vaters Ankunft werde sich ganz sicher alles ändern: die Wohnungsnot, die finanzielle Armut, die Fremdheit gegenüber den anderen – buchstäblich alles. Auch dieses drückende Schuldgefühl, die ständige Unberechtigtheit im Dasein, so konnte man hoffen, werde also verschwinden, wenn nur erst der Vater nach Hause zurückkehre. Der Vater,

diese in der Wirklichkeit völlig unbekannte Person, avancierte in der Vorstellung der Kinder mithin zum Retter nicht allein aus der äußeren Not, sondern vor allem zum Erlöser aus der moralischen Zwangslage ständiger Schuldgefühle. Erst wenn Vater zurückkäme, stand zu erwarten, daß man ein Stück weit unbeschwert würde leben können. Was Wunder, wenn man diesen großen, fernen, unheimlichen Mann zugleich liebte und achtete, fürchtete und haßte, herbeisehnte und verwünschte, längst ehe man ihn überhaupt das erste Mal mit Bewußtsein sehen konnte?

Wenn es irgend zur Eigentümlichkeit des Göttlichen gehört, extrem *ambivalente* Gefühle an sich zu binden, dann war für die Kinder, besonders für die Mädchen dieser Zeit, der Vater eine göttliche Person.

Wie aber wirkt es, wenn ein Gott das Haus sterblicher Kinder heimsucht?

Jeftas Rückkehr

In der Bibel erzählt eine kleine Geschichte von dem Richter Jefta, der als Sohn einer Dirne und des Mannes Gilead von seinen Angehörigen vertrieben wurde und im Lande Tob eine Gruppe von heimatlosen, »leeren Männern« um sich versammelte. Als jedoch ein Jahr später die Ammoniter Israel mit Krieg überzogen, holten die Gileaditer ihn zurück, auf daß er ihre Streitmacht gen Ammon führe. Jefta indessen tat ein Gelübde: Wenn Jahwe ihm wirklich die Ammoniter in die Hand geben werde, so wolle er als Brandopfer darbringen, was ihm aus der Tür seines Hauses als erstes bei seiner Heimkehr entgegenkomme. Tatsächlich gab der Herr die Ammoniter in Jeftas Hand, und er schlug sie von Aroer an bis in die Gegend von Minnith und bis nach Abel-Keramim. Doch als Jefta nach Mizpa zu seinem Hause kam, sprang ihm sein einziges Kind, seine Tochter, mit Handpauken und im Reigentanz entgegen, voll Freude über den Sieg und die Rückkehr ihres Vaters, aber zum bitteren Leid aller. Denn nachdem sie mit ihren Gespielinnen in den Bergen zwei Monate lang ihre Jungfrauenschaft beweint hatte, kam sie zurück zu ihrem Vater, und der vollstreckte an ihr, was er seinem grausamen Gotte gelobt hatte (Ri 11,1–40).

Eine Tochter, die überglücklich ihrem Vater entgegenläuft, als er aus dem Krieg zurückkehrt, und von ihm auf dem Altar eines kriegerischen Gottes geopfert wird – diese Szene ist ein Archetypus kriegerischer Helden, der öfters wiederkehrt: Idomeneus, als er aus dem Krieg von Troja heimkehrt und in einen schweren Sturm gerät, tut gegenüber dem Meergott Poseidon ein Gelübde gleichen Inhalts wie der Richter Jefta – auch ihm läuft bei seiner Heimkehr aus dem Haus entgegen, manche sagen: sein Sohn, andere: seine

Tochter;[3] bekannt ist die Geschichte des Agamemnon, der bereit ist, seine Tochter Iphigenie in Aulis der Göttin Artemis zu opfern, damit die griechische Flotte unter günstigen Winden in den Krieg um Troja segeln kann.[4] Immer sind es die Kinder, vor allem die Töchter, die dem Kriegsglück des Vaters geopfert werden, und gerade wenn der Krieg an sich schon beendet scheint, verlangt er womöglich den schlimmsten, den persönlichsten Tribut, oder, besser, er enthüllt, was er aus dem Vater gemacht hat, als dieser im Kampfe erfolgreich war: Gerade der heimkehrende, mit Jubel erwartete Vater erweist sich als die größte Gefahr, als der potentielle Mörder seiner Tochter.

Um die Regelmäßigkeit dieses Typos und seine außerordentliche psychologische Prägnanz im Leben auch der heutigen Kriegs- und Nachkriegsgeneration zu verstehen, braucht man sich nur ein Stück weit in die Lage der Männer hineinzuversetzen, die nach W. Borcherts »1000 Tagen draußen in der Kälte« nach Hause zurückkamen[5] und die, selbst wenn sie, selten genug, im äußeren Sinn ein Zuhause vorfanden, im Grunde nirgendwo mehr heimisch waren noch jemals wieder zu werden vermochten. Ihre Kinder erwarteten in ihnen die Heimkehr eines Gottes, aber in Wirklichkeit waren sie innerlich zerrissen, verwüstet und leer. Ihre Ideale, an die sie oft genug fanatisch geglaubt und denen sie alles geopfert hatten, waren auf furchtbare Weise als eitle Lügen, ja als grauenhafte Verbrechen an der Menschheit entlarvt worden. All die Qualen und Mühen, die entsetzlichen Strapazen und Nöte, die sie den verschwommenen Vokabeln »Vaterland«, »Führer« und »Treue« zuliebe auf sich genommen hatten, waren vollkommen umsonst, ja extrem schädlich gewesen. Betrogen und ausgebeutet, verzweifelt und verbittert, seelisch versteinert unter der peinigenden Erinnerung an die unablässige Kette von Gemeinheit und Grauen aus sechs Jahren Krieg, hätten sie Jahre gebraucht, um den Wust der Vergangenheit allmählich aufzuarbeiten und ein gewisses inneres Gleichgewicht zurückzugewinnen. Stattdessen verlangte man von ihnen, mir nichts dir nichts den »Idealen« des Nationalsozialismus abzuschwören und alles hinter sich zu verbrennen, was sie gewesen waren. Entehrt und beschämt, standen sie innerlich wie äußerlich vor dem vollkommenen Ruin, und wenn sie überhaupt noch zu einem eigenen Entschluß imstande waren, so setzten sie den letzten Rest ihres verbliebenen Ehrgeizes darein, eine neue bürgerliche Familie für sich und ihre Angehörigen aus dem Nichts zu zaubern. Mehr als alles hätte es unendlich vieler langer und geduldiger Gespräche bedurft, um nach Jahren der Trennung allmählich sich wieder miteinander vertraut zu machen bzw. die

[3] K. Kerényi, Die Mythologie der Griechen, II 254.
[4] K. Kerényi, Die Mythologie der Griechen, II 258–259.
[5] W. Borchert, Draußen vor der Tür, in: Das Gesamtwerk, 102.

entstandenen Verfremdungen einander einzugestehen und damit leben zu lernen.
Aber gerade daran war kein Gedanke.
Alle Energie verbrauchte der Wiederaufbau der äußeren Existenz, und indem man dabei bedingungslos zusammenzustehen versuchte, verpaßte man im Grunde die entscheidende Gelegenheit, sich in Wirklichkeit noch einmal ganz neu kennenzulernen. Der nach 6 Jahren Heimgekehrte hatte als der eigene Mann zu gelten, die nach 6 Jahren Wiedergefundene hatte als die eigene Frau zu fungieren. Man sprach nicht über die Vergangenheit miteinander; man versuchte, der Vergangenheit mit einer Art verzweifelter Generalamnestie zu entkommen; man war froh über die Gnade, nicht danach gefragt zu werden, was gewesen war, und einigte sich überstürzt darauf, jetzt nur noch gemeinsam nach vorn zu schauen. Und damit begann eine neuerliche Verstellung der Wirklichkeit, unter der besonders die Kinder ein zweites Mal, und jetzt noch verwirrender, den Blick für die Realität verlieren mußten.
Vor allem nämlich mußte unter allen Umständen der selbstgeschaffene Mythos aufrecht erhalten werden, es werde alles besser werden, wenn nur erst der eigene Mann zurückgekehrt sei. Jetzt war er zurückgekehrt, und also hatte auf der Stelle alles als gut und berechtigt zu gelten. Die gewaltige Kluft aus sehnsuchtsvoller Erwartung und deprimierender Wirklichkeit mußte schlechterdings ignoriert werden – dieser nach sechs ungeheuerlichen Jahren beinahe völlig unbekannte Mann hatte der zu sein, als den man ihn erwartete. Man mußte sich zwingen zu lieben, was einzig in einer verklärten Erinnerung tatsächlich liebenswert erschien. So aus der Sicht der Frau. Und umgekehrt: voller Sehnsucht und Stolz hatte der Mann das Bild seiner Frau, die Fotos seiner Kinder hundertmal seinen Kameraden gezeigt; es war ihr Bild gewesen, mit dem er alles verknüpft hatte, was ihn weiter kämpfen, weiter leiden, weiter hoffen ließ. Natürlich wich dieses Bild seiner Vorstellung jetzt weit von der sichtbaren Wirklichkeit ab, doch auch er durfte sich diese Diskrepanz nicht eingestehen – freilich mit dem erheblichen Unterschied, daß er es sich viel eher als seine wirtschaftlich völlig abhängige Frau recht ungeniert leisten konnte, bei jeder Unzufriedenheit kasernenhofmäßig herumzubrüllen und mit Brachialgewalt seinen Willen durchzusetzen. Die eigentliche Last der bedingungslosen Scheinanpassung dieses neuen Ehelebens trug unter diesen Umständen zweifellos die Frau, und mit ihr in besonderem Maße die Kinder. Beide aber, der Mann wie die Frau, wurden aus Rücksichtnahme und Verantwortung zum Opfer langgehegter Illusionen.
Die Frau hatte von sich her einen Mann erwartet und herbeigesehnt, der die Kälte und die Angst unzähliger einsamer, liebeleerer Nächte mit seiner Gegenwart entschädigen würde; die verlorenen Träume der Jugend, die

Erinnerungen an ein viel zu früh zerstörtes Glück, die Empfindungen so vieler Worte, die nie hatten gesagt werden können, drängten sich jetzt gebieterisch vor, – und prallten ab an einem vereisten und verfrorenen Klotz von Mann, der Monate brauchte, um endlich wenigstens nicht mehr mit den Stiefeln ins Bett zu gehen, der einzig gelernt hatte, zu befehlen und zu gehorchen, und der gewillt war, sich rücksichtslos zu nehmen und zu verteidigen, was er brauchte. Ein solcher Mann wußte seine Frau nicht aufzurichten, er konnte sie nur unterwerfen, er verstand nicht, sie für sich zu gewinnen, er konnte sie nur wie ein Eigentum in Besitz nehmen, und bei allem Bemühen um Verständnis, bei allem guten Willen – die Enttäuschung darüber war furchtbar.

Der Mann seinerseits hatte auf eine Frau gehofft, die ihn endlich wie eine Mutter umsorgte und verwöhnte und ein gemachtes Nest bereitete, eine Frau, die ihm mit sehr viel Fürsorge und Liebe all die Grausamkeiten und Qualen des Krieges, die er durchgemacht hatte, hundertfältig und lebenslänglich vergüten werde;[6] stattdessen mußte er entdecken, daß er schon rein äußerlich noch einmal ganz von vorn anfangen mußte – bei aller Erschöpfung und Müdigkeit, es gab keine Zeit zum Ausruhen, man mußte nur noch mehr, und jetzt ein letztes Mal, die Zähne zusammenbeißen und sich durchboxen. Man durfte nicht erzählen, was man erlebt hatte, man durfte nicht sagen, was man fühlte, einzig die nächsten praktischen Schritte waren gemeinsam zu überlegen.

Und nun die Kinder, und unter ihnen besonders die Mädchen, die damals 3–10 Jahre alt waren.

Jahrelang hatten sie sich mit der Mutter auf die Ankunft ihres Erlösers gefreut, und dann steht eines Tages unangemeldet ein völlig fremder, verwildert dreinschauender, zerlumpter Mann vor der Tür, den man mit »Vater« anreden und sogar herzlich auf seine unrasierten Wangen küssen soll. Auf lästige und störende Weise versucht dieser Mann alle möglichen Wege der Annäherung, aber man hat ständig Angst vor ihm, und, am schlimmsten, sobald man diese Angst äußert oder gar in Tränen ausbricht, fängt Mutter an zu lachen oder wird sogar noch böse und fängt auch ihrerseits zu schimpfen an.

Fast regelmäßig verdichtet sich die erste Erinnerung an den heimkehrenden Vater zu einem Trauma.

[6] Als Beispiel solcher Erwartung nehme man das Lied von der »tapferen kleinen Soldatenfrau«, in dem die letzte Strophe hieß: »Heut bin ich so fern von dir und unserm Haus, / doch fühl ich deine Grüße mit mir gehn. / Ich rechne mir den Tag bis zum Urlaub aus. / Werde dann dich und die Kinder wiedersehn. / Du stehst am Gartentore dann: / Wie schön ist da die Welt, / wenn die tapfere Frau ihren feldgrauen Mann / in ihren Armen selig hält. / Tapfere kleine Soldatenfrau, / ich weiß, wie so treu du denkst an mich.« R. W. Leonhardt, Lieder aus dem Krieg, 69–70.

»Ich liege als Vierjährige im Bett«, erzählt eine Frau diesen Eindruck vom ersten Erscheinen ihres Vaters, »und sehe plötzlich einen riesengroßen Jäger an mein Bett treten. Ich fange laut zu schreien an und krieche unter die Decke, er aber beugt sich über mich und zerrt mich heraus, er lacht, wie der Menschenfresser im Märchen vom Däumling.« – »Ich stehe im Zimmer am Tisch und spiele mit kleinen Kärtchen«, erzählt eine andere Frau, »als ein Mann ins Zimmer kommt und mich anschreit, ich solle ordentlich aufräumen. Ich kenne den Mann nicht und laufe zur Mutter, aber sie ist wie abwesend und befiehlt mir, die Kärtchen wegzutun. Ich weiß nicht, warum.«

In ähnlicher Weise wissen immer wieder gerade die Mädchen aus sogenannten guten Familien von der Ankunft ihres Vaters aus Krieg oder Gefangenschaft zu berichten. Gerade den Augenblick, den sie als Anbruch der Seligkeit herbeigesehnt hatten, geriet ihnen zu einem traumatischen Erlebnis.

Aber weit schlimmer und folgenschwerer noch als dies war die unablässige Doppelbödigkeit und Lüge, die fortan auf lange Zeit hin das Leben durchzog. Denn es durfte um keinen Preis zugegeben werden, wie enttäuschend die Wirklichkeit, wie schwer die erhoffte Liebe, wie zerbrochen das Vertrauen, wie anstrengend allein schon das bloße Zusammenleben unter diesen Verhältnissen war.

Wenn ein Mädchen sich weinend an die Mutter wandte, um sich über ein unerhörtes Schimpfwort des Vaters, über ein erlittenes Unrecht, über die bloße Anwesenheit dieses ungebetenen Eindringlings und Grobians zu beschweren, mußte es zu seiner Verbitterung erleben, daß Mutter augenscheinlich alles Rechtsempfinden fahren ließ und, statt gebührend ihre Tochter vor jenem Unhold zu beschützen, sogar noch für ihn Partei ergriff. Tatsächlich waren die Frauen in jenen Tagen bereit, die schlimmsten Ungeheuerlichkeiten unangefochten passieren zu lassen – verständlicherweise wollten sie bedingungslos durch Güte, Nachgiebigkeit und Verständnis die Liebe ihres Mannes zurückgewinnen; Schuldgefühle für gewisse Verfehlungen mochten dieses Bemühen sogar noch verstärken, aber in jedem Falle besiegte das Gefühl einer tiefen Dankbarkeit bei ihnen jeden Zweifel und Widerstand. Für die Kinder hingegen bedeutete diese rücksichtsvolle Anpassungslüge eine chronische Tortur, in die sie schließlich einwilligen mußten, indem sie alle Begriffe von Recht und Unrecht, von Wirklich und Unwirklich, von Wahr und Falsch verdreht bekamen.

Wenn Vater polterte und tobte, wenn er gotteslästerliche Flüche ausstieß und unbegreifbare Gemeinheiten sagte, so bedeutete das nicht, was man unbefangenerweise hätte glauben mögen: daß er unbeherrscht, tobsüchtig, primitiv und wie von Sinnen sich gebärdete; es hatte ab sofort zu bedeuten, daß man nicht brav genug gewesen war, daß man Vater »irgendwie« provoziert hatte und nächstens sich besser aufführen mußte. Aber man wußte beim besten Willen nicht, was man falsch gemacht hatte, und folglich mußte man sich verzweifelt den Kopf zermartern, was dieser unbekannte Wüstling, d. h. dieser ungeheuer wichtige und in allem sakrosankte Vater wohl mit seinem Wutausbruch gemeint haben konnte.

Wenn Vater plötzlich ohne jede Erklärung wie ein Fuhrknecht auf den kleineren Bruder oder die Schwester eindrosch, hieß das nicht, daß man, wie bisher, das jüngere Geschwisterchen gegen diesen Menschenschinder verteidigen und empört die mütterliche Hilfe gegen ihn anrufen mußte; fortan war daraus zu entnehmen, daß Vater schon wisse, was er tue, daß er in allem Recht habe und man ihm gefälligst pünktlicher folgen solle.

Um es sehr zugespitzt zu sagen: Die nationalsozialistische Ideologie von dem absoluten Recht des Stärkeren wurde niemals wirklicher erlebt und empfunden als von den Kindern der Nachkriegszeit unter dem Druck der mütterlichen Anpassungsverlogenheit zum Zwecke einer bedingungslosen Rücksichtnahme und Unterwerfung in den ersten Jahren nach »Jeftas Rückkehr« in den Kreis seiner ihn sehnsüchtig erwartenden Familie. Die Mütter konnten den Kindern die Wahrheit nicht erklären, daß ihr Mann nur möglichst rasch und voller Wut über die gründliche Zerstörungsarbeit der alliierten Luftangriffe die für baufällig deklarierte Wohnung wieder instand setzen wolle, und wenn sie es hätten erklären können, hätten sie doch niemals gewagt, ihren Mann, der sich solche Mühe gab, zurechtzuweisen und ihre Kinder vor ihm in Schutz zu nehmen. Die Kinder aber, bis dahin an den selbstverständlichen Schutz der Mutter gegen alle Welt über die Maßen gewöhnt, standen mit Mal einsamer und verzweifelter da denn je.

Voller Zorn auf die Schwäche ihrer Mutter und voller Angst vor der Gewalttätigkeit ihres »Vaters« mußten sie lernen, daß ihnen selber offenbar keinerlei Rechte und keinerlei Berechtigung, alle Rechte aber jenem fremden Eindringling zukamen, daß sie die ungeheuerlichsten Vorkommnisse, wenn sie »Vater« unterliefen, als Ausdruck einer überlegenen Weisheit zu verstehen, sich selbst aber mit ständigen Zweifeln und Vorwürfen zu überhäufen hatten, und daß sie tunlichst alle eigenen Wünsche auf der Stelle den zwar noch geheimnisvollen, gewiß aber genialen Aufbauplänen der väterlichen Majestät unterwerfen mußten. Es war ein Leben, wie H. Ibsen es in der Gestalt der Hedwig in seinem Drama »Die Wildente« geschildert hat: ein Leben auf dem tiefsten Abgrund des Meeres.[7]

Freilich konnte auch das Gegenteil eintreten: daß der erhoffte starke Retter bei seiner Rückkehr sich als ein gebrochener, schwer verwundeter Schwächling

[7] H. Ibsen, Die Wildente, in: Dramen, II 202–204.

oder Krüppel erwies. Auch dann mußten die Kinder erleben, wie die Liebe und die Zuneigung der Mutter, die sich bis dahin verzweifelt an die eigenen Kinder geklammert hatte, sich plötzlich diesem Unbekannten, allem Anschein nach gänzlich Unwürdigen zuwandte, und auch in diesem Falle mußte man den entstehenden Haß, die Eifersucht, den gerechten Zorn herunterschlucken und sich selber schlecht fühlen für an sich ganz berechtigte und verständliche Kindergefühle.

Vor allem intelligente und wirklich tüchtige Kinder konnten versuchen, mit jenem unbedarften fremden Mann in Konkurrenz um die Liebe der Mutter zu treten: wenn sie ihr mit viel Fleiß und Anstrengung einen besseren Mann zur Seite stellen könnten, brauchte man diesen überflüssigen Gesellen vielleicht überhaupt nicht mehr. Mußten die Mädchen bis dahin schon halbe Jungen sein, so vermochte die Sehnsucht, ein Mann zu sein, unter Umständen womöglich jetzt erst zu ihrer wahren Größe aufzulodern: Allein mit der Mutter zusammen würde man es womöglich besser schaffen als mit diesem irrtümlich erwarteten Tropf von Vater.

Oder umgekehrt: man entdeckte gar zu früh die Enttäuschung und das geheime Leid der Mutter an der Heimkehr ihres Mannes und rächte sich für ihre Untreue, indem man verzweifelt sich nun dem Vater zuwandte, um bedingungslos seine Gunst zu erringen.

Alle diese Möglichkeiten konnten naturgemäß einander durchdringen und sich in verschiedenen Graden der Ausprägung mischen; sie erzeugten in jedem Falle zusammen das schwer zu erkennende, schwer zu behebende Syndrom einer ständigen Wirklichkeitsverleugnung aus Moral und einer chronischen Angst vor Glück und Liebe aus einem permanenten Minderwertigkeits- und Schuldgefühl heraus.

Jeftas Töchter

In seinem dem Richterbuch nachgestalteten Roman von »Jefta und seine Tochter« hat Lion Feuchtwanger vor allem den leidenssüchtigen Willen zur Selbstaufopferung und die Verleugnung menschlicher Liebe und irdischen Glücks in der Tochter des kriegerischen, selbst ungeliebten und lieblos grausamen, ehrsüchtig-trotzigen und schließlich resigniert-verzweifelten Richters vom Stamme Gilead geschildert.

Mit einem bemerkenswerten Feingefühl beschreibt L. Feuchtwanger die Gestalt der Jaala, der hindinnengleichen schönen Tochter Jeftas, und schildert sie in seinem Roman ursprünglich als ein höchst poetisches und allem Schönen der Natur verschwistertes Kind, das zusammen mit ihrer ammonitischen Mutter Ketura lautlos glücklich die äsenden Tiere der Wildnis belauscht und

ihre Sprache und Bewegung versteht. Schmerzhaft und gelockt konnte dieses Mädchen nach Feuchtwangers Darstellung vor der Schlinge stehen, in der ein Tier sich gefangen hatte. Gern war Jaala allein. »Sie schwatzte dann wohl und spielte mit sich selber. Sie hatte eine rasche Einbildungskraft, die alles ringsum menschlich bunt belebte. Ihr dachten die Bäume und Tiere, jedem Felsen ersann sie seine Geschichte. Sie erfand sich Lieder, die sie mit ihrer dunklen Stimme bewegt vor sich hin sang. Einmal brachte Jefta ihr aus dem Lande Baschan eine Zither mit; sie lernte sie spielen, sie war glücklich.«[8]
Diesem wunderbaren Geschöpf stellt Feuchtwanger den wortkargen treuen Ugariter Jemin an die Seite, der aus Liebe zu ihr sogar seinen »heidnischen« Namen Meribaal opfert, um gewissermaßen Jeftas »rechte Hand« zu sein. Geduldig und zart wirbt er um Jaalas Liebe, aber die grausam-erhabene, überwältigend große Gestalt ihres Gottes, in welcher sich unabtrennbar das Antlitz ihres stolz-dämonischen, schrecklich-schönen, furchtbar-gewaltigen, launischen Vaters spiegelt, macht Jeftas Tochter zu einer Begeisterten der Selbstverbrennung auf dem Altare ihres Gottes, zu einer Unfähigen menschlicher Nähe. Kaum hört sie von dem entsetzlichen Gelübde ihres Vaters, da »erkannte Jemin, daß sie das, was ihr bevorstand, mit all ihrem Hauch und Wesen angenommen hatte und daß er ihr, Jefta und sich selber nicht helfen konnte. Und er war betrübt wie nie in seinem Leben.« Dabei war Jemin selbst bei seinem vergeblichen Liebeswerben »voll von streitenden Gefühlen. Er bewunderte Jaalas festen Willen und war ergrimmt, daß sie den Stolz ihres Vaters teilte: Keiner war ihr zum Bräutigam gut genug, nur der Gott Jahwe selber. Manchmal konnte er's nicht glauben, daß sie ihm wirklich für immer entrückt sein sollte. Scheu aus der Ferne schaute er auf sie, Gier überkam ihn, Eifersucht auf Jahwe, den überstolzen Nebenbuhler. Er verspürte ein grenzenloses Verlangen, mit dem Gott um sie zu kämpfen. Aber sooft er Jahwe zum Streit herausforderte, der Gott stellte sich nicht.«[9]
Dieselbe Ambivalenz, die eine »Tochter Jeftas« ihrem Vater und Gott gegenüber als Kind empfindet, pflanzt sie notgedrungen zufolge dieser Darstellung später jedem ein, der ihr näher zu kommen sucht. Es ist, als ob das tyrannische Bild ihres Vaters als Inbegriff aller Verehrung und Frömmigkeit sie immer von neuem dazu zwingen würde, sich für den »Sieg« ihres eifersüchtigen Vaters zu opfern und niemanden an sich heranzulassen. Wer sie für sich gewinnen will, müßte in der Tat zunächst ihren Gott und Vater zum Kampf stellen und eine Macht besitzen, die imstande wäre, das übermächtige Vaterbild in seiner Zwiespältigkeit zu zerstören.

[8] L. Feuchtwanger, Jefta und seine Tochter, 70.
[9] L. Feuchtwanger, Jefta und seine Tochter, 224–225.

Aber wie soll das geschehen?
Das Haupthindernis, das sich jeder menschlichen Annäherung, aber auch jeder psychotherapeutischen Bemühung in den Weg stellt, ist die völlige Unbegreifbarkeit und Unangreifbarkeit des Vaters.
Erst wenn man das schier unglaubliche Geflecht von Schutzbehauptungen vor Augen hat, mit dem seinerzeit die Gestalt des Vaters umkleidet wurde, wenn man des weiteren die ungeheuerliche Angst in Rechnung stellt, die das Auftreten des Vaters seinerzeit verbreitete, und wenn man schließlich die jahrzehntelang geübte Routine bedenkt, mit der jeder Vorwurf gegen das Terrorregime des Vaters in Selbstvorwürfe oder phantastische Konstruktionen über die »wahre« Bedeutung des väterlichen Verhaltens übersetzt wurde, wird man das eingangs geschilderte Phänomen begreifen, daß sich für eine Vielzahl von Problemen der heutigen Mittvierziger scheinbar keine eigentliche Ursache erkennen läßt: Der Vater, der den eigentlichen Hintergrund aller Schwierigkeiten und Störungen abgibt, ist in seinen negativen Eindrücken konsequent aus dem Bewußtsein ausgeblendet worden oder einer absoluten Sprachzensur anheim gefallen – nichts Negatives durfte seinerzeit über die an sich so wohlgeordnete Familie nach draußen dringen.
Auf Schritt und Tritt wird man daher bei einer Annäherung an eine der »Töchter Jeftas« auf unbewußte Widerstände der im Überich verankerten Vatergestalt treffen, ohne daß man über diesen »Vater« unter Strafe des sofortigen Abbruchs jeder Beziehung auch nur ein Wort sprechen dürfte. Dabei wäre die Wirkung der Vatergestalt gegenüber jeder menschlichen Annäherung vermutlich nicht ganz so nachhaltig, wenn nicht die Mutter selbst schon in den langen Jahren der Einsamkeit zur Aufrechterhaltung der eigenen ehelichen Treue ein geradezu hermetisches Getto der Angst gegenüber dem anderen Geschlecht um sich herum aufgebaut und besonders an ihre Töchter weitergegeben hätte. Die recht losen Manieren und bärbeißigen Späße der Kriegsheimkehrer jedenfalls konnten diese Mädchen nur mit um so größerem Grauen erfüllen und die schlimmsten mütterlichen Phantasien bestätigen.
Aber nicht allein diese im weitesten Sinne »ödipalen« Blockaden verhindern Jahrzehnte später ein menschlich befriedigendes Zusammenleben; störender und verwirrender noch ist *die konstante Verdoppelung der Wirklichkeit,* die aus jenen Tagen der Vatersehnsucht und der Vaterangst resultiert.
Der bevorzugte Altar, auf dem sich Jeftas Töchter opfern, ist durchaus nicht immer das »Gebirge Gileads«, sprich: die Klostermauern einer grausam-masochistischen Sexualangst, Menschenscheu und inneren Resignation; die tapferen unter ihnen haben es im Gegenteil zumeist trotz aller Hindernisse gewagt, den Schritt zur Ehe hin zu tun, und dennoch zwingt auch sie das bittere Erbe der Kindertage offenbar immer wieder, die Wirklichkeit mögli-

cher Liebe sowohl voller Sehnsucht zu suchen wie voller Angst zu fliehen. Fast regelmäßig ergibt sich aus dem Trauma von Vaters Rückkehr, daß man auch in der Ehe nach einer traumhaft verklärten Zweitwirklichkeit sucht, die den grauen und freudlosen Alltag der normalen Wirklichkeit belebt und überhöht; andererseits aber wagt man auch nicht, auf diese Zweitwirklichkeit entschlossen genug zuzugehen, denn jeder Versuch in diese Richtung wird von schweren moralischen Skrupeln und heftigen Selbstwertzweifeln schon im Ansatz erstickt. So bleibt die Gefahr, die sich spätestens mit 40 in den Sprechstunden auch deutlich genug zeigt: daß man schließlich überhaupt nicht richtig lebt, sondern sich zwischen Alltag und Traum wie zwischen zwei Mühlsteinen sinn- und entscheidungslos zerreibt.
Eine Frau z. B. berichtet, daß sie seit mehr als 10 Jahren unsterblich an einen kulturell sehr hochstehenden Mann gefesselt ist, von dem sie nicht loskommt, obwohl sie ihn sehr selten sieht und das Verhältnis zu ihm rein platonischer Natur ist. Ihr selber erscheint die Heftigkeit, Dauer und offenbare Grundlosigkeit ihrer Liebe zunächst sehr merkwürdig, bis daß sie sich eingesteht, auch im übrigen Leben eine große Träumerin zu sein. Den Hintergrund indessen bildet bei ihr die Erinnerung an die Zeit, als Vater im Krieg war. Damals war es, daß Mutter ihre kleine Tochter allabendlich auf den Schoß nahm und ihr das Bild ihres Vaters zeigte, um davor zu Gott um die baldige Rückkehr des Vaters zu beten. Sein Bild prägte sich ihr so groß und überirdisch ein, daß keine noch so bittere Enttäuschung später diesem sehnsuchtsvollen Traum der Liebe etwas anzuhaben vermochte; die Folge dieses Traumes aber bestand in der bitteren Lehre, daß es auf Erden kein Glück der Liebe geben könne, sondern daß jedes eheliche Leben in der Wirklichkeit schlechterdings eine Enttäuschung sein *müsse*, nur jenseits der Ehe, nur jenseits der Realität, nur jenseits der irdischen Welt seien Liebe und Glück miteinander vereinbar. Tristan und Isolde bieten wohl das beste Bild eines solchen Gemütszustandes. – Eine andere Frau, die nach einem Verschleiß von mehr als einem Dutzend mehr oder weniger ernsthafter Liebhaber immer noch nicht dazu gelangt ist, auch nur einen einzigen als den rechten zu erkennen, gelangt schließlich zu der Entdeckung, daß es wiederum das überwertige, seit Kindertagen unkorrigierbare Sehnsuchtsbild des Vaters ist, das sie an jeder menschlichen Beziehung hindert. Die Mutter hatte ihr damals immer wieder die Briefe vorgelesen, die ihr Mann aus Rußland an sie schrieb – alle Gefühlsnuancen, mit denen Mutter diese Briefe empfing und verarbeitete, hatten sich dem hochempfindsamen Mädchen auf das genaueste eingeprägt und beherrschen es bis heute. – Die Beispiele dieser Art ließen sich unendlich vermehren.
Eine andere Seite besitzt diese Verdoppelung der Wirklichkeit in bezug auf die Verarbeitung von Aggressionen und Konflikten.

Regelmäßig läßt sich beobachten, daß Frauen, die unter den geschilderten Umständen aufwachsen mußten, eine auffällige Problemblindheit gegenüber den faktischen Schwierigkeiten anderer an den Tag legen. Es kann im Nachbarhaus ein randalierender Trinker wohnen oder in Untermiete eine drogenabhängige Studentin, es kann in der eigenen Verwandtschaft eine Ehe geschieden werden oder eine nahestehende Verwandte in Hamburg auf dem Kiez verwahrlosen – es werden die offensichtlichsten Tatsachen teils ignoriert, teils verleugnet, teils auf eine angenehm-harmlose Weise ins freundliche interpretiert, und zwar mit solch einer Behendigkeit und Sicherheit, daß es oft kaum möglich ist, in einem Gespräch auch nur zu merken, wie verändert und verzerrt die Wirklichkeit in den entsprechenden Schilderungen reflektiert wird. Merkt man endlich, wie selektiv-positiv bzw. magisch-illusionär die Wirklichkeitswahrnehmung auf diese Weise verstellt wird, so hat man zunächst die größten Schwierigkeiten, seinen eigenen Beobachtungen zu trauen und sich selbst das ganze Ausmaß des Problems einzugestehen: Sollten wirklich Frauen, deren hohe Intelligenz, Verantwortungsbereitschaft, gemüthafte Tiefe und innige Verbundenheit in allem anderen außer jedem Zweifel steht, auf so unglaubliche Weise die Probleme anderer überspielen können? Die Sachlage wird noch dubioser, wenn man feststellt, daß auch im Umgang mit sich selbst kein geringeres Maß an Willkür waltet: Mitgeteilt wird eigentlich nur, daß es keinerlei Probleme gibt oder bereits alles gut ist – für eine therapeutische Zusammenarbeit natürlich eine äußerst schwierige Grundlage. Gewiß spürt man auf Schritt und Tritt das Verlangen und die Sehnsucht nach Verständnis, Geborgenheit und Hilfe, aber es scheint, als bilde gerade die Fassade der Problemlosigkeit für diese Frauen die unbedingte Voraussetzung, um sich überhaupt auf eine persönliche oder therapeutische Beziehung einlassen zu dürfen. Erst nach und nach kommt man der wahren Ursache dieser enormen Zwiespältigkeit zwischen objektiver Suche nach Nähe und Hilfe einerseits und dem überängstlichen Unvermögen, sich oder anderen eine bestehende Schwierigkeit einzugestehen, tiefer auf die Spur. Man merkt dann, daß es für diese Frauen schlechterdings nicht erlaubt ist, festzustellen, daß es bei anderen oder bei ihnen selbst gewisse ungelöste Probleme geben könnte, und dieses Verbot jedweder Problemwahrnehmung hängt erneut unmittelbar mit den Erlebnissen im Umkreis von »Jeftas Rückkehr« zusammen.

Immer nämlich, wenn ein bestimmter Konflikt sich bei anderen eigentlich nicht mehr übersehen läßt, wäre es an und für sich nötig, selber auf die eigenen Wahrnehmungen mit Kritik oder Aggression zu reagieren. Im gleichen Augenblick aber meldet sich zum Stichwort »Aggression« oder »Kritik« die warnende Stimme der Angst, die man als Kind zu hören bekam, wenn man auf Vater »böse« war. Weil man niemals bei Vater irgendetwas als »problematisch«, »ungehörig« oder ängstigend entdecken durfte, weil jeder Vorwurf gegen den endlich heimgekehrten Vater vor ca. 35 Jahren die ganze Familie mit ihrem mühsam errichteten Schwebezustand »Ab sofort hat alles gut zu sein« tödlich hätte treffen müssen, gilt es auch heute noch als das schlimmste aller Verbrechen, als crimen laesae majestatis, jemanden für vorlaut, eingebildet, dumm, chaotisch, süchtig, infantil oder was immer zu erklären. Stattdessen ist man auf der Stelle gezwungen, die kritische Beobachtung zurückzunehmen, das eigene Urteil sofort zu korrigieren und prompt eine ganz andere freundliche Wirklichkeit als die eigentliche Welt zu konstruieren. Die Art dieser Verarbeitung von Aggressionen hat manches Depressive, manches Zwanghafte, manches Hysterische an sich, sie ergibt sich aber nicht als Ausdruck einer bestimmten charakterspezifischen Neuroseform, sondern als ein echter Wiederholungszwang, der überhaupt nur aus dem verzweifelten Willen der Mütter in der Zeit damals zu verstehen ist, mit ihrem heimgekehrten Mann eine Harmonie um jeden Preis zu erreichen, koste es auch noch so viel an Wirklichkeitsverleugnungen aller Art. Auch Depressive sind gewöhnt, die Aggression von außen nach innen, gegen sich selbst, zu verschieben; auch die Zwanghaften werden zu Denkzweifeln neigen, wenn ihnen ihre Aggressionen gefährlich zu werden beginnen; auch Hysteriker werden mit der Wirklichkeit so spielen, wie es ihnen paßt; aber das Syndrom, um das es sich hier handelt, kann wohl durch solche Teilmomente verstärkt werden, besteht aber nicht daraus. Es geht vielmehr einfach darum, nach dem Muster der Kriegs- und Nachkriegszeit die eigenen Beobachtungen sofort verfälschen zu müssen, wenn sie auf eine Kritik an anderen Menschen, womöglich väterlichen oder autoritativen Gepräges, hinauslaufen. Stattdessen besteht die Pflicht, anstelle der kritisch gesehenen, konflikthaften Wirklichkeit eine Ersatzwelt zu konstruieren, in der die tatsächlichen Widrigkeiten entweder gar nicht existieren, oder, wenn sie partout nicht zu leugnen sind, lediglich als etwas mit geheimer Absicht, mit überlegener pädagogischer Vernunft, mit größtem Scharfsinn zur Belehrung Vorgeführtes ausgelegt werden müssen. Die verzweifelten Notlügen der Mütter der Nachkriegszeit spuken auf diese Weise in den Köpfen ihrer Kinder, der 40jährigen Frauen (und Männer) von heute, unverändert weiter und erzeugen ein illusionäres Doppelspiel mit der Wirklichkeit, das jede kritische Feststellung an der Standardformel des erzwungenen Selbsteinwandes spaltet: »Nein, es ist aber anders« – anders nämlich, als man Vater vor 35 Jahren gesehen hat und bei objektiver Betrachtung zunächst auch wohl sehen mußte.

Auf der anderen Seite besteht umgekehrt aus jener Zeit die unbedingte Pflicht, auch die *eigenen* Konflikte auf Gedeih und Verderb herunterzuschlucken und auf keinen Fall damit noch die anderen zu behelligen. Die Wut, in die Vater

seinerzeit ausbrechen konnte, wenn man ihm zusätzlich mit eigenen Schwierigkeiten – lächerlichen »Wehwehchen« angesichts des Wiederaufbaus Deutschlands! – in die Quere kam, die verzweifelte Trauer, in die Mutter in solchen Augenblicken über »das mißratene Kind« ausbrechen konnte, hat zumeist äußerst nachhaltig das Vertrauen zerstört, man könnte von irgendwem geliebt oder auch nur geduldet werden, wenn man ihm wirklich gesteht, wie schwer einem das Leben und sogar die liebsten Menschen manchmal werden können.
Da auf diese Weise die anderen stets als problemlos erlebt, man selbst aber sich geradezu pflichtgemäß als ein »unmögliches« Bündel von Problemen fühlt, mißrät die Selbstwahrnehmung natürlich zu einem äußerst komplizierten Geflecht von Minderwertigkeitsgefühlen, Ängsten, ehrgeizigen Selbstüberforderungen, ständigen Widersprüchen in Wunsch und Verhalten, kurz: zu einer ständigen Ungerechtigkeit gegenüber sich selbst. Gerade diese außerordentlich bemühten, tapferen, meist ausnehmend erfolgreichen und tüchtigen Persönlichkeiten unter den heute etwa 40jährigen Frauen kommen daher, was ihre persönliche Zufriedenheit angeht, buchstäblich immer wieder zu nichts und zerreiben sich zwischen zwei Welten der Wirklichkeit, in deren einer sie selbst stets als schlecht und unberechtigt, in deren anderer die anderen hingegen stets als ganz groß, wo nicht als ganz großartig dastehen. Der Wille, es wenigstens nach außen hin ganz besonders gut zu machen, bringt jedoch immer wieder die Gefahr mit sich, in alle möglichen Unternehmungen viel zu hoch einzusteigen, dann mit aller Mühe den überzogenen Erwartungen nachlaufen zu müssen und schließlich wirklich an der eigenen Überanstrengung zu scheitern. Das Feld aller Fragen, die die äußere Existenz, besonders den Umgang mit Geld oder die berufliche Tätigkeit betreffen, ist trotz aller persönlichen Tüchtigkeit, Intelligenz und Anstrengung von daher oft das bevorzugte Terrain katastrophaler Mißerfolge, und zwar infolge des kompletten Wiederholungszwangs eines zwischen Wirklichkeit und Traum angstvoll verstellten Lebens auf zwei Ebenen.

Iphigenies Rettung

Wenn es aus diesem Doppelleben zwischen Traum und Wirklichkeit eine Rettung geben soll, dann wird sie wohl nur so kompliziert vonstatten gehen können, wie sie die antike Mythe von Iphigenie auf Tauris erzählt. Als die Tochter Agamemnons schon in dem safrangelben Gewand der Artemisdienerinnen zum Altar der schrecklichen Göttin geführt wurde wie zur Hochzeit und ihre Brust bereits zu dem tödlichen Stoß entblößt war, gerade in diesem

Augenblick der Schlachtung vertauschte Artemis »das Mädchen mit einer Hindin und entrückte Iphigeneia durch die Luft nach der Taurischen Halbinsel, damit sie ihr bei den Barbaren als Priesterin diene.«[10] Ihre Mutter Klytaimnestra aber, voller Empörung über die vermeintliche Schlachtung ihrer Tochter, haßte ihren Gemahl Agamemnon und tötete diesen mit Hilfe ihres Geliebten Aigisthos, indem sie den aus dem Krieg Heimgekehrten in der Badewanne mit dem Beile erschlug. Ihr Sohn Orest und ihre Tochter Elektra hinwiederum nahmen sieben Jahre später Rache an der Ermordung ihres Vaters und töteten Klytaimnestra und Aigisthos. Nach all diesem Furchtbaren endlich wurde Orest beauftragt, »die aus dem Himmel gefallene Statue der Artemis aus dem Land der Taurer zu holen. Bei diesem Kultbild diente Iphigeneia. Zu ihr hatte der Gott – ohne es zu sagen – Orestes und Pylades geschickt. Als sie ankamen, sollten die beiden griechischen Jünglinge von ihr zum Opfer geweiht werden. Es erfolgte die Wiedererkennung und die Rettung aller: Der Raub der Statue und die Heimführung der Priesterin«.[11]

Überträgt man diese Heroengeschichte in die therapeutische Praxis, so wird man nicht anders sagen können, als daß es wirklich darum geht, die Statue einer gefallenen Göttin aus dem fernen Land (des Unbewußten) zu retten und die Tochter Agamemnons von der männer- und menschenmordenden Art ihres »Gottesdienstes« zu befreien. Kein anderer Weg dazu ist denkbar, als daß es wirklich einen Menschen gibt, der sich als »Bruder« Iphigenies erweist. Es wird dabei im Prozeß der Rettung als erstes darauf ankommen, daß zunächst die Gestalt der Mutter das Angstbild des Vaters überwindet; die Welt der Iphigenie indes wird auch durch das Diktat ihrer Mutter noch nicht menschlicher. Erst wenn auch Klytaimnestra und ihrem verderblichen Gemahl Aigisthos endgültig das Handwerk gelegt wird, vermag »Orest« zu seiner »Schwester« zu gelangen. Freilich riskiert er dabei selbst, das Opfer des eigentümlichen Gottesdienstes seiner geliebten Schwester zu werden; erst wenn deutlich wird, daß es wider alles Erwarten eine von Vater und Mutter unabhängige *brüderliche* Art angstfreier Liebe gibt, wird »Iphigenie« sich aus dem Opferdienst der strengen Jägergöttin Artemis erlösen lassen. Denn in der Tat: Nur eine Liebe, die das gottähnliche Vaterbild durch eine bruderähnliche Gestalt ersetzt, wird von der Angstliebe ständig neuer Schlachtungen und unmenschlicher Glückszerstörungen befreien und nach Haus zurückgeleiten können.

Wer sich mithin auf den Weg macht, um »Iphigenie« zu retten, wird nach dem zutreffenden Bild der alten Mythe unbedingt selbst alles wagen müssen, und er besitzt dazu nichts weiter als die Macht einer allmählichen, geduldigen

[10] K. Kerényi, Die Mythologie der Griechen, II 259.
[11] K. Kerényi, Die Mythologie der Griechen, II 261.

Annäherung von Du zu Du, von Gleich zu Gleich. Dafür aber kann er nach unendlichen Grausamkeiten, am Ende, wenn er die finsteren Elternbilder aus dem Weg zu räumen vermag, auch für sich selbst das höchste Glück erwerben, das unter Menschen möglich ist: das Glück einer angstfreien, absichtslosen, geschwisterlichen, brüderlichen Liebe, eine herzliche Freundschaft, die niemals enden wird, weil alles, was sie stören könnte, schon überwunden wurde, um sie zu erringen. Und ist ein solcher Lohn nicht jedes Preises wert?

Zur Frage der moraltheologischen Beurteilung bestimmter Formen sexuellen Fehlverhaltens

»Das Christentum gab dem Eros Gift zu trinken: – er starb zwar nicht daran, aber entartete, zum Laster.«

F. Nietzsche: Jenseits von Gut und Böse, Nr. 168

I. Methodik

Sexualität als Ausdruck

Fragen der Sexualmoral besitzen und verdienen jederzeit ein hohes Maß wissenschaftlichen Interesses; nicht nur, weil wir es hier mit einem Gegenstand zu tun haben, der die stärksten und regsamsten menschlichen Antriebe in sich vereinigt, sondern vor allem, weil im Sexualverhalten sich deutlicher als irgendwo sonst beobachten läßt, wie psychische Gegebenheiten sich in biologischen Phänomenen und Verhaltensweisen niederschlagen und wie umgekehrt ein anscheinend rein physiologisches Geschehen seine Auswirkungen im psychischen Bereich hinterläßt. Es war das unbestreitbare Verdienst der Psychoanalyse (Psa) S. Freuds, den symptomatologischen Aspekt des Sexualverhaltens zum ersten Mal deutlich herausgestellt zu haben. Sexualität steht niemals nur für sich selbst, sondern ihre eigentliche »Bedeutung« besteht wortwörtlich darin, daß sie etwas »bedeutet«, das sich in ihr ausdrückt und verwirklicht, das aber nicht einfachhin mit ihr identisch ist.
Erst dieser Tatbestand erlaubt es, das menschliche Sexualverhalten moralischen, also geistigen Wertungen zu unterstellen. Wäre die Sexualität nicht auch ein Symptom und Ausdruck geistiger Strebungen und Einstellungen, so stünde sie als rein biologisches Geschehen jenseits von Gut und Böse. Daraus ergibt sich unmittelbar als eine wichtige methodische Folgerung für die moraltheologische Betrachtung des menschlichen Sexualverhaltens als Grundsatz: Eine moralische Bewertung bestimmter sexueller Verhaltensweisen ist nur möglich, wenn das sexuelle Tun nicht in sich betrachtet wird, sondern wenn es als Ausdruck geistiger Haltungen und Neigungen verstanden wird. Anders formuliert: Nicht das biologische Geschehen als solches unterliegt einer moralischen Bewertung, sondern die geistige Einstellung, die sich darin ausdrückt. Was das sexuelle Tun für denjenigen, der es vollzieht, bedeutet, *das*

ist moraltheologisch zu untersuchen und nach bestimmten Normen zu bewerten, nicht aber ist das sexuelle Verhalten in sich, also isoliert von seinem symptomatologischen Charakter, zu bewerten.

Die Haltung, nicht die Handlung entscheidet

Es geht hier, wohlgemerkt, nicht darum, die moraltheologischen Verhaltensnormen in sich selbst zu kritisieren, vielmehr wird sich gerade im Verlauf der Untersuchungen zeigen, wie berechtigt und lebensfördernd diese Normen sind. Wohl aber geht es uns darum, die Art der Anwendung dieser Normen, also das Beurteilungsverfahren, den Rahmen der Bewertungsnormen, zu erweitern, so daß darin die wesentlichen Aspekte empirischer Humanwissenschaften Geltung und Berücksichtigung finden. So richtig es nämlich ist, ein bestimmtes Verhalten nach bestimmten moralischen Normen zu messen, so falsch wäre es, die Verhaltensnormen ohne weiteres auf ein konkretes Verhalten zu beziehen, ohne zu prüfen, ob das einzelne Tun auch wirklich das meint und ausdrückt, was es auszudrücken scheint. Gerade das Sexualverhalten ist ein so komplexes Geschehen, daß es Ausdruck für die unterschiedlichsten Strebungen und Einstellungen sein kann; etwas kraß egoistisch Erscheinendes kann gerade die Folge eines extremen Mangels an Fähigkeiten sein, die berechtigten eigenen Interessen normal wahrzunehmen, und umgekehrt. Und ohne die innere Dialektik von Verhalten und Haltung genau mit den zur Verfügung stehenden Instrumenten zu analysieren, wird die beste moraltheologische Norm zu ungerechten Beurteilungen Anlaß geben. So wenig ein Geologe das sichtbare Profil einer Landschaft zum Ausgangspunkt seiner Beurteilung nehmen wird, weil er weiß, daß erst die Tiefenbohrungen eine wirkliche Einsicht auch in die Entstehung der Oberflächenstrukturen erlauben – so wenig können wir als Moraltheologen das äußere Verhalten uns zu beurteilen getrauen, ehe wir nicht im Einzelfall die Haltungen kennengelernt haben, aus denen es hervorgeht.

Dieses methodische Präjudiz ist von größter Wichtigkeit. Lange Zeit war es in der katholischen Moraltheologie üblich, ein einzelnes sexuelles Tun, also etwa die Kohabitation zweier Partner, die Onanie, das Betrachten pornographischer Bilder usw. nicht als ein Ausdrucksgeschehen zu betrachten, sondern als Faktum, das objektiv besteht und zunächst moraltheologisch nur insofern etwas »bedeutet«, als es mit bestimmten Normen vereinbar ist oder nicht. Die Bewertbarkeit des sexuellen Tuns begründete sich mit der Freiheit des menschlichen Tuns, die aber rein abstrakt gefaßt blieb und in denkbar allgemeiner Weise präsumiert wurde; es wurde nicht gefragt, welch ein geistiger Sinngehalt in einem bestimmten sexuellen Tun zum Ausdruck kommt, sondern es wurde lediglich unterstellt, daß auch sexuelles Handeln frei gewollt ist und also, wenn es vollzogen wird, als ein objektives factum brutum auf bestimmte gegebene Normen bezogen werden kann. Damit hing zusammen, daß Fragen der Psychologie, Psychoanalyse, Soziologie, Humanmedizin, Verhaltensforschung etc. rein akzidentell hinzugenommen wurden. Man zog in Erwägung, daß z. B. ein gewisser hormoneller Status besondere »Umstände« (circumstantiae) schaffen könne, welche die Willensfreiheit und damit die Anrechenbarkeit einer einzelnen Tat sekundär einzuschränken vermöchten; da jedes sexuelle Tun als eine »wichtige« Sache (materia gravis) galt, jeder Normverstoß also schlechtweg als eine schwere Sünde behandelt wurde, war man mithin bereit anzuerkennen, daß aufgrund bestimmter die Freiheit einschränkender Faktoren eine an sich schwere Sünde nur »läßlichen« Charakter annehmen könne. Aber es mußten bei dieser Betrachtungsweise alle empirischen Faktoren – etwa psychologischer oder medizinischer Art – als etwas verstanden werden, das lediglich von außen, und zwar negativ einschränkend zur Freiheit des Menschen hinzutritt. So wenig wie man das sexuelle Tun selbst als Ausdruck geistiger Sachverhalte zu begreifen vermochte, so wenig vermochte man die psa oder medizinischen Fakten als Ausdrucksgeschehen geistiger Einstellungen zu lesen. Abstrakt setzte, dieser Auffassung zufolge, die Freiheit einen sexuellen, objektiv als solchen zu bewertenden Akt, und auf völlig opake Weise, nur in der Vorstellung eines quantitativen Mehr oder Weniger, stand sie allen möglichen äußeren Einschränkungen gegenüber. Die Psychologie z. B., wenn sie überhaupt herangezogen wurde, diente moraltheologisch infolgedessen nur dazu, gewisse Umstände an einem an sich bereits eindeutig zu beurteilenden Tatbestand modifizierend in der Härte der Beurteilung geltend zu machen – ganz im Sinne der Rechtspraxis von den mildernden oder erschwerenden Umständen –, aber niemals wurde sie als eine Funktion, als eine Äußerungsform der Freiheit selbst verstanden, als etwas, das sich innerlich und affirmativ, nicht äußerlich und limitativ zur Freiheit verhält. Gleichermaßen äußerlich wurde auch das Innere einer sexuellen Handlung, das sexuelle Wollen und Erkennen, begriffen. Es wurde nicht gefragt, was jemand *in* seinem Tun ausdrückt und will, es wurde nur überlegt, was er evtl. *mit* seinem Tun will, welch ein subjektives Ziel über sein Tun hinaus er also mit einer bestimmten sexuellen Verhaltensweise erreichen möchte. Das innere Moment der Tat wurde gewissermaßen aus dem Tun herausgenommen; es galt nicht als Ausdruck einer geistigen Haltung, sondern nur als Mittel einer bestimmten Absicht. Desgleichen wurde der Faktor des »Erkennens« äußerlich verengt: Er bezog sich nicht darauf, inwieweit jemand sich selbst in seinen geistigen Einstellungen kennt und seiner

selbst bewußt ist, sondern als Inhalt des Erkennens kamen lediglich die moralischen Normen selbst infrage, die aber ihrerseits wiederum abstrakt und äußerlich blieben, insofern sie als lediglich von außen vermittelt und nicht von innen gegeben vorgestellt wurden. Wenn jemand z. B. zwei Frauen sein eigen nennt, sündigt er demzufolge nur, wenn er das göttliche Gebot der Monogamie schon kennengelernt hat – aber die Art dieses »Kennenlernens« dachte man sich nicht so sehr als Akt einer inneren Selbsterkenntnis, sondern als Werk äußerer Erziehung (etwa durch Mission und Verkündigung). Auf der anderen Seite betonte jedoch gerade die katholische Moraltheologie immer wieder, daß die Normen der Sexualmoral in der (metaphysischen) Natur des Menschen selbst verankert seien, daß also gerade die moralischen Imperative nicht durch göttliche oder menschliche Dezision willkürlich gesetzt worden seien, sondern im Wesen des Menschen selbst innerlich gegeben seien. Moralische Erkenntnis kann demnach nur eine Form der Selbsterkenntnis sein, und es wird daher für die moraltheologische Beurteilung einer sexuellen Handlung ganz entscheidend mit darauf ankommen, inwieweit jemand in seinem Tun seiner selbst, seiner Einstellung und Motivation bewußt ist. Denn das Ausmaß der Freiheit hängt an dem Ausmaß der Bewußtheit.
Im Schema audgedrückt, ergibt sich dieses Bild der herkömmlichen Methode moraltheologischer Beurteilung:

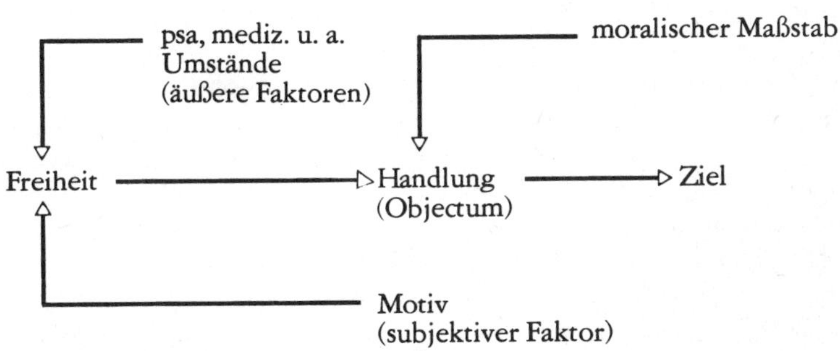

Wie man sieht, wird in dieser Sicht die Freiheit unvermittelt auf die Tat bezogen, die als solche moraltheologisch bewertet wird. Demgegenüber schlagen wir eine Methode vor, die das sexuelle Verhalten als Objektivation geistiger Einstellungen versteht und es als symptomatischen Ausdruck bestimmter geistiger Strebungen interpretiert. Die psa, medizinischen, soziologischen u. a. Faktoren sind für uns nicht äußerlich und sekundär, sondern innerlich und wesentlich zur Beurteilung eines bestimmten sexuellen Tuns heranzuziehen. Erst wenn wir mit Hilfe der betreffenden anthropologischen

Methoden die innere Bedeutung einer sexuellen Handlung verstanden haben, sind wir imstande, diese Bedeutung der Tat (nicht die Tat selbst) moraltheologisch zu bewerten. Dabei wird die Schwierigkeit der Bewertung darin liegen, daß die menschliche Sexualität ein Ausdrucksorgan darstellt, das die unterschiedlichsten, ja u. U. ganz und gar widersprüchliche Impulse in identischer Weise zur Darstellung bringt.

So wie eine fieberhafte Temperaturerhöhung ein Symptom für sehr vielfältige mögliche Krankheiten darstellt und je nach Krankheitsverlauf sehr verschieden bewertet werden muß, so kann ein einzelnes sexuelles (Fehl-)Verhalten eine Vielzahl möglicher Bedeutungen in sich vereinigen, und nur eine genaue Kenntnis der Persönlichkeit, ihrer Einstellungen und Haltungen ermöglicht es, die Bedeutung einer einzelnen Handlung zu verstehen. Von daher sind die verschiedenen Sparten der empirischen Anthropologie für uns nicht entschuldigende oder belastende Bereiche, die den Spielraum menschlicher Freiheit von außen einengen oder erweitern, sondern wir benutzen diese Methoden hilfsweise, um die Art zu verstehen, in der die Freiheit eines Individuums in einem bestimmten Verhalten zum Ausdruck kommt. Die Frage ist nicht: was geschieht, sondern: was drückt sich von der Persönlichkeitshaltung eines Individuums in einem bestimmten Verhalten aus und wie ist diese Haltung moralisch zu bewerten.

Beispiel moraltheologischer Beurteilung: psychogene Impotenz

An einem Beispiel der Sexualpathologie sei der methodische Unterschied der genannten Betrachtungsweisen verdeutlicht. Ein Fall *männlicher psychogener Impotenz* aufgrund funktionaler Erektionsstörungen wird wohl kaum je einer moraltheologischen Beurteilung unterzogen werden; gar zu offenkundig scheinen hier psychische Störungen ein normales Sexualverhalten unmöglich zu machen, und gewiß wird niemand freiwillig eine solche Krankheit sich wünschen. Damit entfallen scheinbar aber auch schon alle Grundlagen, mit moraltheologischen Kategorien an einen solchen Fall heranzugehen. Krankheit ist keine Sünde. Außerdem scheint bei einer erektiven Impotenz gar kein Tun, das als solches bewertbar wäre, vorzuliegen. Im Sinne der soeben skizzierten moraltheologischen Beurteilungsmethode haben wir es bei der Impotenz mit einer psychischen Erkrankung zu tun, die sich jeder moraltheologischen Beurteilung entzieht. Ein solcher Standpunkt scheint nur vernünftig zu sein, und doch stellt er sich bei einer gründlicheren Nachforschung als außerordentlich oberflächlich und unwahr heraus.

Es ist unser Vorschlag, in der moraltheologischen Beurteilung nicht eine einzelne Handlung bzw. ein bestimmtes Verhalten isoliert für sich zu betrachten, sondern sich die Frage vorzulegen, was von der Persönlichkeit des Handelnden sich in seinem Tun ausdrückt, und zur Beantwortung dieser Frage sich der betreffenden anthropologischen Wissenschaften auxiliär zu bedienen. Die Wissenschaft der Wahl ist in allen Fragen psychogener Funktionsstörungen der Sexualität die Psa (Psychoanalyse). Aber nun bringt es die Realitätsnähe unseres Beispiels mit sich, daß wir von der Psa über die Hintergründe der männlichen Impotenz allerhand verwirrendes erfahren. Alle psychische Wirklichkeit ist, wie gesagt, kompliziert, von den verschiedensten, oft einander sogar widersprechenden Faktoren bestimmt, und es ist so gut wie niemals möglich, nur *eine* Ursache in einem gegebenen Symptom wiederzufinden. Immerhin lassen sich doch ein paar Grundkonflikte bei der erektiven Impotenz mit großer Regelmäßigkeit beobachten, und zwar vor allem aggressive Ängste, retentive Konflikte und Konflikte im Hingabeerlebnis. Der männliche Impotente lebt in einer Welt, die auf eine merkwürdige Weise angstbesetzt und zerrissen ist. Zentral beeindruckt seine ständige Neigung zu Konkurrenz und Rivalität. Alle Männer in seiner Umgebung betrachtet er als potentielle Rivalen, die er durch irgendwas »Hervorstechendes« aus dem Felde schlagen muß. Die sexuelle Angst, sein Glied sei nicht groß genug, sein Samenvorrat zu begrenzt, seine Hoden nicht genügend ausgebildet, erscheint auf diesem Hintergrund als der organgebundene Ausdruck des ständigen Bemühens, sich unter Männern als Mann zu beweisen. Der Impotente ist das Opfer der verhängnisvollen Vorstellung, nur als der Größte bzw. nur durch den demonstrativen Nachweis seiner männlichen »Größe« als Mann gelten zu können. Dabei ist die Art des Rivalitätskampfes äußerst bezeichnend: Die Ebene der Auseinandersetzung liegt im rein quantitativen Vergleich; der meßbare, äußerlich erfaßbare Erfolg, der quantitative Aspekt im »Verkehr« mit anderen wird maßlos überschätzt, mithin die äußere Gebärde, die Betonung des Auffallenden, der »hervorragenden« Merkmale über jedes Maß hinausgetrieben; dadurch wird vor allem gänzlich übersehen, daß menschliche Beziehungen im wesentlichen emotionaler Natur sind, daß man den anderen nicht durch rangdemonstrative Posen für sich gewinnt, sondern durch Gefühle, die den anderen als Person meinen und allererst ihm selber gelten. Was der Impotente nicht vermag, ist etwas, das kein Sterblicher vermöchte: In einer solchen »Größe« als Mann »dazustehen«, daß es jeden Vergleich mit anderen »überragen« würde; diese Unfähigkeit ist gewissermaßen die phantastische Seite der Impotenten; ihr wirklicher Aspekt, das, wozu der Impotente wirklich unfähig ist, bezieht sich auf den Ausfall des emotionalen Bereichs. Von daher erklären sich die retentiven Ängste und Konflikte im Hingabereich des Impotenten. In einer Welt, in der ich ständig in quantitativer Konkurrenz mit anderen lebe, muß ich jederzeit meinen Besitz verteidigen und meine Habe sichern. Jede Trennung von dem, was ich besitze, löst die Angst aus, am Ende »leer« zu sein und »zu wenig« zu haben. Der Impotente, der gerade durch die Menge seines »Vorrates« imponieren möchte, erweist sich gerade als außerstande, angstfrei etwas abzugeben, geschweige denn, sich selber hinzugeben.

Hingabe wird erlebt als Hergabe, als Selbstverlust, das »Sichverströmen« als ein grenzenloses »Auslaufen«; gerade die Uferlosigkeit dessen, was der Impotente von sich erwartet und verlangt, jagt ihm die Angst ein, auch nur ein bißchen von den erträumten Wünschen wirklich zu tun; er, der der »Größte« sein und sich als solcher zeigen will, ist dazu verurteilt, »klein« zu bleiben, keinen »Stand« zu haben und ein Leben zu führen, bei dem »nichts herauskommt«.

Naturgemäß zwingt die Ausweglosigkeit dieses Teufelskreises den Impotenten zu gewaltsamen Lösungen. War ohnehin für ihn die männliche und weibliche Umwelt nur ein Statist seiner Unterwerfungs- und Bewunderungssehnsucht, so veranlaßt ihn die notwendige Kette fortgesetzter Demütigungen, die er mit sich selbst erlebt, den anderen, z. B. seine Freundin, seine Frau als schuldig anzuklagen, ihr die Last seiner Erbärmlichkeit aufzubürden und sie mit direkten oder indirekten Mitteln unter das Ausmaß seiner eigenen Demütigung herunterzudrücken. Die gewalttätige, oft sadistische Haltung des Impotenten, der statt der Liebe die Unterwerfung des anderen will, zeigt sich besonders in seinen onanistischen Phantasien, die häufig mit aggressiven Zügen durchsetzt sind. In Wahrheit aber hat der Impotente wiederum Angst vor seiner Zerstörungsneigung, und so erneuert sich das Dilemma: Der als Sieger auftreten möchte, wird erneut der Unterlegene. Die immanente Logik dieses Kreislaufs lautet: Ich möchte immer oben sein, weil ich immer unten bin; ich bin immer unten, weil ich immer oben sein will.

Nun ist es ein leichtes, psa eine Reihe von Faktoren zu benennen, die in der Individualentwicklung die Impotenzproblematik einzuleiten pflegen: die ständige (z. T. homosexuelle) Dauerkonkurrenz mit den Männern, als deren Ziel und Adressat eine stets als überlegen empfundene Frau zu erkennen ist, verweist natürlich in die Situation des Ödipuskomplexes: Ein als riesengroß erlebter Vater und eine von ihm gedemütigte, aber um den Jungen rührend besorgte Mutter können geradezu klassisch als ontogenetischer Hintergrund der Impotenz angesehen werden.

Indessen geht es entscheidend nicht darum. Denn wohl ist die Haltung, die wir beschreiben, irgendwann unter solchen äußeren Einflüssen entstanden; aber wesentlich kommt es jetzt darauf an, daß der Betreffende sich selbst mit seiner

Haltung erkennen und diese Einstellung als seine eigene ratifizieren lernt. Die Voraussetzung dafür liegt darin, daß er sich selbst als Urheber, als Verantwortlicher seiner seelischen Einstellung zu begreifen und sich selbst als den Urheber seiner psychischen Haltung zu verstehen beginnt. Von nun an geht es darum, daß er selbst den geistigen Gehalt, den inneren Sinn seiner Krankheit versteht und erlebt, daß er selbst aufgrund einer *falschen Einstellung* zu sich selbst, aufgrund eines *falschen Daseinsentwurfes* krank sein muß. Spätestens von diesem Zeitpunkt an ist die Impotenz *keineswegs mehr eine moraltheologisch indifferente Angelegenheit.* Die psa Betrachtung führt nämlich zur Aufdekkung von Haltungen, die erst geändert werden, wenn die Grundeinstellungen des Daseins selbst neu und richtiger getroffen werden; und allemal berühren wir hier unmittelbar die Ebene der Alternative von Glauben und Unglauben im theologischen Sinne; hier, wo mit einem Mal alles auf dem Spiel steht, tritt unweigerlich ausdrücklich oder unausdrücklich auch die Frage nach Gott auf. Es zeigt sich nämlich, wie selbstzerstörerisch und »unfruchtbar« es ist, das ganze Leben auf die alleinige Frage zuzuschneiden, ob und wie man selbst der Größte ist. Deutlich wird, daß diese Frage selbst so nur gestellt werden kann in einem Feld der Angst, das unentrinnbar ausschließlich von ängstigenden Menschenwesen besetzt ist. Entscheidend geht es jetzt um die Gewinnung eines gewissermaßen absoluten Standpunktes, der es erlaubt, *einen von der Wertung der anderen unabhängigen Maßstab einzuführen,* eine absolute Geltung und einen Selbstwert im eigenen Dasein anzuerkennen, der durch die eigene Unvollkommenheit nicht infrage gestellt wird. »Ich muß«, so läßt sich diese Feststellung formulieren, »nicht stets der Überragende, Beste, Beeindruckendste, Stärkste sein, um *allererst ein Mensch zu sein.*« Erst wenn dieses Gefühl einer absoluten Berechtigung im Dasein fest gewachsen ist, wird man auch den anderen Menschen zutrauen, sie ließen jemanden leben, der nicht »omnipotent« ist. Der Sinn der Impotenz, ihre Tragödie, liegt – wie man jetzt erkennt – buchstäblich darin, daß man aus lauter Angst und Minderwertigkeit »wie Gott« sein will, kein Mensch mit Schwächen, sondern allmächtig; nur darum ist man zu solch totaler Ohnmacht verurteilt. Und umgekehrt: die Erkenntnis reift, um so stärker zu sein, je mehr das Vertrauen wächst, auch mit den eigenen Schwächen fraglos akzeptiert zu sein. Für einen theologisch geschulten Leser ist die Evidenz des Pauluswortes sichtbar: »Denn wenn ich schwach bin, bin ich stark«. Und genauso deutlich wird die heilende Macht der Gesinnung Jesu: »Wer unter euch der Größte sein will, der sei der Diener aller.« Fruchtbar wird das Leben erst, Größe und Würde erhält es erst, wenn man von dieser Lebenswahrheit überzeugt ist.

So sehen wir also, wie in einem moraltheologisch scheinbar belanglosen Fall der Sexualpathologie die Heranziehung der Psa in Gebiete hineinführen kann, die ein wirkliches Verständnis einer konkreten Lebensproblematik überhaupt erst ermöglichen und dann allerdings sofort Entscheidungen verlangen, die das Leben im ganzen, einschließlich der Dimensionen des Glaubens, betreffen; die moraltheologische Beurteilung wird zu einem Instrument der Selbstfindung, nicht des Richtens, und sie tritt sofort auf den Plan, sobald etwas am Menschen tief genug verstanden ist. Aber auch nicht eher! Diese Warnung ist sehr wichtig. Solange nicht klar ist, was im gesamten Lebensaufbau eines Menschen sich in einer Tat äußert, solange bleibt es sinnlos und ungerecht, in schlichter Abstraktion bestimmte Handlungen über einen fixen Leisten zu schlagen. Und es kann der *Theologie nicht erlaubt sein, unterhalb des analytischen und diagnostischen Instrumentariums ihrer Zeit zu operieren.*

Diese Bemerkungen dürfen eine Gültigkeit beanspruchen, die sich auf das gesamte Gebiet der Moraltheologie, nicht nur auf die Fragen der Sexualethik erstreckt. Damit indessen wenigstens angedeutet wird, daß es nicht mit der Heranziehung nur der Psa getan ist, sondern daß alle einschlägigen anthropologischen Disziplinen in die moraltheologische Betrachtung zu integrieren sind, sei noch auf einen anderen Aspekt der Impotenzproblematik verwiesen. Die Verhaltensforschung hat gezeigt, wieso die Frage nach Überlegenheit und Unterlegenheit gerade in der Sexualpathologie ihren bevorzugten Ausdruck findet. Von bestimmten Primaten weiß man nämlich, daß die Erektion und die phallische Demonstration keineswegs eine nur sexuelle Bedeutung besitzt, sondern dem Ausdruck des sozialen Ranges und des Revieranspruches dienen kann.[1]

In einer feindgetönten Umwelt entsteht die Impotenz gewissermaßen durch einen Rückgriff auf ein »paläoanthropologisches« Schema[2]: Der Ohnmächtige ist per definitionem zur phallischen Präsentation außerstande; insofern erscheint die Impotenz als die Folge eines »agriologischen« Welterlebens seitens des Unterlegenen: Es ist der im wahrsten Sinne des Wortes »alte« Mensch, der an Impotenz leidet, und man versteht, wieviel daran liegt, aus der Rivalität der Primatenhorde herauszutreten und, wie die Bibel sagt, ein »neuer« Mensch zu werden. Zu Recht meint Paulus, dieser »neue« Mensch sei eine Grundgestalt des Glaubens.

[1] W. Wickler, Stammesgeschichte und Ritualisierung. Zur Entstehung tierischer und menschlicher Verhaltensmuster, 249–254; München 1975 (dtv wr 4166). I. Eibl-Eibesfeldt: Der vorprogrammierte Mensch. Das Ererbte als bestimmender Faktor im menschlichen Verhalten, 257–269; Wien–München–Zürich 1973.

[2] R. Bilz, Schrittmacherphänomene (1948), in: Die unbewältigte Vergangenheit des Menschengeschlechts. Beiträge zu einer Paläoanthropologie; Frankfurt 1967, S. 22: »Letzten Endes treiben wir Paläobiologie und Paläopsychologie, wenn wir die archaischen Funktionsbereitschaften des Menschen erforschen«.

Es gilt nun, die Brauchbarkeit der vorgeschlagenen Methodik an einigen Fragen der Sexualmoral zu bewähren, die, weil problematisch, von besonderem Interesse sind. Wenngleich es einseitig ist, Moraltheologie nur an den Rändern gewisser Gebotsübertretungen zu betreiben, so läßt sich doch nicht leugnen, daß gerade die Frage nach dem Gebotenen und Verbotenen eine eigentümliche praktische Bedeutung erlangt hat, und daher folgen wir sozusagen der faktischen Einseitigkeit der gegenwärtigen Gestalt der Moraltheologie, wenn wir jetzt aus dem Katalog möglicher Problemstellungen gerade diejenigen herausgreifen, in denen die Frage nach Sündhaftigkeit und Verbot eine zentrale Rolle spielt. Es sind dies, in der Reihenfolge der weiteren Erörterungen,

a) die Homosexualität und Pädophilie
b) die Onanie
c) der voreheliche Verkehr
d) Fixierungen: Voyeurismus und Exhibitionismus
Sadismus und Masochismus
Fetischismus.

a) Die Homosexualität

Konstitutionelle Homosexualität

Eine einzelne homosexuelle Handlung kann aus ganz verschiedenen Ursachen entstehen, und es ist, wie gesagt, von vornherein klar, daß das Gewicht der moraltheologischen Beurteilung nicht auf der einzelnen Handlung liegen kann, sondern allein der Frage gelten muß, welche Haltung sich in der einzelnen Handlung ausdrückt; ebenso ist es selbstverständlich, daß vorab die Beurteilung der Homosexualität eine Sache des Arztes ist, nicht des Moraltheologen. Man rechnet damit, daß etwa 5% der Normalbevölkerung eine *konstitutionelle Veranlagung* zur Homosexualität besitzen.[3]

In einem Fall angeborener Homosexualität, wie sie sich z. B. durch die relativ hohe Konkordanz eineiiger Zwillinge, die in getrennten Familien aufgewachsen sind, belegen läßt, liegen chromosomale oder grobe psychische Anomalien nicht vor; gleichwohl scheint durch bestimmte hormonale Prozesse der

[3] T. Spoerri, Kompendium der Psychiatrie, 130; Basel–München–New York 1970.

embryonalen Entwicklung das spätere Sexualverhalten weitgehend vorgeprägt zu sein. Ein gewisses Kriterium für die Diagnose einer angeborenen Homosexualität liefert oft die Erinnerung an die Phantasien bei der ersten Onanie, beim ersten Pollutionstraum bzw. bei den ersten sexuellen Erregungen. Im Verhalten zeigt sich die angeborene Homosexualität nicht so sehr in einem weiblichen, als vielmehr in einem ausgesprochen narzißtischen Verhalten; der Homosexuelle sucht auch in seinem Partner eigentlich sich selbst und gebraucht ihn gewissermaßen als Spiegel seiner selbst. Dem konstitutionellen Homosexuellen erscheint seine Einstellung als subjektiv selbstverständlich: Er fühlt sich nicht im Widerspruch mit sich selbst, wohl aber im Widerspruch zu der meist verständnislos ablehnenden Haltung der Umgebung, die ihn verspottet und hänselt und ihn mit all den Sanktionen eines Außenseiters, einer Omega-Position, überhäuft. Das moraltheologische Bestreben kann in solchen Fällen eigentlich nur dahin gehen, den Schutz der homosexuellen Minderheiten zu urgieren, nicht aber durch eine undifferenzierte Betrachtungsweise die soziale Ablehnung einer biologischen Veranlagung zu unterstützen.

Pseudohomosexualität

Anders verhält es sich in den Fällen sog. *Pseudohomosexualität,* einer Verhaltensweise, die zwar homosexuell aussieht, es aber nicht ist. Ein verwahrloster Junge z. B., der sich an einen älteren Freund geklammert hat und von diesem sexuell mißbraucht wird, ist u. U. nicht homosexuell, wohl aber nimmt er das homosexuelle Tun in Kauf, um nicht durch Zurückweisung seines einzigen Haltes beraubt zu werden. Das Problem eines solchen Jugendlichen ist natürlich nicht die Pseudohomosexualität, sondern seine fatale soziale und wohl auch psychische Abhängigkeit und Unselbständigkeit, die ihn zwingt, sich selber zu verkaufen. Die Pseudohomosexualität drückt also Nicht-Sexuelles aus – daher die Bezeichnung »Pseudo«-Homosexualität.

Nothomosexualität

Etwas Sexuelles wird in der sog. *Nothomosexualität* intendiert, aber es wird anders gemeint, als es in seiner äußeren Form geschieht. In Internaten, Kasernen, beim Heer, in Lagern kommt es zu solchen passageren homosexuellen Handlungen, in denen nur aus momentanem Mangel an einem heterosexuellen Partner Kontakte zu einer gleichgeschlechtlichen Person gesucht werden. Gesucht und gemeint ist, wie die Art der Handlungen und vor allem die Phantasien der Beteiligten deutlich zeigen, eine heterosexuelle Handlung; die scheinbare Homosexualität ist nur eine Ersatzhandlung, die sogleich nach Eintreten normaler Verhältnisse verschwindet. Insofern drückt sich in diesem Tun ein an sich berechtigtes und gesundes sexuelles Verlangen aus, das lediglich aufgrund der einschränkenden Bedingungen der Umgebung in quasihomosexuelle Kanäle gelenkt wird. Das scheinbar homosexuelle Tun legt gewissermaßen unter unnormalen Umständen ein Bekenntnis zur Normalität ab, und es kann in der Tat unter gewissen Voraussetzungen der Einübung oder Aufrechterhaltung eines normalen Sexuallebens dienen. Es ist dann gerade nicht als ein Symptom für etwas Krankhaftes oder Sündhaftes zu werten, sondern muß als Ausdruck einer an sich intakten Triebregung verstanden werden. Freilich kann die Nothomosexualität auch aus dem passageren Stadium heraustreten und bei einer entsprechenden psychischen Konstitution in die Gefahr geraten, zur Gewohnheit zu werden, und in diesem Falle ändert sich natürlich auch ihre moraltheologische Bewertung.

Entwicklungshomosexualität

Aus der Not geboren ist besonders die *Entwicklungshomosexualität,* die in der Zeit der Vorpubertät auftritt und eine notwendige Entwicklungsstufe darstellt. Es ist das erste Mal, daß die beginnenden Kräfte der Sexualität Kontakte zu knüpfen suchen, die nicht auf Vater oder Mutter, sondern auf eine fremde Person bezogen sind. So fremd aber darf der Kontakt nun wieder nicht sein, daß der Heranwachsende ohne entsprechende Vorbereitung sich auf etwas ganz Neues einlassen müßte; die Beziehung zu einem Mädchen erscheint ihm als unmöglich, geheimnisvoll, gefährlich, und wie um sich zu beweisen, daß er einen solchen Kontakt nie brauchen werde, schließt er sich in Jungenhorden zusammen, kultiviert seine Freundschaftsbeziehungen, erklärt alle Angehörigen des anderen Geschlechts für lachhafte und alberne Geschöpfe und sucht seine Männlichkeit zu beweisen, indem er auf sie in Worten und Taten »Jagd« macht und an ihnen seine Überlegenheit demonstriert. Indem er aber unter seinesgleichen lernt, was Freundschaft ist, und, wenngleich zunächst in negativer Form, die ersten Beziehungen zum anderen Geschlecht eingeht, übt sich im Hintergrund ein Verhalten ein, das förmlich darauf wartet, eines Tages in Verschmelzung der beiden Entwicklungslinien die Freundschaft auf das Mädchen zu übertragen und den Willen zur Eroberung mit dieser Neigung zu verbinden. Die Entwicklungshomosexualität ist also eine phasenspezifische Form, die Anfänge der erwachsenen Sexualentwicklung zu schützen und ungestört bis zu einer gewissen Reife gelangen zu lassen, ehe sie auf das andere Geschlecht übertragen wird.

Hierin ist nun die Weisheit der Institution zahlreicher Primitivvölker zu erblicken, die zu Beginn der Reifezeit die Jungen und Mädchen des Stammes auf lange Zeit voneinander getrennt halten, um sie dann erst unter geheimnisvollen Riten zusammenzuführen: Der primitive Brauch erscheint wie eine Nachahmung des natürlichen Entwicklungsgesetzes. Auf der anderen Seite zeigt sich, daß die sog. »Entwicklungshomosexualität« nach Möglichkeit von eigentlich sexuellen Handlungen freigehalten werden sollte. Ihr Sinn liegt ja in der Vorbereitung des späteren Kontaktes zum anderen Geschlecht, und es ist deshalb sehr wichtig, daß die eigentliche Sexualität solange im Hintergrund bleibt, bis die Weichen in die richtige und endgültige Richtung gestellt sind. Zugleich wird man die erhebliche Bedeutung nicht verkennen dürfen, die der Entwicklung »reiner Freundschaft« ohne spezifisch sexuelle Beimischungen in dieser Phase zukommt. Die vorsichtige Behutsamkeit und feine Rücksichtnahme, welche die ersten Kontakte zwischen Jungen und Mädchen später einleitet und so sehr dem alten Jagdeifer widerspricht, ist geradezu unerläßlich für die weitere Sexualreife und kann durch ein homosexuelles Tun im eigentlichen Sinne erheblich belastet werden, insofern auch die Freundschaft zu einem Mädchen dann in die Gefahr gerät, unter vorwiegend genitalen Gesichtspunkten gesehen zu werden. Desgleichen bedarf die ungeübte, aber heftig sich entfaltende Sexualität in der Pubertät unbedingt eines starken Gegengewichts, wie es die pubertäre Askese, die platonische Idealbildung, das starke religiöse und weltanschauliche Interesse dieser Jahre verraten.

Die Bedeutung eigentlicher Homosexueller-Handlungen in der Vorpubertät ist also nicht so sehr im Sexuellen zu sehen, sondern in dem Fehlen einschränkender Gegengewichte, mangelnder Ich-Kräfte, die zur Persönlichkeitsentfaltung notwendig sind, und oft genug in der Leere eines insgesamt mangelnden kulturellen und geistigen Interesses; es wird indes die Frage sein, inwieweit dieser Mangel aufgrund der konstitutionellen Eigenart des Jugendlichen nicht u. U. sein ferneres Schicksal bleiben wird. Zu bedenken ist des weiteren, daß auch hier nicht alles, was homosexuell aussieht, auch so gemeint ist. Ähnlich wie bei den »Doktorspielen« des 5jährigen gehen auch hier in das sexuelle Interesse aneinander berechtigte Tendenzen der Neugier und des Wissensdurstes ein, Versuche, sich selbst durch Vergleich mit anderen auch in diesen überaus wichtigen Bereichen kennenzulernen, sich seiner eigenen Normalität zu vergewissern und durch Experiment und Vergleich seiner eigenen männlichen Sexualrolle sicher zu werden. Auch die moraltheologische Beurteilung wird hier von Fall zu Fall differenzieren müssen; ihre Aufgabe wird es sein, im Tun des Jugendlichen die Elemente herauszufinden, die der weiteren Entwicklung förderlich sind, und deren Einschränkung oder Blockierung zu verhindern; lediglich diesem Ziel wird die allgemeine moralische Verurteilung homosexueller Praktiken unter Jugendlichen gelten.

Die erworbene Homosexualität

Das eigentliche Problem tritt dann auf, wenn die Entwicklungshomosexualität selbst sich zur *erworbenen* Homosexualität verfestigt. Damit ist gemeint, daß die Sexualentwicklung aus primär psychischen Gründen auf der Stufe der gleichgeschlechtlichen Partnerbeziehungen stehen bleibt. Eine solche Möglichkeit droht, wenn die zunächst richtigen und förderlichen Faktoren, die einem sexuellen Kontakt mit dem anderen Geschlecht im Wege stehen, ein bestimmtes quantitatives Maß übersteigen und sich gewissermaßen verabsolutieren. Dazu können überstarke sexualfeindliche Erziehungseinflüsse beitragen, die dem Jungen eine solche Angst und solche Schuldgefühle vor Kontakten mit dem anderen Geschlecht einjagen, daß die Homosexualität als Folge gehemmter Heterosexualität auftritt.[4] Besonders begünstigend für die erworbene psychogene Homosexualität wirkt eine Familiensituation, in welcher der Vater durch Tod, Arbeit oder durch seine persönliche Eigenart als Identifikationsgestalt für den Jungen ausfällt und dieser sich in seiner Unsicherheit an das Vorbild der als dominant erlebten Mutter klammert. Für die amerikanische Mentalität ist diese Situation außerordentlich treffend in dem Film »Rebel without a cause« nach dem Drehbuch von Penelope Houston dargestellt worden (dt.: Denn sie wissen nicht, was sie tun; Hauptrolle: J. Dean).
Die psychische Welt des Homosexuellen ist auf diesem Hintergrund infantil retardiert und durchsetzt mit unverändert kindlichen Zügen, einer überstarken Sehnsucht nach teddybärenhafter Geborgenheit, einem offenkundigen Ausfall der männlich-aggressiven Komponenten, dem mehr oder weniger vollständigen Verzicht auf die als roh und brutal empfundene Vaterwelt der Konkurrenz, Leistung und notwendigen Auseinandersetzung, sowie dem Bestreben, durch ein merkwürdig schleimig oder klebrig wirkendes Verhalten von Geziertheit, Koketterie und galanten Zweideutigkeiten sich »Lieb-Kind« zu machen.[5] Die ständigen Eifersüchteleien, die notwendigerweise stets labile Form der Zweierbeziehungen mit der ewigen Problematik von Treue und

[4] J.-H. Schultz, Die perverse Fehlhaltung (Medizinisch-psychologisch betrachtet), in: Handbuch der Neurosenlehre und Psychotherapie. Unter Einschluß wichtiger Grenzgebiete, II 250; München–Berlin 1959.
[5] J. Rattner, Psychologie und Psychopathologie des Liebeslebens, 174; München 1970 (Kindler, Geist und Psyche 2067–68).

Untreue, besonders aber die dauernde Angst vor der sozialen Verurteilung machen das Leben eines Homosexuellen schwer erträglich und erlauben ihm zumeist nur einen Ausweg in die künstlerische Sublimation der Dichtung (A. Gide), Musik (Tschaikowsky) oder Malerei (Leonardo). Als Reaktionsform auf latent homosexuelle Charakterzüge tritt bevorzugt eine Überbetonung des Männlichen, äußerlich in Bart und Lederkleidung, im Verhalten durch pubertäre Großmannssucht und Möchte-gern-Stärke, in Erscheinung. Die pubertäre Fixierung der Sexualität in der homosexuellen Fehlhaltung zeigt sich besonders deutlich in der *Pädophilie,* in der die kindlich knabenhafte Gestalt des anderen geradezu eine Liebesbedingung für die Kontaktaufnahme bildet.[6]

Ein pädophil Homosexueller z. B., der, obwohl verheiratet, unter dem Zwang litt, von Zeit zu Zeit in Badeanstalten oder bei ähnlichen Gelegenheiten etwa 14- bis 16jährige Knaben anzusprechen und unter den merkwürdigsten Vorwänden ihre Genitalien zu streicheln, mußte erst mühsam lernen, daß er selbst in seiner Persönlichkeitsentwicklung – trotz eines akademischen Titels – noch auf einer pubertären Stufe stand. Befreiend wurde für ihn die Entdekkung, daß er eigentlich gar nicht (mehr) die homosexuelle onanistische Praxis liebte, sondern die jugendliche Potenz, die er selbst zunehmend bei sich schwinden fühlte. Der Verzicht auf die Illusion ewiger Jugendkraft fiel und fällt ihm seither unendlich viel schwerer als der Verzicht auf das äußere homosexuelle Tun.

Homosexualität als Spannungsausfall

Wie üblich, sind auch dem Homosexuellen seine Gehemmtheiten und deren Ursachen nicht sichtbar. In dem Maße er aber dazu gelangt, sich selber kennenzulernen und zu verstehen, wird er zugleich merken, wie sein eigener geistiger Selbstentwurf aussieht und wie unberechtigt es ist, daran festzuhalten. Hier erst beginnt auch die moraltheologische Ablehnung der Homosexualität wirksam zu werden. Es zeigt sich nämlich, daß der Homosexuelle sich in eine Welt geflüchtet hat, in der ein Spannungspol des menschlichen Daseins ausgefallen ist. In der Sprache der Triebdialektik L. Szondis, in der die mißverständlichen, weil sozial vieldeutigen Begriffe von männlich und weiblich als Dur- und Mollstrebungen bezeichnet werden, läßt sich sagen, daß der Homosexuelle einseitig die femininen Mollstrebungen favorisiert, in Form des Dranges, einer einzelnen Person Zärtlichkeit und Liebe zu geben und von ihr

[6] W. Bräutigam, Formen der Homosexualität. Erscheinungsweisen, Ursachen, Behandlung, Rechtsprechung; 40–41, Stuttgart 1967; sieht in der Pädophilie eine Sonderform der »Hemmungshomosexualität«.

zu empfangen, mit dem Wunsch, in bestimmten Idealen aufzugehen und sich durch diese auszudehnen, ohne Stellung nehmen zu müssen, sowie sich anzuklammern und bei einem Objekt kleben zu bleiben; völlig zu kurz kommen hingegen die harten Durstrebungen nach männlicher Aktivität, nach Draufgängertum, nach einer Liebe zur Menschheit ohne eigentliche Personenliebe, die unbewußte Neigung, Affekte wie Haß, Zorn, Wut aufzustauen und explosionsartig abzuführen, schließlich die Neigung, Objekte der Welt zu erobern und seinem Ich einzuverleiben, die Wertobjekte der Welt zu haben, zu nutzen und nach ihnen, oft unter Vernachlässigung und Preisgabe der alten Objekte, auf die Suche zu gehen[7]; der Homosexuelle hat sich in einer tatsächlich »molligen« Scheinwelt eingerichtet, die sich an der Härte des Lebens vorbeizumogeln sucht. Religiös lebt der Homosexuelle in einer Welt, in der Gott nicht ein Vater, sondern im Grunde eine Mutter ist, in der im Ideal alles paradiesisch-naiv bleibt und in der die Härte der Geschichte gewissermaßen in einer endzeitlichen Idylle untergegangen ist. Der Homosexuelle möchte sich beliebt machen, aber nicht seinen »Mann« stehen müssen.

Das Sein wie Gott: Mannweiblichkeit und ewige Jugend

Dabei ist er zutiefst von der Sehnsucht nach dem Männlichen geprägt. Seine Liebe zum Manne hat ihren Sinn darin, daß er das Männliche schon lieben kann und danach Verlangen hat, aber statt selbst ein Mann *sein* zu müssen, möchte er lieber einen Mann *haben,* und umgekehrt ersetzt ihm die Freundschaft zu einem Mann die Aufgabe, seine eigene Identität als Mann zu suchen. Damit in Zusammenhang steht die im Grunde narzißtische Form der homosexuellen Partnerbeziehung. Indem der Homosexuelle liebt, was er nicht ist, bleibt er doch dazu verurteilt, zu lieben, was er sein sollte, also letztlich seinem eigenen Ideal nachzuhängen, ohne es je zu verwirklichen. Der platonische Feinsinn mancher homosexuellen Beziehungen kann nicht darüber hinwegtäuschen, daß hier die Beziehung zum anderen einen Ersatz für eine wirkliche Beziehung zu sich selbst darstellt und diese unmöglich macht.
Zudem gehorcht der Homosexuelle dem Traum, statt der Ergänzung durch den andersgeschlechtlichen Partner eine Art mannweiblicher Doppelnatur verwirklichen zu können. So wie in vielen Mythen das Göttliche sich in einer androgynen Gestalt manifestiert, so erträumt der Homosexuelle sich eine mythische Mannweiblichkeit, in der er in sich selbst bereits alle Gegensätze des Lebens vereinigt hätte. Insofern ist die Homosexualität in der Tat moraltheologisch eine »schwere Sünde«, eine Form des Strebens, wie Gott sein zu

[7] L. Szondi, Triebpathologie, I 113; Bern 1952.

wollen, der als Schöpfer in sich alle Gegensätze des Lebens umschließt, indem er sie hervorbringt und wahrhaftig sich selbst im anderen liebt, indem er es um seinetwillen schafft. Gott muß alles, was er nicht ist, auf »narzißtische« Weise lieben, indem er es nach seinem Bilde und zu seinem Ruhme schafft, das Geschöpf aber, das nicht zum Schaffen, sondern zur Selbstverwirklichung bestimmt ist, flüchtet sich nur in den homosexuellen Schein des künstlerischen Schöpfertums, in dem es gerade sich selbst immer illusorischer betrachtet. Gottgleichheit strebt denn in gewissem Sinne auch die Pädophilie, die homosexuelle Fixiertheit auf die Jugendjahre an, denn sie verlangt förmlich nach einer ewigen Jugend, wie sie die olympischen Götter besitzen; sie verweigert sich dem Leben, dem Werden, dem Alter, sie kommt nicht los von der Jugendlichkeit ihres eigenen Selbstentwurfs, und sie ist daher gezwungen, das Schicksal zu verfluchen, das uns beschieden hat, auf die Erde und nicht in den Himmel geboren zu werden.
Auf der anderen Seite ist offenkundig, daß eine zur Schau getragene Durhaltung, wie sie in Reaktion auf die Homosexualität nicht selten vorkommt, natürlich eine ebenso große Einseitigkeit darstellt und aus dem Dilemma nicht herausführt.[8] Denn die Lebensaufgabe besteht in der Integration der männlichen und der weiblichen Strebungen zu einem ganzen Dasein, nicht aber in der Isolation und Hypertrophie einer der beiden Triebrichtungen. Der Unterschied ist nur, daß moraltheologisch die Homosexualität seit alters einhellig verurteilt wird, während ihre so oft brutal-erfolgreichen Reaktionsbildungen so gut wie gar keiner Beachtung unterzogen werden, als ob sie wertneutral und nicht gleichermaßen als Fehlformen des Daseins zu verwerfen wären.

b) Die Onanie

Onanieverbot und Neuroseentwicklung

In vergangenen Zeiten wurde allgemein, in der katholischen Moraltheologie wird noch heute die Onanie für etwas in sich schwer Sündhaftes gehalten, und zwar in solcher Einhelligkeit, daß sie zu einer Hauptquelle von Schuldgefühl und Schuldbewußtsein, zu einem Herd auch aller möglichen Neurosen wurde. Die Ansichten über die Onanie haben sich vor allem durch die Psa wesentlich geändert. Entscheidend war dafür die Erkenntnis der frühkindlichen Sexuali-

[8] M. Boss, Sinn und Gehalt der sexuellen Perversionen. Ein daseinsanalytischer Beitrag zur Psychopathologie des Phänomens der Liebe, 149–150; München o. J. (Kindler, Geist und Psyche 2080): die zunehmende »Daseinsverengung« der Homosexualität.

tät und der wichtigen Rolle, welche die Onanie darin einnimmt.[9] Es wurde deutlich, daß bereits der Kontakt des Kleinkindes mit der Mutter onanistische Qualitäten besitzt[10] und daß eine gewisse Form von Autoerotismus, ein natürliches Vermögen also, den eigenen Körper mit den zahlreichen Möglichkeiten lustvoller Sensationen zu entdecken und zu lieben, allererst die Voraussetzung schafft, um die eigene sexuelle Lust in den Dienst der Lustempfindung eines anderen Menschen stellen zu können. Die kindliche Sexualität wurde als ein zunächst legitimer Weg verstanden, am eigenen Körper einzuüben, was später einer fremden Person gelten soll. Tatsächlich wurde die Onanie des 5jährigen auch in puritanischen Wertungen nicht in sich selbst, sondern gewissermaßen pädagogisch-prophylaktisch Sünde genannt. Vor dem Eintritt der Latenzzeit sollte warnend verhindert werden, was man als Gefahrenquelle in der Vorpubertät zu Recht voraussah.
Nun sind zweifellos Angst- und Schuldgefühle kein Mittel, von etwas abzulenken, sondern ein unfehlbares Verfahren, auf etwas in überwertiger Weise hinzulenken. Man kann ganz sicher sein, daß ein Kind, das mit 5 Jahren alle Schrecken der Hölle und der Rückenmarksschwindsucht für sein onanistisches Tun vor Augen gestellt bekommt, nicht nur exquisite Minderwertigkeitsgefühle und masochistische Schuldgefühle entwickelt, sondern auch zugleich lernen wird, daß es etwas so Wichtiges, Wunderbares, gerade deshalb aber auch so außerordentlich Strafwürdiges wie die Onanie auf der Welt so leicht nicht nochmal geben wird. Und seine Phantasie wird von dem ewig Verbotenen ewig nicht loskommen. Der Teufelskreis ist rasch geschlossen. Aus Angst und Schuldgefühlen wird die Onanie phantastisch überbewertet; ein erheblicher Teil psychischer Energie, der auf andere Ziele gerichtet werden könnte und sollte, wird dazu verbraucht, die Onanie zu vermeiden, also in einem rein negativen Bemühen vertan; die sexuellen Triebenergien, die sonst in viele Richtungen strömen könnten, werden einseitig nur an das Triebobjekt der eigenen erogenen Zonen geheftet und zugleich so lange aufgestaut, bis sie sich zwanghaft entladen und die Abwehr des Ichs durchbrechen; die Scham- und Schuldgefühle, die sofort einsetzen, nötigen jedoch dazu, sofort wieder den Abwehrkampf, womöglich mit noch erhöhtem Einsatz, zu führen – und so kann es immer weitergehen, wenn nicht die Flucht in neurotische Symptombildungen eine subjektive Entlastung aus dem Dilemma schafft.
Aus dem Drama der Zwangsonanie geht hervor, daß es pädagogisch verhängnisvoll und falsch ist, die Onanie des Jugendlichen in jedem Falle eine schwere

[9] S. Freud, Drei Abhandlungen zur Sexualtheorie (1905), Gesammelte Werke V 89–90; London 1942.
[10] S. Freud, Über die weibliche Sexualität (1931), Gesammelte Werke, XIV 525; London 1948.

Sünde zu nennen. Ein erzieherisches Ziel kann es nicht sein, a limine auf die Vermeidung jeder Onanie hinzuwirken, sondern den Aufbau einer onanistischen Haltung zu verhindern. Auch die moraltheologische Frage darf nicht darauf gerichtet sein, ob das Faktum einer Onanie vorliegt, sondern es muß untersucht werden, was in einer einzelnen onanistischen Handlung sich von der Haltung der betreffenden Person ausdrückt.

Onanie, betrachtet als Hedonismus und Autismus

Um entsprechende Maßstäbe zu gewinnen, ist zunächst zu skizzieren, welche Gründe die Moraltheologie bestimmen, die Onanie für eine »schwere Sünde« zu halten. Im wesentlichen sind es zwei Aspekte: 1. die Onanie stelle einen unerlaubten, weil nicht auf das eigentliche Ziel der Sexualität gerichteten Lustgewinn dar, 2. die Onanie sei der Ausdruck eines autistischen bzw. egoistischen Luststrebens. Wo also die Onanie die eigentliche Sexualentwicklung verneint und sich in ihr eine Zufriedenheit mit der noch am eigenen Körper orientierten Sexualbetätigung widerspiegelt bzw. wo sich in ihr eine autistische Grundhaltung ausdrückt, dort ist die Onanie eine Form gravierender Daseinsverfehlung. Wenn die »schwere Sünde« moraltheologisch dadurch gekennzeichnet ist, daß sie dem Menschen die »habituelle Gnade« raubt, dann kann man sagen, daß wirklich in der Onanie sich ein Habitus darstellen *kann*, der sich der Gnade des Daseins und der Übereinstimmung mit seinen Grundentfaltungsgesetzen an einer entscheidenden Stelle widersetzt. Es wird aber für die moraltheologische Beurteilung eines Einzelfalles von der größten Wichtigkeit sein, zu untersuchen, ob eine solche Haltung vorliegt oder nicht. Der eine Gesichtspunkt, die Onanie sei Ausdruck hedonistischer Gesinnung, ist generell nur zu unterstellen, wenn jede Form des Luststrebens von vornherein als »hedonistisch« gilt. Eine solche Ansicht war der selbstverständliche ethische Reflex einer Gesellschaft, die, wie am Beginn der industriellen Revolution in der sog. »viktorianischen Ära«, die gesamte materielle Welt ausschließlich als einen Stoff zur Produktionsvermehrung ansah; eine solche Zeit konnte auch den menschlichen Körper nur als Mittel zur Steigerung der menschlichen Reproduktionsrate ansehen; und wie aller Stoff nur als *Produktionsmittel* zu gelten hatte, so war auch vom menschlichen Körper alle Lust fernzuhalten. Die Onanie galt als frustratio seminis, als Samenverschwendung, als sündhafte Vergeudung von Produktionsmitteln zum Zwecke privater Konsumtion. Es war nur natürlich, daß spätestens die Zeit der Überproduktion und -konsumtion den menschlichen Körper als primäre Lustquelle wiederentdecken mußte. Auch der Sexualbetätigung wurde wieder zugestanden, daß sie der Lustempfindung dienen kann und soll.

Die Alternative: Produktivität *oder* Lust macht jedoch die Spannung deutlich, unter der die Onanie gesehen und verurteilt bzw. auch gelobt wurde; beide Standpunkte sind einseitig und als Daseinsverkürzungen moraltheologisch äußerst bedenklich.

Die eigentliche Schädlichkeit der Onanie

Das Dasein, auch in seinen sexuellen Komponenten, ist nicht nur »lustig«, der Körper nicht *nur* eine Weide der Wonne, die Sexualität nicht *nur* eine hedonistische Mitgift der Natur. Die linken Theoretiker der zurückliegenden Jahre haben den selbstzerstörerischen Charakter einer rein hedonistischen Sexualität richtig erkannt; indem sie die Sexualität und insbesondere die Onanie als autonome Lustquelle hinstellten und jede moralische Selbstkontrolle als repressiv diffamierten und als Form der Selbstentfremdung definierten, verkehrten sie richtige Gedanken der Psa in redseligem Fürwitz absichtlich in ihr Gegenteil; während S. Freud die am Lust-Unlust-Schema ausgerichtete Dynamik des Sexualtriebes herausstellte, zugleich aber die Notwendigkeit der kulturellen Triebsublimation und vor allem die normale Umwandlung von Ichlibido in »Objektlibido« ausführlich begründete[11], ging es gewissen Ideologen mit ihrer Verbindung von Gesellschafts- (bzw. Kapitalismus-)Kritik und Psa eigentlich um die Zerstörung der gesamten bürgerlichen Kultur, insofern sie einer ungehemmten Triebentfaltung im Wege stünde. Mit der Utopie einer uneingeschränkten Triebbefriedigung[12] versuchten sie den kulturell anarchistischen Charakter der Triebnatur gegen die bestehenden kulturellen Institutionen zu richten, um sie zu zerstören. Tatsächlich eignete sich die Onanie-Diskussion auch nicht schlecht, um sie in utopische und anarchische Bahnen zu lenken. Denn das eigentlich Zerstörerische an der Onanie, dasjenige, was die Kennzeichnung der Onanie als »schwerer Sünde« jederzeit rechtfertigen wird, ist wirklich ihr anarchischer und utopischer Charakter. Man muß bedenken, daß die Onanie nicht nur ein autoerotischer, sondern vor allem phantasieüberladener Akt ist, der in der prinzipiellen Gefahr der Zügellosigkeit steht, insofern die sexuelle Phantasie ohne Widerstand der Wirklichkeit in überdimensionalen Traumbildern und sofortigen mühelosen Befriedigungen schwelgen kann.[13] Was sonst nur als Belohnung einer mühevollen Charakterentwicklung und dornenreicher Entsagung winkt, die Liebe einer Frau, das erreicht der Onanist in der Phantasie ohne die geringste

[11] S. Freud, Vorlesungen zur Einführung in die Psychoanalyse (1917), Gesammelte Werke, XI 341; London 1944.
[12] H. Marcuse, Psychoanalyse und Politik, 9–11; Frankfurt 1968.
[13] S. Freud, Schlußwort der Onaniediskussion (1912), Gesammelte Werke, VIII 342; London 1945.

Anstrengung. Die Onanie paßte also vollständig in ein Bild von Welt und Gesellschaft, in der alles Wünschenswerte ohne Anstrengung wie im Schlaraffenland zu haben sein müßte. Unschwer manifestiert sich in dieser Haltung, in diesem Selbstentwurf, eine infantile Note, die sich weigert, erwachsen zu werden, um statt der eigenen Anstrengungen und Leistungen draußen (alloplastisch) durch geringfügige Manipulationen an sich selbst (autoplastisch) sich in die Zeit der Kinderwelt zurückzuversetzen, in der die Mutter auf jede Wunschäußerung zur Erfüllung bereitstand. Es ist klar, daß diese Sehnsucht nach mütterlicher Verwöhnung, dieser Wunsch, nach Art eines kleinen Kindes ohne jede Leistung schon für das bloße Dasein geliebt zu werden, nicht nur den menschlichen Partner, die Frau, maßlos überschätzt und, wenn eine solche Haltung in der Onanie festgeschrieben wird, schließlich zu jeder wirklichen Partnerbeziehung unfähig machen muß, sondern daß hier im Grunde religiöse Desiderate an Menschen, an die Gesellschaft oder die mütterliche Frau gerichtet werden.

Das Sündhafte an der onanistischen Haltung

Hier liegt denn das eigentlich »Sündhafte« an der Onanie, daß sie von anderen Menschen bzw. durch sich selbst eine »gnadenhafte«, gratis geschenkte Liebe erwartet, die nur Gott dem Menschen geben kann und die unter Menschen nur dem Kleinkind gegenüber sinnvoll und erlaubt ist. Die Flucht in die Onanie aus Protest gegen die Leistungsgesellschaft erscheint wie ein Versuch, ein religiös berechtigtes und notwendiges Anliegen an Gott vorbei und ohne Gott zu leben; insofern ist sie ipso facto sündhaft.

Und noch ein anderer Aspekt an der Onanie zeigt ihre Schädlichkeit und ihre daseinverengende Dynamik auf. Indem die Onanie als Ersatz, ja geradezu als Protest gegen Leistenmüssen auftritt, zieht sie gleichwohl die Phantasie einer Leistungserfüllung auf sich. Als Versuch, mühelos etwas »hervorzubringen«, etwas zu »produzieren«, etwas von sich als Tat »hinzustellen«, ist sie letztlich ein Unterfangen, wie Gott sein zu wollen. Nur Gott ist schöpferisch durch das bloße Vorstellen, nur er ist in rein autarker Form durch sein bloßes Dasein liebenswert, nur er wirkt mühelos. Die ägyptische Mythologie überliefert, daß der Gott Atum die Welt als »Selbstbefriediger« durch Onanie geschaffen habe[14]; in dieser Weise ist die Onanie eine Mythologie des eigenen Ichs: alle

[14] Ägyptische Schöpfungsmythen, in: La naissance du monde, Paris o. J.; dt. Die Schöpfungsmythen: Ägypter, Sumerer, Hurriter, Hethiter, Kanaaniter und Israeliten; übers. v. E. Klein; Zürich–Köln 1964; S. 67; aus den Pyramidentexten. – Zu dem Narzißmus der Gottähnlichkeitsvorstellungen und ihrem Zusammenhang zu den später zu erörternden exhibitionistischen Tendenzen vgl. E. Jones, Der Gottmenschkomplex, in: Psyche, 12. Jg., 1/1958, 1–17.

Welt werde ohne Anstrengung von einem selbst hervorgebracht, sie sei nur zur eigenen Freude und Befriedigung da, das Ich sei autark und solipsistisch rein nur für sich selber da. Wenn man so will, kann man in der Ideologie der Onanie durch die Verkünder einer sozialistischen Verbrauchergesellschaft die in sexueller Sprache formulierten Vorboten einer Anthropologie ohne Gott erblicken, der Philosophie einer Menschheit, die über sich hinaus kein Ziel mehr kennt und nur für sich selber da ist.

Die Onanie als Notsignal

So liegen die Verhältnisse, wenn die Onanie als Handlung ein linear zu lesender Ausdruck einer ihr entsprechenden Haltung ist. Selten aber kommt es vor, daß sich Psychologie so einfach betreiben läßt. Die Schwierigkeit der Beurteilung eines Einzelfalls liegt darin, daß sich in der Onanie genau das Gegenteil der soeben beschriebenen Haltung ausdrücken kann. Besonders in Formen zwanghafter Onanie ist der Tatbestand meist gerade umgekehrt gelagert: Die Onanie erscheint hier nicht als Folge von Bequemlichkeitshaltungen und hedonistischen Lebensmaximen, sondern umgekehrt als das Produkt eines überhöhten Leistungswillens und einer rundum lustfeindlichen und ichvergessenen Haltung. Menschen, die sich zum Prinzip gemacht haben, nur für andere dazusein, jeden Gedanken an eigenes Glück zu unterdrücken und nicht zu rasten und zu ruhen, bis die Physis eine Pause in dem Schaffen für andere erzwingt, Menschen, die bereits von Schuldgefühlen heimgesucht werden, wenn sie mal einen Nachmittag lang spazierengehen oder dem Theater einen Besuch abstatten, müssen erleben, daß u. U. die vergewaltigte Natur ihre Rechte gewaltsam von ihnen zurückfordert. Nachdem sie jede Möglichkeit geistiger Lustempfindung unterdrückt haben, bleibt ihrer Physis gewissermaßen nur noch die Körpersprache als Ausdrucksmittel übrig, und sie bedient sich dabei naturgemäß der Sexualität, weil sie hier auf Zonen zurückgreifen kann, die zu Zentren körperlicher Lust prädisponiert sind: Das Zwanghafte der onanistischen Handlung ergibt sich hier nicht aus einer übergroßen Triebhaftigkeit oder konstitutionellen moralischen Schwäche, sondern aus dem Widerspruch zu dem gesamten übrigen rigoros lustfeindlichen Lebensaufbau; dieser selbst, nicht die Onanie ist hier das Problem. Das Sündhafte der Zwangsonanie liegt in dem beschriebenen Falle nicht in der einzelnen onanistischen Handlung, sondern in einer fehlerhaften Einstellung zu sich selbst, in einem Idealismus, der auf geheime Weise wiederum wie Gott sein will: Nur Gott ist stets und immer nur für andere da, nur Gott wirkt semper et ubique, nur Gott als reiner Geist kann auf jegliche sinnliche Freude

»verzichten«; dem Menschen aber hat er die Welt geschaffen, auch um sich daran zu erfreuen.

Eine Frau mittleren Alters, unverheiratet, seit Jahren in Kirchendiensten, litt seit langem schon an einem zwanghaften Drang zu onanieren. Sie empfand dieses Tun als etwas schwer Sündhaftes, Egoistisches, das sie aus allen Kräften zu vermeiden suchte. Unter schweren Schuldgefühlen suchte sie sich in einem unglaublichen Übermaß an Arbeit zu beweisen, doch für andere nützlich und gut, jedenfalls kein »Egoist« zu sein. Jede freie Minute floh sie aus Angst, wieder in ihren Fehler zurückzufallen. Sie merkte nicht, daß alle Menschen für sie nur als Aufgabe in Betracht kamen, daß sie noch nie (!) einmal jemanden im eigenen Interesse aufgesucht und um ein Gespräch gebeten hatte, daß sie sich so gut wie keine Freizeit, keinerlei Genuß, kein Eigentum, keinerlei eigenen Lebensspielraum gestattete. Es war ein wichtiger Schritt, daß sie die Onanie nicht mehr als fremden unheilvollen Zwang erlebte, sondern als Ausdruck eines Strebens nach Lust, das sie nicht unter der Anklage ständiger Schuldgefühle zu verdrängen brauchte. Die »Zwangsonanie« konnte erst beherrscht werden, als die Frau ihr so oft verleugnetes Verlangen auch nach eigenem Lebensglück akzeptierte, sie brauchte erst dann weniger bzw. nicht mehr zu onanieren, als sie sich eingestehen konnte, daß sie nicht onanieren »mußte«, sondern »wollte«. Dazu war es natürlich nötig, die gesamte Problematik aus der Bewertung der »schweren Sünde« herauszunehmen.

Bei der Zwangsonanie, wenn sie einen solchen Hintergrund hat, besteht also die eigentliche moralische Aufgabe darin, die Berechtigung des »Zwangs zur Lust« zu akzeptieren und den »Zwang« damit in den eigenen freien Willen aufzunehmen; es gilt, von dem gottgleichen Idealismus loszukommen und zu sehen, daß auch das eigene Leben ein Recht hat dazusein und es nicht angeht, die Freuden des Lebens ein Leben lang mit Füßen zu treten. Dazu gehört, daß u. U. auch die Onanie erst einmal als ein Notbehelf, als eine Art Übung für Anfänger zugelassen wird und das Gewicht der Sünde von der einzelnen Handlung genommen wird. Die Onanie wird damit so wenig »richtig« wie das Hinfallen beim Laufen; aber um das Laufen zu lernen, muß der Mut aufgebracht werden, auch einmal ohne großen Schaden hinfallen zu können; solange Menschen »lernen«, lernen sie aus Versuch und Irrtum, und wenngleich die Onanie stets ein »Irrtum« ist, so kommt man von dem Fehler einer falschen Sexualbetätigung doch nicht los ohne die angstfreie Möglichkeit, auch diesen Fehler hin und wieder begehen zu dürfen. Insofern ist es mitunter sogar ein begrüßenswertes Zeichen einer beginnenden Entkrampfung und inneren Lockerung bzw. auch einer psychosomatischen Gesundung, wenn Menschen zur Onanie greifen; eine »Sünde« läge in diesem Tun nur, wenn die Gefahr bestünde, sich mit dieser Kümmerform menschlicher Glücksmöglichkeiten zufrieden zu geben und sich nicht auf den Weg der Erkenntnis zu begeben, daß die Zärtlichkeit der Welt und der Menschen größer ist als die armselige Zärtlichkeit der eigenen Hände und der phantasierten Wirklichkeit. Daß die katholische Moraltheologie die Onanie uneingeschränkt als Sünde bezeichnet, macht deutlich auf die isolierte Form dieses Tuns aufmerksam, darf aber nicht vergessen machen, daß manche Menschen erst die oft vergessenen »Teile« ihrer Psyche leben und nachträglich zur Entfaltung bringen müssen, um das ganze, heile Dasein zu erreichen. Recht hat jedenfalls R. Cohn, wenn sie feststellt, »daß es asozialen Geschlechtsverkehr und soziale Masturbation gibt«, und hinzufügt: »Die emotionale Ausrichtung eines Menschen entscheidet also über seine sexuelle Anpassung und seine Liebesfähigkeit – nicht die Richtung, in die er seine Hände bewegt, oder die Lebhaftigkeit seiner Phantasie« (R. Cohn: Masturbation und Liebe, in: Von der Psychoanalyse zur Themenzentrierten Interaktion, 32).

c) Der voreheliche Verkehr

Sexuelle Enthaltsamkeit und Persönlichkeitsentfaltung

Der sog. »voreheliche Verkehr« stellt ein Problem der kulturellen Welt dar. In Primitivgesellschaften, in denen die Heranwachsenden zu Beginn der Geschlechtsreife in den Initiationsriten das Geheimnis der Zeugung und des Todes kennenlernen, um danach einander zugeführt zu werden, spielt der voreheliche Verkehr keine Rolle, und wo er vorkommt, hat er keine Bedeutung, es sei denn die einer spielerischen Vorübung. Erst in kulturell höherstehenden Gesellschaften, in denen die biologische Reife sich von der sozialen Reife zeitlich immer weiter entfernt und beide, wie bei uns, durch mehr als 10–15 Jahre voneinander getrennt sind, wird der voreheliche Verkehr zum Problem. Denn die Forderung der Kultur verlangt, daß das Individuum eine eigene Persönlichkeit entwickelt und also weder in den einfachen Identifikationen mit den Traditionen des Stammes aufgehen darf noch sich den Triebmächten wie unbeherrschbaren Dämonen unterwerfen kann; sowohl gegenüber dem Über-Ich als dem Es muß es einen eigenen Standpunkt erwerben, und das bedeutet, nach der Seite des Es hin, daß es die Kräfte des Ichs, also Verstand, Gefühl, Intuition, Willen, Phantasie einsetzen muß, um sie gegen die unmittelbaren Triebwünsche zu richten. Die Stärke des Ichs mißt sich unmittelbar an der Freiheit, die es gegenüber den Trieben sich zu verschaffen weiß. Entsprechend sucht der Heranwachsende, in richtigem Verständnis der Aufgabe der Persönlichkeitsentfaltung, die sich ihm mit

Beginn der Pubertät stellt, in der sog. Pubertätsaskese[15] durch ein hohes Maß an Idealismus die Herrschaft über seine sexuellen Triebe zu gewinnen. Es ist klar, daß die Praxis des vorehelichen Verkehrs sehr störend in die Persönlichkeitsentfaltung eindringen kann und de facto auch oft von Jugendlichen nur gewählt wird, weil sie unter dem Diktat eines zu strengen Über-Ichs bzw. im Protest dagegen nicht zu einer geordneten, das Triebleben regelnden Idealbildung fähig sind oder weil ihnen jede Idealbildung durch ein fehlendes oder unglaubwürdiges Vorbild ihrer Eltern verstellt ist. Eine elementare Voraussetzung der Persönlichkeitsentfaltung und der Einübung in ein erwachsenes Sexualverhalten ist also der langdauernde Verzicht auf vorehelichen Verkehr.

Die Abstinenzregel der Psychoanalyse

Ein Vergleich mit den Erfahrungen der psa Behandlung mag diese These untermauern. Die psa Therapie steht in der Regel vor dem Problem, einem erwachsenen Neurotiker, also einem biologisch reifen, aber psychologisch kindlich gebliebenen Menschen die Chance zur Nachreifung zu geben. Dabei wird es im Verlauf der Behandlung nicht ausbleiben, daß starke, auch sexuelle Wünsche in dem Patienten auftreten, die mit der ganzen Heftigkeit des noch nicht gelebten Lebens nach ihrer sofortigen Befriedigung drängen, ähnlich wie zu Beginn der Pubertät die erwachende Triebwelt auf ein psychisch noch recht unentwickeltes Ich trifft und dieses in arge Bedrängnis bringt. Es wäre nun psa fatal, einer Erfüllung der Triebwünsche in ihrer unreifen Form zuzustimmen; es wäre dies ein Verhalten, wie wenn, nach Freud, jemand während eines Hunderennens einen Kranz mit Würsten auf die Bahn werfen würde: Über diese verfrühte Belohnung würden die Hunde herfallen und das Laufen vergessen[16]; Freud stellte deshalb für die psa Behandlung die »Abstinenzregel« auf, um den Patienten zu veranlassen, an seinen Triebwünschen zu arbeiten, ihre kindlichen Formen abzulegen, ihre Erfüllung in kulturell verträgliche Bahnen zu lenken und vor allem sie in ihrem Sinn, in ihrer eigentlichen Absicht, zu verstehen und z. T. zu sublimieren. Ganz ähnlich wie die Nachreifung des Neurotikers an dem Triebverzicht hängt, ist die Reifung des Jugendlichen zu einer erwachsenen Persönlichkeit an die Abstinenzregel gebunden, da eine zu rasche Befriedigung seiner Triebwünsche ihm die Notwendigkeit nimmt, den ganzen in ihm angelegten Reichtum seiner Psyche

[15] A. Freud, Das Ich und die Abwehrmechanismen, 119–123; München o. J. (Kindler, Geist und Psyche 2001).
[16] S. Freud, Bemerkungen über die Übertragungsliebe (1915), Gesammelte Werke, X 318–319; London 1946.

zu entfalten. So wie nur weniges geeigneter ist als die Sexualität, um die Ichkräfte eines Jugendlichen zu stimulieren, so ist nur weniges geeigneter, diese Entwicklung zu blockieren als eine Triebbefriedigung, die sich schon mit 14 oder 16 am Ziele aller Träume wähnt.

Der Sinn des moraltheologischen Verbotes des vorehelichen Verkehrs

In dieser Tatsache liegt der psychologische Wert des kulturellen Verbotes des vorehelichen Verkehrs. Die Kultur ruht in einem ihrer Pfeiler auf der Fähigkeit zum Triebverzicht. Gerade deshalb war es kein Zufall, daß die Kampagne der letzten Jahre gegen die »repressive Sexualmoral der Gesellschaft« von Kreisen gestartet wurde, die auf die Zerstörung der bürgerlichen Welt, insbesondere des Wertes der individuellen Persönlichkeit abzielten. Nachdem selbst die Frankfurter Schule darauf verfallen war, daß nicht – wie K. Marx meinte – die Arbeit, sondern die Familie den Menschen hervorbringt[17], war es nur logisch, den Kampf um die Veränderung der Gesellschaft von den schwer veränderbaren Produktionsverhältnissen weg auf die Indoktrination einer »revolutionären« Sexual- und Familienmoral zu verlegen; denn tatsächlich muß eine hochstehende Kultur zerstört werden, wenn es gelingt, eine Generation hervorzubringen, für die ungehemmte Triebbefriedigung ein oberstes oder doch wenigstens erstrebenswertes Ziel darstellt. Insofern gilt zu Recht die Wertung des vorehelichen Verkehrs als einer schweren Daseinsverfehlung. Es bedarf gerade des Triebverzichts, etwa in der Brautzeit, um die ganze Kraft der Phantasie, der folgenlosen, noch unverbindlichen Vorstellung der Wirklichkeit[18] in einem so verklärenden Licht über den einen und einzigen Partner auszubreiten, daß dieser in der Tat als die Erfüllung alles auf Erden Wünschenswerten und als Gefährte des gesamten Lebens erscheinen kann. Die Fähigkeit zur Einehe ist im Abendland nur durch die jahrhundertelange Schule des Triebverzichts mit der romantischen Anbetung des Weiblichen in der Minnelyrik und der Herausstellung der ritterlichen Tugenden von »Zucht und Maß« erworben worden: An ihr hängt ganz und gar die Möglichkeit, in dem Partner die »here Frau« oder den »gezähmten Falken« zu sehen; und ohne die Entbehrungen der abendländischen Kultur erwirbt auch der einzelne nicht die Fähigkeit zu dem Glück einer personalen, nur auf der Liebe zueinander gegründeten Partnerschaft. Nachdem aller andere Halt für die eheliche

[17] M. Horkheimer, Autorität und Familie (1936), in: Kritische Theorie, I 277–360; hrsg. v. A. Schmidt; Frankfurt ^{2}1968.
[18] S. Kierkegaard, Entweder–Oder (1843); hgg. v. H. Diem und W. Rest; übers. v. H. Fauteck; München 1975 (dtv 6043); S. 561.

Gemeinschaft (elterliches Gelöbnis, wirtschaftliche Interessen, häusliche Bindungen, Kontrolle der Dorfgemeinschaft) entfallen ist, nachdem die Ehe einzig und allein an der Liebe der Gatten zueinander hängt, sollte der Triebverzicht zur Ausreifung und Selbsterkenntnis der eigenen Person mehr denn je gefordert werden.
Gleichermaßen bedarf es keiner Frage, daß auch die Religion an gewisse Formen des Verzichts auf unmittelbare Triebbefriedigung gebunden ist und diese mit Selbstverständlichkeit verlangen muß. Der Heranwachsende entdeckt ja nicht nur seine eigene Geistigkeit und Freiheit, er erfährt auch das Bedürfnis nach einem absoluten personalen Gegenüber, das ihm Halt und Führung, Bindung und Größe verleiht. Die Möglichkeit einer uneingeschränkten Triebbefriedigung muß ein solches Bedürfnis zerstören, noch ehe es überhaupt angefangen hat. Ganz richtig sah deshalb G. Bernanos die Gefahr der Unzucht vor allem darin, daß sie das Verlangen nach Gott zum Erlöschen bringt, so daß man nicht eigentlich den Glauben verliert, sondern so, daß er einfach aufhört, dem Leben Form zu geben[19]. Von alters her konnte daher die Unzucht als Vorbild der Sünde, der Abwendung von Gott und Hinwendung zum Geschaffenen schlechthin verstanden werden. Der Ekel vor sich selber, das Gefühl, sich auf unwürdige Weise an den Forderungen des Daseins vorbeizumogeln, beherrscht denn auch den ganzen Umkreis der sexuellen Zügellosigkeit. Am deutlichsten sichtbar werden die Frustration und die wütenden Enttäuschungen an den revolutionär sich gebenden Verheißungen eines triebbefreiten Paradieses in J. Eustaches Film »Die Mama und die Hure«, der mit einer einzigen Abrechnung an der Inhaltlosigkeit und der grenzenlosen Erniedrigung einer »freien Liebe« endet. Unter Heulen und Schreien schließt dieser Film mit dem Bekenntnis: »Liebe, d. h., daß einer dir sagt, ich will ein Kind mit dir und eine Familie gründen; alles andere ist Sch...«. Die Frau J. Eustaches nahm sich während der Dreharbeiten dieses Films das Leben, aber sie verfügte, daß der Streifen unbedingt zuende gedreht und ohne Kürzungen gezeigt werden sollte – was geschehen ist.

Die Gefahren des vorehelichen Verkehrs

Das psychologische Problem des vorehelichen Verkehrs ist eigentlich in zwei Richtungen zu sehen. Einerseits ermuntert und erzieht die Praxis des vorehelichen Verkehrs zu einem Genuß ohne Arbeit an sich selbst, zur Befriedigung der Illusion, etwas Personales sich aneignen zu können, ohne eine eigene

[19] G. Bernanos, Journal d'un Curé de Campagne (1936); dt.: Tagebuch eines Landpfarrers; durchges. v. J. Hegner; Köln 1966, S. 132.

Person auszubilden; andererseits aber ruht doch auf dem Surrogat des vorehelichen Verkehrs die Verheißung echter Liebe und wirklicher ehelicher Gemeinschaft. Gerade die erste sexuelle Beziehung wird von den Jugendlichen zumeist mit unglaublicher Zähigkeit verteidigt und über lange Jahre hin aufrechterhalten; das Gefühl ist nicht zu zerstören, daß die erste sexuelle Beziehung auch zugleich eine dauernde, von Menschen nicht mehr zu zerstörende Bindung sein sollte, indem der eine den anderen in sein Leben »hineinläßt«, ein »Teil davon« wird, »darin aufgeht« und darin »fruchtbar« wird; nur: es können beim vorehelichen Verkehr in den Jugendjahren das äußere Tun und die innere Verfassung noch nicht übereinstimmen, und es sind vornehmlich zwei Faktoren, die eine solche Übereinstimmung verhindern.
Zum einen kann ein Jugendlicher, der gerade erst an den Anfängen seiner eigenen Persönlichkeitsentfaltung und Selbsterkenntnis steht, den anderen überhaupt nicht sehen, ohne den Schleier seiner eigenen Projektionen und seines eigenen Schattens auf ihn zu werfen. Wenn es in der Bibel heißt, daß ein Mann erst »Vater und Mutter« verlassen muß, um einer Frau anzuhangen, so kann der Jugendliche gerade das noch nicht. Wohl hat er sich – vielleicht – äußerlich von seinen Eltern bereits ein Stück entfernt, aber innerlich trägt er in die Jugendliebe unweigerlich alle Hoffnungen und Ängste, Sehnsüchte und Enttäuschungen seines Elternhauses mit hinein und erwartet von seinem Mädel, seinem Jungen gerade, daß er ihm seine Mutter, seinen Vater ersetzt bzw. deren antithetisches Ideal verkörpern möge[20]; diese seine Elternimago bzw. deren Gegenbild liebt er und sieht eigentlich den Menschen, der ihm gegenübersteht, im Grunde noch gar nicht. Es ist nur eine Frage der Zeit, wann diese Projektionen durch den Druck der Realität aufgebrochen werden; und es ist moraltheologisch sehr zu überlegen, ob in einem solchen Fall, wo eine derartige Jugendehe scheitert, nicht der Canon 1083 vom »Irrtum der Person« als Ehehinderungsgrund in voller Geltung seines Gewichts zur Anwendung kommen müßte (s. o. S. 44–48).
Und ein zweites hindert den Jugendlichen, eine Ehe eingehen zu können, und macht daher den vorehelichen Verkehr zu einem sinnlosen Versprechen: Es ist der Umstand, daß notwendig ein Jugendlicher, der noch nicht sich selbst und, ineins damit, Gott als absolute Person gefunden hat, gar nicht anders kann, als auf sein Gegenüber den Archetyp Gottes zu projizieren und sein Selbst dort zu suchen, wo es sicher nicht ist: außerhalb seiner selbst, im anderen. Deshalb verheißt denn die gesamte Schlagerindustrie der Teenager, daß die »Liebe« all das bringt, was eigentlich nur die Religion versprechen kann: den »Himmel auf

[20] C. G. Jung, Die Bedeutung des Vaters für das Schicksal des Einzelnen (1909), Gesammelte Werke, IV 363–365; Olten 1969.

Erden«, ein »Glück ohne Ende«, den »Anfang von Leben und Sinn«; und umgekehrt zeigt sich nur, wie unreif eine Liebe ist, in der besungen werden kann, man vermöge nicht zu leben ohne den anderen, alles sei aus ohne ihn, aller Halt sei zerstört, alle Hoffnung vernichtet; die Verzweiflung solcher Wendungen zeigt nur, wie verzweifelt eine Jugendliebe ist, wenn jemand ohne den Schutz der Religion Desiderate, die nur Gott erfüllt, im anderen Menschen verwirklichen will. Es zeigt sich, wie ganz wahr die Worte Jesu sind, es komme nicht ins Himmelreich, wer nicht bereit sei, auch seine Gattin, seinen Mann zu verlassen (Mt 10,37), und wie recht die katholische Kirche hat, in der Ehe ein Sakrament zu sehen; denn was nicht »vor Gott« geschlossen wird, das kann nur einen Menschen an die Stelle Gottes setzen, das macht die rührendste Liebe zur verzweifelten Götzendienerei und das wird an seinen eigenen Überforderungen zweifellos – und hoffentlich! – zugrunde gehen.

Aber: was ist ehelich?

Freilich zeigen solche Betrachtungen, die den Sinn des Verbotes des vorehelichen Verkehrs beleuchten sollen, zugleich auch, wie vieles selbst in den formal gültig geschlossenen Ehen »vorehelich« bleibt und wie fragwürdig die äußere Verschmelzung des formalen Eheschließungsritus mit der sakramentalen Eheschließung der Gatten sein muß.

Moraltheologisch sollte man sagen, daß jeder Verkehr »vorehelich« ist, der, auch innerhalb der formal gültigen Ehe, nicht wirklich den anderen, sondern nur das Schattenbild der eigenen Projektionen meint und den anderen als Vater- oder Gottesersatz herbeisehnt, und daß umgekehrt, unerachtet der rechtlichen, nicht moraltheologischen Formpflicht, derjenige Verkehr durch sich selbst ehelich und lebenslänglich vor Gott und den Menschen bindend ist, der wirklich dem anderen gilt und das meint, was er ausdrückt. Hier sollte gelten, daß kein Mensch, auch ein Eherichter durch Nachweis eines Formfehlers nicht, das trennen kann, was Gott geschlossen hat.

Insofern darf praktisch ein Seelsorger in vielen Fällen davon ausgehen, daß viele Ehepaare, die zu ihm sagen, sie wollten heiraten, ihm eigentlich sagen wollen, daß sie verheiratet sind und lediglich um die Nachholung der äußeren Form bitten. In einer Zeit, in der die äußeren Institutionen immer mehr ins Wanken geraten, in der auch die Ehe mehr vom Gewissen als vom Recht getragen wird, ist es offensichtlich mehr als in der Vergangenheit nötig, zu unterscheiden zwischen der Moralität und der Legalität des ehelichen Verhaltens zweier Menschen. Das im legalen Sinne »voreheliche« Tun kann moraltheologisch sehr wohl ehelich sein und umgekehrt, und niemand wird, wenn überhaupt, sich ohne genaue Kenntnis des Einzelfalles eines moralischen Urteils über das Verhalten zweier Partner getrauen dürfen.

Verstehen statt Verurteilen

Noch ein anderes muß bedacht werden. Der Hinweis auf die Berechtigung der moraltheologischen Verurteilung des vorehelichen Verkehrs im oben entwikkelten Sinne sowie der Nachweis des psychologischen Nutzens dieser Verurteilung darf, in der Praxis so wenig wie auch sonst, zum Alibi eines moralischen Fanatismus dienen, der Jugendirrtümer mit der vollen Strenge des ethischen Verdikts belegt. Im Gegenteil. Gerade weil man von dem psychischen Schaden des vorehelichen Verkehrs ausgehen kann, sollte der voreheliche Verkehr als eine Art Krisenindikator betrachtet werden, der darauf hinweist, daß im Hintergrund dieses Verhaltens eine tiefere, persönliche Not steckt, die ihre Lösung – wenngleich auf lange Sicht vergeblich – in dieser Symptomatik gesucht hat und vielleicht sogar erst einmal hat suchen müssen. Man sollte, wie im eigenen, so auch im fremden Leben, Gott auch in dem Problem des vorehelichen Verkehrs ruhig zutrauen, daß er auf krummen Wegen gerade zu schreiben versteht und daß auch hier das Richtige subjektiv nur aus Versuch und Irrtum, die nicht von vornherein verboten sein dürfen, angeeignet werden kann. Und ganz gewiß verdient kein Gebiet mehr Feingefühl, Behutsamkeit, Verständnis und ein mildes Urteil als das so weite Feld der jugendlichen Sexualität. »O du«, sagte Scheherazade in der 228. Nacht zum Sultan von Indien, »O du, der du Liebende der Liebe wegen tadelst, bist du wohl imstande, ein krankes Herz zu heilen?«[21] Man sollte nur moralisch diagnostizieren, wenn man die Kraft zum Heilen in sich hat.

III. Praktik

Der vielleicht wichtigste und auch einzig wirklich nötige Ratschlag für die Praxis kann, in Anlehnung an die psa Erfahrungen, lauten: »Hände weg vom Symptom«. Das Sexualverhalten als Ausdruck, als Symptom, zu nehmen, bedeutet zugleich, es auch als Symptom zu behandeln, also in ihm nicht das Eigentliche, im Falle eines Fehlverhaltens nicht darin selbst das Therapiebedürftige und Wesentliche zu erkennen, sondern auf die Haltungen im Hinter-

[21] I. Dreecken: Tausendundeine Nacht; Neufassung von I. Dreecken nach der Übers. v. G. Weil; I 563; Wiesbaden o. J.; vgl. E. Littmann (Übers.), Die Erzählungen aus den 1001 Nächten, V 219.

grund zu achten und die Not zu verstehen, die diese Haltungen bedingt. Einem Homosexuellen kann man nicht seine Homosexualität vorwerfen; wohl aber kann man ihn ermutigen, seinen Wunsch nach Männlichkeit nicht nur beim Wunsche zu belassen, sondern selbst aktiv zu leben, also nicht nur sich einen Bart stehen zu lassen und Lederkleidung zu tragen, sondern selbst mal den Mut zu einem eigenen Standpunkt, zu eigenem Willen nach Leistung und Eroberung aufzubringen; einem Zwangsonanisten kann man nicht die Onanie vorwerfen, sondern man sollte ihm Wege zeigen, sein berechtigtes Streben nach Lust auf kulturell wertvolleren und personal befriedigenderen Wegen zu realisieren; einem Jugendlichen sollte man nicht den vorehelichen Verkehr vorwerfen, sondern ihm die Wünsche nach Anlehnung, Halt und Geborgenheit, Bestätigung und Sinnerfüllung bewußt machen, die sich in diesem Verhalten ausprägen und dort u. U. vorschnell zum Scheitern verurteilt sind. Die seelsorgliche Kunst wird immer wieder darin liegen, an dem Berechtigten, Sinnvollen und Notwendigen in allem Unberechtigten, Sinnlosen und Willkürlichen anzuknüpfen und es aus seiner Zerrform zu befreien. Gerade wenn der alte scholastische Satz für die katholische Moraltheologie gilt, daß kein Böses angestrebt wird, es sei denn unter dem Aspekt eines guten, wertvollen Zieles, so wird es darauf ankommen, dieses Wertvolle zu sehen und ans Licht zu bringen.

Lediglich gegenüber dem groß angelegten Versuch, die Werte und Normen der traditionellen Moral durch zweckgebundene Rationalisierungen und gesellschaftszerstörende Ideologien zu unterwandern, ist es unerläßlich, Wert, Geltung und Bedeutung der moraltheologischen Weisungen auch einmal in sich selbst herauszustellen. Der vorliegende Versuch sollte bisher ein wenig dazu beitragen und zeigen, daß es in der Sexualmoral keine Normen gibt, die nicht den Lebensgesetzen der Persönlichkeitsentwicklung selbst, der Realisierung ihrer Selbstwerdung und Freiheit entstammen und denselben dienen würden.

d) Fixierungen: Voyeurismus und Exhibitionismus, Sadismus und Masochismus, Fetischismus und magische Allmacht

Auf dem Weg zur Ehe ebenso wie innerhalb der Ehe selbst können bestimmte Haltungen sehr hinderlich und störend sein, die sich aus einer Fixierung auf einzelne Stadien der frühkindlichen Libidoentwicklung ergeben. Auch die Handlungen, die aus solchen Fixierungen folgen, werden in der klassischen Sexualmoral im Katalog der Gebotsübertretungen geführt, ohne daß in diesen Wertungen der Sinnhintergrund erfaßt würde, von dem her die jeweiligen

Normen Berechtigung und das jeweilige Tun Verständnis finden könnten. Es handelt sich dabei im wesentlichen um die Isolationen

1. der Schaulust (Voyeurismus) bzw. der Zeigelust (Exhibitionismus),
2. des Bemächtigungstriebes (Sadismus) und
3. gewisser magischer Allmachtsvorstellungen (Fetischismus).

Obwohl auch in der Homosexualität und in der Onanie gewisse ödipale Fixierungen vorliegen, ist die Problematik der Fixationen in dem genannten Themengebiet weit ausgeprägter und verdient deshalb zusammenfassend unter diesem Stichwort behandelt zu werden.

1. *Der Voyeurismus und der Exhibitionismus*

»Zwar sind auch wir von Herzen unanständig,
doch so hellenisch ist es zu lebendig.«

Goethe: Faust, 2. Teil

Das weite und sehr komplexe Gebiet der Schau- und Zeigelust wird in der kirchlichen Moraltheologie ausnahmslos unter dem Thema der Schamhaftigkeit bzw. der Unschamhaftigkeit betrachtet, und dieser Ansatz ist, trotz seiner vermeintlichen Strenge, im Grunde zu oberflächlich; er nimmt die eigentliche Problematik nicht wirklich ernst oder, schlimmer, er erzeugt sie z. T. sogar.

Schamlosigkeit und Schamhaftigkeit

Bei dem Gefühl der Scham geht es um das Verhüllen von Teilen der eigenen Person, bei deren Präsentation man Mißachtung und Strafe in Form von Liebesentzug gewärtigen müßte[22], seien diese »Teile« der Person nun seelisch oder körperlich. Der »Schamlose«, der sich selbst entblößt, setzt sich über

[22] Psychoanalytisch gilt das (sexuelle) Schamgefühl als Reaktionsbildung gegen den Exhibitionismus aus Angst vor der Kastration. A. Freud, Wege und Irrwege in der Kinderentwicklung, Bern–Stuttgart 1968, 25; H. Nunberg, Allgemeine Neurosenlehre auf psychoanalytischer Grundlage, Bern–Stuttgart [2]1959, 184. Zu dem gesamten Themenkomplex vgl. E. Drewermann, Strukturen des Bösen, 2. Bd., Paderborn [2]1980, 203–209. Besonders das *weibliche* Schamgefühl geht in psychoanalytischer Sicht aus dem Kastrationskomplex hervor und dient dem Verdecken dessen, was *nicht* vorhanden ist. In der Tierpsychologie gilt als Vorläufer des Schamgefühls die *Schuldangst* sozial lebender Tiere. Vgl. R. Bilz, Paläoanthropologie. Der neue Mensch in der Sicht einer Verhaltensforschung, Frankfurt 1971, 1. Bd., 434; E. Drewermann: Strukturen des Bösen, 2. Bd., 223–226.

diese drohende Mißachtung hinweg und gibt damit zu verstehen, daß ihm die Meinung seines Gegenübers gleichgültig ist – eben darin liegt die »Beleidigung«, die er mit seinem Verhalten dem anderen zufügt; er demonstriert, daß er die Mißachtung sich leisten kann, die er durch sein Anstoßgeben provoziert; er selber *verachtet* den anderen zu sehr, als daß er an dessen Mißachtung noch gebunden wäre. Oder umgekehrt: jemand drängt in »schamloser« Weise auf die körperliche oder seelische Entblößung des anderen, indem er sie selber in Blick oder Wort provoziert bzw. den anderen dahin bringt, sie gegen seinen Willen vorzunehmen; in diesem Falle gibt er dem anderen auf krasse Weise seine Mißachtung zu verstehen, indem er die gebotenen Schutzzonen des anderen nicht respektiert; er demonstriert mithin, daß er die Macht hat, den anderen »vorzuführen« und zur Schau zu stellen, ja daß der andere noch froh sein muß, wenn er in seiner schutzlosen Nacktheit mit heiler Haut davonkommt.

Das Thema der Schamhaftigkeit bzw. der Schamlosigkeit ist somit im weitesten Sinne ein Thema von Macht und Unterlegenheit; es *kann* sich sexuell darstellen, ist an sich aber unendlich weiter, indem sich in der Schamlosigkeit eine Art illegitimer Rangordnung herauskristallisiert. Vor dem Ranghöheren (dem Vater, Beichtvater, Lehrer, dem Spieß, dem Chef, dem Oberarzt) kann es Pflicht sein, sich bis in den letzten Winkel des Körpers oder der Seele durchmustern zu lassen, und dieser kann von seinem Recht im Rahmen der ihm zugewiesenen Rolle (in Ausübung seines Berufes) Gebrauch machen, ohne als schamlos gelten zu müssen.[23] Der Schamlose hingegen »pfeift« auf die Rangordnung und maßt sich selber Rechte an, die ihm nicht zustehen; eben deshalb ist er wortwörtlich »asozial«, und jede Gemeinschaft wird von daher auf bestimmte Spielregeln der Schamhaftigkeit bestehen müssen, nach denen das Privileg uneingeschränkter Inspektion entsprechend der Pyramide der Machtverteilung geregelt wird.

Wichtig ist zur näheren Bestimmung des Phänomens der Schamhaftigkeit bzw. der Schamlosigkeit, daß es an *optische* Kontakte gebunden ist. Stets bezieht das Schamgefühl sich auf die Angst, in einer Lage *gesehen* zu werden, bei der man das eigene *Ansehen* verlieren kann.[24] Das Schamgefühl ist insofern vom Schuldgefühl zu unterscheiden: Während im Schuldgefühl das eigene Gewissen als ranghöchste Instanz empfunden wird, deren verurteilendem Blick man sich nicht mehr entziehen kann, richtet sich das Schamgefühl wesentlich auf die mögliche Entdeckung durch andere; als Angst, gesehen zu

[23] E. Drewermann, Strukturen des Bösen, 2. Bd., 225–226; R. Bilz, Paläoanthropologie, 1. Bd., 119.
[24] E. Drewermann, Strukturen des Bösen, 2. Bd., 225.

werden, stellt es den Fall einer sozialen Angst dar, die noch nicht im Gewissen verinnerlicht worden ist.[25]
Das Gebiet von Schamhaftigkeit und Schamlosigkeit bezieht sich mithin auf den optischen Teil derjenigen Kontakte, in denen es um die Demonstration von Rang und Macht geht. In großer Gewandung, mit Krone und Tiara, Mantel und Schleppe, schreiten die Ranghöchsten einher, die Niederrangigen hingegen ziehen den Hut, entblößen, wie die besiegten Gallierinnen vor der Truppe des göttlichen Caesar[26], schutzflehend ihre Brüste oder werfen sich der Länge nach in den Staub. Wie tief eingefleischt derartige Unterwerfungsgesten aus dem Erbe der Evolution sind, zeigt die verbreitete Geste auf eine Frage, die man nicht beantworten kann: Man dreht die leere Handinnenfläche nach oben und öffnet den Mund, um dem anderen die Kontrolle zu erleichtern: Man trägt nichts (an Nahrung) bei sich, auf das er Anspruch machen könnte, und zugleich zieht man die Schultern hoch, um jeden Eindruck von »Hochnäsigkeit« und »Halsstarrigkeit« zu vermeiden.[27] Innerhalb der Spielregeln geregelter Macht existiert das Problem der Scham bezeichnenderweise nicht oder es wird als ein rein subjektiver Luxus behandelt, auf den keine weitere Rücksicht zu nehmen ist. Das Problem der Schamhaftigkeit und Schamlosigkeit wird hingegen akut bei Verletzungen der Rangfolge im Umkreis optischer Signale. Nur insoweit daher sexuelle Fragen mit Machtfragen gepaart sind, tauchen auch sie im Umkreis der Schamproblematik auf. Man schämt sich, als einer gesehen zu werden, der nicht besitzt, was er brauchen würde, um in den Augen eines Mächtigen liebenswert zu sein. Wer eine solche Entblößung entgegen der Rangordnung aktiv oder passiv herbeiführt, der ist im eigentlichen Sinne schamlos.

Die ursprüngliche Schau- und Zeigelust

Demgegenüber hat es das Thema der Schau- und Zeigelust ursprünglich gerade mit dem Gegenteil zu tun: Es bezieht sich nicht auf das Verhüllen dessen, was man nicht hat, um als liebenswert zu gelten, sondern auf die Präsentation derjenigen seelischen oder körperlichen Qualitäten, mittels deren man die Zuneigung des anderen zu erringen hofft. Die Schau- und Zeigelust dient nicht

[25] S. Freud, Das Unbehagen in der Kultur, XIV 484.
[26] C. J. Caesar, Der gallische Krieg, VII 47, 5; I. Eibl-Eibesfeldt: Menschenforschung auf neuen Wegen, 167; zum männlichen und weiblichen Imponier- und Exhibitionsgehabe vgl. E. Drewermann, Der Krieg und das Christentum, Regensburg 1982, S. 77–78; Anm. 47.
[27] R. Bilz, Paläoanthropologie, 1. Bd., 119–122; 488–492.

der *Ausübung* von Rang und Ansehen, sondern der *Eroberung* bzw. der Bestätigung von Rang und Ansehen. Die Schau- und Zeigelust ist noch in dem Gebiet der Konkurrenz angesiedelt, in dem Terrain des Maßnehmens durch Blicke, des Werbeverhaltens, der wechselseitigen Einschätzung. Auch dieses Feld ist an sich viel weiter als das enge Gebiet der Sexualität. Man muß aber zugeben, daß gerade im Sexualleben besonders viele angeborene auslösende Mechanismen existieren, um als Signale im visuellen Kontakt der Werbung und wechselseitigen Anlockung zu dienen. Wie eine Frau die Hände in die Seiten stemmt, die Hüften dreht, den Mund öffnet, die Augen aufschlägt usw., das gesamte Dekor und Make-up, alles in Gehabe und Kleidung dient schon von weitem als optisches Signal möglicher Annäherung oder Abweisung, und nicht ganz anders verhält es sich beim Mann.[28]

Allerdings darf die Exhibition, die Lust, sich zu zeigen, als eine unangefochtene Domäne der Frauen betrachtet werden. S. Freud bereits hat auf das Phänomen hingewiesen, daß Frauen nicht nur mit einzelnen Körperteilen, sondern geradewegs mit dem ganzen Körper zu »exhibieren« pflegen[29], und er suchte diesen in der Tat besonders auffälligen Unterschied im Verhalten von Mann und Frau mit der Theorie vom Kastrationskomplex zu begründen: Schon das Mädchen entdecke auf dem Weg seiner infantilen Sexualforschung, daß es anatomisch anders ausgestattet sei als der Junge, und das Gefühl, kastriert zu sein, beantworte es mit einem gesteigerten Verlangen, den ganzen Körper, besonders in seinen spezifisch weiblichen Merkmalen, zur Schau zu stellen und später ein Kind als »Penisersatz« zu bekommen[30]. Die weibliche Exhibitionsneigung wäre demnach eine Reaktionsbildung auf eine narzißtische Kränkung des kindlichen Selbstwertgefühls. Tatsächlich aber liegen evolutiv die Dinge wohl gerade umgekehrt: daß die Frauen »gerne« Kinder zur Welt bringen, liegt nicht an der psychischen Verarbeitung ihrer physischen Unterlegenheit gegenüber dem Manne, sondern daß die Frauen Kinder gebären, hat vermutlich bereits zu Beginn der Hominisation eine erhebliche Schutzbedürftigkeit der Frau seitens des Mannes hervorgebracht und damit allererst die Notwendigkeit geschaffen, den Mann mit allen nur möglichen Mitteln an die Frau zu binden.

Am Anfang der Menschwerdung steht unzweifelhaft der aufrechte Gang in der offenen Savanne – eine Veränderung, die unseren männlichen Urahnen

[28] D. Morris, Der nackte Affe, 79–80; 125–133; ders.: Der Mensch, mit dem wir leben. Ein Handbuch unseres Verhaltens, 360–361.

[29] H. Nunberg, Allgemeine Neurosenlehre auf psychoanalytischer Grundlage, 185.

[30] S. Freud, Einige psychische Folgen des anatomischen Geschlechtsunterschiedes, XIV 27–28; E. Drewermann, Strukturen des Bösen, 2. Bd., 342–343.

entschieden leichter gefallen sein dürfte als den Weibchen. Der komplizierte Gebärapparat der Frau muß durch den aufrechten Gang wesentlich mehr in Mitleidenschaft gezogen worden sein als der Bauchraum des Mannes –, noch heute sind Unterleibsbeschwerden in der Zeit der weiblichen Periode an der Tagesordnung; zudem wurde die Wirbelsäule in der Zeit der Schwangerschaft jetzt auf enorme Weise belastet mit der Folge einer starken Bewegungseinschränkung und somit Schutzlosigkeit im Fall einer Gefahr; der Geburtsvorgang selbst, bis heute ein Risiko, dürfte vor Jahrmillionen dramatische Formen angenommen haben; schließlich braucht das Kind selbst zwei Jahre und mehr, bis es »vernünftig« laufen lernt, und die »Neotenie« des Neugeborenen verlangt auf Jahre hin die größte Zuwendung und Obhut seitens der Mutter, die in all dieser Zeit naturgemäß nicht selber, wie ein Löwenweibchen, auf die Jagd gehen oder sich selbst verteidigen kann. In erhöhtem Maße ist die Frau daher auf den Schutz und den Unterhalt des Mannes angewiesen, und die Natur hat deshalb, anders als im Tierreich, alles getan, um beim Menschen die Frau zu dem wahrhaft schönen Geschlecht heranzubilden, das bereits durch sein Äußeres jederzeit imstande ist, seine vermeintliche Schwäche durch das nie erlahmende Interesse auszugleichen, welches es bei dem sog. starken Geschlecht zu erringen vermag.[31] Freilich setzte diese Entwicklung voraus, daß die Frauen evolutiv sich auf die Kunst des Vorzeigens verlegen mußten. Ihre Exhibition mit dem ganzen Körper diente jedoch nicht unmittelbar dem Zweck, zu bestimmten sexuellen Handlungen, zu männlichem Draufgängertum, einzuladen, sondern es hatte den Sinn, Aufmerksamkeit zu erregen, Paarbindungen zu ermöglichen und schließlich die notwendige Dauerhaftigkeit fester Beziehungen herzustellen. Die Exhibition der Frau ist habituell zunächst also ein Lockmittel, kein Aufforderungssignal.

Demgegenüber gibt es evolutiv beim Manne wohl eine Tendenz, *genital* zu exhibieren – eine Angewohnheit, die sich vermutlich aus dem Wachesitzen der Primatenmännchen entwickelt hat und ursprünglich der Reviermarkierung diente[32] –, das Tragen von übergroßen Penisfutteralen bei zahlreichen Einge-

[31] Vor allem die weit geringere Behaarung des weiblichen Körpers dürfte mit einer stärkeren taktilen Sensibilität und mit der Verstärkung sexueller Signale zusammenhängen, während der Rückgang der Körperbehaarung beim Mann mit der Vermehrung der Schweißdrüsen auf der gesamten Körperoberfläche zur Verbesserung der Verdunstung und Kühlung bei der Jagd zu tun haben könnte; D. Morris, Der nackte Affe, 69–74. – Wie stark Männer von visuellen, Frauen von taktilen Reizen abhängig sind, betont E. Kloehn: Typisch weiblich? Typisch männlich?, 130–131.

[32] W. Wickler, Stammesgeschichte und Ritualisierung, 250–254; vgl. die Abbildungen bei I. Eibl-Eibesfeldt, Der vorprogrammierte Mensch, 248–269; zur männlichen Exhibition vgl. E. Drewermann, Strukturen des Bösen, 2. Bd., 318–329.

borenenstämmen oder der Hosenlatz der Landsknechte[33] stellen Abarten einer solchen »normalen« männlichen Exhibition dar; aber im eigentlichen Sinne haben die Männer sich in Korrespondenz zum mütterlichen Verhalten der Frauen evolutiv zu Spezialisten der Jagd entwickelt,[34] und wenn die Exhibition eine Vorliebe der Frau ist, so ist der Voyeurismus die komplementäre Dauereigenschaft der Männer. Nichts auf Erden scheint bis heute den Blick eines Mannes so sehr zu fesseln wie die Schönheit einer Frau. Jede Frau, die will, verfügt über die Macht, an jeder größeren Straßenkreuzung Deutschlands durch nur wenige Bewegungen ihres Körpers ein Verkehrschaos erster Ordnung heraufzubeschwören. Auch dieses ständig marschbereite Suchverhalten der Männer hat evolutiv natürlich seinen guten Sinn: Ein Mann kann an sich durchaus mehrere Frauen versorgen, so daß unter entsprechenden sozialen Bedingungen keine zu kurz zu kommen brauchte; die Erhöhung der Kinderzahl durch die Polygamie stellte zudem für die menschliche Spezies in den Jahrhunderttausenden ihrer biologischen Unterlegenheit wohl das wichtigste Mittel dar, um im Kampf ums Dasein zu bestehen, ehe erst heute unter veränderten zivilisatorischen Bedingungen sich dieses Überlebensmittel der Vorzeit in einen endzeitlichen Alptraum zu verwandeln beginnt.[35] Jedenfalls tendieren die Männer von altersher dazu, auch auf die Schönheit einer Frau nach Art von Jägern zu reagieren: mit »Aufspüren«, »Anschleichen«, »Verfolgen« und »Erlegen«.[36]

Die männliche Schaulust unterliegt an dieser Stelle indessen regelmäßig der Gefahr eines kurzschlüssigen Irrtums, als ob eine Frau, deren Attraktivität einem Manne nicht ohne Absicht in die Augen springt, auch schon dasselbe wollen könnte, was ihm bei ihrem Anblick selber durch den Kopf gehen mag. Der Mann muß, wenn es im Sinne der Frau mit rechten Dingen zugehen soll, gewissermaßen mit seinem Willen zur Eroberung zu einem *ständigen* Jagdverhalten angeeifert werden: Nicht der einmalige »Erfolg«, sondern die ständige Bemühung muß prämiert werden – die »Attraktion« muß sich auf Dauer stellen, und so entsteht das äußerst reizvolle, je nach den Umständen teils innervierende, teils enervierende *Spiel* im Umgang der Geschlechter miteinander: Die Frau muß die Kunst erlernen, zu locken, ohne zu verführen, an sich zu binden, ohne zu fesseln, die Lust an der Eroberung zu erwecken und doch

[33] W. Wickler, Stammesgeschichte und Ritualisierung, 260–267; D. Morris, Der Menschen-Zoo, 149–160 erinnert an die männliche Exhibition mit kulturellen Phallussymbolen wie dem Sportwagen, der Gitarre etc..

[34] L. Tiger – R. Fox, Das Herrentier, 121–123; 243; 247; E. Drewermann, Der Krieg und das Christentum, 19–22; 76–82.

[35] E. Drewermann, Der tödliche Fortschritt, 10–14; 47–50; 61–62.

[36] E. Drewermann, Der Krieg und das Christentum, 78–82.

nur so viel an Erfüllung zu gewähren, daß diese Lust erhalten bleibt; der Mann umgekehrt muß in der Liebe lernen, daß er sogar und gerade bei seiner eigenen Frau stets weiter auf der Suche bleiben muß nach dem, was er in der Person seiner Geliebten sonst womöglich längst für gefunden, ja längst sich zugehörig wähnen würde; er muß mit einem Höchstmaß an Interesse ein Höchstmaß an Selbstdisziplin und nie erlahmendem Bemühen des Werbens und immer neuen »Eroberns« dessen, was er schon zu »besitzen« meint, verbinden lernen. Vielleicht finden von daher Zeigelust und Schaulust niemals eine tiefere Erfüllung als in der Beziehung einer geistvollen Frau zu einem romantischen Künstler, sei dieser nun ein Maler, Bildhauer oder Schriftsteller: Wenn die Schaulust auf der Seite des Mannes übergeht in eine gewissermaßen absichtslose, bewundernde Objektivität für die Schönheit und den Wert, für die Einmaligkeit und Kostbarkeit des anderen, und wenn umgekehrt die Zeigelust der Frau sich ihrer befruchtenden Kraft und beseligenden Faszination auf den anderen bewußt bleibt, dann, in geheimer Umkehrung der Geschlechterrollen, können Schau- und Zeigelust sich auf das feinste kultivieren und sublimieren. Die alten Ägypter etwa vermochten auf diese Weise den Körper der Frau so zu modellieren, daß er sich als Ausdruck ewiger Schönheit dem Willen zu zeitlichem und vergänglichem Zugriff entzog, und ähnlich liegt es seitdem im Willen und in der Wirkung jeder Kunst.

Verwirrungen aus Schuldgefühl und Angst

All dies hat, wohlgemerkt, mit dem moraltheologischen Thema von Schamlosigkeit und Schamhaftigkeit an sich noch nicht das geringste zu tun. Es handelt sich vielmehr um absolut notwendige, im Gang der Evolution zutiefst verankerte, ganz und gar natürliche Verhaltensweisen der Schau- und Zeigelust, die im Sinne der christlichen Moraltheologie nach den Vorstellungen von »erlaubtem« und »sündhaftem« Anschauen regeln zu wollen psychologisch allererst die Probleme erzeugen muß, deren man schließlich vergebens mit allen nur erdenkbaren Mitteln moralischer Nachverdrängung Herr zu werden versucht. Die Sexualerziehung vor allem der katholischen Kirche hat indessen an gerade dieser Stelle ein besonders verhängnisvolles Zeugnis dafür abgelegt, was passieren muß, wenn man moralische Anweisungen über die Schau- und Zeigelust von der psychischen Erfahrung isoliert, mithin von ihrem Verständniszusammenhang trennt, und ohne Rücksicht auf die Gesetze seelischer Entwicklung in starrer Weise ein bestimmtes Tun in seinem äußeren Bestand für sündhaft, womöglich sogar für »schwer« sündhaft erklärt.

Wie jeder Trieb, der dem Menschen mitgegeben ist, durchläuft auch die Schau- und Zeigelust verschiedene Stadien ihrer Entwicklung. Ein erster Schub paart sich mit der Sexualneugier der ödipalen Phase. Der Unterschied von Junge und Mädchen wird in dieser Zeit zu einer aufregenden Entdeckung; die Frage, woher die Kinder kommen, setzt alle möglichen kindlichen Zeugungs- und Geburtsphantasien in Gang; das elterliche Verhalten wird mit Neugier und Mißtrauen belegt, und es ist nicht selten, daß der kleine Junge jetzt seiner Mutter durch genitale Exhibition zu imponieren versucht, während das Mädchen auf ähnliche Weise sich bei seinem Vater einzuschmeicheln trachtet. Wenig später beginnen die kindlichen Doktorspiele – kein einigermaßen gesundes Kind, das nicht seine entsprechenden Erfahrungen in diesem Punkte zu sammeln gewußt hätte. In alledem ist klar, daß diese Form der kindlichen Exhibition und des infantilen Voyeurismus für eine normale seelische Entwicklung schier unerläßlich ist. Gefährlich ist in diesem wie in allen anderen Bereichen der Sexualität niemals das spontane, natürliche Tun, sondern die zu früh einsetzende moralische Unterdrückung.
Um das Paradox an dieser Stelle so zugespitzt zu formulieren, wie es ist: Es gäbe das Problem des Voyeurismus und des Exhibitionismus gewiß nicht, würde nicht eine zu strenge sexualfeindliche Erziehung, wie sie in gut katholischen Familien, von Ordensschwestern geleiteten Mädcheninternaten oder, ungreifbarer, im Klima »spanischer« Katholizität oder calvinistischer Strenge noch heute gepflegt wird, in verhängnisvoller Gegenfinalität geradewegs die unmittelbare Ursache für eben diejenigen Erkrankungen darstellen, deren Symptome sie schon im Keime zu unterdrücken sucht.
Als erstes läßt sich nur schwer ein wirksameres Mittel zur Erzeugung neurotischer Schuldgefühle, verzweifelter Gegenbesetzungen und schließlich einer tiefgreifenden Verstellung des gesamten Selbstwertgefühles vorstellen als das drakonische Verbot »unschamhafter« Blicke. Jedes Kind kommt mit einem gerüttelt Maß an »Narzißmus« auf die Welt, und nur wenn es seinen eigenen Körper als »ansehnlich« und »annehmbar« zu betrachten und zu betasten lernt, wird es ein Ichgefühl entwickeln können, aus dessen Reservoir eines Tages auch genügend psychische Energie an einen Partner abgegeben werden kann. Die moralische Einengung der kindlichen Schaulust hingegen führt notgedrungen dazu, ganze Körperpartien, schließlich den ganzen Körper selber für etwas Unansehnliches, Unaussprechliches, buchstäblich Ungehöriges, Ichfremdes anzusehen. Das Gleiche gilt von der Zeigelust: Wird sie zu früh gehemmt, so fixiert sich die kindliche Neugier: auf der einen Seite gilt der Anblick des unbekleideten männlichen oder weiblichen Körpers als ein angstvoll zu meidendes Tabu, oder, stärker noch, die zu vermeidenden Körperzonen werden als häßlich, widerwärtig, ekelhaft empfunden, auf der

anderen Seite kreist das Interesse, die Phantasie, ständig um diese verbotenen Zonen. Und erst mit dieser quälenden Ambivalenz betritt man das Feld des eigentlichen Voyeurismus und Exhibitionismus.

Der Exhibitionismus zwischen Hörigkeit und Macht

Es mag sein, daß die Schäden einer zu frühen und ängstigenden Schamerziehung zunächst durch die Phase der Latenzzeit verdeckt werden und eine Zeitlang unauffällig bleiben; um so heftiger werden sie sich zu Beginn der Pubertät zu Wort melden und dann schier unerträgliche Verwicklungen heraufführen.

Besonders der Gestaltwandel *der Mädchen,* ungleich augenfälliger als die körperlichen Veränderungen des heranwachsenden Jungen, müssen ein allzu schamhaft erzogenes Mädchen in die tiefste Verwirrung stürzen –, endgültig läßt sich jetzt nicht mehr verbergen, daß man sieht, was man nicht sehen sollte. Nur wer aus den zumeist Jahrzehnte späteren Darstellungen erwachsener Frauen in der Psychotherapie das Dilemma des Verdrückens und Verdrängens, des physischen wie psychischen Verzweiflungskampfes gegen die Entfaltung des eigenen Körpers kennt, kann sich diesbezüglich eine hinreichende Vorstellung von der Grausamkeit zu früher und strenger Einengungen der Schau- und Zeigelust durch eine rigide Sexualmoral machen. In ihrer Biographie »Ein Stück Erde« hat z. B. die Jüdin Janina David geschildert, wie sie als Mädchen, gerade dem Warschauer Getto entronnen, in ein Ursulineninternat kommt und noch am ersten Abend erfahren muß, daß man beim Ausziehen nichts zeigen darf, »was unsere Augen beleidigen könnte«[37] – eine bizarre Parallele zwischen der Inhumanität der faschistischen Ausrottungspraxis und der katholischen Unterdrückungsschamhaftigkeit tut sich in dieser biographischen Erinnerung auf, indem die einen nicht die Jüdin, die anderen nicht die werdende Frau in Janina leben lassen können; ja, es stellt sich unausweichlich die Frage, welche Form der Unterdrückung auf die Dauer empfindlicher und »gründlicher« wirken muß bzw. was von wem abhängt: die rassistische Unterdrückung von der sexuellen Verdrängung oder umgekehrt.

Natürlich fehlt es andererseits bei jedem noch nicht völlig gehemmten Mädchen in der Pubertätszeit gewiß nicht an Versuchen, wider alles Verbot dennoch seine beginnende Weiblichkeit mit gebührendem Stolz unter Beweis zu stellen und die Wirkungen eines solchen Verhaltens auf die Gefährten des eigenen wie des fremden Geschlechts zu erproben. Aber eben dieses Gemisch

[37] J. David, Ein Stück Erde, 44.

aus Heimlichkeit und Öffentlichkeit, aus Unterdrückung und Offenbarung, aus Wagemut und Schuld lädt nunmehr die an sich ganz natürliche Zeigelust mit der Lust am Verbotenen auf. Je nach der quantitativen Stärke des Konfliktes entsteht jetzt nahezu zwangsläufig die Notwendigkeit, sich durch überwertige und übertriebene Exhibition vor sich selber und den anderen als Frau bestätigen zu wollen und bestätigen zu lassen. Immer wieder verfestigt sich dabei die Ambivalenz, stolz zu tun und sich insgeheim zu verachten und wiederum die Selbstverachtung zu überspielen durch um so größere Kühnheit. Mit geheimem Stolz registriert man nunmehr die begehrlichen Blicke der Männer, man genießt seine magische Macht über sie, zugleich aber verachtet man sie für ihre zwanghafte Hörigkeit und hündische Unterwürfigkeit. Unmerklich verwandelt sich damit die Exhibition in das rechte Verfahren, um die Selbstverachtung dafür, eine Frau zu sein, durch die Verachtung der Männer zu ersetzen, die nur für das »Unanständige« an einer Frau Augen zu haben scheinen. Die neurotische Gehemmtheit schlägt damit um in die Lust der Perversion, in das, was Dostojewski als das »Recht auf Schande« bezeichnet hat.[38]

Auf analoge Weise gestaltet sich die Entwicklung der männlichen Exhibition, nur daß man aus den soeben erörterten stammesgeschichtlichen Gründen die Exhibition der Frau für etwas an und für sich Normales, die des Mannes aber für etwas eher Verwerfliches, ja u. U. Strafbares hält. Tatsächlich muß der innere Druck bei einem Mann weit größer sein als bei einer Frau, um ein exhibitionistisches Verhalten zu erzwingen. Die Angst, kein rechter Mann zu sein, insbesondere die kindliche Furcht, von der eigenen Mutter für die Demonstration seiner Männlichkeit bestraft, verlacht, ja verspottet zu wer-

[38] F. M. Dostojewski, Der Idiot, 400: »Wißt, daß es in dem Bewußtsein der eigenen Nichtigkeit und Schwäche einen solchen Gipfel der Schande gibt, daß der Mensch schon nicht mehr weiterzugehen vermag und in seiner eigenen Schande ein ungeheueres Vergnügen zu finden beginnt.« – J. Rattner, Psychologie und Psychopathologie des Liebeslebens, 109–112 meint sehr richtig vom Exhibitionismus, »daß es sich um Menschen mit Sexual- und Liebes-*Hemmungen* handelt, die von der Kindheit her eine unübersteigbare Schamschranke in sich tragen, gegen die sie mit ihren deliktischen Handlungen verzweifelt ankämpfen. Für übermäßig schamhafte Menschen kann die Entblößung als heroisch, wollüstig und grandios erscheinen«. M. Boss, Sinn und Gehalt der sexuellen Perversion, 92–97 schildert in einem beeindruckenden Beispiel, wie unter einem Übermaß an Schamgefühl und Angst vor Berührung der Exhibitionist die »Geschlechtsverbindung ... nur durch die Augen« sucht (96). »Wenn ich mein Glied den Frauen zeige, denke ich, ihre Blicke spielen mit ihm, streicheln es. Dann ist es himmlisch. Die Frauen sind dann wie Engel. Alles ist wunderbar schön. Oft muß ich dann an meine erste Kommunion denken, da mir auch war, als würde mich die Jungfrau Maria anblicken und mich mit himmlischer Süße erfüllen.« (96).

den, nötigt später den Erwachsenen auch anderen Frauen gegenüber zu einem ständigen Wiederholungszwang: Die ursprünglich nicht unberechtigte Hoffnung, mit dem eigenen Geschlechtsorgan eine Frau (die Mutter) an und für sich positiv beeindrucken zu können, paart sich aus der frühkindlichen Erinnerung jetzt mit der unbewußten Antizipation von Ablehnung, und beide Tendenzen vereinigen sich zu einem Gebaren, in dem der Stolz, ein Mann zu sein, durch eine überwertige und isoliert-fixierte Hervorhebung des stets verbotenen, rein genitalen Anteils am männlichen Werbeverhalten zum Aberwitzigen mißrät. Wie ein kleines Kind hofft der Exhibitionist, dafür geliebt zu werden, daß er als Mann, als Träger eines Sexualorgans auf der Welt *ist* ohne die Notwendigkeit, irgendetwas *tun* zu müssen, das ihn als eine männliche *Person* ausweisen und ihn in seiner Persönlichkeit dem anderen Geschlecht als liebenswert empfehlen könnte. Der Exhibitionist will und wird »es den anderen (bes. der eigenen Mutter) schon zeigen«, aber was er in Wahrheit damit erntet, ist nichts als immer wieder die verbietende, kichernde oder achselzuckende Verweigerung seitens des anderen Geschlechts, auf die er schon als Kind gestoßen war. So verurteilt der Exhibitionist sich selber immer von neuem zu seiner eigenen Beschämung. Einzig die zähneknirschende Genugtuung verbleibt ihm schließlich, den anderen wenigstens provoziert, wenigstens *negativ* beeindruckt, wenigstens ein Stück weit verlegen gemacht zu haben – eine quantité négligeable jedenfalls ist seine Männlichkeit am Ende also doch nicht. Wie stark die Not solcher Exhibitionisten, solcher »Schamverletzer«, wie sie noch immer in den unsinnigen Suchanzeigen der Lokalseiten gewisser Regionalzeitungen genannt werden, in Wirklichkeit ist, mag man an der Tatsache erkennen, daß, ähnlich wie viele Homosexuelle, auch zahlreiche männliche Exhibitionisten ihrem unseligen Schicksal durch eine bürgerliche Heirat zu entkommen suchen; und doch, inmitten einer scheinbar harmonischen Ehe und Familie, überfällt sie immer wieder periodisch dieser Zwang zu ihrer eigenen Entblößung und Beschämung.

Der Voyeurismus zwischen Macht und Hörigkeit

Psychologisch nicht viel anders, aber infolge absoluter Straflosigkeit viel ungebundener stellt sich das Los des Voyeurs dar. Die Degeneration der Schaulust zum Perversen entwickelt sich so gut wie ausschließlich auf dem breiten Hintergrund des *männlichen* Voyeurismus, und auch hier hat man es keinesfalls mit dem einfachen Ausufern des soeben geschilderten unmittelbaren Triebbedürfnisses der Schaulust zu tun, sondern mit dem Durchbruch fixierter Gehemmtheiten. Wohl sind die Grenzen in diesem Punkt heute fließender denn je. Eine umfangreiche Peep-Show-Industrie, der wilde Konkurrenzkrieg der Illustrierten mit der weiblichen Nacktheit, Film, Werbung, Literatur – auf allen Ebenen präsentiert sich heute der männlichen Schaulust, zusätzlich noch zu den freizügigen Veränderungen der Mode, ein überreiches Angebot. Aber das frustrierte Stammpublikum der Großstadt-Peep-Shows benutzt die weibliche Nacktheit eigentlich nur wie eine Ware – als ein Hilfsmittel für die offenbar nicht ausreichende Phantasie beim Onanieren. Auch über diesen Umweg kann sich die Schaulust in einem erheblichen Maße verselbständigen, sie verliert aber dabei ihren fixierten Eigenwert. Der eigentliche Voyeur wird durch das Schauen selber absorbiert, und hier ist es wieder dieses Gebräu von Verbot und Lust, diese durch frühkindliche Verbote fast mystische Aura des Unerreichbaren, des Einmaligen und Sensationellen, das den Voyeur auf seinen tristen Exkursionen von einer »günstigen Gelegenheit« zur anderen stolpern läßt. Im Alltag, gegenüber seiner Ehefrau, zumeist ein Mann der Keuschheit und der Sittenstrenge, wagt er es kaum, seine Lust zu befriedigen; aber die dadurch entstehende Reizlosigkeit verlangt gebieterisch nach immer neuen ventilartigen Surrogaten. In Wirklichkeit scheu und kontaktarm, wird sich der Voyeur in der Realität schwerlich getrauen, eine Frau auch nur anzusprechen; gerade um so willkommener aber ist ihm das Arrangement der »verbotenen« Blicke. Was ursprünglich ein Suchverhalten war, gerät auf diese Weise zunehmend mehr zum Selbstzweck, wobei erneut *die Magie des Verbotenen* zur eigentlichen Wollust wird. Einen Blick auf diejenigen Körperzonen zu erhaschen, die zu betrachten von früh auf als verboten galt, wird jetzt zu einem triumphalen Genuß, ganz so, als ob man mit dem verbotenen Blick eine kostbare Beute aufgespürt hätte. Aber gerade dieser Triumph ist die eigentliche Tragik des Voyeurs: seine Unfähigkeit zu einer eigentlichen sexuellen Lustempfindung.

In der öffentlichen Diskussion ist inzwischen mit gewissem Recht immer wieder darauf hingewiesen worden, durch den Voyeurismus werde die Frau zu einem bloßen »Lustobjekt« erniedrigt. Was die kommerzialisierte Sexindustrie angeht, so trifft dieser Vorwurf ganz gewiß zu; aber bezogen auf die Psychodynamik des einzelnen Voyeurs vergißt man offensichtlich die eigentliche Dialektik von subjektiver Unersättlichkeit und objektiver Frustration im voyeuristischen Verhalten.

Zum einen: von »Lust« kann beim Voyeurismus nur mit Einschränkung die Rede sein. Man lese die meisterliche Darstellung in Émile Zola's »Nana«, wie die verführerische Tochter der heruntergekommenen Gervaise bei ihrer ersten Vorstellung unter den Augen einer noblen Gesellschaft Schau-»lustiger« nackt die Bühne betritt – schon in ihrer Rolle eine Göttin, keine Frau –, wie in der schwülen Überhitztheit der Erwartung der Atem stockt, die Sprache verschlägt und lähmende Starrheit eintritt; nicht Lust – Qual wäre das bessere Wort für diesen Zustand[39]. Und zum anderen: Zola zeigt vor allem die hypnotisierte Ohnmacht, die Ausgeliefertheit des Voyeurs gerade auf dem Gipfel seines Ziels: Glorreich steht Nana in ihrer aggressiven Nacktheit da, als wenn die stechenden Blicke der Männer geblendet würden von dem, was ihnen in die Augen sticht. Der arme Muffat vollends verfällt trotz allen Betens, trotz allen Gegenwillens, der dämonischen Bezauberung Nanas, die sich mit ihrem kometenhaften Aufstieg für die Fülle erlittener Kränkungen rächt, ehe ihr schöner Leib elend an den Pocken zugrunde geht. Der Voyeur, der mit seinem Blick den anderen zur wehrlosen Beute macht, ist doch in der sehr zutreffenden Schilderung Zolas höchsteigentlich selber die wehrlose Beute seiner selbstgeschaffenen Mystifikation weiblicher Nacktheit. Zwar existiert diese unlustige Abhängigkeit von dem »Lustobjekt Frau« für den Voyeur nur bedingt auch im eigenen Erleben; er selber wähnt sich vielmehr tatsächlich wohl zunächst in der Rolle eines allmächtigen Zuschauers, in dessen Belieben es liegt, den anderen zu entblößen und in seinen eigenen Fixierungen zu fixieren. Gleichwohl darf man das hohe Maß an Zwang und Unfreiheit im Wesen des Voyeurs niemals unterschlagen, ist doch sogar die Richtung der voyeuristischen Fixierung im Detail unbewußt determiniert.

Zu einem hohen Anteil nämlich beruht die hypnotische Faszination des Voyeurs durch gewisse Teile des weiblichen Körpers auf einer Fixierung nicht

[39] É. Zola, Nana, 38: »Ein Schauer durchwogte den Zuschauerraum. Nana war nackt. Sie war völlig nackt und trug ihre Blöße mit ruhiger Kühnheit zur Schau, in sicherem Selbstgefühl der Allmacht ihrer Fleischespracht ... Es gab keinen Applaus. Niemand lachte mehr, die Männer starrten mit ernsten, vor innerer Spannung verkrampften Gesichtern auf die Bühne, ihre Nasen waren schmal zusammengekniffen, ihr Mund verzerrt und ausgetrocknet. Es war, als sei ein Wind vorübergeweht, ein linder, milder Windhauch zwar, doch geschwängert mit einer dumpfen Drohung. Jäh und unerwartet bäumte sich in dem gutherzigen Kind das Weib auf, beklemmend und ängstigend, mit dem Wahnsinnsausbruch ihres Geschlechtes, und ließ sie das unbekannte Reich des Verlangens schauen. Nana lächelte unentwegt, aber es war ein böses Lächeln, das Lächeln eines männerfressenden Weibchens.« S. 41: »Der ganze Zuschauerraum schwankte, taumelte und geriet allmählich in einen schwingenden Rauschzustand, ermattet und gleichzeitig aufgepeitscht, gepackt von Sehnsüchten, wie sie um die mitternächtliche Stunde in jedem Menschen schlummern und in der Heimlichkeit des Alkovens in heißem Gestammel laut werden. Und diesem aufgekitzelten und hörig hingegebenen Publikum gegenüber, Aug in Auge mit diesen fünfzehnhundert zusammengepferchten Menschen, die völlig erschöpft und mit ihren Nerven am Rande waren, vor diesen überreizten, schaumüden und abgespannten Zuschauern stand Nana, sieghaft in ihrem marmorweißen Fleisch, mit ihrem Geschlecht, das stark genug war, alle diese Menschen zunichte zu machen, ohne doch von ihnen auch nur einen Hautritzer abzubekommen.« – Auf den *mythischen* Charakter des Strip-tease als eines Schauspiels der Angst verweist R. Barthes: Mythen des Alltags, 68.

nur des Schautriebes an sich, sondern auf einer Fixierung bestimmter Zonen, Positionen und Handlungen. Der Weg dahin ist zweifach. Es kann sein, daß die Fixierung unmittelbar durch *die Verdrängung* selbst erfolgt, indem es gewisse Körperzonen waren, die von alters her als besonders tabuisiert gelten mußten – gerade an ihnen entzündet sich natürlich später das lebhafteste voyeuristische Interesse. Es kann aber auch sein – und verbindet sich meistens damit –, daß von der *Haltungsseite* her bestimmte Zonen des weiblichen Körpers zum bevorzugten Gegenstand der Schaulust werden und ihr Anblick geradewegs zur unerläßlichen Bedingung sexueller Erregung avanciert.
Gewiß schwingt auch hier bei der speziellen Form der Fixierung bestimmter Körperzonen ein erheblicher *gesellschaftlicher Faktor* mit. Was jeweils als »unanständig« gilt, ist von Gesellschaft zu Gesellschaft verschieden und kann sogar innerhalb ein und derselben Sozietät relativ raschen modischen Schwankungen unterliegen. In Papua-Neuguinea gilt es als normal, die weibliche Brust nicht zu bedecken, aber inmitten der Kopfjägerkultur gilt es als furchtbare Schande, den Nacken zu entblößen[40]; in Hungerzeiten, wie in einer gewissen Verzögerung des Geschmacks in den 50er Jahren in Deutschland, waren Frauen vom Format der Jane Mansfield und Brigitte Bardot der große Schwarm[41]; dann wieder, nach der Phase des »Fräulein-Wunders«, liebte man es twiggy-like und spindeldürr; Gedichte, die im Barock zum Lob der Frau gesungen wurden, müßten heute als obszön gelten, usf.[42] Wichtiger aber als

[40] A. Falk-Rønne, Meine Freunde – die Kannibalen, 124–125 z. B. schildert, wie die Dani-Frauen auf Neu-Guinea sich den Nacken mit Schweinefett einreiben, um auf die Männer attraktiver zu wirken. »Einen Danimann erregt bei den Frauen ... ihr Nacken, weshalb die Danifrauen nahezu immer ihren Nacken bedeckt halten.«.
[41] B. d'Eckardt, Brigitte Bardot. Ihre Filme – ihr Leben, 69–80 weist vor allem auf den 1956 gedrehten Film ... *et Dieu créa la femme* (Und immer lockt das Weib) hin, in dem R. Vadim die damals attraktive Mischung aus Vamp, Nymphe und Lolita schuf, mit der »BB« zum Symbol einer ganzen Generation avancierte. – H. Scheugl, Sexualität und Neurose im Film, 109–111 betont vor allem die zumeist dümmliche Rolle der weiblichen Sexstars: »Sie waren einfältig, und für den Mann bildete angesichts ihrer überwältigenden Kurven der Gedanke an ihren leeren Kopf eine sichere Potenzstütze.« Nicht nur die Sehnsucht nach der idealen Mischung aus Mutter, Hure und Jungfrau, sondern auch der Triumph der männlichen Herrschsucht manifestierte sich in den modisch wechselnden Leinwandidolen der damaligen Zeit. – G. Seeßlen – C. Weil: Ästhetik des erotischen Kinos, 36–37 weist auf die Gleichsetzung von Gesundheit, Jugendlichkeit und Schönheit sowie auf die Infantilisierung der Sexualität als Teil einer Warenwelt hin, in welcher der Frau ihr Körper zum Schicksal werde. Der Sexfilm zeige »die Angst, die Schäbigkeit, die Häßlichkeit, die Verachtung, die eigentlich ... das Erotische längst nicht mehr bedrohen sollten, konzentrierter ..., als das manche christliche Höllenvisionen zustande brächten« (S. 35).
[42] So z. B. die Gedichte von Chr. Hofmann von Hofmannswaldau, der für die Ambivalenz des Barock zwischen frömmelnder Weltverachtung und derber Sinnen-

derartige gesellschaftliche Schwankungen ist die individuelle, vom Charakter her bedingte Fixierung. Truffaut's »Mann, der Frauen liebte«[43] z. B. war wie vernarrt in den Anblick von Frauenbeinen: Als sich gleich in der ersten Szene des Films der Sarg dieses an Herzversagen allzu früh verstorbenen französischen Peeping Tom in die Erde senkt und die Kamera von unten die Frauen zeigt, die trauernd am Grabe stehen, konstatiert der Sprechtext mit grotesk wehmütiger Stimme: »Das war die Perspektive, aus der er uns am liebsten sah.« Deutlich zeigt sich, daß die Vorliebe des scheinbar so großen und erfolgreichen Frauenverehrers in Truffauts Film der Fixierung auf die Weltsicht eines kleinen Jungen entstammt.

Im einzelnen wird sich charakterspezifisch von der *oralen* Fixierung eines depressiven Voyeurs her ein besonderes Interesse für die weibliche Brust ergeben; der *anale* Charakter des Zwangsneurotikers wird eher eine Bevorzugung des Gesäßes nahelegen; ein *hysterischer* Charakter wiederum wird weit eher zur Exhibition als zum Voyeurismus neigen, usf. In allen Fällen aber bedarf es bereits im Vorfeld gewisser *intentionaler Gehemmtheiten*, wie sie für jede Perversion charakteristisch sind: Nur eine gewisse *schizoide* Haltung ermöglicht es, sich mit der Reduktion des Partnerkontaktes auf das bloße Anschauen oder Vorzeigen zufrieden zu geben.

Darüberhinaus gelten die Fixierungen der Schaulust oft nicht nur gewissen Körperzonen, sondern auch bestimmten *Situationen*. Fragen, die eigentlich durch die Sexualneugier der Kinderzeit hätten eine befriedigende Antwort finden sollen, können bei entsprechender Unterdrückung später das Leben eines Erwachsenen mit einem abartigen Interesse am Anblick etwa der Ausscheidungsvorgänge beim anderen Geschlecht durchziehen; gewisse onanistische Handlungen, die in der Kinderzeit hätten als harmlos gelten können, werden bei entsprechender Fixierung mit Vorliebe später beim anderen Geschlecht betrachtet; denn wenn der andere tut, was einem selbst als Kind verboten wurde, so ergibt sich daraus gleich ein doppelter seelischer Gewinn: Man kann das eigene Schuldgefühl durch das Erleben einer unausgesprochenen Gemeinsamkeit mit dem anderen erleichtern – endlich scheint erlaubt und förmlich angeboten, was bisher als schlechterdings verboten galt –, *und* man kann die Selbstverachtung von sich selber weg auf den anderen projizieren. So wie der Exhibitionist den Voyeur im stillen für »verdorben« und gemein hält, so geradewegs auch umgekehrt.

freude besonders charakteristisch ist und der vor den gewagtesten wie abgedroschensten Metaphern nicht zurückschreckte. Vgl. M. Szyrocki (Hrsg.), Lyrik des Barock, II 52–72.

[43] F. Truffaut, Der Mann, der die Frauen liebte, Frankreich 1976–77.

Die Lust an der (vormals) verbotenen Lust kann sich dabei, vereint mit dem Faktor der Verachtung der eigenen wie der fremden Person, zu Graden steigern, in denen einzig das *Obszöne* noch als befriedigend empfunden wird. Die ständige Unerfülltheit, die mit der Reduktion des Sexualverhaltens auf die Schaulust von selbst gegeben ist, verlangt, wie bei einem Süchtigen, nach immer stärkeren Reizmitteln und findet sie schließlich vor allem in der *Demontage* der Person des anderen. Zu Recht hat J. P. Sartre darauf hingewiesen, daß das Obszöne wesentlich in dem *Überflüssigen*, in dem Nicht-Notwendigen, in dem Ungestalten, in dem »Fleisch« der Person des anderen liegt.[44] In der lustvollen Suche gerade nach diesem Überflüssigen am anderen, nach dem Widerwärtigen, Beschämenden an ihm erfüllt sich endlich die tragische Schamlosigkeit des Voyeurs und macht sich damit selbst in ihrem Wesen offenbar: als Lust daran, die eigene Schande in der Schändlichkeit des anderen zu genießen.

Wesen und Therapie von Voyeurismus und Exhibitionismus

Auf den Kern reduziert, enthüllt sich der *Voyeurismus* mithin als ein Genuß nicht nur der Schaulust, sondern vor allem der aus eigenem Schamgefühl geborenen schamlosen *Macht*, als eine Reklamation des uneingeschränkten Inspektionsrechtes des Ranghöheren über die Schamstellen im Leben des Rangniederen aus dem Gefühl eigener Unansehnlichkeit. Nur innerhalb dieses Machtgefälles ist es verständlich, daß die patriarchalische Struktur unserer Gesellschaft dem Mann die Rolle des Voyeurs förmlich aufdrängt, während sie die Frauen umgekehrt zur Exhibition veranlaßt. Doch mehr als ein gesell-

[44] J. P. Sartre, Das Sein und das Nichts, 512–513 stellte mit großer Berechtigung das Obszöne der Anmut gegenüber und meinte: »In der Anmut ist der Leib das Werkzeug, das die Freiheit offenbart. Das anmutige Tun liefert dem Leib ... jeden Augenblick seine Daseinsberechtigung ... Die Anmut gestaltet also das objektive Bild eines Seins, das *Begründung seiner selbst, um zu ... ist* ... die Nacktheit des Fleisches ist ganz gegenwärtig, aber sie kann nicht *gesehen* werden.« »Das *Obszöne* wird sichtbar, wenn der Leib Stellungen einnimmt, die ihn seines Tuns völlig entkleiden und die Trägheit des Fleisches enthüllen.« Sehr zutreffend rückt Sartre das voyeuristische Interesse am Obszönen damit in die Nähe des Sadismus. »Der Sadist zielt darauf ab, die Anmut zu zerstören, um eine andere Synthese des Anderen *realiter* zustande bringen zu können: er will das Fleisch des Anderen (sc. in seiner Kontingenz, in seiner dem Betrachter preisgegebenen Faktizität, d. V.) in Erscheinung treten lassen« (a.a.O., 514). – Zur Herleitung des Schamgefühls aus dem Erleben der Kontingenz des Daseins bei Sartre vgl. zur Deutung von Gen 3,1–7 E. Drewermann, Strukturen des Bösen, Bd. 3, 207–209; 253–263. – Den Zusammenhang von Voyeurismus und latentem Sadismus im Sinne der Machtausübung, der visuellen Vergewaltigung betont zurecht D. Morris, Der Menschenzoo, 167–168.

schaftliches Symptom ist der Voyeurismus nach dem Gesagten das Kennzeichen schwerer *seelischer* Störungen; und hier ergibt sich auch für die *theologische* Bewertung des Voyeurismus und des Exhibitionismus als *Sünde* eine tiefe Berechtigung.

Statt einer illegitimen Übertretung der gesellschaftlichen (also sehr relativen, von jeder Mode zu ändernden) Schamgrenzen ist der Voyeurismus vor allem gerade das, was den theologischen Begriff der Sünde im engeren Sinne ausmacht: ein verzweifeltes Wie-Gott-sein-Wollen. Nur von Gott gilt, daß er »allwissend« und alles »sehend« ist. In der Religionsgeschichte ist es besonders die Eigenschaft des göttlichen Himmelsvaters, des Sonnengottes oder des »Hochgottes«, daß er alles *sieht.*[45] Als im Paradies Adam und Eva das göttliche Gebot übertreten haben und sich ihrer Nacktheit schämen, müssen sie sich vor dem Blick ihres Gottes, der sich im Garten seiner Gewohnheit entsprechend ergeht, mit Schamschürzen aus Feigenlaub zu schützen suchen[46]: Gott ist als der Allessehende ihr absoluter Souverän.[47] In gleichem Sinne strebt der Voyeur im Grunde nach einem göttlichen Prärogativ, wenn er sich das Recht herausnimmt, die Schamgrenzen des anderen niederzureißen und ihn in unverhüllter seelischer oder körperlicher Nacktheit sich vorführen zu lassen. Aber anders als Gott, dessen Anblick gnädig auf dem Menschen ruht und der einer jeden menschlichen Existenz allererst ein »Ansehen« verleiht (wie viele Psalmen beten zu Gott, doch »herzuschauen« und sein Angesicht nicht länger zu verbergen!)[48], ist der Voyeur kein absolutes Wesen, sondern gerade ein Mensch, der so sehr an seiner eigenen Minderwertigkeit leidet, daß er sich einer wechselseitigen Beziehung zum anderen gar nicht erst getraut – nur deshalb muß er den anderen in ein nacktes Objekt verwandeln; sein Blick »kleidet den Nackten« nicht[49], sondern läßt seine Nacktheit nach Möglichkeit

[45] R. Pettazzoni, Der allwissende Gott, 24–69. – J. Rattner, Psychologie und Psychotherapie des Liebeslebens, 120 stellt sehr richtig fest: »Lüsternheit, Herrschsucht und Menschenangst, sind das Trio der Empfindungen, das unseren Voyeur durchtobt, seinen geheimen Genuß ausmachend, der ihn immer mit Ressentiment und Bitterkeit zurückläßt.« »Sehen ist Machtausübung: was in unseren Blickkreis fällt, untersteht unserer Gewalt, vor allem dann, wenn wir uns nicht selber preisgeben müssen. Sehen ohne gesehen zu werden ist eine Art Vergewaltigung des Gesehenen.«

[46] Zu Gen 3,7–13 vgl. E. Drewermann, Strukturen des Bösen, 1. Bd., 72–82; 2. Bd., 203–221; 3. Bd., 260–263. Der Feigenbaum ist ein mythisches Symbol des Todes und der Unterwelt – gerade damit versuchen die Menschen im Paradies ihre Nacktheit zu verhüllen.

[47] E. Drewermann, Strukturen des Bösen, 2. Bd., 226.

[48] Ps 9,14; 10,14; 25,18; 31,8 u. ö.; vgl. E. Drewermann, Strukturen des Bösen, 1. Bd., 79.

[49] Mt 25,36.

noch nackter erscheinen; mit seinem Blick erhebt er nicht, sondern erniedrigt; er blickt nicht, wie er selber wähnt, gottähnlich aus der Höhe herab auf den Geringen, sondern er ist in seiner eigenen Unansehnlichkeit auf die Erniedrigung des anderen geradezu angewiesen und in seiner Triebfixierung sklavisch an sein Opfer gebunden. Wenn es für den Voyeur trotzdem eine Rettung aus dem Irrgarten seiner Kontaktscheu, Sexualangst, Minderwertigkeitsgefühle, dekompensierten Schuldgefühle und trotzigen Dennochdurchsetzungen des verdrängten Schautriebes geben soll, dann einzig durch die religiöse Überzeugung, daß er selbst kein alles erspähender Gott sein muß, nur um die eigene vermeintliche Unansehnlichkeit zu verdecken; er kann seinen Schautrieb auf ein normales Maß an Lust und Neugier beschränken, wenn er sich, anders als Adam und Eva, unter dem Blick Gottes nicht mehr beschämt fühlen muß. Ja, vielleicht ist es ihm eines Tages im Vertrauen auf seine eigene Ansehnlichkeit sogar möglich, seinen Schautrieb auf eine Weise ins Geistige zu sublimieren, daß die Nacktheit eines anderen zu sehen die Person des anderen nicht länger schändet, sondern in ihrer Schönheit offenbart, ihr eine natürliche Unschuld zurückgibt und ihre unverhüllte Wahrhaftigkeit freilegt – die Berufe des Malers, Bildhauers, Seelsorgers, Psychiaters gehen u. a. direkt aus solchen Veredelungen des Schautriebes hervor. Erst wenn man den anderen so zu sehen gelernt hat, wie Gott ihn gemeint hat, kann aus dem irrtümlichen Verlangen, die »Nacktheit« des anderen zu sehen, ein Weg der Liebe und der tieferen Verbundenheit, ja des steten Bemühens darum werden, des ungeschützten, unverhüllten Vertrauens des anderen nach und nach wie von selbst würdig zu werden.

Analog dazu ist auch der *Exhibitionist* auf der unglückseligen Suche nach einer unmöglichen Gottähnlichkeit. Der Aberglaube, es genüge, sich mit dem Körperich bzw. mit bestimmten Körperteilen zur Schau zu stellen, um das Interesse des anderen mit magischer Bezauberung in Beschlag zu nehmen, läuft gleichermaßen auf eine verzweifelte Selbstvergöttlichung hinaus. Von Gott allein kann man sagen, daß er nicht nur alles sieht, sondern in seinem ganzen Dasein ansehnlich genug ist, um bereits durch den unverhüllten Anblick seiner selbst den anderen glücklich zu machen – selige Anschauung Gottes, visio beatifica ist der Titel der Theologie für diesen Glückszustand des Himmels.[50] Im Gegensatz dazu aber besteht der Triumph des Exhibitionisten

[50] J. Brinktrine, Die Lehre von den letzten Dingen, 123–130. Nach Meinung der Skotisten besteht die Glückseligkeit des Himmels wesentlich in der Liebe, »die aus der Anschauung Gottes von selbst entspringt« (a.a.O., 124); die Qual der Hölle des Voyeurs ist gerade umgekehrt ein Schauen, das niemals zur Liebe werden will noch kann.

darin, den anderen nicht zu seinem Glück zu erheben, sondern auf immer in eine Hölle süchtiger Unersättlichkeit, quälender Abhängigkeit und ständiger Frustrationen einzusperren.

Zudem gründet der Exhibitionist sein Dasein noch auf eine andere Lebenslüge vermeintlicher Gottgleichheit – auf den *Mythos der ewigen Jugend*. Nur solange das Alter noch nicht das körperliche Aussehen um seine jugendliche Straffheit bringt, kann der Exhibitionist auf die Unwiderstehlichkeit seines äußeren Aussehens hoffen. Spätestens Mitte der Dreißiger wird der Kampf gegen die Zeit für ihn schon von daher immer aussichtsloser. Das einzige Mittel, sich seine Schönheit unvergänglich zu erhalten, bestünde naturgemäß darin, das Äußere geistig zu durchdringen als einen »großen Glanz aus Innen«,[51] doch gerade darauf ist der Exhibitionist am allerwenigsten vorbereitet. Was den Zeigesüchtigen unter diesen Umständen allein zu retten vermöchte, wäre ein rigoroser Verzicht auf gerade dasjenige Attribut, das ausschließlich Gott kennzeichnet als das »allerschönste Seiende«, als das ens pulcherrimum. Statt einer magischen Gottähnlichkeit nachzustreben, müßte der Exhibitionist mithin nach einer geistigen *Teilhabe* an der Schönheit des Absoluten trachten: die Schönheiten der Welt, vor allem auch die eigene körperliche wie geistige Schönheit mit dankbaren Augen wahrzunehmen, ja darin sogar ein Abbild der Schönheit Gottes zu ahnen – eine solche Einstellung allein könnte den Exhibitionisten aus dem Teufelskreis der Selbstverachtung für sein Dasein als Frau oder als Mann mitsamt der zynischen Prostitution seiner selbst befreien. »In deinem Licht sehn wir das Licht«, sagt der Psalm 36,10, um zu betonen, wie hell die Welt sein könnte, wenn man das eigene Dasein mit den Augen Gottes wiedersehen lernte. Mit einer gütigen Einstellung zu sich selbst könnte auch der Exhibitionist seine unglückliche Neigung sublimieren – als Schauspieler, Redner, Werbefachmann – in jeder Tätigkeit, deren Adressat eine größere Öffentlichkeit ist, böte sich ihm ein Forum.

Freilich hängt schließlich alles davon ab, wie man sowohl dem Voyeur wie dem Exhibitionisten ein gewisses Vertrauen in die eigene Kontaktfähigkeit und Liebenswürdigkeit, in die Berechtigung seiner Männlichkeit bzw. Weiblichkeit sowie in die ursprüngliche Unschuld der Welt und ihres Anblicks vermitteln kann. Es gibt nichts, was die »Augen Gottes beleidigen könnte«; im Gegenteil, allein unter den Augen Gottes ist die Welt vollkommen rein und gut, und es kommt »nur« darauf an, sie mit den Augen Gottes ohne Angst und rein zu sehen. Wenn der Exhibitionist sich selbst in seiner Nacktheit ohne Scham zu sehen und der Voyeur sich ohne Scham selbst vorzuzeigen lernt, sind

[51] R. M. Rilke, »Denn Anmut ist ein großer Glanz aus Innen...«, in: Das Stundenbuch, III.: Das Buch von der Armut und vom Tode; Werke I, 356.

sie geheilt. Doch dazu braucht es ein Vertrauen in die vorgängige Ansehnlichkeit jeder Kreatur unter den Augen ihres Schöpfers. Das Gegenteil zur »Sünde« der »Schamlosigkeit« ist also auch in diesem Fall nicht eine Tugend (die »Schamhaftigkeit«), sondern der Glaube, ein Vertrauen gegen alle Kinderangst, die in der »christlichen« Erziehung in ungeheuerlichem Maße nach wie vor noch gang und gäbe scheint. »Das züchtigste Wort, das ich gehört habe«, meinte F. Nietzsche (Jenseits von Gut und Böse, Nr. 142): »Dans le véritable amour c'est l'âme, qui enveloppe le corps« – bei der wahren Liebe ist es die Seele, die den Körper einhüllt.

2. Sadismus und Masochismus

Die Dialektik von Selbstverachtung und Fremdverachtung, die den Hintergrund des Exhibitionismus und Voyeurismus bildet, braucht sich »nur« vom Schauen ins Handeln zu übersetzen, um ihre latent sadistisch-masochistische Struktur offen zu enthüllen. Der Voyeur ebenso wie der Exhibitionist lebt zumeist in der Scheinrechtfertigung, daß innerhalb des »Schauens« ja eigentlich nichts passiere – eine Rationalisierung, gegen die in der therapeutischen Praxis oft nur schwer anzukommen ist. Tatsächlich muß man auch zugeben, daß die Reduktion der menschlichen Beziehung auf den Blick bzw. auf die perverse Entblößung u. U. noch Schlimmeres verhindert, daß nämlich der latente Sadismus des Voyeurs und der Masochismus des Exhibitionisten sich zu der unerschöpflichen Qual einer wechselseitigen Haßliebe verdichtet. Dies sei, relativ kurz, in ein paar Bemerkungen verdeutlicht, die sich auf den engen Bereich beziehen, der für die kirchliche Sexualmoral praktisch relevant ist; das weite und wichtige Feld des kulturell und sozialpsychologisch bedingten Sadismus muß hier unberücksichtigt bleiben.

Für das Problem des Sadomasochismus ist im Unterschied zum Voyeurismus und Exhibitionismus gerade *die Nähe der Bindung* ausschlaggebend. Der *Sadist* möchte im Grunde von seinem Partner geliebt werden, aber weil er sich seine Liebenswürdigkeit selber nicht glauben kann, vermag er auch den Liebesbeteuerungen des anderen kein Vertrauen entgegenzubringen, und so verlegt er sich verzweifelt darauf, mit Gewalt zu erzwingen, was er freiwillig nicht zu erhalten vermeint. Umgekehrt ist auch der *Masochist* davon überzeugt, mit seiner eigenen Person unter keinem Umstand liebenswert zu sein; einzig wenn er seine eigene Persönlichkeit in sklavischer Untertänigkeit gegenüber seinem Partner aufopfert und zum gefälligen Abbild jeder beliebigen Willkür verformt, glaubt er auf eine gewisse Akzeptation durch den anderen rechnen zu dürfen.

Entstehung, Wesen und Heilung des Sadismus

Genetisch setzt die Herausbildung einer *sadistischen* Charakterstruktur, neben den bekannten analen zwangsneurotischen Konflikten, voraus, daß jemand in extremer Weise Liebe als Härte erfahren hat.[52] »Wen Gott liebt, den

[52] Zum Zusammenhang von Zwangsneurose und Sadismus vgl. E. Drewermann, Sünde und Neurose, in: Psychoanalyse und Moraltheologie, 1. Bd., 136–143. – Bes. J. Rattner, Psychologie und Psychopathologie des Liebeslebens, 83–85 legt großen Wert auf die Grausamkeit der Erziehung in der Genese einer sadistischen Fehlhaltung. »Herrschsucht ist immer der Traum der Gedemütigten: wer als Kind unter der Roheit der Erwachsenen gelitten hat, wird meistens sein Zukunftsideal unter den Aspekten der Gewalt-*Ausübung* sehen.« »Oft ist das Verhältnis der Eltern ein sadomasochistisches; in unserer Kultur erscheint der Vater nicht selten als der Haustyrann, dergestalt die Autorität karikierend, welche ihm die patriarchalische Gesellschaftsform zuweist. Die Frau hat die Rolle der Masochistin, ausgehend von den uralten religiösen und politischen Vorurteilen über die Minderwertigkeit des weiblichen Geschlechtes; auch ist die Mädchenerziehung, heute nur noch teilweise, darauf gerichtet, sie zum innerlich abhängigen, unterwürfigen, unselbständigen Menschen zu machen. Die Sexualtabuisierung in der Religion trägt weiterhin dazu bei, die masochistische Selbstentwertung zu züchten.« – E. Fromm, Anatomie der menschlichen Destruktivität, Gesamtausgabe, VII 264 sieht das Wesen des sadistischen Charakters in dem Bestreben, alles Lebendige zu kontrollieren. »Lebendige Wesen werden zu Dingen. Oder genauer gesagt, lebendige Wesen werden in lebende, zitternde, pulsierende Objekte der Herrschaft verwandelt. Ihre Reaktionen werden ihnen von dem, der sie beherrscht, aufgezwungen. Der Sadist möchte zum Herrn des Lebens werden und will daher, daß sein Opfer am Leben bleibt. Eben das unterscheidet ihn vom nekrophil-destruktiven Menschen. Dieser möchte sein Opfer beseitigen, eliminieren, er möchte das Leben selbst vernichten; der Sadist möchte die Empfindung haben, das Leben zu beherrschen und zu drosseln.« »Der sadistische Charakter hat vor allem Angst, was nicht sicher und voraussehbar ist, was Überraschungen bietet, die ihn zu spontanen und originären Reaktionen zwingen könnten. Aus diesem Grund hat er Angst vor dem Leben.« In der Gestalt *H. Himmlers* und *A. Hitlers* hat E. Fromm das Wesen eines sadistischen und eines nekrophilen Charakters auf vorbildliche Weise miteinander verglichen. – Das Motiv, den anderen zu beherrschen und buchstäblich »in der Hand« zu haben, liegt indessen in der Angst vor der unbeherrschbaren Zügellosigkeit des anderen und in dem Verbot der Zärtlichkeit. M. Boss, Sinn und Gehalt der sexuellen Perversionen, 102–138 gibt die Geschichte eines ausgesprochenen Sadisten wieder, der die Gestalt seines Vaters, eines »Panzers«, eines »grauen Klotzes« (109), verinnerlicht hatte und seine unglückselige Neigung mit den Worten motivierte: »Wenn ich die Frauen beschimpfe und demütige, ihnen ihre Frauenwürde nehme, sie mit Drecknamen besudle, dann zerbreche ich damit ihr stolzes Persönlichkeitsgehäuse, die starre Haltung, die sie als erwachsene Menschen haben und die mich zehn Meter vom Leibe hält.« (110) »Daß ich auch die körperliche Hingabe der Frauen so erzwingen muß, kommt daher, daß ich eigentlich nie eine direkte Beziehung zum menschlichen Körper hatte, weder zu meinem noch erst recht zu dem Körper einer Frau. Fleisch als etwas Lebendiges konnte ich einfach nicht anfassen. Wenn ich heute im Bett neben meiner Frau liege, kommt es mir immer noch ganz unwahrscheinlich vor, daß ich einen Frauenleib anfassen darf. Darum muß ich so handgreifliche Beweise haben, daß ich das darf, muß den Leib gefesselt haben, damit ich glauben kann, jetzt gehört er mir.«

züchtigt er«, heißt es im Buch der Sprüche (Spr 3,12), – nach diesem Mißverstand eines Bibelwortes muß ein Kind auf dem Weg zum Sadismus lernen, Härte und Entbehrungen, Züchtigungen und Vorwürfe, Quälereien und Beschimpfungen aller Art als etwas aufzunehmen, für das es seine Eltern im Grunde lieben, ja ihnen geradezu dankbar sein muß; die Eltern, so hat es zu lernen, meinen es mit ihrer Strenge, ihrem Jähzorn, ihren Wutanfällen eigentlich gut, sie tun und geben, gerade wenn sie schimpfen und schlagen, ihr Bestes, und schließlich muß man nicht nur die strafenden Eltern, sondern sogar die Strafe selber liebgewinnen. Besser als eine kalte, beziehungslose Gleichgültigkeit, als eine desinteressierte Nichtbeachtung seitens der Eltern ist es für ein Kind tatsächlich immer noch, angeschrien und geschlagen zu werden; wenn ein Vater sein Kind schlägt, zeigt er doch immerhin, daß ihm sein Kind nicht völlig gleichgültig ist. Aber in dieser ursprünglichen Verkoppelung: geliebt werden heißt geschlagen werden, oder auch umgekehrt: lieben heißt schlagen, liegt der primäre Grund für die spätere sadistische Lust an der physischen und seelischen Grausamkeit.

Hinzu kommt, daß das Kind die Gewalttätigkeit seines Vaters oder seiner Mutter zwar zunächst in einem entsprechenden aggressiven Gegenimpuls rächen möchte, dann aber ohnmächtig unter der Übermacht der elterlichen Despotie zusammenbricht und tatsächlich auch seinerseits die Lektion in sich aufnimmt, daß, wer die Macht hat, auch das Recht hat, und nur der Stärkste Achtung, Wertschätzung und Liebe verdient. Die Verachtung jeder Schwäche, eigener wie fremder, ist das spätere Zentralproblem des Sadisten, beruhend auf der Identifikation mit dem Aggressor der Kindertage[53] nach der

(111) Der Sadist muß den anderen physisch besitzen, weil er unfähig ist zu glauben, daß es möglich sei, in Freiheit zu lieben. – Hinzu kommt, »daß die Zuckungen und der Ausdruck des Schmerzes (sc. des gequälten Opfers, d. V.) an das Zucken und den Gesichtsausdruck der Frau beim intensiven Orgasmus erinnern.« D. Morris, Der Menschen-Zoo, 168. – Schließlich hat die sadistische Aneignung des anderen stets etwas zu tun mit der Rückeroberung der *Mutter*: Man möchte eigentlich den anderen so besitzen, daß man in ihm (wieder) wie ein Kind geborgen wäre. Daher vermutlich die immer wiederkehrenden Nachrichten, daß in Kriegszeiten Frauen die Brüste abgeschnitten und ihre Schöße verstümmelt worden seien.

[53] Der Zusammenhang von Selbstverachtung und Sadismus ist nirgendwo packender und wahrer geschildert worden als in F. M. Dostojewskis Roman »Schuld und Sühne«, in dem der Student Raskolnikow zwei alte Frauen mit dem Beil erschlägt, um sich selber den Beweis zu erbringen, keine »Laus« zu sein (71–72); vor seiner blutigen Untat aber träumt er, wie sein Vater ihn bei einem Spaziergang zu einem Friedhof führt und unterwegs an einem Wirtshaus Zeuge einer grauenvollen Szene wird, in der ein jähzorniger Kutscher sein erschöpft zusammengebrochenes Pferd brutal zusammenpeitscht (60–65). Der im Vordergrund sadistische Mörder Raskolnikow ist in der Sicht Dostojewskis in Wahrheit ein überaus sensibler Mensch, der »nur« völlig an sich selbst verzweifelt ist.

Devise: Man liebt mich nur, wenn ich selbst stark, rechthaberisch und launisch-unberechenbar meinen eigenen Standpunkt als absolut durchzupeitschen vermag. Freilich kann diese Verachtung der Schwäche auch umgekehrt, nicht aus Identifikation mit dem sadistischen Vorbild, sondern aus einer antithetischen Idealbildung gegenüber einem masochistischen Elternteil hervorgehen: Wenn ein Junge lernt, daß z. B. die gutmütige Schwäche seines Vaters etwas Verächtliches und Schändliches, ja für die ganze Familie und insbesondere für die Mutter geradezu Schädliches darstellt, so wird er bald versuchen, in ödipaler Konkurrenz zu seinem Vater sich selbst die Kraft und rabiate Lebenshärte zuzulegen, die er an ihm so sehr vermißt; der Protest gegen den väterlichen Masochismus wird dann zur Grundlage des eigenen Sadismus.

Für die kirchliche *Moraltheologie* nun stellt es kein größeres Problem dar, in einem ausgereiften Sadisten eine *krankhafte* Existenz zu erkennen und die innere Getriebenheit und Unfreiheit wahrzunehmen, die sein Verhalten bestimmt. Aber entsprechend ihrer vereinfachenden Einteilung in Frei und Unfrei, Schuldig und Nicht-Schuldig, Normgerecht und Normwidrig zeigt sie sich gänzlich außerstande, das Phänomen des Sadismus von seiner ganzen Anlage her, so wie jedes andere neurotische Gebaren, strukturell als ein verzweifeltes Gottähnlichkeitsstreben transparent zu machen und erneut auf den eigentlich theologischen Verständnishintergrund von Angst und Glauben zu beziehen. Von daher verfügt sie über keinerlei Instrumentarium, um das Problem der sadistischen Fehlhaltung theologisch zu durchdringen und religiös aufzuarbeiten. Vor allem das Niveau *unterhalb* der grob sadistischen Reaktionsweise ist mit den gängigen moraltheologischen Reflexionsbegriffen nicht zu erfassen. Im Vorfeld des sadistischen Ausbruchs nämlich kann sich ein sadistisch-zwangsneurotischer Charakter gerade durch eine absolut perfekte Einhaltung aller nur denkbaren moralischen Satzungen auszeichnen, ohne zu merken, daß bereits seine moralische Strenge und Starre, seine Gefühlskälte, seine verbissene Pflichterfüllung auf eine grausame Rechthaberei und demonstrative Herabsetzung seiner Mitmenschen hinauslaufen[54] und in jedem Falle bereits das unausweichliche sadistische Dilemma vorbereiten: Entdeckt eine zwangsneurotisch-sadistische Persönlichkeit eines Tages, daß sie mit all ihren Bemühungen um Recht und Rechtlichkeit, um Macht und Überlegenheit am Ende statt der erhofften Liebe womöglich offene Feindschaft und Ablehnung erntet, so platzt der mühsam geschürzte Knoten der Selbstdisziplin, um der aufgestauten Wut und dem rohen Sadismus wenigstens für Augenblicke freien Lauf zu lassen. Da es der Sadist in seiner zwanghaften Verbarrikadierung

[54] So schildert es L. N. Tolstoi in seinem Roman »Anna Karenina«, s. o. S. 133–135.

seiner selbst niemals gelernt hat, seine Gefühle und Wünsche verbal zu äußern, kann er in solchen momentanen Konfliktsituationen noch viel weniger seinen Standpunkt durch Erläuterung, Überzeugung oder Kompromiß an den anderen anpassen; da er nur gewöhnt ist, die Welt nach Falsch und Richtig einzuteilen, ist ihm alles, was er von sich aus nicht versteht, falsch, unberechtigt, böswillig und bestrafenswert, – schließlich fühlt er sich subjektiv wirklich im Recht, wenn er in ohnmächtiger Wut mit sadistischen Tätlichkeiten z. B. über seine Frau herfällt, um sie zu einer Liebe zu zwingen, deren Voraussetzungen er selber, ohne es zu merken, tagaus tagein zerstört.

Der Wahn des Sadisten besteht infolgedessen letztlich darin, daß er mit Gewalt meint erreichen zu können, was ihm nur in Freiheit gegeben zu werden vermag. Stets zu spät erkennt er, daß er mit der Zerstörung der Freiheit des anderen auch die Voraussetzung zu seiner Anerkennung und Liebe ruiniert hat[55]; denn anders, als er es selbst als Kind hat lernen müssen, besitzt unter

[55] É. Zola hat in seinem Roman »Das Tier im Menschen« (1890) in der Gestalt des Lokomotivführers Jacques Lantier, dem Sohn der Wäscherin Gervaise aus dem Roman »Der Totschläger« (1879), eine ergreifende Darstellung gegeben, wie ein Mensch an Erbe, Trieb, Milieu und auslösendem Reiz seiner sadistischen Tat unentrinnbar verfallen kann. Anders als bei Dostojewskis »Raskolnikow« (s. o. Anm. 53), wo die *geistige* Motivation des Sadismus die größte Rolle spielt, zeigt Zola die naturhafte biologische und psychologische Verstrickung des Triebtäters auf. Lantiers innere Gefährdung droht bereits durchzubrechen, als er im Ringkampf Flore die Kleider vom Leibe reißt (77–80). »Es war also wiedergekommen, dieses abscheuliche Übel, von dem er sich geheilt glaubte? Er hatte ja doch dieses Mädchen töten wollen! ... Denn er konnte sich nicht belügen, er hatte doch die Schere ergriffen, um sie ihr ins Fleisch zu stoßen, sobald er dieses Fleisch, diese heiße und weiße Brust gesehen hatte.« (80) Als er dann zum Mitwisser und Liebhaber der jungen Sévérine wird, die mit ihrem Gatten den üblen Lüstling Grandmorin ermordet hat, setzt sich beim Anblick des Opfers »die entsetzliche Lockung« zum sadistischen Mord in Lantier fest: »der andere, der flüchtig gesehene Mann mit dem Messer in der Faust hatte es gewagt! Der andere war mit seiner Begierde bis ans Ende gegangen, der andere hatte getötet! ... In seinem Fieber lag Verachtung seiner selbst und Bewunderung für den anderen, und vor allem das Bedürfnis, das zu sehen, die unstillbare Gier, sich satt zu schauen an diesem menschlichen Fetzen, ... an dem schlaffen Lappen, in den ein Messerstich ein Geschöpf verwandelt.« (92–93) – Neben diesem Rausch der Macht und der Wollust an der Mordtat selbst, deren Ausführung (das Messer dem weiblichen Opfer zwischen die Brüste zu stoßen) ihre Verlockung offenbar analen Koitusphantasien verdankt, betont Zola sehr zutreffend die mechanische Gleichsetzung von Mensch und Maschine in dem sadistischen Erleben Lantiers (448–449). Als Lantier schließlich Sévérine auf die gleiche Art ermordet wie diese den Verführer Grandmorin getötet hat, »wühlte ihn eine zügellose Freude, ein unermeßlicher Genuß auf. Darüber empfand er eine stolzerfüllte Überraschung, eine Steigerung seines Überlegenheitsgefühls als Mann. Die Frau hatte er getötet, er besaß sie, wie er sie schon so lange zu besitzen begehrte, voll und ganz, bis zur restlosen Vernichtung. Sie gehörte niemandem mehr, sie würde nie wieder jemandem gehören.«

erwachsenen Menschen nicht derjenige auch schon Recht, der am lautesten schreit und am heftigsten tobt, sondern wer partout so vorgehen will, setzt sich mit einem solchen Verhalten ganz im Gegenteil erst vollends ins Unrecht. Aber wie soll ein sadistischer Charakter lernen, daß die Freiheit der Liebe sicherer ist als der Zwang zur Unterwerfung, daß die menschliche Unvollkommenheit liebenswerter ist als die unerbittliche perfektionierte Rechthaberei und daß Verständnis und Einfühlung in den Fragen der Liebe unendlich wichtiger sind als noch so scharfsinnige rationale Scheinargumente zur Selbstverteidigung?

Um die sadistisch-zwangsneurotische Grundhaltung aufzulösen, bedürfte es erneut einer allmählichen Einübung in Einsichten, wie sie allein durch eine Haltung tieferen Vertrauens zu gewinnen sind. »Wenn ich schwach bin, bin ich stark« (2 Kor 12,10), – diese Entdeckung des hl. Paulus z. B. könnte, wenn sie nicht masochistisch mißverstanden wird, das Ende der sadistischen Fehlhaltung bedeuten; sie könnte deutlich machen, daß es nicht gerade ein Zeichen von Stärke darstellt, den anderen in seiner Würde zu verletzten und in seiner Größe herabzusetzen, sondern umgekehrt: daß man die Angst, selber nicht liebenswert und gut genug zu sein, bereits überwunden haben muß, um den anderen in seiner Eigenart, ja u. U. sogar in seiner Überlegenheit anzuerkennen und wertzuschätzen. Nur wenn der zwangsneurotische Konkurrenzkampf und die angstbesetzte Ideologie des »Ich muß in allem einzig richtig sein« durch ein tieferes Vertrauen in die eigene Lebensberechtigung wegfällt, läßt sich die zwangsneurotisch-sadistische Grundhaltung überwinden.[56] Und es wird zu lernen sein, daß Lust, Freude und Glück, daß Wunsch und Freiheit nicht von vornherein schon strafbar sind, so als ob schließlich schon das Strafen und Quälen selbst die einzigen Formen ersatzweiser Lust darstellen würden. »Ob wohl Gott gesagt hat: Von keinem der Bäume des Gartens dürft ihr essen?«[57] – nur wer auf diese Frage des Urmißtrauens der Schlange gegenüber dem Ursprung allen Daseins am Anfang des Schöpfungsmorgens im Paradies (Gen 3,1–7) gelassen und ohne Angst in das Vertrauen zu der vorgängigen Freigabe Gottes zum Genuß der Welt zurückkehren kann, wird es vermeiden, aus Angst bis in die Art seiner Frömmigkeit hinein sadistische Strukturen zu verinnern.

(499) In summa: »Tötet man etwa aus Erwägungen der Vernunft? Man tötet nur unter dem Antrieb von Blut und Nerven, einem Überbleibsel uralter Kämpfe, der Notwendigkeit zu leben und der Freude am Starksein.« (501).

[56] Vgl. E. Drewermann, Sünde und Neurose, in: Psychoanalyse und Moraltheologie, 1. Bd., 141–142.

[57] Zur Auslegung der Stelle vgl. E. Drewermann, Strukturen des Bösen, 1. Bd., 53–58.

Oder anders ausgedrückt: Wenn es in der klassischen Metaphysik eines der Attribute Gottes ist, ein ens potentissimum oder ein ens omnipotens, ein allvermögendes oder allervermögendstes Wesen zu sein, so ist dies gerade der Titel, den der Sadist in verzweifelter Weise sich zu eigen zu machen sucht, um der Angst zu entkommen, nicht liebenswert genug zu sein. Aber auch hier setzt dieselbe Gegenfinalität ein, die jede »Sünde«, jedes Streben nach Gottähnlichkeit kennzeichnet: Nur in Gott sind Macht und Recht und Liebe ein und dasselbe; nur Gott verdient, daß man ihn *liebt* als den Allmächtigen. Ein Mensch zerstört mit seinem Drang nach Herrschaft alles – er setzt sich mehr und mehr ins Unrecht und untergräbt am Ende gerade mit seinem Zwang zur Unterwerfungsliebe auch noch den letzten Rest an Liebenswürdigkeit. Für einen Menschen gibt es eine Rettung aus der Angst der Minderwertigkeit von daher nur, wenn er im Hintergrund der Welt Gott als allmächtig bereits glauben kann und sich im Namen dieser Allmacht Gottes gerade in seiner Schwachheit akzeptieren lernt.

Entstehung, Wesen und Heilung des Masochismus

Auf eine spiegelbildlich symmetrische Weise stellt sich das Problem des Masochismus dar. Auch dem Masochisten steht fest, daß er nicht liebenswert ist; auch für sein Erleben sind Liebe und Folter ein und dasselbe; nur der Weg, auf dem er seiner vermeintlichen Minderwertigkeit und Strafwürdigkeit zu entrinnen trachtet, ist umgekehrt wie bei dem Sadisten. Wählt dieser den Weg der Macht, so er den Weg der Ohnmacht; will jener Liebe durch Herrschaft erzwingen, so versucht dieser, die Liebe des anderen durch Unterwerfung und Gefügigkeit zu erwerben; gilt es dem Sadisten als Liebesbedingung, den anderen wie ein Gott nach seinem Willen formen zu können, so hält der Masochist sich mit seiner Person für so wenig liebenswert, daß er den anderen förmlich um die Gnade ersucht, ihn als einen ganz anderen, als er ist, hervorzubringen; während der Sadist auf gottähnliche Weise allmächtig sein will, strebt der Masochist nach einer Gottähnlichkeit, in der er sich selbst wie eine Art materia prima in den Zustand universeller Potentialität zurückverwandeln und nach jedem beliebigen Willen gestalten kann – ein Faktotum, das man schon deshalb lieben muß, weil es zwar in sich selbst nichts, dafür aber bezüglich der anderen »allen alles« ist (in Perversion von 1 Kor 9,22).
Genetisch ergibt sich die masochistische Fehlhaltung aus einer Verinnerlichung des elterlichen Sadismus im Überich, verbunden mit schweren Schuldgefühlen, Selbstbezichtigungen und einem erhöhten Strafbedürfnis.[58] Der

[58] S. Freud, Dostojewski und die Vatertötung, XIV 408: »War der Vater hart, gewalttätig, grausam, so nimmt das Über-Ich diese Eigenschaften von ihm an ... Das

Sadismus des Überich und der Masochismus des Ich sind vor allem für die depressive Charakterstruktur kennzeichnend, und so bildet die Depression den Hintergrund des Masochismus, ebenso wie die Zwangsneurose den Hintergrund des Sadismus abgibt. Der Masochismus entsteht insofern entwicklungspsychologisch früher als der anale Sadismus – von daher erklärt sich die resignative Anpassungsbereitschaft und wehrlose Selbstauslieferung des Masochisten. Infolge seiner depressiven Schuldgefühle ist der Masochist selber überzeugt, Strafe und Mißhandlung zu verdienen; er übernimmt sie nicht, wie der Sadist, trotzig in seine eigene Praxis, sondern er lenkt sie in äußerster Gefügigkeit mit unbewußter Absicht auf sich selbst, wie um für sich selbst damit noch Schlimmeres zu verhüten. »Wenn ich schon selber mich derart schlechtmache, mit Vorwürfen überhäufe, mich quäle und um mein Glück bringe«, scheint der Masochist zu denken, »so wirst Du mich doch liebhaben müssen und jedenfalls keinen Grund mehr finden, mich von Dir aus noch mehr zu bestrafen oder am Ende ganz fortzujagen.« Nach dieser Logik kommt der Masochist im Grunde mit seinem Gebaren dem vermuteten oder wirklichen Sadismus seines Partners zuvor: Sein Hauptziel ist erreicht, wenn er eine wenigstens negative Beachtung findet und jedenfalls nicht einfach als ein bloßes Nichts beiseite gestellt wird. Nur auf dem Hintergrund der kolossalen depressiven Verlassenheitsangst versteht man, warum der Masochist selbst die quälendsten Mißhandlungen immer noch als Ausdruck von Liebe zu verstehen sucht und erst in ihnen sein eigentliches Glück zu finden meint.[59]

Moraltheologisch ist auch der Masochismus mit den üblichen Kategorien und Normen ethischen Rechtverhaltens kaum zu thematisieren, ja es scheint, als müßten zahlreiche innerkirchliche Anweisungen mit ihrer überstarken Betonung von Selbstverzicht, Opferbereitschaft und Hingabe, beim Wort genom-

Über-Ich ist sadistisch geworden, das Ich wird masochistisch, d. h. im Grunde weiblich passiv. Es entsteht ein großes Strafbedürfnis im Ich.«

[59] So sah z. B. L. v. Sacher-Masoch, Venus im Pelz, 46 »im Weibe die Personifikation der Natur, die *Isis*, und in dem Manne ihren Priester, ihren Sklaven und sah sie ihm gegenüber grausam wie die Natur, welche, was ihr gedient hat, von sich stößt, sobald sie seiner nicht mehr bedarf, während ihm noch ihre Mißhandlungen, ja der Tod durch sie zur wollüstigen Seligkeit werden.« Die masochistische Phantasie gipfelt bei Sacher-Masoch in der Vorstellung, der Sklave eines schönen, angebeteten Weibes zu sein und von ihm mißhandelt, gepeitscht und getreten zu werden, während es einem andern gehört (a.a.O., 47). Die ödipale Vaterrivalität (der andere Liebespartner an der Seite der über alles verehrten Frau, der Mutter) und die von der Frau selbst vollzogene Strafe für den Wunsch nach ödipaler Vereinigung mit der Mutter verweisen deutlich genug auf die Herkunft der masochistischen Quälereien aus den Schuldgefühlen des Ödipuskomplexes. Die enge ödipale Bindung an die Mutter setzt regelmäßig bereits entsprechend starke oral-depressive Fixierungen der Libidoentwicklung voraus.

men, sogar einer unmittelbaren Empfehlung masochistischer Lebensgestaltung gleichkommen. Nicht einmal unter der Rubrik der »Pflichten gegenüber dem eigenen Leben« ist dem masochistischen Problem des glückseligen Unglücks beizukommen – der Masochist sucht ja in gewissem Sinne nach einer letzten Überlebenschance für sein vermeintlich unwürdiges Dasein und gehorcht somit, wenngleich auf abwegige Weise, tatsächlich der »Pflicht« gegenüber seinem eigenen Leben.

In Wahrheit ist das Problem des Masochismus (wie des Sadismus) nicht moralischer, sondern religiöser Natur, und einzig eine zentral religiöse Erfahrung kann den masochistischen Taumel von Selbsthaß und unterwürfiger Liebessehnsucht beenden. Entdecken müßte der Masochist, daß er sich selber ein für allemal nicht mehr in die amorphe Plasmamasse bloßen Töpfertons am Schöpfungsanfang zurückzuverwandeln braucht, nur um sich jederzeit als der Mensch hervorbringen zu können, der gerade erwünscht ist; er könnte vielmehr denken, daß es genügt, wenn Gott am Anfang seines Daseins »Staub« der »Erde« genommen hat, um daraus gerade seine eigene, besondere, einmalige Gestalt zu formen (Gen 2,7). Der Masochist könnte aufhören, sich für die Eigenart seiner Persönlichkeit zu schämen, wenn er gegen die Erfahrungen seiner Kindheit an die absolute Berechtigung und den vorgängigen Sinn auch seines Daseins zu glauben vermöchte. Freilich, damit es dahin kommt, bedürfte es eines Erlösungsaktes, wie ihn die Märchen in der Geschichte von der »Schönen und dem Tier« erzählen: Es müßte dem »Tier« in seiner scheinbaren Häßlichkeit und Unzumutbarkeit eine Liebe begegenen, die selbstlos und angstfrei genug wäre, um es, wie die Märchen sagen, eine Nacht lang bis zum Morgengrauen bei ihm auszuhalten. Das »Hinabgestiegen zu der Hölle« und das »Auferstanden am dritten Tage« des christlichen Glaubensbekenntnisses reflektieren religiös solche äußersten und absoluten Versuche, die Rettung eines Menschen zu beschreiben, der vor nichts *mehr* Angst hat und vor nichts *mehr* Angst gemacht bekommen hat als vor dem scheinbar Einfachsten des Lebens: vor seinem Glück.

Eine antike Mythe erzählt, wie zur Verdeutlichung des masochistischen Problems, von der Nymphe Echo, die von Juno dazu verurteilt war, nur die Stimmen anderer nachsprechen zu können. Die Nymphe Echo ist die wohl berühmteste mythische Vorbildgestalt einer Lebenseinstellung, die sich keines eigenen Wortes, sondern nur der Nachahmung am Ende jeder fremden vorgefertigten Rede getrauen darf – die treffendste Verkörperung einer durch und durch passiv-masochistischen Haltung unterwürfiger Angleichung. Echos Schicksal vollendet sich, als sie sich in Narkissos, den begehrten Sohn der Nymphe Liriope und des Flußgottes Cephisus, verliebt. Denn als Narkissos, außerstande zur Liebe, auf ihr Begehren nach Glück und Umarmung ihr zuruft: »Eher den Tod, als daß du mir nahtest in Liebe!«, erwiderte Echo nichts denn: »Daß du mir nahtest in Liebe!« Und so gequält von einer Ablehnung, die sie durch die eigene Qual doch nicht zu ändern vermag, sondern im hoffenden Nachstammeln nur immer neu wiederholt, verzehrt sie sich an dem Schmerz der Verachtung. »Siechtum macht einschrumpfen die Haut, und die Säfte des Leibes / Schwinden gesamt in die Luft. Nur Stimme ist übrig und Knochen. / Stimme bleibt; zu Gestein – so sagen sie – wurden die Knochen. / Seitdem birgt sie der Wald, – und nie im Gebirge gesehen, / Wird sie von allen gehört. Als Schall nur lebt sie beständig.« So beschreibt es Ovid.[60] Ein Mensch könnte aufhören, ein »Echo« zu sein, wenn er darauf vertrauen könnte, daß es ein göttliches Wort gibt, das über ihn gesprochen wurde, noch ehe er ins Dasein trat.

3. Fetischismus und magische Allmacht

Als eine letzte Variante der »Verfehlungen« gegen die Normen kirchlicher Sexualmoral wollen wir den Fetischismus herausgreifen, weil sich hier die absurde Äußerlichkeit und dringende Korrekturbedürftigkeit gewisser moraltheologischer Vorstellungen noch einmal besonders deutlich zeigt.
Es wird der kirchlichen Rechtspraxis auch heute noch unmöglich scheinen, z. B. eine Ehe als nichtig zu erkennen, in der sich das Gefüge von Masochismus und Sadismus »nur« in der Verschleißmühle des ständigen Umgangs miteinander, nicht aber in bestimmten unmittelbar perversen Sexualhandlungen darstellt. Führt hingegen eine Frau Klage gegen ihre Ehe, weil ihr Mann nur zum Verkehr imstande ist, wenn er selber eine Lederhose anzieht oder die Frau veranlaßt, eine bestimmte Sorte von Unterwäsche zu tragen, so wird wohl jedes kirchliche Ehegericht sich sehr rasch schlüssig sein, daß eine solche Ehe als null und nichtig gelten müsse. Dabei ist die unmittelbare subjektive Belastung durch die fetischistische Symptomatik selbst zumeist relativ gering und jedenfalls mit den Torturen, die ein Ehepartner an der Seite eines an sich symptomfreien sadistischen oder masochistischen Charakterneurotikers durchleiden muß, kaum vergleichbar. Freilich hat auch der Fetischismus seine charakterbedingten Tücken, nur liegen auch sie nicht auf der Ebene von »Moral« und gutem Willen, sondern wieder in dem unglückseligen Geflecht von tiefen Angst- und Minderwertigkeitsgefühlen, die einzig von einem tieferen Glauben geheilt werden können.

[60] Ovid, Metamorphosen, III 340–401; S. 61–62. – Das Gegenstück, den weiblichen Sadismus der Salome bzw. Judith, beschreibt J. Ortega y Gasset: Über die Liebe, 53–57 als das Ergebnis eines frigiden Traumlebens. – Vgl. auch J. Sadger: Über den sado-masochistischen Komplex, in: Jahrbuch, V 157–232, der allerdings ursächlich von einer konstitutionell erhöhten Haut-, Schleimhaut- und Muskelerotik ausging (162).

Für S. Freud stellte der Fetischismus eine Reaktionsbildung auf den Kastrationskomplex dar: der Fetisch galt ihm als Penisersatz[61]. Tatsächlich trägt diese Deutung dem eigentümlichen Phänomen genügend Rechnung, daß allein der Besitz eines bestimmten Gegenstandes u. U. einen Mann oder eine Frau zu einem befriedigenden Sexualkontakt befähigt. Indessen ist mit dieser Formel zur Hermeneutik des subjektiven Erlebens recht wenig anzufangen, bis auf den entscheidenden Punkt, daß der Fetischist an sich zutiefst daran krankt, daß er nicht glaubt, über ein »Organ« im weitesten Sinne zu verfügen, mittels dessen er die Liebe des anderen auf sich ziehen könnte. Der Fetisch (eine bestimmte Kleidung, eine bestimmte Anordnung) ist eben deshalb unerläßlich, weil er ersatzweise die nötige Sicherheit verleiht, um sich auf gewissermaßen magische Weise der Liebe des anderen zu versichern. Von daher dient der Fetisch als Garant der eigenen Stärke, Sicherheit und Liebenswürdigkeit und hat in dieser Funktion *religionsgeschichtlich* seinen Vorläufer in dem Tragen oder Anstecken schützender Talismane, *in der Biographie des einzelnen* aber in dem magischen Denken der Kindheit.[62] Jeder wird sich noch daran erinnern, wie er als Kind an seinem Bett bestimmte Puppen oder seinen Teddy aufgestellt hat, damit diese des Nachts für ihn schützend Wache hielten. Natürlich ersetzten solche »Talismane« damals die unmittelbare *Nähe der Mutter*, und die eigentliche Macht des Talismans oder Fetischs wird man auch beim Erwachsenen letztlich darin sehen müssen, daß er auf magisch-symbolische Weise die vermißte Gegenwart der Mutter zu überbrücken vermag. Die Gegenwart des Fetischs besagt, auf dem Hintergrund des kindlichen Erlebens, mithin im letzten, daß man von der Mutter geliebt oder, besser, als ein Teil der Mutter liebenswert und folglich auch heute als Erwachsener nach wie vor liebesfähig ist.

Vom kindlichen Erleben der eigenen Mutter (bzw. des eigenen Vaters) und der damit verbundenen Selbstsicherheit durch den sie ersetzenden Talisman überträgt sich der Fetischgebrauch im Leben des Erwachsenen nun gleichermaßen auf den Geliebten, mit dem Zwecke, sich auch seiner schützenden Gegenwart entgegen allen Zweifeln und Ängsten ganz sicher zu vergewissern. Auch diese Praxis hat ihre religiösen Vorbilder. Haare, Fingernägel, alles, was mit dem Körper des anderen in Kontakt getreten ist, dient in den Riten der Stammeskulturen allerorten als Mittel zum Sympathiezauber: Es verkörpert

[61] S. Freud, Drei Abhandlungen zur Sexualtheorie, V 52–54; ders., Die Ichspaltung im Abwehrvorgang, XVII 61.

[62] S. Ferenczi, Entwicklungsstufen des Wirklichkeitssinnes, in: Schriften zur Psychoanalyse, I 153–155 prägte als erster den Begriff von der »Periode der magisch-halluzinatorischen Allmacht«; vgl. S. Freud, Bemerkungen über einen Fall von Zwangsneurose, VII 450.

die Nähe des anderen, und man kann über das magische Medium des Fetischs womöglich einen günstigen Einfluß auf die Gefühle auch eines räumlich oder seelisch fernen Geliebten ausüben. In der katholischen Kirche etwa ist vor allem der Reliquienkult der Heiligenverehrung aus ähnlichen Anschauungen hervorgegangen. Auch im individuellen Erleben muß man sich dementsprechend wohl vor Augen halten, wie an sich normal und weitverbreitet »fetischistische« Handlungsweisen selbst im Erwachsenenleben sind. Wie oft z. B. nehmen auch erwachsene Männer und Frauen, die tagsüber ohne jeden Zweifel tüchtige und angesehene Persönlichkeiten sind, aus alter Gewohnheit ihr Kuscheltier ins Bett, lassen sich eine Locke vom Haar der Geliebten per Eilpost schicken oder bewahren insgeheim den Gürtel oder den Handschuh ihrer Freundin wie ein Heiligtum auf? Ungewöhnlich wird auch dieses an sich normale Verhalten erst wieder durch eine quantitative Steigerung aufgrund von Angst.

Ein Kind etwa, das der Liebe seiner Mutter oder seines Vaters nicht hinlänglich sicher ist, aber aufs Verzweifelte daran glauben möchte, daß seine Eltern es gern haben, wird dazu neigen, sich über einen Jähzornsausbruch seines Vaters dadurch zu trösten, daß es sich flehend zu seinem Teddy als dem Repräsentanten des »guten« Vaters wendet, mit ihm redet und sich durch die Gegenwart des geliebten Wesens versichert, daß auch sein Vater eigentlich gar nicht böse ist; oder es wird zum Heiland am Kreuz beten oder zur Muttergottes o. ä. In all diesem »fetischistischen« Tun zeigt sich im Grunde nur die Angst vor dem Liebesverlust und ein verzweifeltes Vertrauen-Wollen gegen den Widerspruch des Augenscheins. Die quasi religiöse Aura des Fetischgebrauchs allerdings zeugt zugleich von einer gewaltigen Hochschätzung des Liebes-»objekts«, dessen Verlust man fürchtet – man kann den anderen, wenn er so hochgestellt wird, tatsächlich nur erreichen, wenn man sich selbst vermöge des Fetischs mit magischer Allmacht ausstattet.

Im ganzen setzt der »Fetischismus« somit eine Welt voraus, in der die Wirklichkeit als extrem versagend empfunden wird, aber das eigene Ich bereits stark genug ist, um an der Berechtigung seiner Wünsche festzuhalten, wenngleich es sich andererseits nicht zutrauen kann, seine Wünsche selber zu verwirklichen – das Wünschen selbst also muß helfen; zudem muß das Erleben der Eltern ambivalent genug sein, um im Hintergrund aller Versagungen unentwegt trotz allem an ein besseres Bild von Vater und Mutter zu glauben; und schließlich muß doch die Resignation hinwiederum bereits so weit gediehen sein, daß man an der Möglichkeit wirklicher Liebe verzweifelt und den Fetisch *als Ersatz* des Geliebten verwendet.

Auch in diesem Sinne kann man Freuds These vom Fetisch als »Penisersatz« verstehen: Der Fetischgegenstand verdinglicht eine Liebe, an die man persönlich glauben möchte, aber nicht mehr (oder noch nicht) zu glauben wagt, und der Ort, an dem sich die Fetischliebe entzündet, ist regelmäßig an den Umkreis des Ödipuskomplexes gebunden. Die ständig angstdurchtönte Grenze zwischen Wunsch und Wirklichkeit sowie die Zuflucht zu »magischen« Hilfsmitteln macht im übrigen deutlich, daß die Neigung zum Fetischismus im Charakterbild am ehesten eine zwanghaft-hysterische Persönlichkeitsstruktur voraussetzt.

Es ist von daher allerdings noch ein weiter Weg zu dem eigentlichen Fetischismus als Conditio sine qua non des Sexualverkehrs. Vermittelnd müssen dazwischen bestimmte Prägungen fungieren, in denen einzelne ausgestanzte Erinnerungen zumeist der Pubertätszeit das Erleben sexueller Erregung mit bestimmten optischen, akustischen, olfaktorischen oder taktilen Reizen unauflöslich verknüpfen. Um derart starke Koppelungen herbeizuführen, muß die Sexualität an sich als etwas Verbotenes gelten und mit Gewalt niedergedrückt worden sein – nur dann vermag ein einzelner dennoch durchschießender Affekt so intensiv und elementar erlebt zu werden, daß er sich für immer an einem bestimmten Detail der Umgebung festsaugt – ein verrutschtes Strumpfband, das eine Frau am Straßenrand festzumachen suchte, der Anblick einer Frau, die auf einer Zugreise in Süditalien ihrem Kind die Brust gab, oder die Farbe des Pullovers dieser Frau, oder der Geruch im Abteil des Zuges in diesem Augenblick – irgendein direktes oder verschobenes Merkmal, das seinerzeit das verdrängte sexuelle Interesse einen Augenblick lang auflodern ließ wie hochschießende Magma im Krater eines Vulkans, gab der sogleich bei ihrem Austritt erkaltenden Glut die prägende Form, in der es versteinerte und seither wie ein erratisches Fossil das normale Weiterströmen der Triebenergie versperrt.[63]

Zu der allgemeinen Sexualfeindlichkeit der Grundeinstellung müssen außerdem auch in diesem Falle erneut noch schwere *Minderwertigkeitsgefühle* treten, sei es, daß diese sich aus dem Verbot, eine rechte Frau oder ein Mann zu sein, unmittelbar ergeben und um so heftiger wirken, je schöner und kräftiger ein Mädchen oder ein Junge heranzuwachsen an sich von ihrer Natur her bestimmt wären, sei es, daß tatsächlich gewisse körperliche oder geistige Gebrechen, vielleicht auch eine besondere Ungunst der Umgebung, Gefühle der Selbstverachtung nahelegen – in jedem Falle muß das allgemeine Mißtrauen

[63] So spricht L. Szondi von der Ad-hoc-Introjektion, von der Fixierung an ein bestimmtes Objekt beim Zustandekommen des Fetischismus; entsprechende Beispiele bietet er in: Triebpathologie, I 441 ff; II 200–201. – K. Abraham: Psychoanalyse eines Falles von Fuß- und Korsettfetischismus, in: Jahrbuch für psychoanalytische und psychopathologische Forschungen, Leipzig – Wien 1912, 557–567 verweist besonders auf den voyeuristischen Anteil bei der Prägung fetischistischer Objekte (S. 558).

in die eigene Tauglichkeit als Frau oder als Mann schon derart weit gediehen sein, daß es nach irgendeinem Potenzersatz in Gestalt des Fetischs wie nach einem Strohhalm greifen läßt.[64]

Aus dieser »Diagnose« des Fetischismus ergibt sich dann auch die Anweisung zu seiner Heilung. Wer versteht, wie verzweifelt und hoffnungslos und doch zugleich angstvoll-erwartend eine Frau sich an den verlorenen Handschuh oder den Schal ihres Geliebten klammern kann oder wie ängstlich besorgt ein Mann einzig mit einem bestimmten Kleidungsstück, einer Mütze, einem Pullover, einer Hose, seiner Angebeteten gefallen zu können hofft, wird wissen, wie wenig Spott oder Beschämung der »Fetischismus« verdient, – er ist nicht eine »Infantilität« oder ein »magischer Unsinn«, er ist eine Form, auf verzweifelte Weise sich an Lebensinteressen zu klammern, die an sich überaus berechtigt und absolut notwendig sind, in dem Geflecht von Angst- und Minderwertigkeitsgefühlen, von Schuldgefühl und Selbstverkleinerung aber nicht eindeutig gelebt werden können. Wenn es im Hohen Lied der Liebe (1,4) heißt: »Mit Recht« – oder besser »geradeaus« – »liebt man dich«, so ist diese Sicherheit des Geliebtwerdens gerade die Erfahrung, die der »Fetischist« nicht oft genug erleben kann. Nicht moralischer Zwang oder menschliche Verächtlichmachung können daher einem »Fetischisten« den nötigen Mut zu seiner keimenden Liebe machen, sondern nur die geduldige Einübung einer vor allem verbalen Zärtlichkeit: Nur sie lenkt von der »Verdinglichung« der Liebe und der damit notwendig verbundenen Angst ab, man könne womöglich bereits eines winzigen Gebrechens wegen in den Augen des anderen zur Liebe untauglich sein. Erst wenn das Wort der Bibel wie am ersten Schöpfungsmorgen gilt: »Und der Mann und die Frau waren nackt, und sie schämten sich nicht« (Gen 2,25), wird der Fetischismus, der magische Kleinmut der Liebe hinfällig und der natürlichen Magie der Liebe selbst, der wechselseitigen Verzauberung der einander Liebenden für immer weichen können. Allein Geduld, Verständnis und die Macht der Liebe selbst heilen die Krankheiten, Verfehlungen und Angstformen der Liebe – der »gute Wille« der Moral kommt hier wie aller Orten teils zu früh und stiftet Schaden, teils zu spät und strengt sich sinnlos an. – Für diese grundsätzliche Einsicht in einem praktischen Zentralbereich kirchlicher Moraltheologie einfühlbare und verständliche Argumente zu sammeln, durfte als Hauptzweck dieses Essays gelten.

[64] Im Umkreis dieses Minderwertigkeitsgefühls erklärt sich wohl auch die Beziehung, die der Fetischismus zum Problem des Masochismus und des Autoerotismus unterhält; vgl. J. Sadger: Die Psychoanalyse eines Autoerotikers, in: Jahrbuch, V 468.

Von der Notwendigkeit und Form der Konfrontationstechnik in der gesprächspsychotherapeutischen Beratung

In der psychotherapeutischen Praxis stehen z. Z. zwei grundverschiedene Einstellungen in scholastischer Lupenreinheit einander gegenüber: Therapeuten, die von der Gesprächspsychotherapie herkommen, schwören darauf, daß der Patient in seiner Selbstexploration und Identitätsfindung nur gefördert werden kann, wenn der Therapeut ihn vorbehaltslos akzeptiert und seine Intervention rigoros darauf beschränkt, jeweils die subjektive Bedeutung der Klientenäußerungen so genau und anschaulich wie möglich zu verbalisieren.[1] Der Therapeut muß innerhalb dieser Methode streng alles vermeiden, wodurch er seine eigene Person unmittelbar zum Thema des Gespräches machen würde. Insbesondere Bewertungen, Zurechtweisungen, Ratschläge, das Verbalisieren eigener – womöglich negativer – Gefühle, Fragen und Erkundigungen nach vermeintlich wichtigen Umständen und Hintergründen, ein Verschieben der vom Klienten gewählten Thematik in Richtung eigener Schwerpunkte und Zielsetzungen, kurz: jede Art von *Konfrontation* ist im Rahmen der Gesprächspsychotherapie als schwerer Kunstfehler auszuschalten.[2] Lediglich der Faktor der Selbstkongruenz[3] und die Gefahr der Künstlich-

[1] R. Tausch, Gesprächspsychotherapie, Göttingen [4](erg.) 1970, 82 stellt als Kriterium einer guten Verbalisationstechnik die Frage: »Hat sich der Psychotherapeut besonders anschaulich, konkret und zutreffend ausgedrückt«? »Hat der Psychotherapeut die *Intensität* der inneren Erlebnisse des Klienten, besonders der Gefühle... richtig getroffen«? – Ebenso rät auf dem Hintergrund großer Praxisnähe und Erfahrung J. Schwermer, Psychologische Hilfen für das Seelsorgegespräch, München 1974, 105: »Konkret, anschaulich, einfach und genau formulieren«, und meint sehr zu Recht: »Intellektualisierende, psychologisierende und abstrakte Redeweisen führen von der lebendigen Wirklichkeit fort... Da der Mensch seine Probleme mit sprachlichen Symbolen differenziert und probeweise durchspielt, muß der Seelsorger neue Sprachsymbole, bessere Formulierungen, treffendere Bilder anbieten.« Ders., Das helfende Gespräch in der Seelsorge, 112–113; 148–149: »Das, was dem Partner in vorbegrifflicher Form bereits zuhanden ist, was er selbst jedoch noch nicht in Begriffe fassen kann, soll der Seelsorger herausstellen.« »Dabei greift der Seelsorger dem Partner nicht vor, sondern läßt sich von ihm führen.«

[2] So hebt R. Tausch, Gesprächspsychotherapie, 75 hervor: »Gewisse humane Qualitäten des sozialen Verhaltens von Psychotherapeuten den Klienten gegenüber – Wertschätzung, sog. Verständnis, Echtheit, Freiheit von Dirigismus usw. – bedingen in den Klienten durch gewisse Erfahrungen und Prozeßvorgänge bestimmte Änderungen des Erlebens, Verhaltens und der Einstellungen auf Grund von Lernvorgängen und der Ermöglichung sog. spontaner Remissionen bzw. Selbstaktualisierungstendenzen. Ein geringes Ausmaß der Verwirklichung der obengenannten Psychotherapeutenmerkmale führt zu destruktiven Effekten in den Klienten.« Zur Gegenüberstellung und Bewertung von direktivem und nichtdirektivem Verhalten vgl. a. a. O., 156–159.

keit der Gesprächssituation lassen es u. U. angezeigt erscheinen, die bloße Verbalisationstechnik durch eigene Gefühlsäußerungen zu ergänzen, aber nur, um sogleich wieder zum Klienten zurückzukehren. Das Ziel ist, den anderen so wenig wie möglich mit der eigenen Person zu *stören.* Also keinerlei Konfrontation!

Ganz anders sehen es diejenigen Therapeuten, die vom erlebnistherapeutischen Ansatz herkommen und in der Gruppendynamik und z. T. in der Gestalttherapie großgeworden sind.[4] Sie geben sich überzeugt, daß keine »Rolle«, sondern nur das eigene, echte Gefühl dem Klienten den Mut gibt, er selbst zu sein; gerade an der unmittelbaren Reaktion des Therapeuten könne und solle der Patient lernen, seine Angst vor sich selbst und den anderen zu verlieren und möglichst unverfälscht zu äußern, was er hier und jetzt erlebe. Der Patient müsse gerade dazu angehalten werden, sich selbst mit dem spontanen feed back des Therapeuten (oder der Gruppenmitglieder) auseinanderzusetzen, denn dies sei das beste Motiv, an sich selbst zu arbeiten. Also möglichst viel direkte Konfrontation.[5]

[3] Der Faktor der Selbstkongruenz gilt als optimal verwirklicht, wenn der Psychotherapeut in dem Verhältnis zu dem Klienten frei und er selbst ist. »Er ist offen für Erfahrungen und Gefühle aller Arten, sowohl erfreulicher wie verletzender Natur, ohne Spuren von Verteidigung oder Rückzug in Professionalismus. Es mögen gegensätzliche Gefühle da sein, aber diese werden akzeptiert oder erkannt... Es ist nicht nötig, daß der Psychotherapeut auf dieser Stufe persönliche Gefühle ausdrückt. Aber es ist klar, wann immer er einfühlendes Verstehen kommuniziert oder wann immer er gar einen Rat oder Interpretation geben sollte oder an Erfahrungen teil hat, daß er in hohem Maße er selbst ist, so daß seine Äußerungen mit seinem inneren Erleben zusammenfallen.« Truax-Skala V; R. Tausch, Gesprächspsychotherapie 130. – In psychoanalytischer Terminologie müßte man sagen: Die Gegenübertragung des Analytikers müßte frei sein von eigenen neurotischen Beimengungen.

[4] R. Cohn, Psychoanalytische und erlebnistherapeutische Gruppentherapie – eine falsche Dichotomie, in: Von der Psychoanalyse zur Themenzentrierten Interaktion, 87 anerkennt: »Die Erlebnistherapie hat die persönliche Beteiligung des Therapeuten und der korrigierenden Erfahrung einen Schritt weitergeführt. Die Intensivierung persönlicher Kommunikation und unmittelbarer Begegnung ist die Fortführung der Auffassung Freuds von Übertragung und Widerstand als aktiven Elementen der Vergangenheit in der Gegenwart. Die wichtigsten Werkzeuge des Erlebnistherapeuten sind seine Wahrnehmungsfähigkeit für die Gefühle des Patienten, sein Scharfsinn beim Verstehen verbaler und nichtverbaler Äußerungen und, daß er offen ausspricht, wie er persönlich den Patienten erlebt. Eine solche Mitteilung verbindet subjektive und objektive Perspektiven der Persönlichkeit und des Verhaltens des Patienten. Die Wirkung der offenen Kommunikation ersetzt einseitige, auf den Patienten bezogene Deutungen. Er sieht das therapeutische Mittel nicht in der innerpsychischen, sondern in der interpersonalen Echtheit.«

[5] R. Cohn, Die Erlebnistherapien – Autismus oder Autonomie, in: Von der Psychoanalyse zur Themenzentrierten Interaktion, 99–100: »Der Erlebnistherapeut glaubt,

Es ist nicht zu leugnen, daß beide Vorgehensweisen ihre Vor- und Nachteile haben. Aber *wann* entstehen die Vorteile, und wann ergeben sich Nachteile? Setzt man voraus, daß es keine Methode gibt, die für *alle* Fälle taugt, so hat es keinen Zweck, irgendein Verfahren dogmatisch für allein seligmachend zu nehmen, und es ist also ebenso wenig sinnvoll, niemals zu konfrontieren, wie es vernünftig erscheinen kann, immer zu konfrontieren. Die Frage ist vielmehr: Wann und in welchen Fällen, unter welchen Voraussetzungen und zu welchem Zweck, in welcher Weise und aufgrund welcher Einsichten ist die Konfrontationstechnik therapeutisch angezeigt?[6] Es braucht nicht betont zu werden, daß die praktische Bedeutung dieser Frage außerordentlich groß ist, vor allem, weil die einzelnen Schulrichtungen sich nach wie vor bei ihrem Bemühen um gesellschaftliche (und akademische) Anerkennung sehr schwertun, voneinander zu lernen. Im folgenden wollen wir daher zeigen, wann der Gesprächstherapeut entgegen seiner Schulmethodik Grund hat, zur Konfrontationstechnik überzugehen, und welchen Gefahren umgekehrt ein Therapeut sich aussetzt, der die Grundhaltungen der Gesprächspsychotherapie in der Konfrontationstechnik nicht beachtet.

I. Indikation konfrontativer Techniken

Bereits vor Jahren nannte R.C. Cohn die Entgegensetzung von nichtdirektivem (psychoanalystischem) und erlebnistherapeutischem Vorgehen eine »falsche Dichotomie«.[7] In der Tat hat sich selbst in der zurückhaltendsten

daß Heilung weitgehend von der Echtheit der therapeutischen Begegnung abhängig ist. Durch seine eigene Authentizität hilft er dem Patienten, die Befürchtungen zu überwinden, die von unechten und vergewaltigenden Begegnungen seiner Kindheit herrühren. Er bringt einen neuen klaren Lebensansatz an den Patienten heran, in dem die Kluft zwischen den inneren Erlebnissen und Phantasien des Kindes im Patienten und seiner Vorstellung von den andersartigen Erwachsenen überbrückt wird.« »Sich selbst als Person einzubringen, bedeutet für den Therapeuten, sich über sich selbst äußern zu lernen... und so offen zu sein, wie es für mich erträglich und für den Patienten brauchbar ist.«

[6] J. Schwermer, Psychologische Hilfen für das Seelsorgegespräch, 109 meint bei aller Betonung der nicht-direkten Methode: »Es gibt freilich auch Fälle, in denen die Frage auf echte Information und Konfrontation zielt, wo also nicht Verantwortung abgeschoben, sondern wirkliche Auseinandersetzung gesucht wird. Hier ist eine klare und ehrliche Antwort richtig.« – Dabei wird freilich vorausgesetzt, daß der Klient selbst die Konfrontation bewußt will. Im folgenden hingegen ist vorausgesetzt, daß der Gesprächspsychotherapeut, um erfolgreich zu sein, sich mit den unbewußten Übertragungen des Klienten konfrontieren und diese wiederum mit seiner eigenen Person und seinen eigenen Wahrnehmungen und Gefühlen konfrontieren muß.

[7] S.o. Anm. 4.

aller Therapieformen, in der Psychoanalyse, gezeigt, daß die frei schwebende Aufmerksamkeit, mit der S. Freud die analytischen Sitzungen geführt sehen wollte,[8] durch zwei Umstände behindert wird: Zum einen muß der Therapeut im Sinne Freuds gegenüber den neurotischen Verzerrungen der Selbst- und Fremdwahrnehmung des Patienten das »Realitätsprinzip« vertreten;[9] er kann also weder die Wunschwelt (das Es) noch die Selbstzensur des Analysanden (das Überich) ungeprüft hinnehmen; er muß vielmehr das Ich des Klienten dahin bringen, beides mit seinen Möglichkeiten und den Erfordernissen der natürlichen und sozialen Umwelt in Einklang zu bringen; auf dem Wege dahin wird der Therapeut immer wieder bestimmte Fehleinstellungen, Übererwartungen, Rationalisierungen etc. durch Konfrontation mit der Wirklichkeit als Problem bewußt machen müssen.

Zum anderen ergeben sich während jeder längeren Form von Psychotherapie, ob analytisch oder nicht, eine Reihe von Übertragungen und Gegenübertragungen von seiten des Klienten wie des Therapeuten. In der psychoanalytischen Theorie werden die Übertragungen als Wiederholungen frühkindlicher Objektbesetzungen gedeutet; sie durchzuarbeiten ist daher ein überaus wichtiger Teil der Therapie.[10] Dazu muß freilich vorausgesetzt werden, daß der

[8] S. Freud, Ratschläge für den Arzt bei der psychoanalytischen Behandlung, VIII 377 meinte, die Technik der Analyse lehne alle Hilfsmittel, selbst das Niederschreiben von Patientenäußerungen, ab und bestehe »einfach darin, sich nichts besonders merken zu wollen und allem, was man zu hören bekommt, die nämliche ›gleichschwebende Aufmerksamkeit‹...entgegenzubringen.« Im übrigen: was hätte Freud bei dieser Einstellung wohl von der heute üblichen Anamnesetechnik oder dem üblich gewordenen Statussymbol vieler Berater, dem unerläßlich scheinenden Tonbandgerät gehalten, das nach R. Tausch, Gesprächspsychotherapie, 59–60 notwendig ist für die empirische Forschung sowie für »den Eindruck der Ernsthaftigkeit der Gespräche«? – Freud fügte noch hinzu: »Ich kann...nicht dringend genug empfehlen,...während der psychoanalytischen Behandlung... alle seine Affekte und selbst sein menschliches Mitleid beiseite« zu drängen, um ein möglichst objektives, absichtsloses, präzises Wahrnehmen zu gewährleisten. Bei der »freischwebenden Aufmerksamkeit« soll der Analytiker sich seiner eigenen unbewußten Geistestätigkeit überlassen, Nachdenken und Bildung bewußter Erwartungen möglichst vermeiden, nichts von dem Gehörten sich besonders im Gedächtnis fixieren wollen und solcher Art das Unbewußte des Patienten mit seinem eigenen Unbewußten auffangen. S. Freud, Psychoanalyse und Libodotheorie, XIII 215.

[9] Eben deshalb verlangte S. Freud, Die endliche und die unendliche Analyse, XVI 94, daß der Analytiker »ein höheres Maß von seelischer Normalität und Korrektheit« besitzen müsse; denn es sei »nicht zu vergessen, daß die analytische Beziehung auf Wahrheitsliebe, d. h. auf die Anerkennung der Realität gegründet ist und jeden Schein und Trug ausschließt.«

[10] S. Freud, Bemerkungen über die Übertragungsliebe, X 317–318 resümierte, die Übertragungsliebe trage alle Züge einer »echten« Liebe an sich, sei aber »1. durch die analytische Situation provoziert, 2. durch den diese Situation beherrschenden Wider-

Therapeut weder seinen eigenen (Gegen-) Übertragungen erliegt noch auf die positiven oder negativen Erwartungen eingeht, die sich aus den Übertragungen des Patienten ergeben. Um den Unterschied zu den Übertragungsinhalten möglichst deutlich zu machen, kommt der Therapeut also nicht umhin, den Patienten mit seiner eigenen Person zu konfrontieren.
Beides: die Vertretung des Realitätsprinzips und die Durcharbeitung der Übertragungen macht mithin bereits in der klassischen Psychoanalyse bei allem Bemühen um ein möglichst objektives und nichtdirektes Verstehen des Patienten ein gewisses Maß an Konfrontation mit den Haltungen, Einstellungen, Gefühlen und Gedanken des Therapeuten unvermeidbar. Dieselbe Erfahrung wird unweigerlich ein Gesprächspsychotherapeut machen, wenn er vorurteilsfrei statt dogmatisch an die Therapie herangeht. Im folgenden wollen wir besonders die Gesprächspsychotherapie in den Mittelpunkt der Betrachtung stellen, weil diese Methode an den deutschen Universitäten inzwischen allgemein gelehrt wird und die offizielle Unkenntnis, Verleugnung oder Bekämpfung der Psychoanalyse dieses Verfahren um viele Erfolgsmöglichkeiten bringen muß, über die es an sich verfügen könnte, wenn man gewisse konfrontative Techniken sowie deren tiefenpsychologische Begründung anerkennen und in die eigene Praxis einbeziehen würde.

1. Konfrontation zur Widerstandsbearbeitung vor einer Behandlung

Die Auseinandersetzung beginnt oft schon vor der eigentlichen Therapie, und hier bereits zeigt sich, daß das konfrontationslose Verfahren einer reinen »Gesprächspsychotherapie« oft nicht ausreichend sein kann. Die Gesprächspsychotherapie setzt voraus, daß der Klient imstande ist, seine eigene Person und die Schwierigkeiten seiner augenblicklichen Situation von sich aus in etwa richtig zu beurteilen, und so beschränkt sie sich darauf, dem Ich des anderen die Gefühle und Gedanken vorzuhalten, die es bereits implizit, wenngleich ohne es selbst hinreichend zu bemerken, von Fall zu Fall von sich her äußert.[11]

stand in die Höhe getrieben, und 3. sie entbehrt in hohem Grade der Rücksicht auf die Realität, sie ist unkluger, unbekümmerter um ihre Konsequenzen, verblendeter in der Schätzung der geliebten Person, als wir einer normalen Verliebtheit gerne zugestehen wollen.« Gerade deshalb forderte Freud, »den Weg zu den infantilen Begründungen« der Liebe zu eröffnen (a.a.O., 315).

[11] Zwar erklärt R. Tausch, Gesprächspsychotherapie, 9–10: »Gesprächspsychotherapie ist angemessen bei emotionalen Schwierigkeiten, Problemen und Krisen usw. von Klienten, die... entscheidend durch die persönlich-individuellen Arten des Fühlens, Erlebens und Verhaltens der Klienten bedingt werden... Es handelt sich im wesentlichen um mit Furcht und Angst verbundene unangemessene Verhaltensreaktionen, die

Im Grunde unterstellt die Gesprächspsychotherapie mithin eine Persönlichkeit, die in psychoanalytischem Sinne nicht neurotisch ist. Denn von der Neurose gilt gerade, daß das Ich zwischen den Kräften des Es und des Überichs derartig eingeschränkt ist, daß ganze Bereiche der Wirklichkeit von der bewußten Wahrnehmung ausgeblendet werden; auf das Urteil des Ichs ist in der Neurose mithin gerade kein hinreichender Verlaß mehr. Nicht selten muß infolgedessen in einer psychotherapeutischen Behandlung dem Ich durch entsprechende Konfrontation überhaupt erst bewußt gemacht werden, daß seine Selbst- und Fremdwahrnehmung verzerrt ist, damit sich durch eine gewisse Einsicht in das Faktum der eigenen Krankheit gewisse Ansatzpunkte für eine psychotherapeutische Behandlung allererst finden lassen.
Als Hauptformen einer neurotischen Problematik, die durch gezielte Konfrontationen einer Behandlung überhaupt erst zugänglich gemacht werden können, lassen sich im Vorfeld der eigentlichen Psychotherapie drei Hauptschwierigkeiten nennen:

a) die Charakterneurose bzw. die Charakterpanzerung;
b) der funktionale Leidensdruck und
c) die Rationalisierung eigener Gehemmtheiten.

a) Die Charakterpanzerung

Gemeint ist mit diesem Ausdruck W. Reichs,[12] daß der Widerstand eines Patienten gegen seine Behandlung sich nicht auf bestimmte Inhalte oder

vermutlich in vergangenen Erfahrungen gelernt wurden und die sich in bestimmten Situationen des alltäglichen Lebens verwirklichen.« Im weiteren aber (S. 29–30) lehnt er eine eigene »Tiefenpsychologie« unbewußter seelischer Vorgänge, deren Existenz er ausdrücklich anerkennt, mit dem Argument ab, die »Reaktionen auf unterschwellige Reizkonstellationen sowie Auswirkungen nicht-bewußter Vorgänge auf Verhalten und Erleben zeigen Gesetzmäßigkeiten analog bewußten Vorgängen«. Damit wird die Eigendynamik der *verdrängten* seelischen Anteile ignoriert und so getan, als sei »Bewußtes« und »Unbewußtes« lediglich durch den Grad der aktuellen Aufmerksamkeitslenkung von einander unterschieden. Die »Neurose« erscheint dann lediglich als eine Verhaltensstörung aufgrund »falscher« Lerninhalte der frühen Kindheit, nicht aber als eine schwere Ichstörung.

[12] W. Reich, Charakteranalyse, Kopenhagen 1933, 168 sah in der Charakterpanzerung eine »chronische Verhärtung des Ichs« infolge der Identifizierung des Ichs mit der versagenden Hauptperson, infolge der Introjektion der Aggression gegen die versagende Hauptperson und schließlich infolge der Reaktionsbildungen gegen die sexuellen Strebungen. Das Resultat der Charakterbildung hängt davon ab, wann wie heftig welche Triebe bei wem (Mann oder Frau) mit welcher Konsequenz und in welchem Verhältnis zum Gewährenlassen der Versagung anheimfielen (a.a.O., 171).

Problembezirke beschränkt, sondern sich aus seiner gesamten Charakterstruktur ergibt. Der Patient erlebt sich selbst als vollkommen in Ordnung, ja er ist im Unterschied zu der Verachtung, mit der er seine Mitmenschen bedenkt, zumeist sogar ausgesprochen zufrieden mit sich – wenn da nicht neuerdings gewisse Symptome wären, an denen er indessen andere die Schuld tragen sieht.

Ein Patient mit einer ausgesprochen zwanghaften Charakterstruktur beispielsweise[13] hat subjektiv noch niemals unter sich gelitten; er war bisher symptomfrei und hat, im Gegenteil, zu seiner Zufriedenheit durch Ehrgeiz und Fleiß eine beachtliche Stellung im öffentlichen Leben erobern können. Da entdeckt er nach 12 Jahren Ehe, daß seine Frau während der Verlobungszeit und auch noch in den ersten zwei Ehejahren gewisse sexuelle Beziehungen zu einem anderen Mann unterhalten hat, so daß er selbst seinerzeit um das vermeintliche jus primae noctis betrogen worden ist. Die Feststellung, daß ihm vor 12 Jahren jemand zuvorgekommen ist und er nicht der erste und einzige Partner seiner Frau war, bedeutet für ihn auch nach so langer Zeit einen ungeheueren Schock; Schlaflosigkeit, Arbeitsunlust und Selbstmordgedanken zermartern ihn bis zur Unerträglichkeit; tausendmal sinnt er darüber nach, ob er sich nicht ein gleiches Recht nehmen und seinerseits ein 18jähriges Mädchen deflorieren solle, denn gerade dieses Erlebnis erscheint ihm seit seiner Entdeckung über alle Maßen wichtig; seine Frau drangsaliert er tagaus tagein mit erniedrigenden Verhören; keine Erklärung über Motive und Umstände damals kommt ihm exakt und plausibel genug vor. Teils will er seinen Rivalen von einst durch gezielte Veröffentlichungen beruflich vernichten, dann wieder will er ganz im Gegenteil seiner Gattin als ein Mann von Großherzigkeit und Würde imponieren und alles vergeben. Eine Aussprache zu dritt, die formal mit einer allseitigen Versöhnung endet, erweist sich schon am Abend desselben Tages nur als eine vorübergehende Beruhigung. Der Klient kommt in die Behandlung mit dem Glauben, alles werde sich beruhigen, wenn er jenen »Ehebrecher« und »Verführer« verstehen könne; er möchte eine Erklärung darüber, was in seiner Frau und in dem Manne damals vor sich gegangen sei, und dies um so mehr, als er selber sich inmitten einer Welt der Unmoral als einzig tugendhaft, treu und zuverlässig erlebt.

Es ist dem Patienten nicht bewußt, daß er mit der Frage nach seiner Frau und seinem vermeintlichen Rivalen im Grunde sich selber ausweicht; er hält seine Reaktionsweise für absolut berechtigt und normal; sein einziges Problem ist jener fremde Mann; von sich her sieht er nicht den mindesten Grund, an sich

[13] Das Beispiel (s. o. S. 131ff) ist der Diskretion halber recht allgemein gehalten und in den äußeren Tatbeständen teilweise verändert.

zu arbeiten; trotzdem ist ihm seine jetzige Lage unerträglich, und dies ist der einzige Ansatzpunkt zur Behandlung.
Die ersten drei Sitzungen müssen notgedrungen darauf verwandt werden, den Patienten sich selber zum Problem werden zu lassen, und zwar durch ständige Fragen, Hinweise, Vergleiche, ja sogar durch bewußte Kritik und Infragestellung: Ob er sich vorstellen könne, wie andere Männer in seiner Lage sich verhielten? Wie er sich denn selber das Verhalten seiner Frau erkläre? Warum es ihm so wichtig sei, bei seiner Frau der erste gewesen zu sein? Erst allmählich beginnt er sich zu fragen, wie er zu anderen Frauen steht, wie er bisher in seiner Ehe gelebt hat und was er wohl selbst dazu beigetragen haben könnte, daß seine Frau ihm ihre Liaison nicht zu gestehen wagte, nach welchen Maßstäben er eigentlich sich selbst und andere be- bzw. verurteilt, etc. Noch eine ganze Weile lang bildet die Konfrontation das einzige Mittel, um von der enormen Selbstgerechtigkeit des Klienten weg die Problematik nach innen zu verlegen und damit die Verbalisierung internaler Sachverhalte im Sinne der Gesprächspsychotherapie ein Stück weit vorzubereiten.
Auf dem Weg dahin wird die psychoanalytische *Anamnese*, abweichend von der üblichen Praxis der Geprächspsychotherapie (aber auch der rein auf den gegenwärtigen Konflikt konzentrierten Gruppendynamik und Gestalttherapie), jetzt ein unerläßliches Mittel;[14] sie hilft nicht nur, den Klienten zu verstehen, sondern sie taugt auch vorzüglich dazu, ihn weiter zu verunsichern. Die langwierige Fragerei stellt für den Patienten in sich schon eine arge Zumutung dar, ist er doch bisher gewohnt gewesen, selber den Ton anzugeben; zudem glaubte er bislang, daß die gesamte Problematik nur von außen an

[14] Zur analytischen Anamnesetechnik meint H. S. Sullivan, Das psychotherapeutische Gepräch, 74 sehr zu recht: »Ich bin ganz sicher, daß die endlosen Zeitspannen, die der angeblich intensiven Psychotherapie einiger Patienten gewidmet werden, in einigen Fällen einfach darauf zurückzuführen sind, daß der Therapeut über keine besonderen Hinweise darüber verfügt, wie sich der betreffende Analysand zu dem Menschen entwickelt hatte, der ins Sprechzimmer gekommen war... Als der Therapeut schließlich soweit war, eine Vorstellung von der Lebensgeschichte des Analysanden zu bekommen, hatte er, fürchte ich, die falsche Vorstellung, da die Assoziationen wirklich äußerst frei sein können. Der ideale Zeitpunkt, diese Art von Forschung zu betreiben, das heißt zu versuchen, aufgrund der elementaren Lebensgeschichte herauszufinden: ›Wieso dieser Patient?‹ ist also sofort nach Beginn des Gesprächs, sobald man eine potentielle Arzt-Patient-Beziehung hergestellt hat.« Die relevanten Aspekte einer anamnestischen Datenerhebung stellt Sullivan sehr übersichtlich und zutreffend zusammen a.a.O., 126–167. – H. Schultz-Hencke, Lehrbuch der analytischen Psychotherapie, 181–182 liefert ein recht allgemeines Anamnese-Muster, das zwar die einzelnen Faktoren andeutet, aber wenig über die Art und Weise verrät, mit der ein Patient oft gegen vielerlei Angst und Widerstand zu einigermaßen wahren Erinnerungen und Mitteilungen veranlaßt werden kann.

ihn herangetragen worden sei, und immer wieder wehrt er sich gegen die scheinbare Lächerlichkeit der anamnestischen Fragen. Jetzt aber wird ihm doch deutlich, wie wenig er sich selbst kennt, wieviel er seinerzeit überspielt hat, wie angstbesetzt vor allem das Thema der Sexualität für ihn sein Leben lang gewesen ist. Vor allem merkt er, daß die Heirat seiner Frau schließlich nicht nur ein Werk der Liebe und Treue war, sondern daß er seine Frau wie ein Aushängeschild benutzte, um sich als ganzer Mann zu präsentieren. Es wäre ein schwerer Kunstfehler gewesen, den Patienten mit einer analytischen Diagnose zu konfrontieren, die in der Terminologie der Freudschen Schule gelautet hätte, daß er durch die ödipale Konkurrenz mir seinem Vater an einem Kastrationskomplex litte, der dazu führte, daß er seine Frau rein narzißtisch als Penisersatz, als Beweis der Nichtkastriertheit, betrachtete, und daß nun in der Rivalität mit seinem Nebenbuhler die gleichen Angst-, Schuld- und Haßgefühle, das gleiche Empfinden von Wertlosigkeit, Einsamkeit, Neid etc. auf den Plan gerufen wurden wie damals gegenüber seinem Vater. Aber der Patient selbst begann jetzt durch die Konfrontation mit seiner eigenen Biographie zu ahnen, welche Zusammenhänge seine Gefühle bei der Entdekkung der vorehelichen Beziehungen seiner Frau bestimmten. Seine Rigidität, sein peinlicher Moralismus, sein vollkommenes Unverständnis fremder Gefühle, seine Ambivalenz zwischen Sadismus und Mitleid, der besitzergreifende Charakter seiner Partnerbeziehung, sein außerordentlich verletzliches Selbstwertgefühl – all das trat ihm jetzt als eigenes Problem entgegen, und so wuchs der Raum, innerhalb dessen ein fruchtbares Arbeiten an sich selbst allererst möglich wurde.

Die Konfrontation, vor allem durch Interrogation und Anamnese, war also der unerläßliche Weg, die Charakterpanzerung zu durchdringen und das gesamte eigene Wesen des Klienten in Frage zu stellen.

b) Der funktionale Leidensdruck

Eine erhebliche Schwierigkeit für jede psychotherapeutische Behandlung stellt es dar, wenn der Patient zwar leidet, aber nicht *unter* sich selbst, sonder nur *infolge* seiner selbst. Man spricht von funktionalem – statt von einem echten – Leidensdruck, wenn der Patient mit seinen eigenen Gehemmtheiten – und Kompensationen – wie einverstanden zu sein scheint, aber die Umwelt entsprechend widersprüchlich und unerträglich erlebt; sein Interesse geht unter diesen Voraussetzungen (wie bei der soeben beschriebenen Charakterneurose, nur partieller, eingegrenzter) nicht auf eine Änderung seiner selbst, sondern der Patient möchte am liebsten seine Umwelt oder die Menschheit

ändern; sein Problem ist allein, daß das nicht geht und er mithin an dem Ungemach der Welt voller Zwist und Hader resignieren muß.[15]
Ein *Depressiver* z. B. leidet seit seinen Kindertagen darunter, daß alle Menschen unerhört frech, herausfordernd, vorlaut und unverschämt seien; seine Umgebung erlebt er als eine Welt voller Riesen, die mit breiten Stiefeln alles zertrampeln, was sich nicht wehren kann; und er *will* sich nicht wehren müssen; lieber will er eine solche Welt, in der nur das Gemeine und Grobschlächtige triumphiert, bestreiken und sich in den Winkel zurückziehen, als sich auf das Niveau des Kampfes einzulassen; aber so ist die Welt: Nicht einmal einen Winkel, um sich zu verkriechen, gönnt man ihm! Seine Nachbarn reden über ihn, seine Arbeitskollegen verschwören sich gegen ihn, man läßt ihn nicht leben; dabei meint er es doch so gut und tut niemandem etwas zuleide.
Eine bloße Verbalisierungstechnik müßte auch in einem solchen Falle unzweifelhaft versagen; sie würde lediglich die Rückzugstendenzen verstärken und bei der Feststellung enden, daß es so wie bisher nicht weitergeht. Der direkte Vorwurf indessen, der in gruppendynamischen oder gestalttherapeutischen Feed backs auf der Stelle gemacht würde, der Patient sei zu passiv, zu wehleidig, er solle sich mehr durchsetzen, man sei es leid, dauernd hinter ihm herzulaufen oder, wie ein gruppendynamischer Trainer sich nach glaubhafter Versicherung ausdrückte: er sei stolz und froh über seine Aggressionen auf den Herrn X – derartige »Konfrontationen« gehen natürlich in die vollkommen falsche Richtung los und bestätigen das Weltbild eines solchen Depressiven eher, als daß sie es verändern könnten. Wohl aber ist es möglich, den Patienten ein Stück weit mit seinen eigenen Beobachtungen zu konfrontieren: daß er *alle* anderen als stärker erlebt als sich selber, daß er es selbst ungerecht findet, wie man ihn behandelt, daß er voller Ärger über seine Umgebung ist, daß er seine Wut herunterschluckt, statt sie auszusprechen – und daß dies nicht an der Einrichtung der menschlichen Natur, sondern an ihm selber liegt. Zug um Zug gilt es, die Klagen des Klienten über seine Mitmenschen per Konfrontation in Einsichten über sein eigenes Verhalten umzuwandeln und somit den funktionalen Leidensdruck in ein echtes Leiden an sich selber, an den eigenen Gehemmtheiten, Ängsten und Schuldgefühlen zu verwandeln. Wieder kann

[15] K. Schneider, Klinische Psychopathologie, 17 definierte die »psychopathischen Persönlichkeiten« noch als diejenigen, »die an ihrer Abnormität leiden oder unter deren Abnormität die Gesellschaft leidet.« Demgegenüber besteht der funktionale Leidensdruck in einem Leiden unter der Normalität der Umgebung und unter den Mechanismen, mittels deren sie sich dagegen wehrt, mehr als unvermeidbar unter den Eigentümlichkeiten einer »psychopathischen Persönlichkeit« zu leiden.

dabei von einem bestimmten Zeitpunkt an die Anamneseerhebung ein außerordentlich wirksames Mittel sein.

c) Die Rationalisierung

Besonders schwierig und ebenfalls ohne Konfrontationen nicht zu bearbeiten ist das System von Rationalisierungen, zu dem vor allem schizoide und zwangsneurotische Patienten neigen.[16] Die Rationalisierung besteht darin, daß die eigenen Gehemmtheiten, Kompensationen und Fehlhaltungen vom Ich mit quasi philosophischen oder religiösen Argumenten mindestens gerechtfertigt, nicht selten sogar als notwendige Pflichten ausgegeben werden. Wieder können bloße Verbalisierungen hier nur das Gefühl, im Recht zu sein, unterstreichen, aber keine Änderung bewirken; ablehnende Feed backs durch Trainer oder Gruppenmitglieder hingegen werden höchstens den Wunsch – und die Fähigkeit – zur Selbstrechtfertigung verbreitern. Statt der Konfrontation mit den eigenen abweichenden Wertüberzeugungen ist es indessen wiederum möglich und sinnvoll, den Patienten mit sich selbst zu konfrontieren und die Widersprüchlichkeiten aufzuzeigen, die in jeder Rationalisierung enthalten sind.

Eine Ordensschwester z. B. klagt darüber, daß sie in ihrer Gemeinschaft so allein sei, daß sie sich oft übergangen fühle und daß im Grunde alle aneinander vorbeilebten; auch bei ihr ist der Leidensdruck vorwiegend funktional; verbalisiert man aber nun ihre Wünsche nach mehr Kontakt, das Verlangen nach mehr Beachtung und mehr Gemeinsamkeit, so antwortet sie, daß ein derartiger Wunsch gegen das Gebot der Demut verstoße und daß es also schon

[16] H. Schultz-Hencke, Lehrbuch der analytischen Psychotherapie, 84–85 meinte: »Gehemmtheit wird als Mangel gespürt, Passivität ebenfalls, illusionärer Anspruch dem Leben gegenüber nicht minder. Was läge näher für den Träger dieser Eigentümlichkeiten, als die Welt darauf zu untersuchen, ob nicht irgendetwas, von ihr, der Welt, her gesehen, dafür spricht, daß jene Eigentümlichkeiten nicht Mangel, sondern vielleicht sogar Vorzug sind.« »Vielleicht ergibt eine Theologie, daß ein Gott oder Gott es als wertvoll befand, das sexuelle Bedürfnis zu verurteilen und daher zu meiden?« »Vielleicht ergibt die Betrachtung der Geschichte..., daß produktiv und kulturgestaltend immer derjenige, oder diejenige Gruppe unter den Menschen war, die maximale Forderungen, also Riesenansprüche an das Kommende und an das Werdende bereits stellte?« »Sind solche Ideologien auch Folgeerscheinungen der Gehemmtheit,... so ergibt sich, vom therapeutischen Gesichtspunkt her gesehen, daß eine Aufhebung der zugrundeliegenden Gehemmtheiten... nur eintreten kann, wenn vorher zumindest eine Usurierung, eine Anätzung gewissermaßen, solcher Ideologie erfolgt.« Das Wort »vorher« ist natürlich nicht rein zeitlich, sondern essentiell gemeint.

richtiger sei, weiterzuleben wie bisher. Im Grunde hat sie, wie später zutage tritt, große Angst, den anderen lästig zu werden; sie fürchtet sich vor einem Übermaß eigener Zärtlichkeitswünsche und Bedürfnisse; im Hintergrund stehen schwere sexuell bedingte Kontaktängste mit einem unübersehbar homosexuellen Bezug; aber der Weg zu solchen Einsichten wird zunächst verriegelt, indem die Schwester aus ihrer Not eine Tugend macht und nach der Art von dem Fuchs und den unerreichbaren Trauben,[17] die er für zu sauer erklärt, alles das, was sie aus Angst und Schuldgefühlen nicht kann und darf, für minderwertig ausgibt und ein entsprechendes gegenläufiges Ideal (»die Demut«) mit theologischen Gründen rechtfertigt. Es ist angesichts solcher Rationalisierungen schlechterdings sinnlos, den gewaltsamen Weg zu wählen und das entsprechende Gedankengebäude als Selbstbetrug und Feigheit zu attackieren, obwohl derartige Scheinrechtfertigungen eigener Gehemmtheiten zweifellos auf eine Lebenslüge hinauslaufen; genauso falsch wäre aber auch das scheinbar gewaltfreie Gegenteil: etwa zu verbalisieren, daß die Schwester besonders fromm und gut sein möchte – denn das will sie zwar, aber ein Therapeut würde mit solchen Äußerungen nur die depressiven Reaktionen verstärken. Wohl aber kann man zwischen Skylla und Charybdis steuern und mit Nachdruck die Schwester darauf hinweisen, daß sie doch selbst noch soeben das mangelnde Zusammenleben unter den Mitschwestern beklagt hat, daß Einsamkeit und Isolation doch nicht an sich schon christlich sein könnten, daß »Demut« doch nur im Zusammenleben einen Sinn haben könne, daß sie die anderen zwar nicht überfahren und kommandieren, aber doch mit ihnen leben möchte, etc.

Ein solcher Abbau der Rationalisierungen durch Konfrontation mit eigenen Widersprüchen oder durch den Nachweis der wenig wünschenswerten Konsequenzen einer bestimmten Einstellung ist unerläßlich, um das Ich des Patienten für die weitere Mitarbeit zu gewinnen und ihm die Möglichkeit zu verschaffen, sich sein eigentliches Leiden einzugestehen. Die Auflösung der Rationalisierungen sollte, wenn es gut geht, eine Menge heftiger Gefühle der Aggression und der Vorwürfe gegenüber den bisher zur Rechtfertigung herangezogenen Instanzen und Gremien freisetzen und mithin von der intellektuellen zur emotionalen Ebene der Auseinandersetzung überleiten. Man muß freilich bei diesem Vorgehen von Anfang an ein gewisses Mißtrauen selbst in die scheinbar noch so vernünftigen Beweisketten philosophischer oder theologischer Art mitbringen und darf ruhig unterstellen, daß, je mehr jemand sich mit allen möglichen Gründen rechtfertigen will, er um so mehr bestimmte affektive Probleme zu verdecken sucht. Um das Ungereimte in den

[17] Äsop: Fabeln, Nr. 158.

rationalisierenden Beweisgängen nachzuweisen, kann der Therapeut freilich selber oft nicht umhin, auch persönlich ein Stück weit auf philosophische oder theologische Argumente zurückzugreifen, und er darf die weltanschauliche Reflexion seines eigenen Standpunktes nicht gänzlich scheuen, wenn er den Patienten aus seinem Elfenbeinturm befreien will; nur muß er, mit Nietzsche zu sprechen, alle Ideen in Richtung auf den Kopf hin untersuchen, der sie nötig hat;[18] akademische Diskussionen an sich stellen das denkbar schlechteste Mittel dar, Rationalisierungen zu beseitigen.

Ein bestimmter Teil der »Rationalisierung« ist nur durch klare Informationen zu beseitigen. Manche psychosomatischen Erkrankungen z. B., wie ulceröse Prozesse, Allergien, Herzbeschwerden, Muskelverspannungen etc. vermögen als körperliches Geschehen derartig zu imponieren, daß der Patient von sich aus in der Tat nicht darauf kommen kann, daß seine Beschwerden seelisch mitbedingt sind. *Depressiven* Patienten sind Zusammenhänge zwischen seelischen und körperlichen Vorgängen aufgrund der Ganzheitlichkeit ihres Erlebens meist leichter zugänglich als *schizoiden* oder *zwangsneurotischen* Patienten, die ihrem Körper wie einem fremden Gerät gegenüberstehen; *Hysteriker* wiederum werden sich sehr schwer tun, den sexuellen Anteil in ihrer Symptomatik einzugestehen.[19] Entsprechend unterschiedlich in Intensität und Art muß je nach der Problematik und Charakterstruktur des Patienten die Information gegeben werden. Oft hilft dabei das Mittel des *Fremdbeispiels*, die Konfrontation mit sozusagen neutralen Fällen Dritter, an denen bestimmte Zusammenhänge evident zu machen sind. Nicht zuletzt enthält auch der *Volksmund* eine Fülle sprichwörtlicher und in sich überzeugender Weisheiten aus dem psychosomatischen Bereich, auf die man sich im Einzelfall berufen kann.

2. *Konfrontationsfälle während der Behandlung*

Auch wenn der Patient für eine Therapie gewonnen ist und sich bereit zeigt, die anstehenden Konflikte bei sich selbst zu suchen und seinen eigenen Beitrag zu ihrer Bearbeitung zu leisten, ist die Technik der Konfrontation an vielen

[18] F. Nietzsche, Der Wille zur Macht, Nr. 257, S. 185: »Ehemals sagte man von jeder Moral: ›an ihren Früchten sollt ihr sie erkennen‹. Ich sage von jeder Moral: ›Sie ist eine Frucht, an der ich den Boden erkenne, aus dem sie wuchs‹.« – Ders., Morgenröte, Nr. 377, S. 250: »Worauf phantastische Ideale raten lassen. – Dort wo unsere Mängel liegen, ergeht sich unsere Schwärmerei. Den schwärmerischen Satz: ›Liebet eure Feinde!‹ haben Juden erfinden müssen, die besten Hasser, die es gegeben hat«.

[19] Zu dem Zusammenhang von Neurosestruktur und psychosomatischem Symptom vgl. die Übersicht bei H. Schultz-Hencke, Lehrbuch der analytischen Psychotherapie, 124–125.

Stellen unverzichtbar. Jede Neurose besteht u. a. aus einem Bündel von Fixierungen, Regressionen, Widerständen, Wiederholungszwängen und Übertragungen, und so ist es die Aufgabe des Therapeuten, an geeigneter Stelle den Patienten damit zu konfrontieren, daß und in welcher Weise er gerade jetzt, während der Sitzung, Ängste, Erwartungen und Reaktionsweisen zeitigt, die offenbar nicht in der jetzigen Situation, sondern in vergangenen Szenen ihren Ursprung haben. Der Anlaß zu solchen Konfrontationen des Patienten mit seinen unfreiwilligen und zunächst unbewußten Wiederholungsmechanismen ist immer dann gegeben, wenn der Patient selbst den Eindruck hat, in der therapeutischen Sitzung aus rätselhaften Gründen nicht weiterzukommen. Solche Anlässe sind vor allem

a) neurosespezifische Selbstsabotagen des Denkstils,
b) die Gegenrede ichfremder psychischer Instanzen,
c) anfallartige Erinnerungseinbrüche, Träume und symbolische Störungen,
d) die Wirklichkeitsverzerrung durch neurotische Prozesse und
e) die Übertragung von kindlicher Angst und Erwartung, von Liebe und Ablehnung auf den Therapeuten.

a) Neurosespezifische Selbstsabotagen des Denkstils

Mit den Methoden reiner Gesprächspsychotherapie lassen sich diejenigen Fälle nicht bearbeiten, wo die gesamte Denk- und Darstellungsweise des Patienten in sich selbst bereits eine neurotische Qualität besitzt. In der Gesprächspsychotherapie herrscht die Erwartung und Voraussetzung, daß man sich vom Patienten gewissermaßen in die Zimmer und Kellerräume seiner inneren Wohnung führen läßt, die er bislang noch nicht oder zu wenig bewohnt hat, die er aber jetzt kennenlernen möchte: Man schließt sich seinen Interessen, Einfällen, Weisungen und Aufforderungen zwanglos an und gibt sich überzeugt, daß er selbst bei sich zu Hause im Grunde besser Bescheid weiß als jeder andere. Eine solche Einstellung bewahrt den Therapeuten in jedem Falle davor, den Patienten mit willkürlichen Deutungen, Interpretationen, Vermutungen, Befehlen und allen möglichen dirigistischen Methoden zu »konfrontieren«, und schon insofern ist sie nützlich und gut. Trotzdem zeigt sich in Gesprächen oft, daß die bloße Begleitung des Patienten nicht aus dem Labyrinth seiner Konflikte herausführt, sondern eher den subjektiven Eindruck der Rat- und Hilflosigkeit noch verstärkt. Stets wenn ein Gespräch trotz sorgfältiger Verbalisierungen, trotz guter Einfühlung und trotz eines ausreichenden Vertrauensverhältnisses des Klienten zu seinem Therapeuten sich auf der Stelle dreht, wenn sich keine Klärungen und Lösungsansätze abzeichnen, wenn die Irritation und Unsicherheit im Gegenteil noch wächst, kann man sicher sein, daß die Unfruchtbarkeit der Bemühungen im Gespräch auf dieselben Ursachen zurückzuführen ist, die den Patienten auch sonst in seinem Leben draußen in die Irre gehen lassen, und es ist dann außerordentlich wichtig, nicht nur die jeweilige Bedeutung der einzelnen Klientenäußerungen zu reflektieren, sondern darauf zu achten, welche Denkbewegungen *strukturell* eine Lösung der anstehenden Probleme verhindern. Man darf dabei unterstellen, daß der Patient sich in einem guten therapeutischen Gespräch nicht anders verhält als sonst auch; die Mechanismen aufzuklären, die ihn hier und jetzt blockieren, ist daher eine Hauptaufgabe der Behandlung. Dabei erweisen sich auch hier die Einsichten der psychoanalytischen Neurosenlehre als unschätzbare Hilfen, indem sie als einzige die Mechanismen verständlich machen, die strukturell einen Neurotiker daran hindern, erfolgreich zu sein.

Viele Gespräche mit *zwangsneurotischen* Patienten z. B. können so lange keinen Erfolg haben, als der Therapeut nicht begreift, daß der Klient selbst alles tut, um seine eigenen Wünsche und Zielsetzungen nicht zu realisieren, sondern zu widerlegen. Die Verbalisierungstechnik der Gesprächspsychotherapie gleicht hier einer Art Wettlauf zwischen Hase und Igel: Gerade noch hat der Klient einen bestimmten Wunsch geäußert und gesagt, was er »eigentlich« möchte, da beginnt er schon zu schildern, was alles der Erfüllung seines Wunsches entgegensteht. Der Therapeut kann im Rahmen der Verbalisationstechnik versuchen, die Wünsche im Hintergrund zu verbalisieren und somit die Neigung gegen Verzicht und Selbsteinschränkung, also gegen die Resignation zu thematisieren – dann wird der Patient protestieren und beweisen, daß er für seine Wünsche zu alt ist oder daß die Arbeits- oder Familiensituation oder seine Finanzlage oder die Kirchenordnung oder die Gesellschaft oder wer auch immer ihm keinen Freiraum lassen und daher alles nicht geht; knüpft man indessen an dieses Urteil: »Es geht alles nicht«, an, so wird man wiederum einen verdrossenen Protest ernten und über die Unmenschlichkeit und Ungerechtigkeit der Welt belehrt werden;[20] verbalisiert man hingegen die

[20] Zu diesem zwangsneurotischen »Aber-Denken« vgl. E. Drewermann, Sünde und Neurose, in: Psychoanalyse und Moraltheologie, 1. Bd., 137–138. Zu den Zwangserscheinungen der intellektuellen Sphäre gehören: Grübel- und Fragesucht; Zweifelsucht, Zwangsskrupel und Vorwürfe; Beobachtungszwang; Erinnerungszwang; Zwangsdenken; G. Benedetti, Psychodynamik der Zwangsneurose, 3. – Vgl. zum Denken bei Zwangsneurosen O. Fenichel, Psychoanalytische Neurosenlehre, II 146–153, der meint: »Man darf mit Zwangsneurotikern niemals ihre Zwangsprobleme erörtern. Tut der Analytiker es, so bestätigt er nur den Mechanismus der Isolierung (sc. von Gedanken und Gefühl, d. V.) beim Patienten. Solange nämlich dessen Gedanken von seinen Gefühlen isoliert sind, darf nur die Isolierung selbst und nicht ihr Inhalt zum Gegenstand der Analyse gemacht werden.«

Zerrissenheit zwischen Pflicht und Neigung, zwischen Muß und Möchte im Klienten selbst, so wird man lediglich ein bedauerndes »C'est la vie« ernten, und der ganze Konflikt scheint sich in Luft aufzulösen. Ein direktes Konfrontieren mit den eigenen Gefühlen, wie es die erlebnistherapeutischen Ansätze nahelegen, würde indessen auf eine bloße Symptomkritik hinauslaufen; man würde den Patienten dafür ausschimpfen, daß er stets nur herumbrummt, aber nicht für sich handelt, daß er selbst nicht weiß, was er will, daß er aber auch mit nichts zufrieden ist und an allem etwas zum Nörgeln finden wird, etc.; m. a. W.: Die Konfrontation eines zwangsneurotischen Klienten mit den unmittelbaren Gefühlen des Therapeuten wird fast immer einen Machtkampf um die Beurteilung der Symptome heraufführen, und einen solchen Kampf kann der Therapeut kaum gewinnen; denn ziemlich bald erscheint der Therapeut dann dem Patienten als unbeherrscht, minderwertig oder außerhalb der von ihm verteidigten Ordnung stehend, und die Zwangsneurose verwandelt sich damit sogleich in eine uneinnehmbare Festung für den Therapeuten, der jetzt auf allen Ebenen ins Unrecht gesetzt ist.

Stattdessen gelangt man über einen relativ gewaltlosen Zugang durch die Mauern der zwangsneurotischen Einengungen, wenn man den Patienten mit der Vermutung konfrontiert, daß seine Selbsteinwände, so vernünftig sie sich auch anhören, im Grunde nur beweisen sollen, daß er sich *niemals* einen Wunsch erfüllen dürfe und daß dieses Verbot an sich generell gelte und älter sei als alle Widerlegungsargumente im einzelnen. Mühelos kann man den Patienten nach einer gewissen Zeit des Gesprächs darauf aufmerksam machen, daß er entweder selber stets nur sagt, was er – oder »man« – angeblich tun muß und machen soll, oder daß er, wenn er doch einmal einen Wunsch äußert, sogleich regelmäßig ein Aber anfügt, das alles wieder umstürzt, was er gerade noch erreichen wollte. Meist empfiehlt es sich, falls der Patient diese Beobachtung anerkennt, im folgenden die Annahme auszusprechen, daß dieses Ja-Aber-Denken nicht erst seit heute so besteht, sondern schon immer in Geltung war; der Patient wird dadurch aufgefordert, ausführlich und im Detail zu schildern, wie es denn zuging, wenn er als Kind seinen Eltern und Geschwistern gegenüber mal einen Wunsch äußern wollte, welche Widerstände sich dann erhoben, usw. Vor diesem Hintergrund wird ihm wie von selbst deutlicher, daß die Selbsteinwände in der Gegenwart nur fortsetzen, was damals seinen Wünschen entgegenschlug; der Patient kann lernen, mißtrauischer zu werden, wenn er wieder seine anscheinend objekiven Zwänge zu rechtfertigen beginnt, und er wird in den Gesprächen selbst zielstrebiger zu denken anfangen oder mindestens dulden, daß ihn der Therapeut gelegentlich wieder darauf hinweist, daß erneut ein Ja-Aber sein Handeln durch ein leeres Verhinderungsdenken ersetzt.

Auch bei den anderen Neuroseformen kommt man nicht umhin, den neurotischen Denkstil der Patienten selbst per Konfrontation bewußt zu machen. Ein *Hysteriker* z.B. wird stets geneigt sein, in einem rasenden Tempo die verschiedensten Probleme zusammenzurühren und Wortkaskaden an die Stelle wirklicher Beobachtungen und Gedanken zu setzen:[21] aus Angst, daß in sein Denken etwas Verbindliches und Präzises kommen könnte, hat er ein

[21] S. Mentzos, Hysterie, 46–47 beschreibt die Merkmale des hysterischen Charakters wie folgt: a) »*Theatralisches Verhalten* mit Dramatisierungs- und Demonstrationstendenzen, künstliche Übersteigerung, Versuche, die Aufmerksamkeit, Sympathie oder Bewunderung zu erzeugen oder auf sich zu lenken«; b) »*Emotionale Labilität,* charakterisiert durch Ausbrüche von Lachen oder Weinen, die durch inadäquate Anlässe hervorgerufen werden, sowie Wechselhaftigkeit und Kurzlebigkeit der ohnehin oberflächlichen Affekte, launisches Hin- und Herwechseln«; c) »*Aktive Abhängigkeitstendenzen,* also eine verlangende, eine *demanding dependency,* das Bedürfnis, sich in infantiler Weise von anderen abhängig zu machen, ohne jedoch den Anspruch auf Aktivität und Initiative abzutreten, wie dies bei Passiv-Abhängigen der Fall ist«; d) »*Übererregbarkeit,* also eine ausgeprägte Bereitschaft, auf äußere Veränderungen hin überschießend stark zu reagieren«; e) »*Egozentrismus,* also die Tendenz, an erster Stelle eigene Bedürfnisse zu berücksichtigen, zusammen mit dem unersättlichen Bedürfnis nach ›geliebt und anerkannt werden‹ (in der älteren psychiatrischen Literatur auch als Geltungssucht bezeichnet)«; f) »*Verführerisches Verhalten* im Sinne der Durchsexualisierung jeder Aktivität, die jedoch nicht dazu dient, erotische Liebe auszudrücken und orgastische Erfahrungen herbeizuführen, sondern nur dem Ziel, von anderen gemocht und bewundert zu werden«; g) »*Suggestibilität,* also starke Beeinflußbarkeit durch andere wie auch durch sich selbst«. – Für die Behandlung ergibt dies: »Der hysterische Mensch wendet auch in der Beziehung zum Therapeuten unbewußt die Technik der Ablenkung vom Eigentlichen und Wesentlichen an. Durch Verschiebungen, Dramatisierungen, Einsetzen von Gegenemotionen usw. erreicht der Hysterische eine Emotionalisierung der Beziehung oder eine Akzentverschiebung, die die Situation für den Therapeuten völlig undurchsichtig macht. Dieser fühlt sich zeitweise wie vernebelt und verwirrt. Er ist zuweilen völlig im unklaren über die eigentliche Struktur der Beziehung und insbesondere über die Bedeutung der herrschenden widersprüchlichen, schnell wechselnden, launischen, diffusen und konturlosen Gefühlszustände.« »Die schwierige Aufgabe des Therapeuten besteht darin, aus diesen verzerrten Äußerungen einen richtigen Text und aus diesen unbewußt tendenziösen Äußerungen offene und realitätsgerechte ›Inszenierungen‹ entstehen zu lassen. Dies ist deshalb so schwierig, weil der Therapeut im Zwischenspiel der Übertragung und Gegenübertragung selbst mitagierender Partner ist.« A.a.O., 107. – Eine an W. Reich, Charakteranalyse, Kopenhagen 1933 orientierte Beschreibung der *Hysterie* wird die folgenden Merkmale umfassen müssen: Koketterie verbunden mit Genitalangst (Angst vor dem Orgasmus) (Agieren ohne sexuelles Erlebnis), Unbeständigkeit und starke Suggestibilität, bei Männern: weiches, feminines, überhöfliches Gebaren, Neigung zum Phantasieren und zur Pseudologie, geringe Neigung zur Sublimierung (weil voll entfaltete genitale Strebungen), körperliche Konversionen und Angst. Vgl. E. Bohm, Lehrbuch der Rorschach-Psychodiagnostik, 231.

Interesse, alles im Vagen und Verschwommenen, im »Wahrscheinlich« und »Vielleicht« zu lassen; er nimmt die Verbalisierungen des Therapeuten nicht wirklich auf, sondern gibt nur vor, sie gehört zu haben; stattdessen überredet er sie und spricht ständig, um Anerkennung werbend, daran vorbei. Wollte ein Therapeut sich diesem Denkstil anschließen, so stände er, mit einem anderen Märchenbild gesprochen, vor der Aufgabe, ein Kaninchen in vollem Lauf barbieren zu sollen,[22] – ihm ginge bei Zeiten die Luft aus oder er würde dem »Kaninchen« schwere Verletzungen zufügen. Um so wichtiger ist es, daß der Therapeut den Hysteriker immer wieder dazu bringt, bei ein und demselben Thema zu bleiben, indem er nachfragt, ob das jeweilige Problem schon wirklich geklärt ist, was der Patient bisher glaubt verstanden zu haben, was aus seinen Darlegungen nun bindend folgen solle; und umgekehrt muß der Therapeut darauf bestehen, daß die jeweiligen Fragen so lange erörtert werden, bis ihm selber wirklich klar ist, mit welchen Schwierigkeiten er es zu tun hat, was im Patienten vor sich geht und wie dieser seine Umgebung erlebt. Dabei wird es schon schwer sein, herauszufinden, welches Thema der Hysteriker aus der Fülle seiner Gesprächsangebote vorrangig behandeln möchte; aber es ist nicht zu erwarten, daß ein hysterischer Patient ohne einen derartigen Druck zu Klärung und Bestimmtheit Fortschritte machen wird. Natürlich weiß ein Analytiker, daß das hysterische Durcheinander den Zweck hat, Eindruck und Sympathie zu erwecken, ohne doch aus Angst eine wirkliche Beziehung eingehen zu können, aber das sind Einsichten, die dem Patienten selbst erst kommen werden, wenn er oft genug damit konfrontiert wird, wie er im Gespräch sich selber ausweicht.

Auch ein *Depressiver* kann die Neigung besitzen, alles auf einmal zu sagen,[23] und auch hier wird man nicht ohne zusätzliche Beispiele, Klärungen, Nachfragen u. ä. auskommen; dennoch ist das psychische Klima völlig anders als beim Hysteriker. Der Depressive spricht an sich nicht durcheinander, er drückt nur alles sehr komplex aus, weil er sich zumeist schwertut, überhaupt etwas zu sagen, und deshalb seine Mitteilungen so knapp wie möglich hält; zudem erlebt er insgesamt außerordentlich kompakt und total, was leicht übersteigert oder maßlos wirken kann. Der Therapeut muß daher, anders als er vielleicht unmittelbar fühlt, eine große Geduld und Verständnisbereitschaft an den Tag legen, denn jeder Druck oder jedes Zeichen von Ungeduld spart nicht Zeit,

[22] KHM 124, Die drei Brüder.

[23] Beim Rorschach-Test z. B. sind gehäufte Ganzantworten »als Ausdruck der starken Oralität« und als Hinweise auf mögliche Depression zu werten; E. Bohm, Lehrbuch der Rorschach-Psychodiagnostik, 291; 242. Der gleiche Wille zum Ganzen in einem einzigen Augenblick prägt beim Depressiven nicht nur die Auffassungs-, sondern auch die Ausdrucksweise.

sondern schafft zusätzliche Ängste, Schuldgefühle und Gesprächsbelastungen, die aufzuarbeiten äußerst langwierig ist. Zwar kann der Therapeut darauf hinweisen, daß er es nicht als lästig empfindet, wenn der Patient ihm seine Probleme »zumutet«, daß er aber doch über Gebühr auf die Folter gespannt wird, wenn der Patient so außerordentlich scheu und zögernd, versteckt und stockend mit seiner Not herausrückt; auf jeden Fall jedoch muß der Therapeut vermeiden, daß der Patient sich durch eine unwirsche Reaktion wirklich abgelehnt fühlt.

Schon im ersten Kontakt spielen derartige Komplikationen sehr oft eine erhebliche Rolle: Der Depressive etwa bringt am Anfang kein Wort hervor, alle Gedanken sind ihm aus Angst wie fortgeblasen, und er selbst möchte – und äußert auch oft den Wunsch – am liebsten gleich wieder verschwinden. Der Therapeut ist gut beraten, wenn er in solche Angstpausen eingreift und eine Reihe von Möglichkeiten ausspricht, die nach seiner Erfahrung eine derartige Blockade erzeugen können: die Angst, lästig zu sein, die Furcht, ein zu geringfügiges Problem anzutragen, die Sorge, die kostbare Zeit des Therapeuten sinnlos in Anspruch zu nehmen, etc.

Es geht im Hintergrund bei der Behandlung eines Depressiven stets darum, daß der Patient sich gegen seine Angst, als lästig ausgeschimpft zu werden, dennoch vom Therapeuten angenommen und für wichtig genug gehalten fühlt.[24] Dementsprechend muß der Therapeut positiv eine gewisse Zuversicht in den Wert und die Fähigkeiten des Patienten ausstrahlen. Das bedeutet freilich nicht, daß der Therapeut den Patienten von sich aus für bestimmte Eigenschaften und Verhaltensweisen *loben* soll; im Gegenteil, durch besonders anerkennende Worte würde der Depressive leicht in das Gefühl absacken, überbewertet zu werden und den Ansprüchen nicht genügen zu können; wohl

[24] Allerdings muß man stets bedenken, daß der Depressive »mit übermäßiger Aufmerksamkeit auf jeden Fehler bei seinen Leistungen achten und diese Fehler benutzen (wird), um sich seine eigene Schwäche zu bestätigen und um den Wert und die Stärke des Objekts (sc. des Therapeuten, d. V.) wiederherzustellen. In diesem Vorgehen ist der Grund zu suchen, warum den Manisch-Depressiven ein Erfolg auf die gleiche Weise quält wie ein Versagen, denn durch beides kann eine feindselige Herabsetzung des Liebesobjekts ihren Anfang nehmen.« E. Jacobson, Depression, 298. Auf diese Weise entsteht ein ständiger Sog nach immer größerer Zuwendung entgegen der Tendenz zur Entwertung der eigenen Person wie der Person des Therapeuten. – Zur Charakterisierung des depressiv-masochistischen Charakters vgl. E. Bohm, Lehrbuch der Rorschach-Psychodiagnostik 232, der als die wichtigsten Merkmale repetiert: Hemmung der gesamten Aggressionslust durch starke Kastrationsangst, ständige Angst vor dem Alleingelassenwerden, chronisches Leidgefühl mit Neigung zum Klagen, chronische Neigung zur Selbstschädigung und Selbsterniedrigung, ungeschicktes, ataktisches Auftreten, gesteigertes Liebesbedürfnis bis zur Unerfüllbarkeit.

aber sollte man alle Ansätze des Depressiven zu eigener Anerkennung und zur Kritik an anderen nachdrücklich unterstreichen. Wenn dann der Depressive sich selbst wieder in die Parade fällt und nach wenigen Sätzen erneut erklärt, daß er zu solchen Bemerkungen und Ansichten gar kein Recht habe, sollte man allerdings fortan entschieden auf seine Seite treten; dann mag man ihn etwa für seinen Mut auch direkt loben, mit dem er gerade sich selber ein Stück weit anerkennend geschildert hat, dafür, daß er sich trotz allem ein Recht genommen hat, selber zu denken und zu urteilen, etc.

Vor allem die *Maßlosigkeiten* der eigenen Selbstbezichtigungen lassen sich beim Depressiven oft nur dadurch bearbeiten, daß man den Patienten an den unmittelbaren Inhalt seiner Selbstwertzweifel und Minderwertigkeitsgefühle erinnert und ihn indirekt auffordert, die Kirche im Dorf zu lassen, oder indem man ihm hilft zu merken, daß er im Ansatz gar nicht sich selbst kritisieren wollte, sondern seine Mutter, seinen Chef o. a.[25]

Dabei muß man freilich unter allen Umständen vermeiden, daß der Patient in seinem Urteil sich vom Therapeuten abhängig macht. Gerade der Depressive wird stets geneigt sein, sich selber auszuschalten und seine Situation im Spiegel der anderen zu sehen. Oft wird man daher erleben, daß ein Depressiver nach einer Reihe von Klagen und Faktenschilderungen an gerade der Stelle, an der er selber Bilanz machen und das Ergebnis seiner eigenen Überlegungen ziehen müßte, plötzlich abbricht und sich um Rat an den Therapeuten wendet oder referiert, was ihm Freunde und Bekannte oder schon die eigenen Kinder geraten haben. Es kann sein, daß es notwendig ist, dem Depressiven eine Weile lang eine gewisse Garantie dafür zu geben, daß sein Denken und Tun richtig ist – dies vor allem angesichts der häufigen depressiven Befürchtungen, zu dumm zu sein oder wahnsinnig zu werden –, aber man muß ihn zugleich immer mehr darauf hinweisen, daß er sich selbst verdummt, wenn er vom eigenen Denken abrückt und mit Mal den anderen an seine Stelle setzt, daß er nicht verrückt *ist*, aber daß alles verrückt *wird*, wenn er, statt zu denken, was er selber will, stets denkt, was der andere wohl denkt, daß er denken müßte.[26]

[25] So meinte S. Freud, Massenpsychologie und Ich-Analyse, XII 149 von der Melancholie: »Die Vorwürfe und Aggressionen gegen das Objekt kommen als melancholische Selbstvorwürfe zum Vorschein.« Dementsprechend gilt es in der Psychotherapie der Depression, die Selbstvorwürfe wieder in echte Vorwürfe rückzuverwandeln. Vgl. O. Fenichel, Psychoanalytische Neurosenlehre, II 287.

[26] Die depressive Abhängigkeit vom Denken anderer sowie die ständige Selbstherabsetzung aus Schuldgefühlen und verdrängten Aggressionen hat R. D. Laing, Knoten, 29 auf die prägnante Formel gebracht:

»Wie klug muß man sein, um dumm zu sein?
Die anderen sagten ihr, sie sei dumm. Also machte sie

Der Depressive muß also beides beim Therapeuten spüren: die Sicherheit, daß der Therapeut zu ihm hält und ihn nicht fallen läßt, aber auch die Gewißheit, daß der Therapeut ihm eine eigene Entscheidung und ein eigenes Handeln zutraut und in gewissem Sinne abverlangt.

Schwierig ist der Umgang mit *Schizoiden*. Sie klagen sehr oft darüber, daß ihre Welt grau und langweilig sei, daß ihnen nichts etwas bedeute, daß alles sinnlos und leer scheine; aber sie sind nicht nur außerstande, irgendein Gefühl zu äußern (was schon dem Zwangsneurotiker in seiner eisernen Disziplin schwerfällt), sondern sie geben vor, überhaupt kein Gefühl zu empfinden.[27] Das einzige, aber keinesfalls immer wirksame therapeutische Mittel besteht darin, bei jeder sich bietenden Gelegenheit darauf hinzuweisen, daß der Schizoide an sich hoch bedeutsame Inhalte mitteilt, ohne auch nur im geringsten die Bedeutung dieser Inhalte für seine eigene Person anzudeuten, oder daß er seine Gefühle, wenn er sie überhaupt erwähnt, in unangemessener, distanziert-kühler, selbstironischer oder zynischer Weise äußert. Wenn der Schizoide seine Kälte als Mangel (statt als Stärke) zu sehen gelernt hat, kann man ihn auffordern, seine Mitteilungen u. U. gefühlsstärker zu formulieren, als er sie vielleicht selbst zu fühlen glaubt. Nicht selten sind (schriftliche) *Wortfindungsübungen* zur Bezeichnung eines Zustandes sinnvoll, da der Schizoide oft überhaupt nicht gewöhnt ist, Gefühle mit Worten zu bezeichnen (so wie man u. U. dem Depressiven mit Sprachübungen zur Artikulation seiner Aggressionen helfen kann und muß). Was dem Schizoiden anfangs vielleicht bühnenhaft und theatralisch vorkommt, kann doch mit der Zeit auf sein eigenes Empfinden und Handeln zurückwirken. Desgleichen wird es nicht ausbleiben, daß man den Schizoiden mit der Tatsache konfrontieren muß, daß er, wie seine eigenen, so auch die Gefühle seiner Mitmenschen zu wenig beachtet und daher immer wieder zu Fehlreaktionen verleitet wird; hier können gezielte *Beobachtungsanleitungen* (Interpretation von Körpersprache, verbaler Mitteilung etc.)

sich selbst dumm, um nicht sehen zu müssen, wie dumm
die anderen waren zu glauben, sie sei dumm,
weil es schlecht wäre zu glauben, die anderen seien dumm.
Sie zog es vor dumm und gut
anstatt schlecht und klug zu sein.

Es ist schlecht dumm zu sein: sie muß klug sein
um so gut und dumm zu sein.
Es ist schlecht klug zu sein, weil es zeigt,
wie dumm die anderen waren
ihr zu sagen, wie dumm sie sei.«

[27] Zur Charakterisierung der schizoiden Selbstwahrnehmung vgl. E. Drewermann, Sünde und Neurose, in: Psychoanalyse und Moraltheologie, 1. Bd. 156–158.

einen wichtigen Schritt nach vorn darstellen. Nicht selten äußert der Schizoide auch ein gewisses Unbehagen darüber, daß er nie so recht wisse, wie er mit anderen »dran« sei, und auch hier liegt die Aufforderung nahe, sich mehr als bisher nach den Gefühlen der anderen zu erkundigen und auch die eigenen Stimmungen – trotz aller anfänglichen Künstelei – deutlicher zu machen.

b) Die Gegenrede ichfremder Instanzen

Besonders bei *depressiven* und *zwangsneurotischen* Patienten reicht es selten aus, die Rationalisierungen und Selbstsabotagen des Denkens bewußt zu machen und durch entsprechende Übungen abzubauen. Oft erreicht der Behandlungswiderstand eine solche Stärke, daß der Widerspruch zwischen den Bemühungen des Ichs und seinen nachfolgenden Äußerungen und Handlungen sich nicht besser darstellen und bearbeiten läßt als in der Neurosenlehre und psychotherapeutischen Methode der Psychoanalyse. Von einem bestimmten Grad der neurotischen Störung an wird es sinnlos, noch an der Behandlungsvoraussetzung festzuhalten, daß man einem Patienten gegenübersitze, der sich selbst hinreichend erkennen und seine Gedanken und Gefühle zielbewußt koordinieren könne; man wird im Gegenteil als Therapeut der Zeuge einer vollständigen Hilflosigkeit des Ichs, das entgegen seinen ursprünglichen Zielen und Wünschen plötzlich Gedanken, Befehle, Bewertungen, Verbote, Schuldgefühle, Selbstvorwürfe und Ängste äußert, die durch vier Eigenschaften gekennzeichnet sind:

α) sie sind quantitativ überdimensional;
β) sie sind qualitativ starr und undiskutierbar;
γ) sie sind situativ fremd und beinhalten stets generalisierte Regeln, wie »man« sein und handeln müsse;
δ) sie wirken gegenüber dem Ich des Patienten fremd, herrisch, autoritär und grausam.

Insgesamt hat man den Eindruck, als wenn man hinter dem Ich des Patienten plötzlich mit einer (oder mehreren) fremden Person(en) reden würde, deren Stimmen vor Zeiten auf verschiedenen Tonbändern festgehalten worden wären und sich jetzt aus Anlaß eines bestimmten Inhaltes zu Wort melden würden. Da diese Stimmen das Ich als ihr Sprachrohr verwenden und sich auf seinem Terrain geltend machen, obwohl sie ohne Zweifel dem Ich entgegenstehen und es nach Kräften unterdrücken, hat S. Freud die entsprechende Instanz als *»Überich«* bezeichnet,[28] und dieser außerordentlich treffende Begriff ist

[28] Zur Entstehung des Über-Ichs in der Theorie S. Freuds vgl. E. Drewermann, Strukturen des Bösen, II 408–410.

vorzüglich geeignet, um dem Patienten zu verdeutlichen, daß »es« in ihm, auf seinem eigenen Grund und Boden, Gedanken, Wertungen und Maßstäbe gibt, die nicht von ihm selbst stammen und von sich her die Tendenz haben, sich jeder Korrektur zu entziehen. Nur wenn das Ich des Patienten die Deutung akzeptiert, daß es im Grunde einem von fremden Mächten besetzten Land gleicht, dessen Bevölkerung sich bislang willkürlichen Gesetzen unterwerfen mußte, wird man es dazu bringen können, den schweren und kräfteraubenden Kampf um seine Freiheit gegen die innere Besatzungsmacht des Überichs anzutreten.

Als erstes muß der Therapeut im Sinne der *transaktionalen Analyse* von E. Berne alles, was er hört, u. a. daraufhin abhorchen, inwieweit es sich nach den erwähnten Charakteristika als ichfremdes Material zu erkennen gibt, und er muß vor allem herausfinden, an welchen Stellen die Überichzäsuren erfolgen.[29] Mindestens an den Punkten, wo relativ affektstarke und subjektiv bedeutungsvolle Mitteilungen des Patienten durch eine neuerliche Störsendung des Überichs unterbrochen werden, sollte man den Klienten mit diesem Eindruck konfrontieren und ihm sagen, daß jetzt offenbar irgendetwas anderes als noch vorhin in ihm ablaufe. Ziemlich bald wird man darüberhinaus finden, daß die Störstellen jeweils an relativ eng umschriebenen und immer gleichen Themengebieten liegen – so als wenn das Gebiet des Ichs von der fremden Besatzungsmacht in seinem Inneren nicht im ganzen, sondern nur an gewissen Zonen wirksam kontrolliert würde, an deren Ausbeutung oder Blockierung die Besatzungsinstanz ein besonderes Interesse hat, während der Verkehr in allen anderen Landesteilen des Ichs fast ungestört weiterfließt. Von daher wird es jetzt zur Aufgabe, die weitere Ausbeutung oder Blockade dieser

[29] Der transaktionalen Analyse geht es im wesentlichen um die Bewußtmachung des »Skripts«, des vorbewußten Lebensplanes, basierend auf kindhaften Illusionen, die u. U. ein Leben lang dauern können. E. Berne, Was sagen Sie, nachdem Sie »Guten Tag« gesagt haben?, 42 versteht unter dem »Skript« einen fortlaufenden Lebensplan, »der sich unter starkem elterlichen Einfluß in der frühen Kindheit herausgebildet hat.« Voraussetzungen zur Entstehung eines Skripts sind: »1. parentale (elterliche) Direktiven; 2. eine geeignete Persönlichkeitsentwicklung; 3. eine während der Kindheit getroffene Entscheidung; 4. ein wirkliches Festhalten an einer ganz bestimmten Methode für Erfolg und Mißerfolg und schließlich 5. eine überzeugende Einstellung (bzw. wie man heute sagen würde, eine glaubwürdige Haltung)«. (A.a.O., 44) Die therapeutische Aufgabe richtet sich darauf, die Skript-Signale zu erkennen und bewußt zu machen. Denn: »Für jeden Patienten gibt es eine ganz charakteristische Haltung, eine bestimmte Geste, eine Manier, ein Symptom oder einen Trick. Sie alle weisen darauf hin, daß er ›in seinem Skript lebt‹... Solange derartige ›Skript-Signale‹ zu erkennen sind, ist der Patient noch nicht geheilt... Er mag sich, während er in seiner Skript-Welt lebt, weniger elend und vielleicht sogar glücklich fühlen, aber er befindet sich noch immer in dieser Scheinwelt und nicht in der realen Welt.« A.a.O., 264.

Zonen durch Streik und Aufstand für alle Zunkunft zu sabotieren. Die Rolle des Therapeuten verwandelt sich von diesem Punkt der Beratung an, wenn wir an dem militärischen Beispiel festhalten, in den Dienst eines Kriegsberaters, der den Nachschub und den Einsatz bestimmter Waffen organisieren muß, die das Ich an die unsichtbare Front seines inneren Guerilla-Krieges schicken kann.

Um den Feind zum Kampf zu stellen, ist es zunächst notwendig, die gemeinsame Schaltzentrale hinter den verschiedenen Störstellen ausfindig zu machen. Wenn deutlich ist, daß bestimmte »Tonbandtexte« sich immer wieder aus Anlaß einer festgelegten Thematik einspielen, stellt sich die Frage wie von selbst, wann und von wem die alten Bänder bespielt wurden. Um ein möglichst vollständiges Bild zu gewinnen, sollten dabei so viele Beispiele und Szenen aus der Vergangenheit des Patienten wie nur möglich in die Erinnerung zurückgerufen und jede für sich durchgegangen werden. Insbesondere müssen die *Gefühle* aus der damaligen Zeit wiederbelebt werden. Zu diesem Zweck sind die Verfahren des *Rollenspiels* aus dem *Psychodram* von Moreno[30] sowie manche Praktiken der *Gestalttherapie* von Perls[31] sehr gut geeignet.

Indem der Klient eine relativ wichtige und engumschriebene Szene aus seiner Kindheit berichtet, hat er zumeist bereits gegen erhebliche innere Widerstände zu kämpfen: Seine inneren Stimmen sagen ihm, daß er sich nicht so wichtig nehmen solle, daß es lächerlich sei, solche Bagatellen wieder aufzurühren, daß er kein Recht habe, seine Mutter oder seinen Vater derartig zu verleumden und zu verunglimpfen, daß er sich schämen müsse, schon als Kind so böse und gemein gewesen zu sein, o. ä. Ringt er sich durch diese in sich bereits *kindlichen* Gefühle dennoch bis zum Inhalt des damaligen Erlebens durch, so ist mit einem Ausbruch der gleichen Gefühle zu rechnen, die das Ich seit der Kindheit im Umkreis des jeweiligen Themengebietes beherrschten, und gerade bis zu diesem Punkt muß die Therapie geführt werden, um eine wirkliche Verhaltensänderung einzuleiten. Schon in den unmittelbaren Erinnerungsgefühlen klingen ja nicht nur Resignation, Verbitterung u. a. an, sondern auch noch Wut und Zorn, Haß und Ärger, ein Wille, sich gegen vermeintliches Unrecht zu verteidigen, und *diese* Gefühle, die ausdrücken, wie das Ich des Patienten damals hätte reagieren wollen und sollen, mußten in der Kindheit an der Übermacht von Vater und Mutter scheitern; sie wurden in der Folgezeit verdrängt, und gerade auf dem Gebiet der so erzeugten Ich-Einschränkungen konnte das Überich seine Geländegewinne erzielen. Um das Ich wieder zum Herren in seinem eigenen Reich zu machen, muß man also gerade dort beginnen, wo der Krieg seinerzeit verloren ging: Man muß, am besten in Form

30 J. L. Moreno, Gruppenpsychotherapie und Psychodrama, Stuttgart 1959.
31 F. Perls, Gestalt-Therapie in Aktion, Stuttgart 1974.

psychodramatischer Rollenspiele, dieselben Kämpfe wiederholen, die damals nicht bestanden werden konnten. Ein einleitendes und sehr wirksames Mittel dazu kann die *Identifikation mit dem Angreifer*[32] sein.

Ein depressiver Patient etwa erklärt, daß er selber überhaupt sich nicht vorstellen könne, wie er gegen seine Mutter oder seinen Vater hätte ankommen können; stattdessen ist er auch jetzt nur traurig, weint, hält sich für »unmöglich«, usw; es ist aber hinter seinen Selbstbezichtigungen mit Händen zu greifen, was er seinen Eltern sagen möchte – nur: er hat, wie damals, Angst vor seinen Aggressionen; statt an sich selbst zu denken, steht ihm übermächtig die Gestalt seines Vaters oder seiner Mutter vor Augen. Während der Patient zu sich selbst gar nicht stehen kann, drängt in ihm alles danach, in die Rolle seines Vaters oder seiner Mutter zu schlüpfen und ausführlich zu schildern, wie diese damals gesprochen haben und aufgetreten sind. Diesem Drang braucht man sich als Therapeut nur anzuschließen, um mehrerlei gleichzeitig zu erreichen: Das Ich des Patienten hat zum einen den Mut und die Genugtuung der Wahrheit; es kann in der Rolle von Vater oder Mutter ungehemmt zum Ausdruck bringen, wie niederträchtig es als Kind behandelt wurde; es steht also zum ersten Mal dazu, daß und wie sehr ihm (subjektiv zumindest) seinerzeit Unrecht geschehen ist; zum anderen erlebt es, daß es selbst genauso frech, jähzornig, schimpfend, arrogant, kalt etc. sein kann, wie es damals seine Eltern erlebt hat – es ist fortan nicht mehr nur Opfer, sondern es entwickelt selbst die Kräfte zur Gegenwehr.

Damit wird der zweite, noch weit wichtigere Schritt vorbereitet: *die Umkehrung der Rollen*. Der Patient muß, nachdem er jetzt den Hauptgegenstand seiner Angst und Schuldgefühle vor sich sieht, zum ersten Mal in seinem Leben lernen, den direkten Kampf zu wagen und die Worte zu sprechen, die damals nicht gesagt werden *konnten* (und seitdem nicht mehr gesagt werden *durften*); er muß es wagen, seine ursprünglichen Ichreaktionen: seinen Haß, seine Abscheu, seine Wut, sein Verlangen, seine Bitten, seine Anhänglichkeit, seine Zuneigung – alles damals Unterdrückte auszusprechen, und zwar mit gerade der Intensität und Leidenschaftlichkeit, die den Szenen von einst angemessen ist.

[32] A. Freud, Das Ich und die Abwehrmechanismen, 85–95 betonte vor allem die Rolle, die die Identifikation mit dem Aggressor beim Aufbau des Überichs spielt. Der Vorteil dieser Abwehrmechanismen liegt auf der Hand, »Ein Ich, das... diesen speziellen Entwicklungsweg durchmacht, introjiziert die kritisierenden Autoritäten als Über-Ich und ist imstande, seine verbotenen Regungen nach außen zu projizieren. Ein solches Ich ist intolerant gegen die Außenwelt, ehe es streng gegen sich selber wird.« Um die unbewußte Identifikation mit dem elterlichen »Angreifer«, mithin die Identifikation des Ichs mit dem Überich rückgängig zu machen, ist es oft unerläßlich, zunächst einmal das Ich die Rolle des alten Aggressors spielen zu lassen.

Einfache Aufforderungen dazu können bereits erstaunlich leicht die entsprechenden Gefühle freisetzen. Es genügt z. B., den Patienten aufzufordern, mit dem ihm gegenüberstehenden Stuhl zu sprechen, so als wäre dieser Stuhl (oder eine entsprechende Kissenattrappe) der Vater oder die Mutter von einst; irgendein Gegenstand genügt als Katalysator der eingeklemmten Gefühle. Dabei ist aber unbedingt darauf zu achten, daß das ausgefallene Gespräch von einst jetzt *direkt* nachgeholt wird, also in der Gegenwart und zwischen dem Ich des Patienten und dem Du des jeweiligen Elternteils geführt wird. Möglicherweise ist die Sprache des Patienten anfangs noch sehr zögerlich und in Tonfall und Wortgebrauch vom eigentlichen Erleben recht weit entfernt; dann kann es helfen, wenn der Patient dieselben Dinge noch einmal, nur drastischer und lautstärker zu sagen versucht (etwa mit Hilfe eines Tonbandes).[33] Je nachdem, wie aufgestaut der Konflikt ist, kann auch die Lust an

[33] Der Unterschied dieses Verfahrens zur *Verhaltenstherapie* darf nicht übersehen werden. Die Verhaltenstherapie basiert auf dem simplen Reiz-Reaktionsschema der Pawlowschen Tierpsychologie. Ihre Voraussetzungen sind: »1. Das Verhalten, das sich in der experimentellen Neurose zeigt, muß im wesentlichen dasselbe sein, wie das von der Reizsituation ausgelöste, welches sich in der Neurose niederschlägt. 2. Das neurotische Verhalten muß seine größte Intensität erreichen, wenn das Tier Reizen ausgesetzt ist, die denjenigen am ähnlichsten sind, in deren Gegenwart die Neurose ausgebrochen ist... (entsprechend dem Gesetz der primären Reizgeneralisierung). 3. Das Verlernen neurotischen Verhaltens müßte unter ähnlichen Bedingungen stattfinden wie das Verlernen allgemein, d. h. durch Extinktion (Löschung) und/oder Gegenkonditionierung.« J. Wolpe, Praxis der Verhaltenstherapie, 20. Das verhaltenstherapeutische Verfahren ist zweifellos unerläßlich, um mechanisierte Ängste oder Fehlverhaltensweisen abzubauen; aber es setzt überall dort zu früh an, wo die genetischen Faktoren einer Neurose nicht psychoanalytisch deutlich genug erforscht sind. Anders als in dem absurd vereinfachten Schema von Reiz und Reflex, sind sie neurotischen Symptome das Produkt einer äußerst komplizierten Auseinandersetzung des Ichs mit diesen »Reizen« bzw. seelischen Umwelteinflüssen. Es ist daher vor allem wichtig, sich über den Ichzustand bei der Entstehung einer Neurose (einem Prozeß von vielen Jahren!) und die Geschichte der Verarbeitung bestimmter traumatisierender Faktoren hinreichend klarzuwerden, ehe man als letzten Schritt ein mechanisches Abarbeiten von Symptomen vorschlagen kann. Anderenfalls versteht man weder die psychische Berechtigung noch die »Botschaft«, die Angst und Symptom dem Patienten zu seiner Lebensgestaltung zu vermitteln haben. Man kann z. B. versuchen, das Symptom der Impotenz oder Frigidität durch mechanische »Stimulation des Penis in Rittlingsstellung« abzutrainieren und die Zeiten bis zur Erreichung eines Orgasmus auf wenige Minuten zu reduzieren (so das ernst gemeinte Beispiel bei J. Wolpe, Praxis der Verhaltenstherapie, 86–102); in Wahrheit aber fördert man damit u. U. lediglich die Fehlerwartung des Patienten, nur als der »Größte« liebenswert zu sein – ein Irrtum, vor dem ihn sein »Symptom« gerade bewahren wollte. S. o. S. 166ff, zur Impotenzproblematik. – Was soll zudem eine Therapieform, die sich über das ethische und ästhetische Empfinden des Patienten auf derart brutale Weise hinwegsetzt, nur um ihn »funktionsfähiger« zu »machen«?

tätlichen aggressiven Handlungen während der Auseinandersetzung mächtig wachsen, und dies bildet einen neuen willkommenen Anlaß, symbolisch, etwa an einem Kissen, durch Faustschläge, Trampeln oder Kissenwerfen seinen Haß endgültig zu entladen. Ein *Depressiver* vor allem wird von dem Sadismus seines Überichs erst befreit, wenn er sich der Gestalt seines Vaters oder seiner Mutter nach Art eines Ritualmordes immer wieder und oft genug entledigt hat;[34] ein *Zwangsneurotiker* muß gegen seine ständigen Ambivalenzen eindeutig heraussagen oder -schreien lernen, daß er ein *Recht* hat, zu tun und zu lassen, was er selber will, daß er ein Recht hat, nein zu sagen, daß er auch einmal tun *möchte*, was ihm Spaß macht, daß er auch einmal Geld und Freizeit für sich verwenden will. Derartige Parolen sind *autosuggestiv* immer neu zu wiederholen; sie sollten möglichst kurz, einprägsam und vom Therapeuten in einem energisch zu sprechenden Rhythmus formuliert werden.[35]

Natürlich setzen solche Übungen voraus, daß zwischen dem Klienten und dem Therapeuten ein ungetrübtes und absolut zweifelsfreies Vertrauensverhältnis besteht; der Klient muß sich der vollkommenen Duldung, ja aktiven Unterstützung des Therapeuten *gegen* sein Überich sicher sein. Unter Umständen läßt sich der persönliche »Beistand« des Therapeuten auch körperlich ausdrücken, indem der Therapeut sich an die Seite des Klienten setzt oder buchstäblich »hinter ihn stellt«, um gemeinsam den Gegner zu bekämpfen. In jedem Falle muß der Therapeut dem Patienten so zuverlässig erscheinen wie sein Vater, seine Mutter oder wie sein älterer Bruder.

Im Anschluß an ein solches »*Durcharbeiten*« (S. Freud)[36] damaliger, in Form von »Tonbändern« sich wiederholender Angstszenen ist es wichtig, in die Gegenwart zurückzukommen. Der Vater oder die Mutter leben vielleicht noch, und es kommt daher darauf an, mit ihnen auch in der Realität den verlorenen Kampf von damals wieder aufzunehmen, wie es in I. Bergman's Film »Herbstsonate« vorbildlich beschrieben wird.[37] Zwar sind der heutige

[34] So z. B. schildern viele *Märchen*, wie am Ende die »Hexe« getötet werden muß; vgl. z. B. Rotkäppchen (KHM 26), Brüderchen und Schwesterchen (KHM 11) oder Der Trommler (KHM 193).

[35] K. Thomas, Praxis der Selbsthypnose des autogenen Trainings, 14–18 empfiehlt zur formelhaften Vorsatzbildung kurze, positive, rhythmische, am besten reimende Formeln, die freilich nicht nur inhaltlich und sprachlich, sondern vor allem mit der Persönlichkeit des Patienten in Einklang stehen müssen.

[36] S. Freud, Erinnern, Wiederholen und Durcharbeiten, X 126–136 wies darauf hin, daß die gesamte analytische Behandlung darin bestehe, die »gemeine Neurose durch eine Übertragungsneurose zu ersetzen« und damit die unbekannten Widerstände bewußt zu machen.

[37] I. Bergman, Herbstsonate, 62–85 zeigt den dramatischen Versuch einer Tochter, mit ihrer Mutter über ihre zerstörte Jugend ehrlich ins Gespräch zu kommen. »Wir lebten

Vater und die wirkliche Mutter gewiß anders als das Bild, das der Patient von ihnen aus der Vergangenheit in sich trägt, aber er sieht seinen Vater und seine Mutter nur durch die Umrisse dieses Bildes, und darum hat er erst eine Chance, zu merken, daß seine Eltern in Wahrheit anders, vielleicht »besser« sind, als er sie damals unter womöglich sehr tragischen Umständen kennenlernen mußte, wenn er die Schatten des »alten« Vaters und der »alten« Mutter aus der Unterwelt hervorholt. In dem Maße der Klient seiner eigenen Fähigkeiten, sich zu wehren und durchzusetzen, innewird, kann er auch das Überdimensionale, das in der Gegenwart Unangemessene seiner Reaktionen abbauen und versuchen, eine Sprache zu finden, bei der er nicht, wie er unter dem Druck seiner Kindheitserinnerungen wohl fürchten mußte, notwendig Gefahr läuft, den anderen rücksichtslos und brutal umzubringen, mit der er aber doch sich in den Stand setzen kann, seine eigenen Interessen aktiv und entschieden zu verteidigen.
Auch diese Durcharbeitung der traumatischen Szenen der Vergangenheit in den Auseinandersetzungen der Gegenwart bedarf eigener Übungen, die am besten wiederum in den klassischen Formen des *Rollenspiels* zu arrangieren sind. Der Therapeut kann dabei wechselweise die Rolle des Vaters oder der Mutter übernehmen, um, wie ein Sparringpartner beim Boxen, die Kondition und die Reflexe, das Durchstehvermögen und die Methoden der Verteidigung und Durchsetzung adäquater und erfolgversprechender zu gestalten. Wenn der Hintergrund der Störfaktoren des Überichs vom Patienten hinreichend durchgearbeitet ist, legen die Querverbindungen zu gegenwärtigen Szenen und Personen sich wie von selbst nahe, und gerade die Nachfolgegestalten und -situationen, an denen sich die Unterdrückungsmechanik des Überichs einspult, müssen gleichermaßen daraufhin durchgegangen werden, was von früheren Erlebnissen her noch unbewußt in ihnen fortwirkt, welche Schwie-

von deiner Gnade, von deinen geizigen, schmal bemessenen Liebesbeweisen. Wir glaubten, das Leben müsse so sein. Ein Kind ist allem ausgeliefert, versteht nichts, ist hilflos, kann nichts verstehen, weiß nichts. Niemand sagt etwas; das ist die Abhängigkeit, die Erniedrigung und die Distanz, die unüberwindbare Mauer. Das Kind ruft – niemand antwortet, niemand kommt. Begreifst du das nicht?« »Alles geschah ja im Namen der Liebe... Und du beherrschtest den Tonfall und die Gesten der Liebe. Menschen wie du – Menschen wie du sind lebensgefährlich; man müßte euch einsperren und unschädlich machen. Mutter und Tochter, was für ein schreckliches Konglomerat aus Gefühl, Verwirrung und Zerstörung! Alles ist erlaubt und alles geschieht im Namen der Liebe und Güte. Die Schäden der Mutter erbt die Tochter, für die Enttäuschungen der Mutter kommt die Tochter auf, das Unglück der Mutter muß das Unglück der Tochter werden – es ist, als sei die Nabelschnur nie durchtrennt worden. Das Unglück der Tochter ist der Triumph der Mutter, die Trauer der Tochter ist die heimliche Freude der Mutter.« (A.a.O., 72–73).

rigkeiten sich aus den jetzigen Umständen real ergeben und wie der Patient sich auf die realen ebenso wie auf die neurotischen Schwierigkeiten am besten einstellen kann. Dementsprechend muß der Therapeut auf eine Vielzahl von Rollenspielen gefaßt sein, in denen er die Hauptentwicklungslinien der neurotischen Grundkonflikte durcharbeiten kann. Die Mutter des Patienten mag heute aus der Vergangenheit wiederkehren in der Ehefrau, der Chefin, der Ehrwürdigen Mutter, der Mutter Kirche oder anderen Personen und Instanzen; der Vater heißt heute vielleicht Gatte, Pfarrer, Vorarbeiter, Polizist, Finanzbeamter oder wie auch immer; und auch gegen diese Nachfolgegestalten, wofern sie als Statisten des Überichs fungieren, muß zur eigenen Befreiung eine Art »Stellvertreterkrieg« geprobt und geführt werden.

Diese Verschmelzung der verschiedenen Ebenen von Vergangenheit und Gegenwart, von Regression und Progression in der psychotherapeutischen Behandlung macht, nebenbei gesagt, u. a. auch ein schönes und bequemes, aber ganz unsinniges Reglement mancher Schultherapeuten zunichte. In der Nachfolge Freuds glauben immer noch manche Analytiker, mit starren Terminvorgaben, etwa wie bei Freud mit exakt 25 Minuten täglich, auskommen zu können;[38] die Mehrzahl der Gesprächspsychotherapeuten hingegen hat sich auf 40 Minuten einmal in der Woche eingeschworen,[39] andere schwören auf ein Marathonwochenende, und jede Schule beruft sich natürlich auf ihre eigene »Erfahrung«. In Wahrheit sind solche Sturheiten so sinnlos, wie wenn ein Chirurg verfügen wollte, daß jede Operation in prompt einer halben oder einer ganzen Stunde oder nur in mehreren Tagen beendet sein könne und müsse – so als sei es eine Forderung ärztlicher Kunst, den Patienten nach Terminüberschreitung mit geöffnetem Thorax aus dem Sauerstoffzelt zu entlassen oder aber so lange auf dem OP-Tisch liegenzulassen, bis eine Lungenentzündung eingetreten ist. Wohl stimmt es, daß manche Hysteriker z. B. durch genaue Zeitangaben an Ordnung und Regel gewöhnt werden müssen, daß manche Depressive es lernen müssen, der Sucht nach Unbegrenztheit Widerstand zu leisten, oder daß ein Zwangsneurotiker auch das Unvollendete einer Sitzung erst einmal stehen zu lassen lernen muß; aber die Behandlungszeit sollte sich, wenn man es mit Menschen zu tun hat, nach der

[38] Inzwischen rühmt sich Jacques Lacan der Therapieform des 5-Minuten-Kontaktes – ein Unfug, der durch die Größe der theoretischen Leistungen des Meisters nicht geringer wird.

[39] R. Tausch, Gesprächspsychotherapie, 55 begründet diese Zeitwahl damit, daß der Klient nicht vom Therapeuten abhängig werde, seine Probleme selber angehe, zeitlich die einzelnen Lernschritte nicht zu massiert erlebe, die Chance spontaner Remissionen erhalte, die im Gespräch geäußerten Gefühlshaltungen in der Realität ausreichend prüfen könne und überhaupt mit einer größeren Regelmäßigkeit im Gesprächsverlauf rechnen könne.

Problemlage und dem Fassungsvermögen der Patienten richten und nicht nach bestimmten apriori verfügten Terminplänen.

Indem das Ich sich auf diese Weise in Rollenspielen seiner Vergangenheit oder Gegenwart mit den Dressaten des *Überichs* auseinandersetzt, verändert es zugleich seine Einstellung zu den Antrieben des *Es*.

Solange das Überich in uneingeschränkter Geltung ist, kann das Ich des *Depressiven* z. B., das sich mit seinem Überich identifiziert, seine Triebregungen unmöglich sein eigen nennen; »es« geschieht ihm folglich wider Willen, daß sexuelle Regungen es im Schlaf oder in Wachträumen heimsuchen, daß es von aggressiven Impulsen überschwemmt wird etc.; der Andrang der Triebe beweist ihm nur, daß es zu schwach ist, sich zu beherrschen und den gestellten Anforderungen nachzukommen. Das Ich des *Zwangsneurotikers* hingegen wird in zwei Phasen handeln: Es wird von Zeit zu Zeit heimlich oder offen gegen seine Überichdressur in Wort oder Tat aufmucken, dann aber wird es den Mut verlieren und seine Taten oder Gedanken ungeschehen zu machen suchen oder sie in entsprechenden Kasteiungen abbüßen. In beiden Fällen erscheinen die Triebregungen wie Einbrüche, die dem Ich nicht gehören dürfen.[40] Der Kampf gegen die Besetzung durch das Überich kann daher nur darin einmünden, daß das Ich rundum erklärt, daß ihm auch seine Aggressionen, seine sexuellen Regungen, seine Wünsche und Leidenschaften, auch die Impulse seines Es, *gehören*, daß ihm dies alles mithin nicht nur wider Willen und schlechten Gewissens widerfährt, sondern daß es selber als Mann und Frau seine Sexualität leben wolle, daß es seine Aggressionen zulassen *wolle*,

[40] Liest man die vier Neuroseformen als Ich-Struktur-Verschiebungen, so beruht die *Hysterie* auf einem Konflikt zwischen Ich und Es. »Das Ich verdrängt die Genitalität, das Es umgeht das Überich und verschafft sich Abfuhr in den körperlichen Innervationen des Ichs.« Bei der *Zwangsneurose* ist die Verbindung zwischen Überich und Ich gestört, die zwischen Ich und Es und zwischen Überich und Ich hingegen bleibt intakt. »Die Impulse des Es werden im Ich dauernd von der Kritik des Über-Ich beeinflußt und umgebogen. Das Ich regrediert auf die magische (prälogische) Stufe, das Es auf die anal-sadistische. Das Über-Ich kehrt den Sadismus gegen die eigene Person, und die Schuld (die ursprünglich gegen andere gerichtete Aggression) wird durch Selbstquälerei gesühnt.« Bei der *Schizophrenie* hingegen besteht der Konflikt zwischen Ich und Realität. »Die Verbindung zwischen Über-Ich und Ich *und* die zwischen Über-Ich und Es ist gestört. Das Über-Ich wird abgebaut, und es entsteht ein Kurzschluß zwischen Ich und Es (manifeste Perversionen). Genauer gesagt wird der Konflikt zwischen Ich und Über-Ich nach außen projiziert und besteht dann also scheinbar zwischen Ich und Realität.« Bei der *manisch-depressiven Psychose* »liegt ein Konflikt zwischen Über-Ich und Ich vor; in der melancholischen Phase unterliegt das Ich bis zum Selbstmord, in der manischen Phase das Über-Ich, seine Identifizierungen werden aufgehoben«. Demnach ist die Hysterie eine Es-Neurose, die Zwangsneurose hingegen eine Über-Ich-Neurose. E. Bohm, Lehrbuch der Rorschach-Psychodiagnostik, 228.

etc. Der Depressive wird dabei immer wieder befürchten, *maßlos* zu werden, während der Zwangsneurotiker auf Schritt und Tritt die Sorge äußert, zu verkommen und im Chaos zu enden. Es ist daher äußerst wichtig für die Behandlung, daß der Therapeut das Ich aus dem (kindlichen) Entweder-Oder zwischen der Allmacht der Triebe und der Allmacht des Überichs herausführt und ihm zeigt, daß es nicht nur Macht hat, den Anspruch seines Überichs einzuschränken, sondern auch sein Es unter Kontrolle zu halten, m. a. W., daß es keinesfalls so hilflos und ausgeliefert ist, wie es bisher von sich geglaubt hat. Tatsächlich besteht die Gefahr der Maßlosigkeit und des Chaos ja nur in der Vorstellung. Ein Verhungernder, der vor dem Bäckerladen steht, wird denken, daß er am liebsten die ganze Auslage leeressen könnte; in Wahrheit aber wird er mit drei Brötchen erst einmal genug haben – freilich, diese *geringe* Menge braucht er unbedingt, um von dem Alles oder Nichts zwischen Phantasie und Wirklichkeit erlöst zu werden.

Gegen die alte Angst, von den Triebimpulsen weggeschwemmt zu werden, hilft mithin nur eine ständig wiederholte aktive Planung dessen, was ohne Reue wirklich für das Ich wünschenswert ist, und dazu muß das Ich sich aktiv bekennen. Auch die Anpassung der unterdrückten Wünsche an die Realität bedarf daher einer langen Zeit konfrontativer Durcharbeitung.

Es wird dabei freilich nicht zu verhindern sein, daß nachfolgend das Überich auch jetzt noch das Ich mit einem Bombardement schwerer Schuldgefühle zu drangsalieren sucht, aber es ist jetzt schon viel wert und als Fortschritt zu buchen, daß seine Kraft nicht mehr ausreicht, ein eigenes Handeln zu verhindern. Wohl ist jede Schlacht gegen das Überich anfangs gleich schwer, und der Patient muß den Eindruck haben, es werde mit ihm überhaupt nicht besser; aber objektiv ist es ein großer Unterschied, wieviel an Boden zwischen den einzelnen Kämpfen gewonnen worden ist und ob die Auseinandersetzung, im Bilde gesprochen, vor Kiew oder Charkow geführt wird. Zudem kann man den Patienten mit der Aussicht trösten, daß das Überich nur eine Waffenkammer besitzt, die nicht mehr nachgefüllt wird, während es selber ständig an Möglichkeiten und Spielraum gewinnt – eines Tages kann daher bei fortgesetzter Bemühung auch objektiv nur das Überich verlieren.

So schwierig bis hierher die Auseinandersetzung gegen das Überich bzw. gegen das Es des *Depressiven* oder *Zwangsneurotikers* sich darbieten mag, sie ist doch für den Therapeuten eine Art dankbarer Aufgabe, die sich durch das Aufblühen und Reifen der Persönlichkeit des Patienten wie von selbst belohnt. Weit unangenehmer stellt sich die Aufgabe oft bei *Schizoiden* und *Hysterikern* dar.

Der *Hysteriker* überläuft nicht nur, wie wir sahen, die Mitteilungen seines Therapeuten und seiner Mitmenschen, er neigt auch dazu, seine inneren

Mitteilungen zu überhören und sie in ihrem Gewicht zu *bagatellisieren.* Auf diese Weise vermeidet er es, irgendwelche Konsequenzen aus seinem Verhalten übernehmen zu müssen; das erscheint ihm wie ein Vorteil, er begibt sich damit jedoch auch der Möglichkeit, aus seinen Fehlern zu lernen und zu einem dauerhaften und befriedigenden Erfolg in Beruf und Liebe gelangen zu können. Insofern kommt man oft in therapeutischen Sitzungen mit Hysterikern nicht weiter, solange man nicht die Bagatellisierungen selbst als Abwehrmechanismen thematisiert und zu verstehen gibt, daß manche Inhalte des »Überichs« vielleicht doch nicht so »repressiv« oder »faschistoid« sind, wie der Hysteriker sie in seinem vordergründigen Streben nach Ungebundenheit hinstellen möchte. Erst wenn man seine Problemverharmlosungen, seine scheinbare Ungezwungenheit und Munterkeit anzweifelt und die verborgene Sehnsucht nach Halt, Führung, Ordnung und vor allem nach Bindung zur Sprache bringt, stößt man auf die eigentliche Schwierigkeit: auf seine Angst, sich (in Gestalt seines Vaters bzw. seiner Mutter) das zu nehmen und für sein eigen zu erklären, was er am meisten liebt. Es gilt beim Hysteriker daher, die ungezwungene Gewissenlosigkeit und ausgelassene Heiterkeit, die er demonstriert, als Folge einer falschen, weil *heute* nicht mehr sinnvollen *Gewissenhaftigkeit* bewußt zu machen. Ohne eine solche Frustration am Anfang wird man selten dahin gelangen, mit dem Hysteriker zum Kern des Problems vorzudringen.

Vor allem sollte und kann man einen Hysteriker immer wieder im Gespräch darauf hinweisen, daß er es viel zu sehr dem Therapeuten überläßt, in das Durcheinander seiner sprunghaften Gedankengänge Übersicht und Ordnung hineinzubringen, während er dem Therapeuten mit großer Regelmäßigkeit prompt von Fall zu Fall vorwirft, daß alles sich ganz anders verhalte, als der Therapeut es in der letzten Stunde gesagt habe, daß er also sich zugleich außerordentlich stark an den Therapeuten anlehnt, nur um ihn sofort wieder zurückzustoßen. Erst wenn der Hysteriker merkt, daß er mit der Demonstration seiner Unabhängigkeit im Grunde einem fremden, gar nicht seinem eigenen Programm folgt, daß er mithin sich selbst unrecht tut und sich *kleiner* macht, als er ist, während er den anderen, z.B. den Therapeuten, für *bedeutender* hält, als er ist, – erst dann kann der Hysteriker lernen, zu sein, was er im Grunde über alle Maßen war und doch um alles in der Welt zu sein verschmähen möchte: ein u.a. auch pflichtbewußter und gewissenhafter Mensch, der nicht davor weglaufen muß, geliebt zu werden.

Nicht völlig anders verhält es sich beim *Schizoiden,* dessen Problematik im Vorbau auch einer jeden hysterischen Persönlichkeit enthalten ist. Auch hier geht es oft zunächst um die Zerstörung der vordergründigen Sicherheit im Auftreten, der gepflegten Attitüde weltmännisch-gelassener Überlegenheit und einer scheinbar zynischen Amoralität. Während aber der Hysteriker in seinem Gehabe oft sein Gewissen verdrängt, ist es dem Schizoiden kaum möglich gewesen, überhaupt eine Beziehung aufzubauen, die ihm gewisse menschliche Verpflichtungen zur inneren Überzeugung hätten werden lassen. Der Therapeut steht hier also vor der Aufgabe, nicht ein Überich abzubauen, sondern so etwas wie ein Gewissen allererst aufzubauen – eine außerordentlich langwierige und mühselige Aufgabe, die meist nur Stückwerk bleibt und erst wirklich gelöst werden kann, wenn der Schizoide seine Angst verliert, er könne doch nur verlassen und enttäuscht werden, wenn er sich an einen Menschen intensiver binde. Der Schizoide kann daher eigentlich nicht durch eine Therapie geheilt, sondern nur auf die einzige Form einer Heilung vorbereitet werden, die es für ihn gibt: daß er das Glück oder das Unglück hat, sich eines Tages trotz aller Sicherungstendenzen in einen anderen Menschen zu verlieben.

c) Anfallartige Erinnerungseinbrüche, Träume und symbolische Störungen

Bis jetzt ging es um bestimmte Themeneinbrüche und Inhalte, die in einer eigenen Instanz, dem Überich, verfestigt waren. Immer wieder aber tauchen in der psychotherapeutischen Beratung Situationen auf, in denen Patienten durchaus keine Verbindungen zu irgendwelchen Schuldgefühlen seitens des Überichs finden können; dennoch leiden sie unter einer unerklärlichen, plötzlichen und sehr heftigen Gefühlsveränderung, von der sie entweder in der Sitzung selbst überfallen werden oder die sie als Symptom behandelt wissen möchten. Gemeinsam ist solchen Stimmungsveränderungen, daß sie dem Ich völlig rätselhaft sind. Der Patient möchte seine Gefühle im Bewußtsein mit den unmittelbar vorhergehenden Erlebnissen verbinden, er muß aber feststellen, daß das nicht geht. Die *Plötzlichkeit*, mit der von einem Augenblick zum anderen die gesamte Stimmungslage sich vollständig verändert, die Gedankenführung abreißt und man als Therapeut von gleich auf jetzt einen völlig anderen Menschen vor sich zu haben glaubt, ist immer ein sicheres Zeichen dafür, daß *assoziativ*, nur aus Anlaß bestimmter Vorstellungen, älteres Material aus der Erinnerung auftaucht bzw. sich automatische Reaktionen einspielen, die in längst vergangener Zeit aufgezeichnet wurden und mit der Gegenwart in der Tat nichts – außer dem Stichwort – zu tun haben.
Eine Frau z. B. berichtet, daß sie seit mehreren Tagen voller Unruhe ist. Ihr Mann habe sie eines Abends, um besonders lieb zu sein, eigens ins Bett gebracht und sie bei der Gelegenheit noch mit dem Federkissen zudecken wollen; plötzlich sei sie vor Angst wie versteinert gewesen, sie habe schreien

wollen, aber es nicht vermocht; dann, nach einer Weile, sei sie in Tränen ausgebrochen, während ihr Mann, fassungslos über dieses Gebaren, ärgerlich und enttäuscht sich das »Theater« verbeten habe – ohne Erfolg. Natürlich will die Patientin nun wissen, was mit ihr an diesem Abend passiert ist, und es ist klar, daß alle Verbalisationskünste der Gesprächspsychotherapie an dieser Stelle die reine Zeitvergeudung sind. Sehr rasch aber kann man zum Kern der Sache vordringen, wenn man sich der psychoanalytischen *Assoziationstechnik* S. Freuds bedient und die Patientin in der üblichen Weise auffordert, alles zu sagen, was ihr zu dem Erlebnis mit ihrem Mann einfalle, gleichgültig, ob es ihr edelmütig, sinnvoll und geistreich oder anstößig, absurd und trivial erscheine.[41] – In dem erwähnten Falle z. B. assoziierte die Patientin sehr bald Bilder von einem Jäger mit einem Gewehr, der zu ihr als einer Vierjährigen ans Bett trat; dann fiel ihr ein, wie ihr Vater aus dem Krieg zurückkehrte, dann eine Szene, in der sie laut aus Angst geschrien und der Vater sie mit dem Kissen fast erstickt habe;[42] dann schilderte sie die allnächtliche Furcht, ihr Vater komme ins Zimmer, um sie im Schlaf zu vergewaltigen, und sie bemerkte, daß sie auch heute noch nur auf dem Bauch liegend einschlafen könne, um sich gegen diese Gefahr zu schützen. Was die Frau seit mehreren Tagen beunruhigte und ihren Mann an jenem Abend sehr verärgert hat, löst sich nach etwa einer halben Stunde Gespräch durch die Assoziationstechnik wie von selbst auf.

In derartigen eng begrenzten Fällen klärt sich der Angstanfall fast immer in dem Augenblick, wo es gelingt, ihn auf einen ganz bestimmten verdrängten Ursprung zurückzuführen. Schwieriger natürlich ist es, wenn der Verdrängungsmechanismus das gesamte Verhalten prägt und sozusagen an jeder Stelle Nahrung erhält.

Eine depressive Frau z. B. gibt vor, nicht zu wissen, warum sie seit gestern nachmittag so unerklärlich traurig ist. Abweichend von der klassischen Methodik der Gesprächspsychotherapie, kann man sich auch bei solchen Erlebnissen, die vom Ich selbst als unpassend, »unbegründet« und unerklärlich geschildert werden, nicht damit begnügen, die Hilflosigkeit und Beunru-

[41] S. Freud, Vorlesungen zur Einführung in die Psychoanalyse, XI 104–110 setzte voraus, daß die assoziativen Einfälle streng determiniert seien. Näherhin schrieb er: »Bei der Bedeutung des Gegenstandes bitte ich um Ihre besondere Aufmerksamkeit. Wenn ich jemand auffordere zu sagen, was ihm zu einem bestimmten Element des Traumes einfällt, so verlange ich von ihm, daß er sich der freien Assoziation unter Festhaltung einer Ausgangsvorstellung überlasse. Dies erfordert eine besondere Einstellung der Aufmerksamkeit, die ganz anders ist als beim Nachdenken und das Nachdenken ausschließt. Manche treffen eine solche Einstellung leicht; andere zeigen beim Versuch ein unglaublich hohes Maß von Ungeschicklichkeit.« A.a.O., 104.

[42] S.o. S. 151.

higung des Patienten selbst zu verbalisieren; man muß sich vielmehr möglichst genau erzählen lassen, was am Vortag wirklich geschehen ist.
Die Frau z. B. war recht glücklich von der Arbeit zurückgekehrt, und gerade weil sie so glücklich war, hatte sie einen Einkaufsbummel in die Stadt unternommen. Sie kann sich noch genau erinnern, wie sie vor einem Kleiderladen stehen geblieben ist, und wie besonders ein Kleid, blau, mit sehr schönen Mustern und geschmackvollem Zuschnitt, auch nicht zu teuer, ihr in die Augen gestochen hat. Aber dann mit Mal ist diese rätselhafte Traurigkeit ausgebrochen, alle Leute haben sie angesehen, sie ist wie erledigt nach Hause gewankt, und so ist es bis jetzt geblieben. Besonders klagt sie im Moment, sie verstehe sich selbst nicht mehr, sie werde doch nur allen auf die Nerven fallen, mit ihr sei aber auch gar nichts anzufangen, etc. Indem man sich nun die Gefühle beschreiben läßt, die beim Anblick des Kleides die Frau überkamen, gelangt man bald dahin, daß die Patientin zugeben muß, was sie eigentlich um keinen Preis zugeben möchte: daß sie im Grunde sehr gerne das Kleid gekauft hätte, daß sie sogar dachte, es wohlverdient zu haben, ja daß sie überhaupt auch einmal etwas Glück für sich beanspruchen wollte. Zugleich wird deutlich, was den Umschwung des Gefühls veranlaßt hat: Die Angst vor den Blicken der anderen, vor ihrem Neid und ihrer Kritik, hat aus Freude Angst und aus einem Wunsch ein drückendes Schuldgefühl gemacht; nicht die Überzeugung, auf das Kleid besser zu verzichten, sondern die soziale Angst vor der mutmaßlichen Habgier der anderen haben den Kauf verhindert. Indem das Ich der Patientin ihrer Angst erlag, entschwand ihr der Boden unter den Füßen, sie hatte buchstäblich keinen eigenen Standpunkt mehr, und es blieb nur das Gefühl, keine Rechte zu besitzen, unwert zu sein und ein Leben lang traurig dahinvegetieren zu müssen.[43]

[43] In Wahrheit freilich ist die depressive Resignation ursprünglich eine zweckmäßige Anpassungsleistung gewesen, um eventuell gerade durch die Unterdrückung des eigenen Wunsches vom anderen doch noch geschenkt zu bekommen, was im ersten Anlauf regelmäßig verweigert wurde. Auch hier hat R. D. Laing, Knoten, 38 eine glänzende Formel gefunden, um die innere Logik der depressiven Reaktionen zu kennzeichnen:
»Ich habe nie bekommen, was ich wollte.
Ich habe immer bekommen, was ich nicht wollte.
Was ich will
werde ich nicht bekommen.
Also, um es zu bekommen
darf ich es nicht wollen
denn ich bekomme nur, was ich nicht will
was ich will, kann ich nicht bekommen
was ich bekomme, will ich nicht
Ich kann es nicht bekommen

Das Beispiel würde in den Rahmen des vorherigen Punktes: der anfallartigen Überichreaktionen gehören, wenn die Frau nicht in den meisten anderen Fällen sehr wohl die Fähigkeit besäße, sich zu eigenen Wünschen zu entschließen. Es zeigt sich aber per Assoziation, daß es eine ganz spezielle Erinnerung ist, die den Anblick des Kleides so problematisch werden ließ: Ihr Vater hatte der Patientin als 12jähriger zu Weihnachten ein besonderes schönes, wenngleich billiges Kleid geschenkt, das aber völlig aus der Armseligkeit der Geschenke für die Geschwister herausfiel; dieses Kleid hatte im negativem Sinne gewirkt wie Josefs bunter Rock: Statt höchster Freude, schämte sich die Patientin für das Kleid zu Tode und bekam – damals berechtigterweise – die größte Angst vor dem Haß und der Mißgunst ihrer Geschwister; so sehr sie hätte glücklich sein mögen, so sehr drängte sie alles danach, das Kleidergeschenk nicht anzunehmen. Als der Vater sie schließlich zwang, das Kleid doch anzuziehen, hätte die Patientin im Erdboden verschwinden mögen, wurde jetzt doch vermeintlich ihre Maßlosigkeit, ihr Stolz und ihre Unverschämtheit vor aller Leute Augen offenkundig. – Erst durch Kenntnis dieses Hintergrundes konnte die Patientin in der gleichen Sitzung noch den Entschluß fassen, sich das schöne blaue Kleid am selben Nachmittage *doch* zu kaufen.

Immer, wenn Stimmungen in dieser Weise plötzlich umschlagen, wenn Patienten in der Therapie plötzlich die Sitzung abbrechen möchten, wenn »etwas« unerklärlich den Zusammenhang des Gesprächs zerreißt, wird es keine andere Methode zur Lösung geben als die psychoanalytische Technik der freien Assoziation, und die Gesprächspsychotherapie wäre schlecht beraten, wenn sie sich (weiterhin) dieses einfachen und wichtigen Hilfsmittels aus reiner Methodentreue nicht bedienen wollte.

Das gleiche gilt auch für gewisse *Träume*, die oft einen sehr nachhaltigen Stimmungswechsel bei den Patienten bewirken können und schon deshalb nicht vom Gespräch ferngehalten werden dürfen, weil die Patienten mit großem Nachdruck darauf bestehen, sie zu erzählen, in der richtigen Annahme zudem, daß ihre Träume eine verborgene wichtige Mitteilung an sie enthalten. Es ist zwar nicht möglich, innerhalb der Gesprächspsychotherapie

weil ich es will
Ich bekomme es
weil ich es nicht will.
Ich will, was ich nicht bekommen kann
denn was ich nicht bekommen kann ist das, was ich will
Ich will nicht, was ich bekommen kann
denn was ich bekommen kann ist das, was ich nicht will
Ich bekomme nie, was ich will
Ich will nie, was ich bekomme.«

ausführlich, nach psychoanalytischem Vorbild, in die Traumdeutung einzusteigen; dennoch lassen sich von der Psychoanalyse einige einfache Techniken problemlos übernehmen.

Zunächst ist der Traumtext in sich möglichst genau zu erzählen und dabei auf die Gefühle zu achten, mit denen der Patient seine Erzählung begleitet. Dann lautet die stereotype Aufforderung, zu sagen was dem Patienten zu seinem Traum einfalle.[44] Meist wird der Patient seinen Traum mit bestimmten Szenen vom Vortag in Verbindung bringen, die eigentlich peinlichen Stellen aber gern umgehen. Für die Gesprächspsychotherapie kann es nun von Nutzen sein, gerade diese als heikel vermiedenen Stellen *assoziativ* in ihrem Symbolgehalt und in ihren verdrängten Verbindungen zu erfassen, da sie es dem Patienten relativ zwanglos erlauben, auf Themen zu sprechen zu kommen, die er bisher vermieden hat. Freilich ist mit dem Traummaterial sehr behutsam umzugehen, und es legt sich für die Gesprächspsychotherapie fast immer nahe, mehr in Richtung der *subjektalen* als der objektalen Traumdeutung zu interpretieren.[45] Nicht so sehr die Aufdeckung verdrängter Antriebe steht dabei im Mittelpunkt, sondern der Traum ist zu lesen als eine Art Selbstportrait des Patienten, das den jetzigen Standort und den weiteren Weg anzeigt, auf dem er sich befindet. Bei dieser Einstellung des Therapeuten zur Trauminterpretation bleibt die Grundhaltung der Gesprächspsychotherapie bestehen, möglichst direkt das Ich des Klienten anzusprechen und zu fördern, und es tunlichst nicht mit unbewußtem Material zu verunsichern.

[44] S. Freud: Selbstdarstellung, XIV 65–66 schildert, wie er zu der Technik der freien Assoziation gefunden hat: »Die zuerst geübte Überwindung des Widerstandes durch Drängen und Versichern war unentbehrlich gewesen, um dem Arzt die ersten Orientierungen in dem, was er zu erwarten hatte, zu verschaffen. Auf die Dauer aber war sie für beide Teile zu anstrengend und schien nicht frei von gewissen naheliegenden Bedenken. Sie wurde also von einer anderen Methode abgelöst, welche in gewissem Sinne ihr Gegensatz war. Anstatt den Patienten anzutreiben, etwas zu einem bestimmten Thema zu sagen, forderte man ihn jetzt auf, sich der freien ›Assoziation‹ zu überlassen, d. h. zu sagen, was immer ihm in den Sinn kam, wenn er sich jeder bewußten Zielvorstellung enthielt. Nur mußte er sich dazu verpflichten, auch wirklich alles mitzuteilen, was ihm seine Selbstwahrnehmung ergab, und den kritischen Einwendungen nicht nachzugeben, die einzelne Einfälle mit den Motivierungen beseitigen wollten, sei seien nicht wichtig genug, gehörten nicht dazu oder seien überhaupt ganz unsinnig. Die Forderung nach Aufrichtigkeit in der Mitteilung brauchte man nicht ausdrücklich zu wiederholen, sie war ja die Voraussetzung der analytischen Kur.« – Generell meinte S. Freud, Die Handhabung der Traumdeutung in der Psychoanalyse, VIII 352, man solle prinzipiell mit dem Ergebnis an Deutung zufrieden sein, das sich in einer Stunde gewinnen lasse, und auf eine vollständige Lösung zugunsten der aktuellen Einfälle verzichten.

[45] Zur Gegenüberstellung der objektalen und der subjektalen Deutung vgl. E. Drewermann, Strukturen des Bösen, 1. Bd., S. XXXI–XLIII.

Ein Patient z. B., der die Sorge, homosexuell zu sein, gerade ein Stück weit überwunden und bereits einen ersten intensiven Kontakt zu einem Mädchen geschlossen hat, zeigt sich über folgenden Traum sehr beunruhigt: Er geht in unbekanntem Gelände an einem Waldrand spazieren, als ein unbekannter Mann sich ihm naht und ihn von hinten umarmt, so daß der Patient im Traum davon sexuell erregt wird. Der Mann aus dem Wald kennt den Weg nicht, und als der Träumer einen Pfad ins Dorf einschlägt, ist der Mann plötzlich verschwunden. Im Dorf erwartet den Patienten eine Gruppe von Mädchen, die um einen Maibaum tanzen. – Es wäre zweifellos nicht sehr hilfreich, wollte man den Patienten jetzt auf der *Objektstufe* der Deutung darauf festnageln – was freilich stimmt –, daß der Mann aus dem Walde ihn an einen Jugendfreund erinnert, der eine homosexuelle Beziehung zu ihm unterhielt; man würde auf diese Weise nichts Neues mehr bewußtmachen und insgesamt nur die Entmutigung des Patienten fördern. Hingegen ergibt sich auf der *Subjektstufe* eine Deutung, die dem Patienten sehr hilft, seinen bisherigen Werdegang zu verstehen, und man braucht ihm nur die Anweisung zu geben, den Traum dementsprechend zu lesen: Auf der Subjektstufe besitzen der Mann aus dem Walde, der Wald selbst, auch der Weg natürlich, eine Bedeutung, die etwas über den Patienten selbst aussagt; sie sind Teile seiner eigenen Psyche. Zu dieser Sicht aufgefordert, legt der Patient sich selbst die Deutung nahe, daß er den »Schatten«, die Gestalt aus dem »Walde«, neu an sich heranlasse und sie durch seinen entschlossenen Gang ins »Dorf«, in die kulturell gestaltete Welt, zum Verschwinden bringe. Der Traum beschreibt in diesem Sinne, was der Patient gerade in den letzten Wochen der Behandlung geleistet hat; er zeigt aber auch, welche Aufgaben ihm noch bevorstehen: Die Gruppe der Mädchen, die einen Maibaum, ein phallisches Symbol, umtanzen, verrät noch weit mehr Narzißmus als gerichtete Objektliebe, und in der Tat ist dies jetzt die Hauptsorge des Patienten, daß er durch die neue Liebe zu einer bestimmten Frau seiner selbstgenügsamen Einsamkeit und des Schwarms einer bestimmten Art von blaustrümpfigen Mädchen in Zukunft verlustig gehen könnte. – Die subjektale Deutung ermutigt also eher, als daß sie den Leidensdruck verstärkt, und dies ist u. U. ihr Vorteil, u. U. ihr Nachteil; sie reißt nicht neue Probleme auf, aber sie gibt Hinweise auf die Lösung noch bestehender Schwierigkeiten. Gerade so eignet sie sich im Rahmen der Gesprächspsychotherapie sehr, um auf die Erzählung wichtiger Träume der Patienten einzugehen.

In keinem Fall der Deutung sollte man in der Gesprächspsychotherapie den Patienten indessen mit spektakulären Erkenntnissen und Diagnosen konfrontieren. Höchstens kann man einem Patienten anhand des bisherigen Gesprächsverlaufs, wenn dieser themengleich ist, in etwa aufzeigen, daß er auch im Traum sich so erlebt, wie er sich im Gespräch darstellt. Ein solches

Traum-feed-back wird der Patient, weil es sich um seine eigenen Bilder handelt, selbst bei kritischen Inhalten leichter akzeptieren, als wenn der Therapeut direkt auf ein bestimmtes Verhalten in den Sitzungen hinweist. Mitunter kann zudem gerade die Gesprächspsychotherapie durch gute, bildhafte Verbalisierungen Traumerinnerungen hervorrufen, die eine bestimmte Verbalisierung durch erlebnisstarke Eindrücke bestätigen und vertiefen, so wie umgekehrt der Therapeut aus den Traumerzählungen des Patienten lernen kann, in welcher Bild- und Erlebniswelt der Patient zu Hause ist. Nach den Traumbildern des Patienten kann er seine Interventionen dementsprechend gestalten.

In der gleichen Weise lassen sich bestimmte *symbolische Ängste und Gefühlszustände* nur durch assoziative Techniken auflösen, und man kann dabei wiederum ungehindert auf die bildhafte Sprache sprichwörtlicher Redewendungen zurückgreifen.

Eine zwangsneurotisch-hysterische Patientin z. B. klagt über Schwindelgefühle, wenn sie auf einem Balkon oder am Fenster eines Hochhauses steht. Sie weiß inzwischen, daß sie bei Telefonanrufen oder wenn sie sonst um Auskunft gefragt wird, buchstäblich »zu hoch« einsteigt, indem sie aus Geltungssucht ungeprüft Angaben macht, deren »Bodenlosigkeit« sie dann mit Recht fürchten muß; im therapeutischen Gespräch geht es jetzt also nur noch darum, ihr tatsächliches Verhalten mit ihrem Symptom in Beziehung zu setzen und ihr zu zeigen, an welcher Stelle sie an sich arbeiten muß, um durch eine größere Wahrheitsliebe auf der Erde zu bleiben und dadurch auch das Symptom der Höhenangst zu verlieren.

Dieses kleine Beispiel kann zugleich ein Stück weit noch einmal verdeutlichen, wann zusätzlich zu Gesprächspsychotherapie und Psychoanalyse auch *verhaltenstherapeutische* Methoden sinnvoll sind und wann nicht: Die Patientin kann und muß künftig üben, bei plötzlichen Anfragen gegen ihre Angst die Wahrheit zu sagen, auch wenn diese weniger großartig ist, als sie selber gern gesehen werden möchte; hingegen wäre es sinnlos, die Patientin 100 mal unter Begleitung oder allein zum Fenster oder zum Balkon gehen zu lassen. Nicht das Symptom, sondern der Symptomhintergrund mit seinen mechanisierten Ängsten muß und kann verhaltenstherapeutisch angegangen werden.

Ein anderer Patient leidet unter der Unfähigkeit, Auto zu fahren, weil er sich selbst beim Fahren immer ein Stück weit vorausfahren sieht und durch diesen Eindruck ungemein irritiert wird; er hat bereits ausführlich geschildert, wie sehr er sich selbst aus Ehrgeiz und Leistungssucht zur »Eile« antreibt und sich zwingt, sich selbst »voraus zu sein«, wie sehr er insgesamt das Gefühl hat, hinter seinem eigenen »Tempo« seelisch nicht mehr mitzukommen; die Unfähigkeit, zu fahren, ist insofern symbolisch ein sehr sinnvoller psychischer

Streik gegen jedes »So-Fortfahren«, und der Patient muß erst die unbewußte Symbolsprache und Weisheit seines Angstsymptoms realisieren, ehe er auf den rechten »Weg« kommt. Die entsprechende Übung *gegen* die Symptomatik besteht auch hier nicht in einem verkrampften Trotzdem-Fahren, sondern gerade im Gegenteil: im Befolgen dessen, was als Wunsch und Warnung sich in der Symptomatik ausspricht: langsamer und weniger ehrgeizig seinem eigenen Format und Tempo treu zu bleiben.

d) Die Wirklichkeitsverzerrung durch neurotische Prozesse

Die *anfallartigen* Interventionen des Überichs ebenso wie die assoziativen, oft symbolischen Intermissionen traumatischer oder symptomatischer Szenen können zu einem Verhalten führen, das auf die gegenwärtige Realität keinerlei Rücksicht mehr nimmt; sie schieben die Gegenwart einfach beiseite oder benutzen sie lediglich als Ausdrucksmittel. Anders verhält es sich, wenn die Elemente der äußeren Wirklichkeit in der Wahrnehmung bestehen bleiben, aber auf eine Weise ausgelegt werden, die an der objektiven Bedeutung der jeweiligen Tatsachen vorbeigeht, ohne daß der Patient auch nur die Chance hat zu bemerken, daß er in seinen Interpretationen neurotischen Prozessen unterliegt, die lediglich ein festgefahrenes Deutungsschema auf die Wirklichkeit projizieren. Auch in solchen Fällen ist ohne den Einsatz konfrontativer Techniken in der Psychotherapie nicht auszukommen, man bewegt sich hier allerdings bereits an der Grenze dessen, was in der Gesprächspsychotherapie überhaupt noch möglich ist; ist doch von einer gewissen quantitativen Steigerung an die Richtung dieser Entwicklung ins Psychotische vorgezeichnet.
Einem *Depressiven* z. B. ist es fraglos evident, daß jene zwei unbekannten Passanten an der Straßenecke sich ganz bestimmt über ihn unterhalten haben, um ihn lächerlich zu machen; oder er weiß ganz sicher, daß die Frau, die gerade vorüberging, sehr böse geguckt hat; oder er rechnet fest damit, daß die Ehefrau jetzt sehr wütend auf ihn sein muß, etc. Einer *schizoiden* Ordensschwester ist unzweifelhaft klar, daß in ihrem Konvent von einer bestimmten Person gegen sie intrigiert wird, so daß nach geheimem Befehl ihr alle Mitschwestern, auch wenn sie noch so freundlich tun, nur als Agenten der finsteren Machenschaften der nämlichen Person im Hintergrund erscheinen; außerdem ist sie sicher, daß jene besagte Person ihr vom Teufel in die Quere gesandt wurde, um sie auf die Probe zu stellen; Gott aber wird durch ihre Tapferkeit dem Bösen in der Welt einen empfindlichen Schlag versetzen. Ein *Zwangsneurotiker* weiß, daß er soeben bei einem Spaziergang zwei Kinder auf sadistische Weise totgetreten

und in den Abfalleimer geworfen hat, d. h., er weiß zugleich, daß er das *nicht* getan hat, sonst wäre er nicht mehr neurotisch, sondern schon psychotisch, aber er unterliegt einer solchen Angst, daß er etwas Derartiges getan haben *könnte,* daß er mindestens viermal an die Stelle des Verbrechens zurückkehren muß, um zu *kontrollieren,* was geschehen ist; aber selbst das Fehlen von zwei Kinderleichen im Papierkorb, das Fehlen von Blutspuren, die unveränderte Ruhe der Passanten können seine Furcht nicht beruhigen, daß gleich die Polizei kommen und ihn abführen wird – vielleicht ist die Tat ja schon entdeckt und die Kinderleichen sind bereits obduziert worden? Einer *Hysterikerin* ist es evident, daß der Tenor in der Oper nur für sie gesungen und sie immer wieder verstohlen angeschaut hat. – Unzählig lassen sich solche Beispiele neurotischer Fehlinterpretationen der Realität vermehren.

Wie aber ist mit solchen massiven Wirklichkeitsverzerrungen umzugehen? Man kann sie nicht durch bloße Gefühlsverbalisierungen unterlaufen, wie: »Sie fänden es wunderbar, wenn jener Tenor ihnen seine ganze Kunst verehren würde«, oder: »Sie fürchten nichts mehr, als daß sie selbst ihren Kindern zur Gefahr werden könnten«. Im Falle *zwangsneurotischer* und *hysterischer* Wirklichkeitsverzerrungen kommt es vielmehr darauf an, zunächst herauszuarbeiten, daß die Patienten tatsächlich alles tun, um zu verhindern, daß das wahr wird, was sie für wirklich zu beobachten glauben. Der »Kindesmörder« ist in Wahrheit überaus ängstlich bemüht, seine Kinder zu umsorgen und zu beschützen – ihm ist ein Mord nicht zuzutrauen, er ist kein Mörder –, diese Selbstsicherheit muß und kann er für sich aus der Beobachtung seines wirklichen Verhaltens gewinnen. Die Hysterikerin hat noch nie gewagt, jenen Tenor anzusprechen, ja sie pflegt die Augen zu senken, wenn sie auch nur den Verdacht hat, er könnte ihren Blick bemerken; andererseits hängt sie an seinen Lippen und sieht auf der Bühne nur ihn; *sie* ist, m. a. W., in *ihn* verliebt, *er* aber nicht in *sie,* und sie hat sogar große Angst vor seiner Liebe, sonst hätte sie längst etwas unternommen, sich ihm zu nähern. Durch solche *Konfrontationen mit dem wirklichen Verhalten des Patienten* wird in erster Linie das Ich in den Stand gesetzt, seinem eigenen Urteilsvermögen wieder mehr zu trauen; die Welt wird wieder eindeutiger und weniger gefährlich; das Ich wird stärker, und die neurotisch-psychotischen Anteile gehen zurück oder schwächen sich ab.[46]

[46] Es handelt sich hier im Grunde um die gleiche Technik, die P. Federn, Ichpsychologie und die Psychosen, 195–197 empfahl, um die paranoide Gewißheit durch immer neue Prüfung der Realität aufzulösen. Freilich räumte Federn auch gleich die Schwierigkeit dieses Vorgehens bei einem paranoischen Ichzustand ein: »Der Gesunde vergleicht die aktuelle Situation mit analogen, in denen die eine oder andere Bedingung verschieden war und angenommen werden könnte, daß sie verschieden waren. Diese Methode setzt

Eine solche Ichstärke ist auch die unabdingbare Voraussetzung, um den unbewußten *Hintergrund* für die Fehlinterpretationen der Wirklichkeit aufzuarbeiten. Im Grunde ist dies nur mit rein psychoanalytischen Mitteln möglich; gleichwohl lassen sich bei sonst guter Introspektionsfähigkeit des Patienten auch gesprächspsychotherapeutisch gute Erfolge erzielen, wenn man die Verbalisationstechnik schrittweise durch die Konfrontation mit analytischen Deutungen bzw. analytisch orientierten Fragestellungen unterbricht. Läßt man sich z. B. schildern, wie jener *zwangsneurotische* Patient mit seinen zwei Kindern umgeht, mit welcher Sorgfalt und Mühe er ihnen begegnet, grenzt man zudem die auslösende Situation der Symptomatik mit ihren zusätzlichen Belastungen ein, so kann der Patient ohne Schwierigkeiten die Einsicht gewinnen, daß er seine Kinder keineswegs nur so liebhat, wie er glaubt oder sich abverlangt, daß er sie oft schlechtweg loswerden möchte und nicht selten sich über ihre Frechheiten maßlos ärgert; ja, bei Licht besehen, urteilt er wirklich »abfällig« über sie, aber er tut in der Realität, wie er selber jetzt sehen kann, viel zu wenig, um sich genügend Freiraum zu verschaffen und seine aufgestauten Aggressionen gegenüber den Kindern adäquat zu äußern. Desgleichen wird jene *Hysterikerin* darauf aufmerksam werden, daß sie nicht genug unternimmt, um ihre Liebeswünsche gegenüber »ihrem« Tenor in der Realität durchzusetzen, und stattdessen in phantastische Beziehungen ausweicht, deren objektive Unerfüllbarkeit geradezu eine der Hauptliebesbedingungen für sie darstellt.

Erst wenn diese Widersprüchlichkeit zwischen der bewußten Verhaltensweise und der unbewußten Einstellung deutlich ist – und auch womöglich geklärt ist, welche Faktoren die unbewußten Haltungen und Verdrängungen verursacht haben –, kann man *verhaltenstherapeutisch* (nicht am Symptom selbst, wohl aber) an einer Verbesserung in der Durchsetzung der eigentlichen Wünsche arbeiten.

In der Behandlung derartiger zwangsneurotischer und hysterischer Symptome steht man allerdings insofern noch vor einer relativ einfachen Aufgabe, als hier die Interpretation der Wirklichkeit durch direkte Wunschphantasien beherrscht wird, also vom Es statt vom Ich ausgeht. Weit komplizierter liegen

die Normalität des Ichzustandes nicht nur in der gegenwärtigen Situation, sondern auch in den Situationen, an die gedacht wird, voraus. War in diesen früheren Ichzuständen die Ichgrenzbesetzung mangelhaft, so wird solches Probedenken ungültig, weil in der ersten konditionellen Ichsituation die Ideen bereits eine falsche Realität besitzen.« Die scheinbare Gewißheit des Paranoikers ist bedingt durch »1. verfälschte Wirklichkeit, welche die Folge der Verengerung der Ichgrenzen ist; 2. falsche Realität von Gedanken, die zu einer beim Probedenken verwendeten Ichsituation gehören; und auch 3. gesteigerte Besetzung von Ideen, die beim Probedenken verwendet werden.«

die Verhältnisse bei den Fehldeutungen der *Depressiven* und der *Schizoiden*, die ihre Wünsche nicht als eigene Realität wahrnehmen und dann vor sich selbst Angst bekommen, sondern die umgekehrt vor ihren eigenen Wünschen Angst haben, diese zur Angstabwehr nach außen projizieren und dann aufgrund der eigenen Projektion vor den anderen Angst haben. Man muß bei den schizoiden und depressiven Realtitätsverzerrungen also zunächst die Projektion rückgängig machen, und das ist nur möglich, wenn das Ich stark genug ist, seine ursprüngliche Angst auszuschalten. Je nach der Stärke oder Schwäche des Ichs können diese Ängste und die dadurch verursachten Projektionen ein Ausmaß erreichen, das nicht mehr nur neurotische, sondern psychotische Qualität besitzt, so daß das Ich jede Kontrolle über die Realitätswahrnehmung verliert und seinen Angstträumen so ausgeliefert ist, wie wenn diese absolut real wären; in diesem Falle ist natürlich jede Gesprächspsychotherapie (und in der Regel auch jede andere rein psychotherapeutische Behandlung) nahezu aussichtslos, wo nicht lebensgefährlich. Auf neurotischem Niveau aber ist es möglich, immer wieder die Situationen durchzugehen, in denen die schizoiden oder depressiven Befürchtungen auftreten.[47]
Das Ziel muß darin liegen, den *Depressiven* an den Gedanken zu gewöhnen, daß er selbst eigentlich die anderen in gerade der aggressiven, hemmungslosen Weise zurechtweisen möchte, wie er es von den anderen befürchtet (und wie er es als Kind von seiten der Mutter oder des Vaters in der Regel wirklich erlebt hat); aber seine Aggression kann er nur bei einem Minimum an Ichstärke nach außen abgeben, und das Ich des Depressiven ist unter dem Sadismus des

[47] P. Federn, Ichpsychologie und die Psychosen, 142 meinte knapp und treffend, bei der Psychosebehandlung werde nicht auf die Psychoanalyse selbst, wohl aber auf das gewohnte Handwerkszeug der Psychoanalyse verzichtet; die Psychoanalyse werde jetzt »auf das Material und die Symptome angewendet«, und es müsse auf die freie Assoziation ebenso wie auf die Analyse der Übertragung verzichtet werden; vor allem dürfe die Regression nicht vergrößert werden; die verschwundenen Widerstände müßten wiederhergestellt, ihre Analyse eingeschränkt werden; das Ziel liege darin, daß »die normale Ichbesetzung zu den verlassenen Ichgrenzen« zurückkehre (a.a.O., 141). – Im übrigen kann auch die Problematik einer zwangsneurotisch-hysterischen Charakterstruktur sich ins Psychotische aufstauen, z. B. wenn im Vorbau bereits nicht-schizoide Wirklichkeitsverzerrungen vorliegen; s. o. S. 157f. Oft genug entsteht ein psychotischer Schub dann, wenn eine Objektbeziehung so stark geworden ist, daß das Ich im Verein mit dem Es unbedingt daran festhalten will, die entgegenstehenden Inhalte des Überichs aber nach außen projiziert werden, so daß regressiv wieder eine Situation eintritt, wie sie in Kindertagen bei der Genese der zwangsneurotischen und hysterischen Fixierungen bestand: Aus undurchsichtigen Gründen stellt sich der Vater kontrollierend und verbietend allen eigenen Wünschen entgegen, und man ist gezwungen, seinen Sadismus mit *phantastischen* Argumenten zu *rechtfertigen*. In diesem Falle markiert der Ausbruch einer Psychose nicht den Zusammenbruch, sondern den Lebensaufbruch des Ich, allerdings unter extrem versagenden Überichansprüchen.

Überichs so eingeschränkt, daß erst der Krieg gegen das Überich in der vorhin beschriebenen Weise einigermaßen gewonnen sein muß, ehe der Kampf gegen die Umwelt aufgenommen werden kann. Dann aber kann der Depressive per Konfrontation lernen, daß er immer wieder als absoluten Vorwurf in andere hineinprojiziert, was er eigentlich als Einwand gegen sein eigenes Wollen und Verhalten geltend machen möchte; aus einem vernünftigen Überlegen eigener Möglichkeiten entsteht beim Depressiven eine unrettbare projizierte Angst vor möglichen Verfolgern, aus einem Handeln des Ichs wird so eine Flucht vor den anderen. Hat der Depressive diesen Mechanismus durchschaut, besitzt er ein gutes Mittel, um gegen einen Teil seiner Wirklichkeitsverzerrungen durch eigene Selbstkontrolle ins Feld zu ziehen: Statt den anderen die eigenen Selbsteinwände als Vorwürfe zu unterstellen, muß er dabei bleiben, selber zu denken, was für ihn persönlich nützlich oder schädlich, gut oder böse ist; statt die Gedanken der anderen zu seinen eigenen Gedanken zu machen und umgekehrt aus seinen eigenen Gedanken die Gedanken der anderen zu machen, muß er lernen, nur zu denken, was er selber will, und den Mut zu haben, solange unablässig an seinen Entschlüssen festzuhalten, bis er wirklich einmal auf fremden Widerspruch stößt.
Beim *Schizoiden* läßt sich leicht zeigen, daß der Patient nicht erst vor den mysteriösen Machenschaften seiner Umwelt Angst hat, sondern umgekehrt: Er fürchtet den Kontakt mit den anderen derart, daß er ihre wirklichen Gedanken und Gefühle überhaupt nicht zur Kenntnis nimmt; erst dadurch werden ihm die Reaktionen der anderen unbegreifbar und geheimnisvoll, und sie sind dann leer genug für ihn, um widerstandslos mit dem Inhalt seiner eigenen Angstvorstellungen gefüllt zu werden. Der Schizoide ist also dazu anzuhalten, statt seiner ihm evident erscheinenden Hypothesen über die Umwelt und über seine Mitmenschen sich der Gefahr und der Mühe zu unterziehen, die anderen *wirklich* kennenzulernen und zu merken, daß keine Art von Realität so angstauslösend und gefährlich sein muß wie die Angst seiner eigenen Träume. Das eigentliche Problem der Behandlung ist aber auch hier wieder die Schwäche des Ich; das krankhafte Mißtrauen des Schizoiden zu heilen ist letztlich nur möglich durch eine Zuwendung, die nach Intensität und Dauer das, was man »Behandlung« nennen kann, weit überschreitet.

e) Die Übertragung von Aggression und Liebe auf den Therapeuten

Alle neurotischen Konflikte entstehen aus frühkindlichen Beziehungsproblemen, und erneut äußern sie sich später wiederum u. a. als Beziehungsprobleme; alle psychotherapeutische Behandlung hat es deshalb zentral mit der Bearbeitung von Übertragungen zu tun, und das meiste, was bisher an neurotischer Wirklichkeitsverzerrung, an funktionalem Leidensdruck u. a. besprochen wurde, stellt im Grunde bereits einen Teil der allgemeineren Übertragungsproblematik dar. Für die Therapie selbst liegt die größte Chance, aber auch die größte Gefahr darin, daß der Klient verstärkt und noch intensiver als zu anderen Menschen seine frühkindlichen Erfahrungen auf den Therapeuten überträgt. Ist die Behandlung erfolgreich, so lernt der Klient *am Therapeuten* neue, positivere Erfahrungen zu machen, und er vermag auf diese Weise seine komplexbedingten Einstellungen zu korrigieren. Das aber setzt voraus, daß der Therapeut sich nicht nur darauf beschränkt, den Klienten mit dessen eigenem Erleben und mit der Realität ringsum zu konfrontieren, sondern daß er selbst seine eigene Person als Korrektiv, als wesentliches Arbeitsmittel mit in die Behandlung einbringt. An dieser Stelle tritt die Auseinandersetzung um Notwendigkeit und Form der Konfrontationstechnik zwischen der Gesprächspsychotherapie und den erlebnistherapeutischen Ansätzen in das entscheidende Stadium: Wann und wie soll der Therapeut seine eigene Person ins Spiel bringen?

In der Gesprächspsychotherapie gilt als Regel, selbst auf direkte Anfragen, Attacken, Geständnisse und Herausforderungen nicht anders zu reagieren als durch Wiedergabe der Gefühle des anderen; aber es ist klar, daß dieses Vorgehen seine Grenzen hat. Gerade heftige Gefühle des Klienten gegenüber seinem Therapeuten verlangen eine persönliche Reaktion und Stellungnahme seitens des Therapeuten, oder es wird das ganze Gespräch künstlich, steif und lächerlich; der Patient kann sich nicht ernst genommen fühlen, und auch die Regel der Gesprächspsychotherapie von der Selbstkongruenz des Therapeuten wird verletzt, wenn ein Therapeut aus reiner Methodentreue so tut, als lasse ihn die Person des anderen in ihren leidenschaftlichen Gefühlen für ihn selber persönlich unberührt. Andererseits scheint es sinnlos und gefährlich, die von Psychoanalyse und Gesprächspsychotherapie geforderte Bedingung des objektiven Verstehens und der vorurteilsfreien Zuwendung durch ein einseitiges »Sich-selber-Luft-Verschaffen« zu ersetzen. Was also kann ein Therapeut tun, um der Übertragungsproblematik standzuhalten?

Eine Übertragung frühkindlicher Einstellungen auf den Therapeuten kann nur aufgelöst werden,

wenn α) der Therapeut die Gefühle des Patienten, obwohl sie auf seine Person gerichtet sind und an ihr ausgelöst werden, dennoch nicht auf sich bezieht, sondern sie als Teil der bestehenden neurotischen Problematik erkennt und entsprechend bewußtmacht;[48]

[48] S. Freud, Ratschläge für den Arzt bei der psychoanalytischen Behandlung, VIII 384 suchte ausdrücklich jede »intime Einstellung des Arztes« aus der Psychoanalyse zu

wenn β) der Therapeut die übertragenen Gefühle *nicht* so beantwortet, wie er sie unmittelbar ohne analytische Reflexion und nach Art der sonstigen Umwelt des Klienten beantworten würde, sondern wenn er sie von sich weg auf ihren ursprünglichen Anlaß zurücklenkt; und

verbannen. »Der Arzt soll undurchsichtig für den Analysierten sein und wie eine Spiegelplatte nichts anderes zeigen, als was ihm gezeigt wird.« Unter Wahrung dieser Regel ist es relativ leicht, alle Gefühle des Klienten gegenüber dem Therapeuten als Übertragungsphänomene zu deuten, bleibt doch der Therapeut dem Klienten persönlich völlig unbekannt. Für dieses Vorgehen spricht vor allem, daß der Patient selbst nicht mehr die analytische Grundregel der Aufrichtigkeit einhalten kann, wenn er, in Kenntnis der wirklichen Gefühle des Analytikers, sich gewissermaßen selbst ausrechnen kann, mit welchen Äußerungen er die größere Sympathie oder Abneigung des Therapeuten erringen wird. Andererseits läßt sich nicht übersehen, daß im Verlauf einer langdauernden Therapie der Klient natürlich ein gewisses zutreffendes, nicht nur auf Übertragung beruhendes Bild von seinem Therapeuten gewinnen wird, und es ist irgendwann unumgänglich, das Nicht-Neurotische und an sich Berechtigte in den Gefühlen des Klienten anzuerkennen und darauf mit einer eindeutigen persönlichen Stellungnahme zu antworten, und zwar genauso aufrichtig, wie man es von dem Analysanden erwartet. Darüberhinaus aber hat es nur einen begrenzten Wert, immer wieder dem Klienten bewußt zu machen, was er an Liebe und Geborgenheit in der Kindheit vermissen mußte; entscheidend kommt es darauf an, die Entbehrungen der Kindheit durch neue Erfahrungen nachzuholen und auszugleichen. Insofern besteht seitens des Patienten wirklich ein gewisses Recht gegenüber dem Therapeuten, tatsächlich bei ihm einmal das »Kind« sein zu dürfen, das er im ganzen Leben niemals und nirgendwo sonst als hier, in der Behandlung, hat sein dürfen. Es genügt dann nicht, daß der Therapeut wie auf einer weißen Leinwand die Umrisse der Vaterprojektion des Klienten zu studieren beginnt; vielmehr muß er stellvertretend über lange Zeit hin die Rolle des Vaters oder der Mutter übernehmen. Nicht die »Enthaltsamkeitsregel« Freuds, sondern die menschliche Nähe und Begleitung sind hier der eigentlich heilsame Faktor der Therapie. Wenn Freud, Vorlesungen zur Einführung in die Psychoanalyse, XI 471 verlangte: »Zum Schluß einer analytischen Kur muß die Übertragung selbst abgetragen sein«, so wird der Patient oft genug erst dann wirklich auf Vater und Mutter verzichten lernen, wenn er in dem Therapeuten einen vollwertigen Ersatz für die allzu früh vermißte Person von Vater und Mutter gefunden hat. Die Angst vor einer »unendlichen« Analyse braucht sich daraus nicht zu ergeben, das Ziel der Verselbständigung und Eigenständigkeit des Patienten wird, wie in einer »echten« Eltern-Kind-Beziehung, auch in der Therapie am einfachsten und schnellsten erreicht, wenn der Halt beim Therapeuten zuverlässig und beständig genug ist. – Etwas ganz anderes ist die Frage der Gegenübertragung, inwieweit eine Patientin mit ihrem Skript etwa in das Skript des Therapeuten hineinpaßt und umgekehrt; hier mag es in der Tat oft genug die Wahl geben zwischen Therapie oder Freundschaft. Vgl. E. Berne, Was sagen Sie, nachdem Sie ›Guten Tag‹ gesagt haben?, 290–291. Doch ist es auch nicht ausgeschlossen, daß erst eine wirkliche Freundschaft »therapeutisch« wirksam wird; denn letztlich basieren alle seelischen Störungen auf dem Verlust und den Störungen von Liebe, und sie werden nur geheilt durch die Erfahrung absichtsloser Liebe.

wenn γ) der Therapeut an seiner eigenen Person neue Einsichten und Erfahrungen vermittelt, die letztlich nicht mehr an ihn gebunden sind, sondern über ihn hinausführen.

Diese drei Faktoren: Objektivität, Reflexivität und Transparenz des Therapeuten sind die unerläßlichen Voraussetzungen zur Auflösung der Übertragung.

Für die Frage der Konfrontationstechnik ergibt sich vor allem aus dem zweiten Punkt die Feststellung, daß der Therapeut sich hüten muß, seinen eigenen Gefühlen, selbst wenn sie noch so sehr positiv oder negativ herausgefordert werden, unreflektiert freien Lauf zu lassen; denn täte er dies, so würde er sogleich der Gefahr erliegen, in das neurotische Übertragungsschema des Patienten einzutreten; er würde dann selbst Handlanger und Statist eines neurotischen Ensembles, und die Krankheit des Patienten würde nicht geheilt, sondern erneuert und bestätigt. Wohl ist es wahr und sehr wichtig, daß der Therapeut seine unmittelbaren, »normalen« Gefühle kennen und wahrnehmen muß – sie sind der beste Gradmesser für die Empfindungen, die der Patient wahrscheinlich stets in seiner Umgebung erzeugen wird; aber es darf gerade deshalb nicht dahin kommen, daß auch der Therapeut dem Wiederholungszwang der neurotischen Übertragungen erliegt. Er steht vielmehr vor einer doppelten Aufgabe: Er muß den Patienten einerseits mit den Gefühlen konfrontieren, die dieser – gegen seinen Willen! – beim anderen auslöst; dann aber muß er zeigen, daß er versteht (oder verstehen möchte), worin die Verhaltensweisen des Patienten ihren Grund haben, in welcher Situation die heute offensichtlich zweckwidrigen Ausdrucksformen und Einstellungen des Klienten ein sinnvolles und angemessenes Verhalten gebildet haben etc., um dann in dem Bewußtsein des Kontrastes von Damals und Jetzt mit dem Patienten an einer Verhaltensänderung zu arbeiten.

Es macht von daher keinen Sinn und ist ein höchst gefährliches, wenn nicht schlechtweg fahrlässiges Vorgehen, wenn ein Therapeut sich das Recht nimmt, einen Patienten mit seinen spontanen Gefühlsausbrüchen unreflektiert zu »konfrontieren« bzw. sich ungehemmt unter dem Vorwand der Leidensdrucksteigerung, der Frustrationserhöhung oder des bespielhaften »Selbstseins« am Patienten abzureagieren. Er verhielte sich dann nicht besser als ein Hautarzt, der, statt dem Ausschlag des Patienten mit vorsichtigen Einreibungen zu Leibe zu rücken, aus Ekel und Unmut zur Peitsche greifen und die Prügelstrafe zur Therapieform erklären würde, – oder als ein Frauenarzt, der die Eheschwierigkeiten einer Patientin mit ihrem Mann dadurch beantworten wollte, daß er selbst die Position des Ehemannes übernähme. Der Therapeut muß im Gegenteil seine unmittelbaren Gefühle so in die Behandlung einbringen, daß der Klient an ihnen erkennen kann, welche Empfindungen und

Reaktionen er für gewöhnlich bei anderen auslöst; nur so kann er die Gegenfinalität, die objektive Unzweckmäßigkeit seines Verhaltens begreifen und ändern und merken, daß die heutige Wirklichkeit anders ist, als er es bisher glaubte; aber wichtiger als diese von der Übertragung selbst beim Therapeuten ausgelösten Gefühle muß die Tatsache sein, daß der Patient positiv an die Grundeinstellung glauben kann, die der Therapeut ihm in Wahrheit entgegenbringt. Die eigentlichen, unverfälschten, von der Übertragung nicht verzerrten Gefühle eines eindeutigen Wohlwollens des Therapeuten müssen für den Klienten stets spürbarer bleiben als die Gefühle seiner Gegenübertragung. Die Übertragungsgefühle müssen lediglich per Konfrontation mitgeteilt, die eigentlichen Gefühle aber per Beziehung realisiert werden; das eine bedeutet stets eine Konfrontation, meistens auch eine Frustration für den Klienten, das andere aber muß als eine Art cantus firmus das Gespräch durchziehen.

Besonders zwei Formen der Übertragung verdienen nun des näheren Beachtung, weil sie eine persönliche Stellungnahme des Therapeuten unumgänglich machen: die Äußerungen von Haßgefühlen und das Angebot einer starken Zuneigung des Patienten.

α) Konfrontation bei Übertragung kindlicher Aggressionen auf den Therapeuten

Je nach der Charakterstruktur des Patienten wird es im Verlauf einer intensiven Beziehung zwischen Patient und Therapeut sich nicht vermeiden lassen, daß der Therapeut zum Objekt aller möglichen offenen oder versteckten Aggressionen des Klienten wird.

Am eindeutigsten und auch zumeist am frühesten bemerkbar sind die Attakken, die ein *zwangsneurotischer* Patient in seinen Mitteilungen anzubringen versteht.[49] Manche Patienten lieben es, selbst die besten Verbalisierungen des Therapeuten mit scheinbaren Einwänden, Korrekturen oder Ergänzungen zu

[49] S. Freud, Zur Dynamik der Übertragung, VIII 373 meinte von dem Zusammenhang der zwangsneurotischen Ambivalenz der Gefühle mit dem Phänomen der Übertragung: »Bei der Zwangsneurose scheint eine frühzeitige ›Trennung der Gegensatzpaare‹ für das Triebleben charakteristisch zu sein... Die Ambivalenz der Gefühlsrichtungen erklärt uns am besten die Fähigkeit der Neurotiker, ihre Übertragungen in den Dienst des Widerstandes zu stellen. Wo die Übertragungsfähigkeit im wesentlichen negativ geworden ist, wie bei den Paranoiden, da hört die Möglichkeit der Beeinflussung und der Heilung auf.« – Zum Problem von Übertragung und Gegenübertragung vgl. die Darstellung bei H. Nagera (Hrsg.), Psychoanalytische Grundbegriffe, 484–519.

quittieren, und zwar derart regelmäßig, daß die »Methode« dahinter unverkennbar ist; der Klient »will« sagen: »Du kannst machen, was du willst, für mich ist es bzw. bist du nicht gut genug; du hast nicht die geistige Kapazität, die Kompliziertheit meiner Seelenlage zu begreifen; du bist mir menschlich, geistig, moralisch, künstlerisch oder wie auch immer – nicht gewachsen.« Für solche Klienten scheint es geradezu ein Bedürfnis zu sein, den Therapeuten bei einer Unachtsamkeit oder Unkorrektheit zu ertappen, ja sie zeigen sich sehr ungehalten, wenn man nicht auf Anhieb den rechten Einfall oder die rechte Wendung parat hat; in eine Pause, die sich der Therapeut zum Nachdenken läßt, brechen sie mit verächtlicher Ungeduld ein, um selbst zu Ende zu führen, wozu der Therapeut, Langweiler, der er ist, offensichtlich nicht die Fähigkeit besitzt. Das ganze Gebaren dieser Patienten ist vom ersten Augenblick an auf Kampf und Konkurrenz gestellt, und selbst wenn man es vermeiden kann, durch einen allzu unglücklichen Fauxpas die offene Provokation zu riskieren, so wird der Augenblick doch ohne Zweifel eintreten, da man dem Patienten die Wirkung seines Auftritts nicht mehr verheimlichen kann. Spätestens wenn der Patient selbst darüber klagt, daß er so gut wie keinen Menschen als seinen Freund betrachten kann, oder wenn er über die Ansprüche stöhnt, die der Beruf an ihn stelle, scheint der Zeitpunkt gekommen, an dem man ihn mit seinen eigenen Ansprüchen, seinem Ehrgeiz und Konkurrenzdenken und der versteckten Feindseligkeit seines Verhaltens konfrontieren kann. Wohlgemerkt geht es nicht an, seinen eigenen Aggressionen die Schleusen zu öffnen und den latenten Machtkampf des Klienten anzunehmen, indem man etwa seine Vorwürfe als Unverschämtheiten zurückweist. Die Konfrontation des Patienten mit den Aggressionen, die er äußert und erzeugt, muß vielmehr spürbar den Zweck verfolgen, dem Patienten ein freundlicheres, anerkennenderes, geduldigeres, in gewissem Sinne gütigeres Umgehen mit sich selbst und anderen zu ermöglichen. Gerade die Konfrontation mit den Aggressionen des anderen muß zeigen, daß man es gut meint mit dem Patienten und seine Gereiztheiten als ein Symptom versteht, unter dem er selbst am meisten leidet. Man kann dann leicht die Frage aufnehmen, wem ursprünglich der Konkurrenzkampf des Zwangsneurotikers galt und von wem er auf den Therapeuten *übertragen* wurde.

Von anderer Art ist die Feindseligkeit des *Hysterikers*. Sie ist meist eine Art Enttäuschungsaggression, die sich aus überhöhten Erwartungen an den Therapeuten ergibt, und lautet zumeist: »Sie verstehen mich nicht, Sie lieben mich nicht. Sie engen mich ein, Sie legen micht fest.« Einerseits kann man, wie wir gesehen haben, bei der Darstellungsweise des Hysterikers gar nicht anders vorgehen, als daß man von sich aus ein gewisses Maß an Ordnung und Richtung in das hysterische Themenallerlei bringt. Man erntet dafür aber zumeist nicht die erhoffte Wertschätzung, sondern sieht sich oft ein/zwei Stunden später mit heftigen Vorwürfen attackiert, der Patient habe etwas ganz anderes sagen wollen, man habe ihn auf »Deutungen« festgelegt, die er nicht teilen könne, ja, über die er empört sei, usw. Statt nun selbst enttäuscht zu reagieren, sollte man vielmehr begreifen, daß die vermeintliche Wertschätzung in der Stunde zuvor nur die Kehrseite des Aufstandes in der jetzigen Sitzung darstellt,[50] und man hat also Anlaß, den Patienten darauf hinzuweisen, daß er selber die Sitzungen so arrangiert, daß er den Therapeuten erst für sich denken läßt und von ihm Halt und Führung erwartet, um alsbald festzustellen, daß alles, was er sagt, auf ihn doch nicht zutrifft. Wieder läßt sich dann ohne Schwierigkeiten im Hintergrund des Patientenverhaltens rekonstruieren, auf wen sich sowohl die Zuwendung wie der Freiheitskampf des Patienten ursprünglich bezog.

Jede Form von Aggression ist auch eine Form der Annäherung, und so wäre es schon ein gewaltiger Fortschritt, wenn ein *Schizoider* zu einer aggressiven Gefühlsäußerung gegenüber dem Therapeuten überhaupt fähig wäre. Für gewöhnlich ist die Beziehungslosigkeit des Schizoiden selbst als seine eigentliche Form negativer Übertragung zu interpretieren. Bei den Verbalisierungen der Gesprächspsychotherapie stößt man dabei indessen gleich auf eine doppelte Schwierigkeit. Zum einen reiht der Schizoide meist bloße Fakten und Szenen aneinander, ohne daß man auch nur annähernd sicher erfassen könnte, was diese Tatsachen für ihn persönlich bedeuten, und selbst wenn ein schizoider Patient, vor allem in der schizoid-depressiven Mischform, wirklich einmal eigene Gefühle und Stimmungen schildert, dann in einer ganz und gar unpersönlichen Form, etwa: »Und dann das Gefühl von Traurigkeit«, oder: »Einfach ein solches Ausgeliefertsein«, als gäbe es überhaupt kein Ich, das sich in seinen Gefühlen aussagen und auf eine andere Person beziehen könnte. Auch hier helfen die Verbalisationsversuche der Gesprächspsychotherapie, schon weil sie unter diesen Umständen rein hypothetische Züge annehmen müssen, kaum weiter, und statt selber mit mühsamen Verbalisationsversuchen ständig im Unklaren zu tappen, sollte man den Schizoiden immer wieder mit seiner Beziehungslosigkeit selbst konfrontieren; erst so wird man sich an den Kern seiner Kontaktangst und reaktiven Aggressivität heranarbeiten können. Zum anderen wird man erleben, daß der Schizoide gern die einzelne Verbalisa-

[50] »Ich stelle«, sagte eine Patientin z. B., »den anderen immer zuerst auf den Sockel, dann aber bin ich wütend auf ihn und muß ihn wieder herunterholen.« So generalisierte sie die Beobachtung, die sie in der Übertragung auf den Therapeuten machen konnte: daß sie stets zwischen der Neigung zur Vergöttlichung und zum Göttersturz des anderen hin und herschwankte – eine hysterische Ambivalenz, die ihre Wurzeln in den Schuldgefühlen und Frustrationen des Ödipuskomplexes hatte.

tion des Therapeuten ohne eine ersichtliche Reaktion stehen läßt, eine längere Pause einlegt, dann wieder ein oder zwei Nominalsätze ohne Subjekt und Prädikat von sich gibt und erneut in sich zu versacken scheint. Um überhaupt zu wissen, was der Schizoide meint oder gemeint hat, muß man daher immer wieder auf eine direkte Antwort drängen, indem man die Verbalisierungen am besten als Fragen formuliert, sich erkundigt, ob man etwas richtig aufgegriffen hat, wo der andere gerade steht, etc. Nicht selten wird man dann die ersten wirklichen Aggressionen erleben: man sei zu aufdringlich, der Klient wolle nur seine Ruhe haben u. a., und dann endlich kann man die Frage aufnehmen, was für Gefühle und Haltungen hier auf das therapeutische Gespräch übertragen werden und ob es auch heute noch sinnvoll ist, jede Auseinandersetzung durch die indirekte Aggression der Überdistanz zu vermeiden.

Am schwierigsten gestaltet sich die Bearbeitung aggressiver Übertragungen bei *Depressiven,* weil hier die gesamte Aggression im Inneren der Patienten verbleibt und nach außen meist in umgedrehter Form ausgedrückt wird. Statt zu sagen: »Sie tun mir sehr weh, wenn Sie so sprechen«, oder: »Sie sind unverschämt«, wird ein Depressiver geneigt sein zu sagen: »Sie haben vollkommen recht«, oder: »Das hilft mir jetzt sehr.« Es ist erstaunlich, wie sehr sich besonders die Liebhaber von Fragebögen und Statistiken unter den Psychotherapeuten immer noch den süßen Vorstellungen hingeben, sie hätten es bei dem, was die Klienten an Geprächseindrücken schriftlich nach den Sitzungen zurückmelden, mit objektiv zutreffenden Urteilen zu tun, – mindestens der depressive Anteil unter den Patienten wird gerade bei besonders aggressiven Gefühlen die besten Noten für den Therapeuten vergeben, sich selbst aber ins Unrecht setzen und damit die eigene Niedergeschlagenheit vergrößern. Man befindet sich als Therapeut also bei einem Depressiven stets in der schwierigen Lage, zunächst das tun zu müssen, was dieser selbst gerade verlernen soll, nämlich ohne Unterlaß zu denken, was der andere wirklich denkt. Das Lob des Depressiven kann die Form eines Tadels annehmen, die Freundlichkeit, mit der er sich für wesentlich gebessert erklärt, kann seine Unzufriedenheit ausdrücken, usf. Besonders mißtrauisch sollte man werden, wenn der Depressive in Selbstvorwürfe ausbricht, er sei zu dumm, er könne nicht verstehen, und dgl.; stets heißt dies, daß der Therapeut in einer Weise »konfrontiert«, die dem Patienten objektiv schweres Unrecht zufügt.

Nun kommt es aber im Verlauf der Behandlung eines Depressiven (hoffentlich) dahin, daß der Depressive wirklich seine Befürchtungen und Aggressionen zu äußern beginnt, und der Therapeut genießt dann als erster den zweifelhaften Vorzug, den Verstimmungen, Ängsten und Zornesausbrüchen des Depressiven ausgesetzt zu sein, denn schließlich ist er der erste, der in den Augen des Patienten ein solches Vertrauen der Wahrheit verdient. So wird er mit Regelmäßigkeit für lange Zeit den Vorwurf zu hören bekommen, daß er in Wahrheit dem Klienten böse sei, daß er ihm in Wahrheit Vorwürfe mache, daß er im Grunde gleich vor Wut platzen müsse, daß er den Patienten letztlich doch verachte und nicht liebhabe, vor allem, daß er all die Mühe um den Patienten und all die Zuwendung sich nur aus Pflicht oder Mitleid, nicht aber aus wirklicher Zuneigung auferlegt habe. Es wäre natürlich ein schwerer Kunstfehler, auf diese unablässigen Zweifel, Anschuldigungen und ungerechten Vorwürfe des Klienten mit einer Erhöhung der Liebesbeweise reagieren zu wollen; es wäre ebenso verkehrt, selbst mit Enttäuschung und Wut zu antworten, – der Depressive könnte das nur so verstehen, daß er mit seiner Sorge schon immer recht gehabt habe, der Therapeut hätte ihn schon die ganze Zeit über rauswerfen wollen; nicht schädlich, aber nutzlos wäre es schließlich, bei den üblichen Verbalisierungen stehen zu bleiben: »Sie können gar nicht glauben, daß man Sie mögen könnte«, oder: »daß Sie fürchten, es müsse Ihnen auch hier so gehen, wie Sie es immer erlebt haben.« Es kommt im ganzen vielmehr darauf an, mit Nachdruck zu betonen, was man wirklich meint und gewollt hat, daß also der Patient sich objektiv mit seiner Furcht vor Ablehnung irrt, wohl wissend, daß diese Versicherung allein dem Patienten keineswegs glaubhaft erscheint; dann aber muß man mit ebensolchem Nachdruck wieder und immer wieder den Ort des Mißtrauens, der Angst, der verhaltenen Wut, der Abgelehntheit in der Kindheit des Patienten aufsuchen und, am besten in der Art des Rollenspiels, durchgehen. Man wird dann merken, daß die Aggressionen des Depressiven im Grunde eine verzweifelte Form der Liebeswerbung darstellen, wie sie ursprünglich Vater oder Mutter gegenüber gegolten hat, und gerade diese heute ungerechten, damals aber sehr berechtigten Vorwürfe des Patienten gegen seine Eltern muß der Therapeut auf sich lenken und an seiner Person durcharbeiten, ehe der Patient Zutrauen auch in die Fähigkeiten seiner Liebe fassen kann. Eine Weile lang wird der Depressive dabei die größten Schwierigkeiten machen, denn er fürchtet sich gerade vor der Maßlosigkeit seines eigenen Hasses und davor, ungerechtfertigte Anschuldigungen zu erheben, am meisten; gleichwohl kann man ihm gegen seine Angst in Aussicht stellen, daß jemand, der so leidenschaftlich hassen und verneinen kann wie er, im gleichen Maße auch einmal wird lieben können.

β) *Konfrontation bei Übertragung kindlicher Liebe auf den Therapeuten*

Könnte man unter »Liebe« eine bloße Mischung aus Verständnis, Zuwendung und Wohlwollen verstehen, so gäbe es keine Therapie, ohne daß der Therapeut im wahrsten Sinne des Wortes den Klienten »liebt«; nun gehört aber zur Liebe zwischen den Geschlechtern, daß man nicht nur für den anderen dasein möchte, sondern daß man Verlangen trägt nach dem Verlangen des anderen, daß man (an-)genommen und begehrt sein möchte, und an dieser Stelle beginnt der kritische Punkt einer jeden Behandlung, bei welcher der Therapeut und der Klient, wie es nach Möglichkeit der Fall sein sollte, geschlechtsverschieden sind. Denn irgendwann wird der Punkt kommen, an dem die Klientin sich in den Therapeuten zu verlieben beginnt und keinen größeren Wunsch spürt, als diesem zu gehören, und dann genügt es nicht mehr, die Patientin der Zuneigung und der Sympathie zu versichern, sondern es ist dann die Frage, ob man das Leben der Klientin wie ein Geschenk annehmen oder zurückweisen will, und es ist stets eine schwere Kränkung, ein Geschenk abzulehnen. Was also ist zu tun?

Die klassische Dauer für eine Gesprächspsychotherapie wird meist mit zwei bis vier Monaten bei einer Wochenstunde, also mit 8–15 Sitzungen veranschlagt.[51] In diesem relativ kurzen Zeitraum wird sich eine schwere Übertragungsproblematik wohl kaum aufbauen können. Anders, wenn die Behandlung, wie bei allen wirklich neurotischen Fällen, weit länger als ein halbes Jahr dauert. Dann kann es nicht ausbleiben, daß zwischen Therapeut und Patientin ein Verhältnis entsteht, das dicht an die Vorstufe der Verliebtheit heranführt. Man muß sich klarmachen, daß jede Neurose mit ihrer Beziehungsproblematik ein Stück tragischer Einsamkeit bedeutet. Im Leben der Patientin ist der Therapeut womöglich der erste Mensch, der jemals sich die Mühe gemacht hat, ihr über längere Zeit zuzuhören; er äußert mehr an Verständnis, Wertschätzung und Ermutigung als jemals ein Mensch vor ihm; er begleitet und schützt durch seine Anwesenheit die Patientin in Krisen, die sie ihr Leben lang gequält haben, denen ins Auge zu blicken sie in ihrer Einsamkeit aber nie den Mut besaß und in denen jetzt der Therapeut ihr einziger Halt ist. Es versteht sich, daß die Patientin unter diesen Umständen den Therapeuten *sogar ohne den Faktor der Übertragung* maßlos überschätzen muß. Umgekehrt wäre kein Therapeut über Jahre hin zu dem phantastischen Ausmaß an Geduld und

[51] R. Tausch, Gesprächspsychotherapie, 56 schlägt eine durchschnittliche Gesamtdauer von 4–40 Wochen, also etwa 4–40 Kontakten vor, wobei ihm eine vorherige (!) Begrenzung auf 20–25 Kontakte angemessen scheint. Die »Effizienz« dieser Kontakte kann natürlich nur so oberflächlich sein wie die Intensität der Übertragung, die dabei zustande kommt. Zum Vergleich: Freud analysierte seine Patienten jeden Tag 25 Minuten lang oft auf viele Jahre hin. Wenn man trotzdem meint, mit Hilfe von Tests gezeigt zu haben, daß man in 25 Stunden Gesprächspsychotherapie genauso effektiv arbeiten könne wie in 300 Stunden Psychoanalyse, so beweist das wohl lediglich, wie groß der Aberglaube ist, die komplizierten, vorwiegend unbewußten Beziehungen zwischen Therapeut und Klient mit Hilfe naturwissenschaftlicher Methoden »objektivieren« und statistisch meßbar machen zu können.

Gesprächsbereitschaft imstande, das eine Langstreckenbehandlung erfordert, wenn er selbst mit der Klientin sich nicht menschlich tief verbunden fühlte. Jede Behandlung ähnelt in gewisser Weise dem Kampf, den in den Märchen und Mythen der Held um die verwunschene Jungfrau am Ende der Welt gegen Drachen und Riesen (Triebmächte und Elterngestalten) führen muß, und der Abschluß aller Märchen: die Heilige Hochzeit, ist die natürliche Belohnung und Beendigung der Therapie, *wenn*, ja wenn dieser Märchenabschluß als *Symbol* erhalten bleibt, also gerade nicht in der äußeren Wirklichkeit realisiert wird.

Die Kunst jeder Behandlung besteht letztlich darin, die stärksten Energien an Liebe und Haß auf die eigene, des Therapeuten, Person zu richten, um sie an seiner Person in ihrer Genese sowie in ihrem Gehalt verständlich zu machen. Natürlich geht das nur, wenn und solange der Therapeut sich seiner eigenen Gefühle sicher ist. Wenn er anfängt, sein Selbstwertgefühl an den Erfolg oder die Anerkennung einer bestimmten Patientin zu heften, wenn er beginnt, sich zwischen den Sitzungen in Gedanken stundenlang mit ihr zu beschäftigen, wenn er bereits zu Beginn der Sitzung sich in einer deutlich veränderten Stimmung befindet, so sollte er dies als Alarmsignal werten und sich sagen, daß er den Boden einer vorurteilsfreien, an keine Voraussetzungen gebundenen Wertschätzung gerade dabei ist zu verlassen. Er muß sich stets vor Augen halten, daß er – rein sokratisch – nur das Mittel der Wahrheitsfindung des anderen, nie aber dessen Lebensziel sein kann. Und dementsprechend sollte er auf alle Anträge und Werbungen seiner Patientin(nen) antworten. Natürlich kann und sollte er verstehen, daß sich die gesamte Energie eines ganzen bisher aufgesparten Lebens, wenn sie endlich frei wird, zunächst und ganz besonders über ihn ergießen möchte; aber er kann und muß auch zeigen, daß es sich hier um eine Art perspektivischer Täuschung handelt. Indem für den Patienten der Therapeut vielleicht der einzige Mensch ist, der sich ihm bisher persönlich zugewandt hat, muß ihm der Therapeut naturgemäß als eine absolute Ausnahme, als ein ganz und gar einzigartiger Mensch erscheinen. An dem Therapeuten ist es nun, dem Klienten zu sagen, daß er die Fortschritte in der Behandlung, insbesondere die neuerwachte Fähigkeit zu Vertrauen und Liebe, keineswegs der Vortrefflichkeit des Therapeuten verdankt, sondern sich selbst. Was der Klient dem Therapeuten an Gefühlen entgegenbringt, was er an Vertrauen und Angstfreiheit sich selbst gegenüber erreicht hat, wird er künftig überhaupt an andere Menschen richten können. Zudem, wenn die Behandlung in korrekter Form erfolgt ist, weiß der Klient von seinem Therapeuten an persönlichen Informationen so gut wie nichts. Jeder andere, mit dem er in Wirklichkeit zu tun hat, kann ihm persönlich sehr bald vertrauter sein und näher stehen, als es der Therapeut nach mehreren Jahren vermocht hat. Infolgedessen kann der Therapeut etwas Besseres tun, als die Liebe seiner Klientin für sich zu behalten. Gerade weil auch er in seinem eigenen Gefühl zutiefst davon überzeugt ist, daß die Patientin liebenswürdig, schön und begehrenswert genug ist, um die Liebe eines Mannes zu erringen, sollte er das Vertrauen seiner Klientin dafür stärken, nicht gewissermaßen an der Tür zum Leben stehen bleiben zu müssen; nicht aufgrund von Zufall und Gnade, sondern aufgrund ihres eigenen Wesens kann die Patientin auf Anerkennung und Liebe bei anderen zählen, und wenn sie nur den Rest an Angst verliert, der sie noch an den Therapeuten bindet, wird es bald lediglich eine Frage der Zeit sein, auf wessen Zuneigung sie von sich her künftig antworten will.[52]

Wenn ein Therapeut in dieser Weise denkt und handelt, wird er es in der Regel vermeiden können, daß die Konfrontation mit seiner eigenen Person und Rolle die Liebeserwartung seiner Klientinnen zu sehr frustriert oder gar auf lange Zeit blockiert. So einfach liegen die Verhältnisse allerdings nur für diejenigen Fälle, in denen die Liebeserwartungen an den Therapeuten lediglich eine gewissermaßen normale Folge der langen Behandlungszeit darstellen, und das ist bei keiner wirklichen Neurose anzunehmen. Stets mischen sich die spezifisch neurotischen Inhalte zusätzlich im Verlauf einer Behandlung in die Liebeserwartung einer Patientin hinein, und dieses Moment der eigentlichen Übertragung kompliziert und verstärkt die Beziehung zu dem Therapeuten außerordentlich.

[52] Allerdings sieht die Praxis sehr oft anders aus. Die meisten Patientinnen sind ehelich gebunden. Sie haben schon aufgrund ihrer eigenen Gehemmtheiten sowie durch die Übertragungsproblematik in der Ehe selber (s. o. S. 52–59), dann aber auch durch die Eigenart ihres Mannes sowie durch seine Gegenübertragungen unendlich gelitten. Nach vielen Jahren Ehe ist zwischen den Eheleuten oft nicht ein einziges wirklich verständnisvolles Wort hin und her gegangen. Was Wunder, daß der Therapeut jetzt als der ideale Gatte erscheint? Die alte Ehe aber besteht mit ihren Ansprüchen weiter, der Mann, die Kinder melden ihre Rechte an, die Patientin kann und will dem Geflecht ihrer Verantwortung nicht entrinnen. Oft wird es daher für den Therapeuten keinen anderen Weg geben, als die Verhältnisse zu akzeptieren und es der jeweiligen Patientin mit dem Einsatz seiner Person zu ermöglichen, daß sie aus der Liebe zu ihm die Kraft gewinnt, ihre Ehe auszuhalten. Viele Frauen leben in ihrer Ehe wie in einer von einem Kriegsheer belagerten Stadt, und es tut dann gut und bewahrt vor der Kapitulation, wenn es ab und zu eine Brieftaube gibt, die von fernher Nachricht bringt, daß man nicht gänzlich einsam ist. Ein Therapeut muß wissen, was er in solchem Falle selber, nicht aus Motiven der Gegenübertragung, sondern realiter mit seiner Person für die Patientin empfindet und bereit ist einzusetzen; im besten, allerdings sehr seltenen Falle wird die »Therapie« zur Freundschaft, mithin zum größten und schönsten Abenteuer, das unter erwachsenen Menschen möglich ist (s. o. S. 160f), oder, besser, es erweist sich, daß nur wirkliche Freundschaft heilsam ist. Ein solches Verhältnis muß indessen wechselseitig sein, und auch der »Therapeut« muß deutlich spüren, inwiefern sich sein Leben durch die Gegenwart des anderen zum Positiven hin verändert und bereichert.

Daß die Übertragungsproblematik zu heikel wird, ist selten zu befürchten bei *Schizoiden* – ihre Bindungslosigkeit lädt schwerlich dazu ein. Aber schon der *Hysteriker* wird nicht ohne schwere Frustrationen in seinen Liebeserwartungen korrigiert werden können.[53] Die hysterische Übertragung bedarf auch nicht erst vieler Sitzungen, um sich zu entzünden, sondern sie beginnt buchstäblich meist schon beim ersten Händedruck. Der Hysteriker wird bereits in der ersten Sitzung den Therapeuten mit Komplimenten überhäufen und nur darauf lauern, bis der Therapeut mit gleicher Münze heimzahlt; denn gelingt ihm dies, so ist von Anfang an die Arbeit an sich selbst ersetzt durch die Liebe des Therapeuten, und jede Art von Korrektur und Kritik versinkt in dem Morast gegenseitiger Kokettiererei, aus der es je länger desto weniger ein Entrinnen gibt. Freilich wird der Hysteriker von einem bestimmten Grad der Intensität an vor seiner stürmischen Beziehung selber Angst bekommen; außerdem wird er bald merken, daß er den Therapeuten doch überschätzt hat, – dieser ist kein lebender Zamolxis,[54] und die Erwartung einer thrakischen Wunderheilung geht natürlich nicht in Erfüllung. Entsprechend heftig wird dann die Enttäuschung sein, und es steht zu erwarten, daß der Klient die Behandlung alsbald genauso rasch abbricht, wie er sie leidenschaftlich begonnen hat. Jeder Therapeut, der sich auf die Liebeserwartung eines Hysterikers einläßt, muß, wie ein Schachspieler, der gleich zu Beginn das Damengambit annimmt, sehr klare Vorstellungen darüber haben, mit welchen Zügen er an der entscheidenen Stelle später die Partie zu gewinnen gedenkt, sonst befindet er sich bereits vom Eröffnungszug an unwiderruflich auf der Verliererstraße. Eine Neurose ist ein furchtbarer Gegner, und sie bestraft jeden Fehlzug des Therapeuten mit eiserner Konsequenz und Logik, schon gar, wenn es um den Kern aller seelischen Erkrankungen, um die Frage der Liebe geht.

[53] Indem der Hysteriker die Liebe förmlich zur Behandlungsvoraussetzung erhebt, riskiert man entweder sehr bald schon den Abbruch der Behandlung oder man muß sich, im günstigeren Falle, auf ein Furioso von Vorwürfen aus Träumen, Tagträumen, Briefen, seltener auch von direkten Gegenüberstellungen gefaßt machen, was für ein Berg aus Stein, was für ein Unmensch, was für ein menschenfressender Riese u. ä. man sei. Die Liebeswerbung des Hysterikers kann sich aber auch hinter jahrelanger Überdistanz und unüberwindlich scheinenden Schamschranken verbergen: der Blickkontakt etwa wird ängstlich gemieden, alle »peinlichen« (sexuellen) Themen in großem Bogen umgangen, kurz, man braucht Jahre, ehe man soviel Vertrauen gewonnen hat, um sich auf die Einhaltung der psychoanalytischen Grundregel der Aufrichtigkeit einigermaßen verlassen zu können. Vor allem die ausgesprochene Schamhaftigkeit verbietet es dem Hysteriker aus Angst, sein Gesicht zu verlieren, immer wieder, sich an den Therapeuten zu wenden, wenn es eigentlich am nötigsten wäre.

[54] Ein thrakischer Gott, dessen Schamanen-Priester als Wunderheiler tätig waren; s. E. Drewermann, Zum Verhältnis von Psychotherapie und Seelsorge, in: Psychoanalyse und Moraltheologie, 1. Bd., 177–178.

Zu empfehlen ist daher auf jeden Fall das konventionelle Vorgehen der strikten »Enthaltsamkeitsregel« Freuds:[55] Man verbleibt ganz und gar in der Methodik der Verbalisation, hält sich mit persönlichen Äußerungen ganz zurück und achtet um so mehr auf die Inhalte, mit denen der Hysteriker den Therapeuten lobend umwirbt oder mit denen er seine Zuneigung provozieren möchte; alsdann wird sich sehr bald die Gelegenheit ergeben, diese Inhalte einmal zu einem Gesamtbild zusammenzustellen und den Patienten mit diesem Portrait seiner Wünsche zu konfrontieren. Der weitere Fortgang ergibt sich dann wie von selbst: Es wird die Frage sein, wem das Wunschbild des Hysterikers (und, parallel dazu, das Angstbild) eigentlich gleicht, aus welchen Erinnerungen es sich zusammensetzt, etc.; nur so gelingt es, der hysterischen Umklammerung auszuweichen und den Patienten vom Therapeuten weg auf sich selbst zurückzulenken, und zwar ohne durch Kränkungen und unnötige Beleidigungen den Fortgang der Behandlung zu gefährden.

Das Meisterstück jeder therapeutischen Behandlung stellt freilich bzgl. der Übertragungsproblematik der Umgang mit den Liebeserwartungen eines *Depressiven* dar. Mindestens drei Faktoren treten hier erschwerend zusammen:

1. Der Depressive äußert seine Liebeswünsche lange Zeit nur indirekt;
2. er hat selbst die größte Angst vor seiner eigenen Maßlosigkeit; und
3. er empfindet jede Zurückweisung eines Wunsches als nicht wiedergutzumachende Strafe dafür, überhaupt etwas gewünscht zu haben.

ad 1. Eine Hauptschwierigkeit im Umgang mit dem Depressiven ergibt sich aus der Schwierigkeit des Patienten, seine Wünsche zu erleben, geschweige denn zu äußern. Die ersten Anzeichen einer beginnenden Verliebtheit des Depressiven können darin liegen, daß mit Mal in einem Gespräch endlose Pausen auftreten, in denen der Depressive verlegen vor sich hinblickt oder den Therapeuten stumm anschaut, wie wenn er auf eine Gedankenübertragung hoffen wollte; auf eventuelles Fragen, was in ihm vor sich gehe, reagiert der Depressive dann womöglich wie verschämt oder erschrocken und ist noch weniger imstande, ein Wort aus sich herauszubringen. Der Therapeut ahnt gewiß, worum es geht, aber er muß fürchten, den Patienten, eine Ordensschwester von hohem Rang vielleicht oder eine Ehefrau von bisher unbescholtener Treue, auf furchtbare Weise bloßzustellen, wenn er seine Mutmaßungen unverblümt äußern wollte. Dennoch bleibt ihm kein anderes Mittel, als so früh wie möglich das heraufziehende Gewitter bewußt zu machen, und am einfachsten und schonendsten kann dies geschehen durch ein Fremdbeispiel, wie es erfahrungsgemäß anderen Frauen in langen Behandlungen zu ergehen

[55] S. Freud, Bemerkungen über die Übertragungsliebe, X 318–319; s. o. 186, Anm. 16.

pflegt.[56] Der Depressive kann dann zu seinem verborgenen Wunsch Stellung nehmen, ohne sich gleich als Verführer, als Hure oder als ein Ungeheuer von lasterhafter Lästigkeit empfinden zu müssen. Wartet der Therapeut indessen aus Rücksichtnahme oder eigener Angst zu lange mit der Mitteilung seiner Beobachtungen, so wird er hoffnungslos in ein Spinnennetz von indirekten Liebesforderungen hineingezogen. Der Depressive beginnt z. B. Geschenke zu machen, teils aus Schuldgefühlen, eine Behandlung überhaupt in Anspruch zu nehmen, teils in der neu erwachten Hoffnung auf ein weiteres Entgegenkommen seitens des Therapeuten. Bleiben diese Geschenke ohne Kommentar im Raume stehen, so muß sich selbstredend die passive Erwartung des Depressiven, vom Therapeuten geliebt zu werden, von Mal zu Mal verstärken. Dabei erschwert er selbst allerdings mit Scheinerklärungen, warum er das Geschenk gemacht habe, und durch seine kindlich-harmlose Art zu schenken den Zugriff einer analytischen Deutung außerordentlich. Es mutet angesichts des liebevollen depressiven Arrangements oft wie eine absichtliche Grausamkeit an, wenn man den Patienten mit der Frage in die Enge treibt, warum er etwas schenken will, was für ihn früher Geschenke bedeutet haben, etc.; und doch ist diese Grausamkeit barmherziger, als den Depressiven in falschen Hoffnungen zu wiegen. Es ist für ihn unerläßlich zu merken, wie viel er an Vorleistungen glaubt abstatten zu müssen, ehe er auf Gegenliebe zu stoßen hofft, wie schwer es ihm fällt, etwas gratis zu akzeptieren, welche passiven, unausgesprochenen Wünsche nach Gegenleistung er mit seinen »Geschenken« verbindet, und vor allem wiederum: durch welche Erfahrungen dieses Verhalten bedingt ist und in welchen Situationen es sinnvoll war. Erst dann läßt sich deutlichmachen, daß der Depressive heute z. B. vom Therapeuten mehr fordern kann und darf, als er jemals für möglich hielt, und daß es gleichwohl Grenzen gibt, die auch von ihm zu respektieren sind.

ad 2. An dieser Stelle aber öffnet sich unter den Füßen des Therapeuten die Falltür zu dem Abgrund aller depressiven Angst: der Befürchtung, zu viel zu

[56] Freilich darf diese Information erst dann gegeben werden, wenn der entsprechende Zustand eingetreten ist. S. Freud, Bemerkungen über die Übertragungsliebe, X 309 wies bereits darauf hin, daß manche Therapeuten ihre Patientinnen von vornherein auf das Regelmäßige solcher Gefühle aufmerksam machten und sie förmlich dazu aufforderten, sich ruhig zu verlieben, damit die Analyse vorangehe. »Ich kann mir nicht leicht eine unsinnigere Technik vorstellen«, meinte Freud. »Man raubt damit dem Phänomen den überzeugenden Charakter der Spontaneität und bereitet sich selbst schwer zu beseitigende Hindernisse.« Allerdings ist dem »Phänomen« auch nicht mit stoischer Unbeweglichkeit des Gefühls zu begegnen, und man muß schon entweder die günstigen Voraussetzungen der höheren Gesellschaft Wiens um 1900 antreffen oder der psychotherapeutischen Behandlung sehr enge Grenzen ziehen, um, wie Freud vorschlägt, ohne weitere persönliche Beteiligung aus einer Übertragungs-Beziehung hervorzugehen.

verlangen. Der Depressive macht aus seinen (Liebes-)Wünschen ein solches Geheimnis, weil er alles, was er wünschen könnte, für strafwürdig, weil maßlos und unverschämt, halten muß. Die Angst, zuviel zu verlangen, hindert ihn, überhaupt etwas zu wünschen, und natürlich merkt er von sich aus nicht, daß erst die Verdrängung seiner oralen Ansprüche seine Wünsche maßlos werden läßt (s. o. 256). Man kann daher den Depressiven nur immer wieder gegen seine Angst dazu anhalten, seine Wünsche zu präzisieren, und dann wird man in der Tat eine enorme Maßlosigkeit nicht verkennen können. Die größte Sehnsucht des Depressiven ist es, wie ein Kaninchen oder wie ein kleines Mädchen beim Therapeuten kuscheln und sich geborgen und sicher ausruhen zu dürfen. Ausdrücklich wird dabei zumeist – und zunächst meist wahrheitsgemäß – betont, daß der sexuelle Anteil dieses Wunsches überhaupt keine Rolle spiele. Allerdings müßte ein Therapeut von allen analytischen Geistern verlassen sein, wenn er sich von der scheinbaren Harmlosigkeit des depressiven Wunsches nach zärtlicher Geborgenheit täuschen ließe. Die Ausblendung des Sexuellen ist subjektiv zwar keine Täuschung, wohl aber ein Symptom: Der Depressive ist noch so sehr auf die Oralität mit ihren Wünschen nach Halt und Akzeptation fixiert, daß die genitalen Inhalte der Libidoentwicklung erst später aktiviert werden; ein Therapeut hingegen, der den Depressiven sozusagen als sein Kind adoptieren wollte, hätte keine andere Wahl, als dann mit ihm auch durch Dick und Dünn zu gehen und den Patienten mitsamt den sich später entfaltenden sexuellen Wünschen von vornherein ganz und rundum anzunehmen. Will er das nicht, so muß er sich von Anfang an hüten, auf irgendeinen Wunsch des Depressiven real einzugehen, und sein Engagement um so mehr darin setzen, zu verstehen, welche Enttäuschungen und Entbehrungen die Wünsche des Patienten bedingen und was davon heute auf den Therapeuten übertragen wird.

ad 3. Eine solche Begrenzung der depressiven Liebeswünsche aber droht stets an der bodenlosen Verzweiflung zu scheitern, die den Depressiven im Fall eines Widerspruchs überkommt. Der Depressive wird schon bei einer geringfügigen Korrektur seiner Wünsche sich vorwerfen, überhaupt den Therapeuten um seine Zuneigung gebeten zu haben, und er wird flehentlich darum bitten, vom Therapeuten jetzt doch endlich »rausgeworfen« zu werden. Die totale Hilflosigkeit und Hilfsbedürftigkeit des Depressiven wirken so, wie wenn der Depressive sich vom ersten Augenblick an dem Therapeuten auf Gedeih und Verderb übergeben hätte und man ihn plötzlich wie eine kostbare chinesische Vase in der Hand halten würde, die man um keinen Preis mehr fallen lassen dürfte. Dennoch muß man gerade das Entweder-Oder der depressiven Haltung korrigieren: Es geht nicht darum, den Depressiven zurückzuweisen, und es geht auch nicht darum, ihn so, wie er hofft, anzunehmen; die Hauptschwierigkeit aber liegt darin, daß der Depressive zu solchen Differenzierungen am Anfang der Behandlung zumeist völlig außerstande ist. Um wenigstens erst einmal eine gewisse Ruhe in die Explosion der depressiven Wunschwelt zu bringen, wird man – ausnahmsweise – den Depressiven womöglich sogar mit Nachdruck immer wieder dafür loben müssen, daß er überhaupt den Mut aufgebracht hat, seine Liebeswünsche trotz aller Widerstände zu äußern; man muß ihn ferner des unbedingten Rechtes versichern, zu solchen Wünschen grundsätzlich ein uneingeschränktes Ja zu sagen. Auf jeden Fall aber muß man bei all dem den Eindruck vermeiden, daß man sich selbst von den Wünschen des Depressiven überfordert fühle. Wohl kann und sollte man dem Depressiven jedoch sagen, daß er sich selbst und seiner Liebenswürdigkeit noch mehr zutrauen kann, als er es tut, wenn er sich im Moment ausschließlich an die Zuneigung des Therapeuten zu klammern sucht. Nicht die Maßlosigkeit der depressiven Wünsche erscheint dann als das Problem, sondern das chronische Mißtrauen des Depressiven gegenüber seiner Umwelt, und hier geht es um eine Hemmung des intentionalen Bereichs, die zu bekämpfen für den Depressiven nicht ganz so schwer ist wie seine eigentlichen oralen Gehemmtheiten. Der Therapeut kann dann betonen, daß er bei solchen Bemühungen vorbehaltlos weiter an der Seite des Depressiven stehen werde und, wie es eine Patientin einmal träumte, einen großen Mantel um sie breiten werde, in dessen Schutz sich ihre Hände mit denen eines anderen berührten. Der Depressive muß auf diese Weise nicht fürchten, den Therapeuten zu verlieren, und dennoch lernt er, sich von ihm schrittweise abzuwenden; gerade so überwindet er die Totalität seiner Angstliebe, die nur ein alternativisches Alles oder Nichts zwischen Akzeptation und Zurückweisung zuläßt.

Scheinbar recht glimpflich, aber in Wahrheit kaum lösbar gestaltet sich die Übertragungsliebe des *Zwangsneurotikers.* Man hat von ihm kaum zu befürchten, daß er sich »vergißt« und, wie der Depressive, von dem Verlangen nach ungeteilter Hingabe wie überschwemmt wird; aber eben diese Zurückhaltung verrät nicht allein tugendhafte Selbstbeherrschung und Vernunft, sondern eher ein hohes Maß an Gehemmtheit, und das Problem stellt sich daher, wie man den zwangsneurotischen Hang zum Handlungsboykott der eigenen Wünsche durch das vorhin erwähnte Aber-Denken aufbrechen kann. Eine zwangsneurotische Patientin wird womöglich einen immer stärkeren Wunsch nach Nähe und Zärtlichkeit gegenüber anderen Menschen, insbesondere gegenüber dem Therapeuten, in sich verspüren; zugleich aber wird sie auch ihre Abwehr verstärken, und so gleicht ihr Zustand einer vollbeheizten Dampflok mit angezogenen Bremsen: Bei einem unerhörten Innendruck rührt sich nach außen gar nichts aus Angst, unkontrolliert und selbstvergessen zu werden. Es hilft daher nicht viel, daß der Therapeut die Zwangsneurotikerin in gewissem Sinne durch seine Zuwendung und Ermutigung weiter zu verführen sucht – er kann damit den Konflikt nur verstärken, nicht wirklich lösen. Die entscheidende Befreiung ergäbe sich erst, wenn der Zwangsneurotiker spüren könnte, daß er keineswegs, wie befürchtet, beim ersten Körperkontakt mit dem anderen Geschlecht »durchdrehen« würde, und dazu müßte er entsprechende Erfahrungen an einem anderen Menschen machen. Der Therapeut aber kann gerade an dieser entscheidenden Stelle nicht einspringen.[57] Das beste wäre, es gäbe irgendwo eine der sog. »Erlaubnisgruppen«, in welcher der Zwangsneurotiker seine Scheu vor dem anderen Geschlecht durch relativ unverbindliche Kontaktaufnahmen überwinden und sich somit den Freiraum zu einer wirklichen Beziehung verschaffen könnte. Da es indessen solche Gruppen (noch) selten gibt, bleibt man auf andere meist wenig effektive Möglichkeiten wie Kuraufenthalte, Ferien, Tanzveranstaltungen u. a. angewiesen, und es ist u. U. nötig, auf solche Gelegenheiten zunächst einmal durch entsprechende Übungen verhaltenstherapeutisch vorzubereiten. Der Therapeut sollte dabei an die Stelle des Überichs des Klienten treten, um die Strafängste des Patienten zu kupieren. Während er mithin auf die Geschlechtsliebe, die Es-Wünsche des Patienten nicht eingeht, kann er es an dieser Stelle der Behandlung nur begrüßen, wenn der Klient einen Teil seiner Elternliebe, seiner Über-Ich-Zensur, uneingeschränkt vorübergehend an ihn delegiert und damit der inneren Ambivalenz seiner Gefühle durch eine Aufspaltung der Übertragungsbeziehung entkommt.

[57] R. Cohn, Ein Ansatz zur psychosomatischen Analyse, in: Von der Psychoanalyse zur Themenzentrierten Interaktion, 16–23 hebt zu Recht hervor, daß die Psychoanalyse im Grunde dualistisch verfahre, indem sie sich wohl für die Gefühle und deren Bedeutung, aber nicht für die begleitenden körperlichen Empfindungen interessiere. »Traurigkeit zum Beispiel kann man als Gefühl eines Druckes in der Brust empfinden, man kann sie spüren als flache Atmung, als Verlust eines Gefühls der Lebendigkeit, als Brennen um die Augen.« (17) Sie schlägt vor, den Patienten aufzufordern, er möge sich auf das konzentrieren, was er empfindet. Für gewöhnlich trifft dieses Vorgehen auf erhebliche Widerstände, es verstärkt die Übertragungsproblematik erheblich, aber es setzt meist explosionsartig unbewußte Inhalte frei, die sonst verborgen bleiben müßten. Statt den Patienten zu fragen: »Was fällt Ihnen ein«, braucht man nur hinzuzufügen: »Was spüren Sie im Augenblick?« (19) Die Priorität der Empfindungen vor den Gefühlen legt eine solche Verschiebung der Fragestellung nahe. Aber, erklärt R. Cohn dabei: »Die ›Sprengkraft‹ der Methode und der ›Tiefgang‹ der Übertragungsphänomene haben mich veranlaßt, diese Methode nur äußerst behutsam anzuwenden.« (22) Wollte ein Therapeut auf die Empfindungen des Patienten selbst von sich her mit der Äußerung eigener Empfindungen eingehen, so müßte er unweigerlich ein Chaos provozieren, aus dem er nur schwer wieder herausfinden wird.

Es war und ist nicht möglich, alle denkbaren Fälle zu beschreiben, in denen es auch im Rahmen der Gesprächspsychotherapie angezeigt ist, zur Konfrontationstechnik als Methode der Wahl überzugehen. Aber die genannten Fälle sind doch repräsentativ und typisch genug, um einige Regeln abzuleiten, die verdeutlichen, was grundsätzlich bei jeder Art von Konfrontation unbedingt beachtet werden sollte. Solche Regeln sind:

1. *Die Bedingung:* Die Konfrontation ist ein Notbehelf, der nur angezeigt ist, wenn der Patient sich selbst und seine Umgebung aufgrund von Mechanismen, die ihm selbst unbewußt sind, nicht (mehr) richtig wahrnehmen kann, wenn also der Weg vom Ich zum Unbewußten neurotisch blockiert ist.

2. *Das Ziel* der Konfrontation muß darin liegen, für den Patienten den Handlungsspielraum des Ichs zu vergrößern und ihm die Herrschaft über sich selbst (zurück) zu geben.

3. *Die Form* der Konfrontation muß sich danach richten, daß das Ich des Patienten als ein vielleicht von der Neurose in Gefangenschaft deportierter, aber doch im Grunde einzig rechtmäßiger König seines Landes betrachtet wird. Das Ich des Klienten ist der absolute Regent der Therapie; seiner Weisung sind alle Handlungen und Ziele unterzuordnen. Daraus folgt:
a) Es gibt kein Recht, die Konfrontation gegen das Ich des Patienten zu betreiben.
Diese Bemerkung sollte unter Therapeuten und Psychologen überflüssig sein, sie ist es aber nicht, insofern neuerdings unter dem Stichwort »Konfrontation« alle mögliche Scharlatanerie Platz greift. Die Konfrontationstechnik ist ein außerordentlich sensibles Instrument und kein Knüppel in der Hand von Prometheus-Therapeuten im Sinne des Goetheschen »hier sitze ich und forme Menschen«; sie ist auch kein Alibi für therapeutische Heroen, die ihren ödipalen Titanenkampf gegen Mächte und Institutionen an ihren Patienten als Ersatzobjekten für Vater und Mutter fortsetzen möchten.
b) Es gibt kein Recht, den Klienten mit der Person des Therapeuten zu konfrontieren, wenn es nicht ausschließlich dabei um die Person des Klienten geht.
Man kann und muß u. U. den Klienten mit sich selber konfrontieren: sein Ich mit seinem Unbewußten, seine Absichten mit den Ergebnissen seiner Handlungen, seine Urteile mit seinen Wahrnehmungen, seine Haltung mit den praktischen Erfordernissen, etc., aber mit der eigenen Person darf der Therapeut den Klienten nur konfrontieren, insofern er sich selbst als Reprä-

sentanten der äußeren Realität versteht. Der Therapeut muß bei jeder Konfrontation des Patienten mit seiner eigenen Person sehr genau prüfen, inwieweit er rein persönliches, also nicht repräsentatives, aus seinen eigenen Übertragungen stammendes Material vortragen möchte, und wann er wirklich um des Patienten willen seine eigenen Gedanken, Gefühle und Reaktionsweisen als Teile der »Normalität« mitteilen muß.
c) Die Konfrontation des Klienten mit der Person des Therapeuten ist nur statthaft, wenn das Ich des Patienten dadurch *Stärkung, Ermutigung und Unterstützung* erfährt – gegen die Erniedrigung durch das Es, das Überich und dessen Nachfolgegestalten. Jede Konfrontation setzt zwar voraus, daß der Patient etwas von sich aus nicht richtig sehen und anordnen kann, und insofern richtet sie sich formal *gegen* das Ich des Patienten, aber das beste Indiz dafür, ob eine Konfrontation richtig vorgenommen wird oder nicht, besteht darin, inwieweit das Ich des Patienten sich getragen, erweitert und innerlich stärker motiviert fühlt oder nicht. Angst, Aggression, Verdrossenheit, Sinnlosigkeitsgefühle u. a. sind, wenn sie vom *Ich* des Klienten aus an den Therapeuten zurückgegeben werden, selbst im Falle der depressiven Identifikation des Ichs mit dem Überich absolut zuverlässige Kriterien für schwere Behandlungsfehler; sie sind jedoch, wenn sie vom Überich des Klienten an dessen Ich gerichtet werden, Zeichen dafür, daß etwas Wichtiges in Gang kommt.
d) *Das Klima,* innerhalb dessen Konfrontationen möglich sind, muß freundlicher sein als die Härte der Konfrontation selbst. Die Konfrontation ist immer ein schweres Geschütz, das man nur auf der Seite des Patienten in Stellung bringen kann, wenn die Brücke der Beziehung zwischen Therapeuten und Klienten stark genug ist, derartige Belastungen zu tragen.

4. *Zur Voraussetzung* der Konfrontation gehört nicht nur, daß man die Beziehung zum Klienten richtig beurteilt, sondern auch, daß man die *Belastbarkeit* des Klienten selber richtig einschätzt. Hört man, was in manchen »Marathons« und gruppendynamischen Sitzungen gemacht wird, so kann man sich des Eindrucks gröbster Fahrlässigkeit in diesem Punkte oft nicht erwehren. Um dem Klienten mit schweren Konfrontationen zuzusetzen, muß man seine Persönlichkeitsstruktur und seine psychodynamische Verarbeitungsweise hinreichend kennen, also sich vorweg der stundenlangen Mühe unterzogen haben, eine gründliche Anamnese aufzunehmen. Psychosomatische oder physische Störungen während einer Behandlung müssen in ihrer Tragweite ärztlich geklärt sein, selbst wenn der Verdacht einer »Flucht in die Krankheit« noch so groß ist. Vor allem dürfen dem Klienten psychosomatische Reaktionen wie Magenkrämpfe, Herzstiche, Blähungen, Migräneanfälle, Rückenschmerzen, Allergien o. ä. nicht auch noch mit der Häme: »Da haben wir's«

oder: »Sie vertragen noch was ganz anderes« zurückgegeben werden, sondern man sollte vielmehr anerkennen und den Patienten darauf hinweisen, daß hier ein innerlicher Kampf begonnen hat, den der Klient endlich den Mut hat einzugehen. In jedem Falle muß der Klient selbst bestimmen können, welches Maß an Belastungen er im Moment willens und fähig ist zu tragen. Ehrgeiz, Ungeduld, Zorn oder Verliebtheit auf seiten des Therapeuten verhindern eine sinnvolle Konfrontation und sollten jedenfalls nicht noch zu derartigen Interventionen motivieren.

5. *Die Dauer* der Konfrontation richtet sich danach, an welcher Stelle der Klient wieder von sich her in der Arbeit an sich selbst fortfahren kann. Die Konfrontation ist kein Mittel, den Klienten zu entmündigen, ihm Arbeit abzunehmen, die er selbst verrichten kann, oder ihn in dauernder Abhängigkeit zu halten; sie ist ein Instrument zu seiner Verselbständigung.

6. *Die Grenze* der Konfrontation verläuft dort, wo das Ich des Patienten nicht mehr nur partiell (topisch) oder zeitlich (temporal) eingegrenzt ist, sondern wo es in wesentlichen Teilen seiner selbst den Zugang zu seinem Unbewußten verloren hat. Bei schweren Verdrängungen und neurotischen Prozessen muß die Konfrontation von außen ersetzt werden durch die »gewaltlose« Konfrontation von innen in Gestalt der klassischen analytischen Behandlungstechniken: Traumdeutung und Assoziation.

7. *Die Mischung der verschiedenen psychotherapeutischen Methoden* (des Psychodramas, der Verhaltenstherapie, der Transaktionalen Analyse, der analytischen Assoziationstechnik, der Traumanalyse u. a.) ist für eine fruchtbare Konfrontationsstrategie unerläßlich. Ein einseitiger Methoden- oder Schulfanatismus verträgt sich nicht mit der Flexibilität, die für ein wirkliches Eingehen auf den Klienten nötig ist.

8. *Die Auswahl der Methoden* wird sich trotz allem nicht nur nach den Bedürfnissen des Patienten, sondern auch nach der Eigenart des Therapeuten richten (müssen). Ein *hysterischer* Einschlag auf seiten des Therapeuten mag zu einer intensiveren dramatischen Darstellung des psychischen Konfliktes im Rollenspiel prädisponieren; ein eher *depressiver* Therapeut wird den einfühlenden Stil der Gesprächspsychotherapie über alles schätzen; ein *zwangsneurotischer* Charakter wird leichter zu direktiven, verhaltenstherapeutischen Maßnahmen neigen, während ein *schizoider* Therapeut die »frei schwebende Aufmerksamkeit« der Psychoanalyse bevorzugen wird. Allerdings sollte man aus Charakterfragen keine Weltanschauungsfragen machen. Freilich wird umgekehrt auch das Weltbild des Therapeuten auf seine Einstellung zum Klienten zurückwirken. Eine erbarmungslose Konfrontation, wie sie ohne

Rücksicht auf Verluste inzwischen in allen möglichen Wochenend-Zirkeln betrieben zu werden scheint, mutet oft an wie *ein säkularisierter Calvinismus:* Die Patienten wissen offensichtlich die Wahrheit um sich überhaupt nicht, wenn sie ihnen nicht nach dieser Konzeption von gottgleichen Trainern im Ton der Anklage entgegengeschleudert wird, und die Trainer schweben, wie die Majestät des Höchsten selber, Blitze schleudernd, über allem. Solche Praktiken haben zweifellos eher eine philosophische oder religiöse Grundlage, als daß sie sich psychologisch vom Dienst am Patienten her legitimieren könnten. Auch bestimmte *Gesellschaftsbilder* mögen so beschaffen sein, daß man unter Therapie nur noch die Mobilisierung der Patienten gegen das »System« versteht. Dann aber sollte man auch sagen, daß man die Psychotherapie als ein bloßes Instrument der Gesellschaftstherapie versteht und nicht mehr den einzelnen in seinem Wohl und Wehe meint. Ein Weltbild, das der mittelalterlichen Lehre von der immanenten Entelechie und Wahrheit aller Dinge näher steht, wird indessen dem humanistischen Ziel sehr wohl zustimmen können, das S. Freud für die Psychoanalyse formulierte: »Wo Es war, soll Ich werden.«[58] Dieser Aufgabe ist die Konfrontation unterzuordnen, wenn sie dem Patienten dienen will.

[58] S. Freud, Die endliche und die unendliche Analyse, XVI 96: »Die Analyse soll die für die Ichfunktionen günstigen psychologischen Bedingungen herstellen; damit wäre ihre Aufgabe erledigt.«

Nachweis der Erstveröffentlichungen

Von der Geborgenheit im Ring der Liebe. Eine Auslegung des Menschenbildes der jahwistischen Urgeschichte (Gen 2,22-25). Auszug aus dem Nachwort zur 3. Aufl. des 1. Bandes von E. Drewermann, Strukturen des Bösen. Die jahwistische Urgeschichte in exegetischer, psychoanalytischer und philosophischer Sicht, 3 Bde., Paderborn [1]1977; [3]1981, S. 355–413, Von dem Geschenk des Lebens oder: das Welt- und Menschenbild der Paradieserzählung des Jahwisten (Gen 2,4b-25), S. 378–410.

Ehe – tiefenpsychologische Erkenntnisse für Dogmatik und Moraltheologie, in: Renovatio, 36. Jg. 1980 Heft 2, 53–68; Heft 3, 114–126.

Von einer besonders tragischen Form des Mißverständnisses in der Ehe – oder: vom Recht auf Scheidung und Wiederverheiratung in der katholischen Kirche. Stark gekürzt unter dem Titel, Von der Not der in ihrer Ehe Scheiternden und dem Appell zur Treue, in: Diakonia, 13. Jg., 1/1982, 37–47; 2/1982, 112–117.

Aus Schuld geschieden – verdammt zum Unglück? Von dem Recht auf Vergebung auch in der katholischen Kirche. Ein Plädoyer. Bisher unveröffentlichtes Manuskript.

»Warte, bis Vater wiederkommt!« Lebenskrisen aus Kindheitserinnerungen der Nachkriegszeit. Bisher unveröffentlichtes Manuskript.

Zur Frage der moraltheologischen Beurteilung bestimmter Formen sexuellen Fehlverhaltens. I–III veröffentlicht in: Theologie und Glaube, 69. Jg. 2/1979, 171–202; d) unveröffentlichtes Manuskript.

Von der Notwendigkeit und Form der Konfrontationstechnik in der gesprächspsychotherapeutischen Beratung. Bisher unveröffentlichtes Manuskript.

Verzeichnis der zitierten Literatur

(zitiert stets nach der letztgenannten Ausgabe)

1. Philosophie, Theologie, Soziologie, Religionsgeschichte und Geschichte

Ägyptische Schöpfungsmythen, in: La naissance du monde, Paris o. J.; dt.: Quellen des alten Orients. Die Schöpfungsmythen, 1. Bd.: Ägypter, Sumerer, Hurriter, Hethiter, Kanaaniter und Israeliten; übers. v. E. Klein; Vorw. v. M. Eliade; Zürich–Köln 1964, 35–99.

R. Barthes: Mythologies, Paris 1957; dt.: Mythen des Alltags, übers. v. H. Scheffel, Frankfurt (sv 92) 1964.

J. Brinktrine: Die Lehre von den letzten Dingen. Die Lehre von der Kirche, Paderborn 1963.

G. J. Caesar: Der gallische Krieg (Commentarii de bello Gallico; ca. 50 v. Chr.); übers. u. erl. v. C. Woyte; Stuttgart (reclam 1012–15) 1951.

J. J. Degenhardt: Seelsorge an wiederverheirateten Geschiedenen, Paderborn 1981.

H. Diels: Die Fragmente der Vorsokratiker; nach der v. W. Kranz hrsg. 8. Aufl.; eingel. v. G. Plamböck; Hamburg (rk 10) 1957.

E. Drewermann: Strukturen des Bösen. Die jahwistische Urgeschichte in exegetischer, psychoanalytischer und philosophischer Sicht.

1. Bd.: Die jahwistische Urgeschichte in exegetischer Sicht; Paderborn [1]1977; [2]1979, erw. durch ein Vorwort: Zur Ergänzungsbedürftigkeit der historisch-kritischen Exegese; [3]1981, erg. durch ein Nachwort: Von dem Geschenk des Lebens oder: das Welt- und Menschenbild der Paradieserzählung des Jahwisten (Gn 2,4b–25), S. 356–413.

2. Bd.: Die jahwistische Urgeschichte in psychoanalytischer Sicht, Paderborn [1]1977; [2]1980 erw. durch ein Vorw.: Tiefenpsychologie als anthropologische Wissenschaft; [3]1981: Neudruck der 2. Aufl.

3. Bd.: Die jahwistische Urgeschichte in philosophischer Sicht, Paderborn [1]1978; [2]1980, erw. durch ein Vorw.: Das Ende des ethischen Optimismus; [3]1982: Neudruck der 2. Aufl.

E. Drewermann – Ingritt Neuhaus: Das Mädchen ohne Hände. (Grimms Märchen tiefenpsychologisch gedeutet, 1. Bd.); Olten–Freiburg 1981.

E. Drewermann: Psychoanalyse und Moraltheologie, 2 Bde.; 1. Bd.: Angst und Schuld, Mainz 1982; 2. Bd.: Wege und Umwege der Liebe, Mainz 1983.

E. Drewermann: Der Krieg und das Christentum. Von der Ohnmacht und Notwendigkeit des Religiösen, Regensburg 1982.

E. Drewermann: Der tödliche Fortschritt. Von der Zerstörung der Erde und des Menschen im Erbe des Christentums, Regensburg [3](erw.) 1983.

E. Drewermann: Gott heilt – Erfahrungen des Buches Tobit, in: H. Becker/ R. Kaczynski (Hg.), Liturgie und Dichtung, Bd. 2, St. Ottilien 1983, 359–404.

A. Falk-Rønne: Kannibalernes ny Guinea; dt.: Meine Freunde – die Kannibalen. Steinzeit im zwanzigsten Jahrhundert; übers. v. F. Waschnitius; Graz 1974; Neudruck: Frankfurt–Berlin–Wien (Ullstein 33001) 1979.

H. J. Fischer: Die katholische Lehre über die Ehe, Frankfurter Allgemeine Zeitung, 27. Okt. 1980, 12.

J. Gnilka: Die Verstockung Israels. Is 6, 9–10 in der Theologie der Synoptiker (St ANT 3) München 1961.

M. Horkheimer: Autorität und Familie (1936), in: A. Schmidt (Hrsg.): Kritische Theorie, 2 Bde., 1. Bd., Frankfurt [2]1968, 277–360.

K. Kerényi: Die Geburt der Helena (1939), in: Humanistische Seelenforschung; Werke in Einzelausgaben, hrsg. v. K. Kerényi, Bd. 1; München–Wien 1966, 52–67.

K. Kerényi: Die Mythologie der Griechen; 2 Bde.; 1. Bd.: Die Götter- und Menschheitsgeschichten; 2. Bd.: Die Heroen-Geschichten; München 1958; Neudruck: München (dtv 1345–1346) 1966.

S. Kierkegaard: Entweder-Oder (1843), hrsg. v. H. Diem u. W. Rest, übers. v. H. Fauteck, München (dtv 6043) 1975.

H. Marcuse: Psychoanalyse und Politik, Frankfurt 1968.

W. Marg: Hesiod. Sämtliche Gedichte. Theogonie, Erga, Frauenkataloge; übers. u. erl. v. W. Marg, Zürich–Stuttgart 1970.

S. Morenz: Altägyptische Jenseitsführer. Papyrus Berlin 3127, mit Bemerkungen zur Totenliteratur der Ägypter, Leipzig 1964.

F. Nietzsche: Morgenröte. Gedanken über die moralischen Vorurteile (1881), in: Werke in 11 Bden., München (Goldmann Tb. 630–631) 1960, eingel. v. L. Winter.

F. Nietzsche: Jenseits von Gut und Böse. Vorspiel einer Philosophie der Zukunft (1885), in: Ges. Werke in 11 Bden., Bd. 8, München (Goldmann Tb. 990) o. J.

F. Nietzsche: Der Wille zur Macht. Versuch einer Umwertung aller Werte (1887); ausgew. u. geordn. v. P. Gast u. E. Förster-Nietzsche, Stuttgart (Kröner Tb. 78) 1964, Nachw. v. A. Baeumler.
J. Ortega y Gasset: Über die Liebe (1938, in deutscher Sprache vor der span. Buchausabe), München (Heyne Tb. 14) 1979.
R. Pettazzoni: L'essere supremo nelle religioni primitivi. L'onniscienza di Dio; dt.: Der allwissende Gott. Zur Geschichte der Gottesidee; übers. v. E. A. Voretzsch, Frankfurt–Hamburg (Fischer Tb. 319) 1960.
Platon: Symposion, in: Sämtliche Werke in 6 Bänden; in der Übers. v. F. Schleiermacher mit der Stephanusnumerierung hrsg. v. W. F. Otto, E. Grassi, G. Plamböck; Hamburg (rk 1; 14; 27; 39; 47; 54) 1957–1959; Bd. 2, 1957, 203–250.
R. v. Ranke-Graves: The Greek Myths, 1955; dt.: Griechische Mythologie. Quellen und Deutung; übers. v. H. Seinfeld; 2 Bde.; Hamburg (rde 113–114; 115–116) 1960.
J. P. Sartre: L'être et le néant. Essai d' ontologie phénoménologique, Paris 1943; dt.: Das Sein und das Nichts. Versuch einer phänomenologischen Ontologie; übers. v. J. Streller, K. A. Ott u. A. Wagner, Reinbek 1962.
F. de Saussure: Grundfragen der allgemeinen Sprachwissenschaft, Berlin/Leipzig 1931; Neudruck: Berlin 1967.
E. Siecke: Die Liebesgeschichte des Himmels. Untersuchungen zur indogermanischen Sagenkunde, Straßburg 1892.
H. Usener: Die Sintfluthsagen, Bonn 1899.
L. Weisgerber: Vom Weltbild der deutschen Sprache, 2 Bde., Düsseldorf 1953–1954.
H. W. Wolff: Anthropologie des Alten Testamentes, München 1973.
Ch. Zentner: Illustrierte Geschichte des Ersten Weltkriegs, München 1980.
H. Zimmermann: Neutestamentliche Methodenlehre. Darstellung der historisch-kritischen Methode, Stuttgart 1966.

2. Tiefenpsychologie, Verhaltensforschung, Daseinsanalyse, Psychotherapie

K. Abraham: Psychoanalyse eines Falles von Fuß- und Korsettfetischismus, in: Jahrbuch für psychoanalytische und psychopathologische Forschungen, hrsg. v. E. Bleuler u. S. Freud, Leipzig–Wien 1912, 557–567.
G. Benedetti: Psychodynamik der Zwangsneurose, Darmstadt (Erträge der Forschung Bd. 96) 1978.
E. Berne: What do you say after you say Hello?, Beverly Hills 1972; dt.: Was sagen Sie, nachdem Sie »Guten Tag« gesagt haben? Psychologie des menschlichen Verhaltens; übers. v. W. Wagemuth; München (Kindler Tb. 2192) 1975.
R. Bilz: Schrittmacherphänomene (1948), in: Die unbewältigte Vergangenheit des Menschengeschlechts. Beiträge zu einer Paläoanthropologie, Frankfurt 1967, 7–38.
R. Bilz: Paläoanthropologie. Der neue Mensch in der Sicht einer Verhaltensforschung, Frankfurt 1971.
E. Bohm: Lehrbuch der Rorschach-Psychodiagnostik für Psychologen, Ärzte und Pädagogen, Bern–Stuttgart 3(neubearb. u. erw.) 1967.
M. Boss: Sinn und Gestalt der sexuellen Perversionen. Ein daseinsanalytischer Beitrag zur Psychopathologie des Phänomens der Liebe, München (Kindler, Geist und Psyche 2080) o. J.

W. Bräutigam: Formen der Homosexualität. Erscheinungsweisen, Ursachen, Behandlung, Rechtsprechung, Stuttgart 1967.
R. C. Cohn: Ein Ansatz zur psychosomatischen Analyse (1952), in: Von der Psychoanalyse zur Themenzentrierten Interaktion. Von der Behandlung einzelner zu einer Pädagogik für alle, Stuttgart 1975, 11–23.
R. C. Cohn: Masturbation und Liebe (1950), in: Von der Psychoanalyse zur Themenzentrierten Interaktion. Von der Behandlung einzelner zu einer Pädagogik für alle, Stuttgart 1975, 24–32.
R. C. Cohn: Psychoanalytische und erlebnistherapeutische Gruppentherapie – eine falsche Dichotomie (1966), in: Von der Psychoanalyse zur Themenzentrierten Interaktion. Von der Behandlung einzelner zu einer Pädagogik für alle, Stuttgart 1975, 76–88.
R. C. Cohn: Die Erlebnistherapien – Autismus oder Autonomie? (1973), in: Von der Psychoanalyse zur Themenzentrierten Interaktion. Von der Behandlung einzelner zu einer Pädagogik für alle, Stuttgart 1975, 97–109.
I. Eibl-Eibesfeldt: Der vorprogrammierte Mensch. Das Ererbte als bestimmender Faktor im menschlichen Verhalten; Wien–Zürich–München 1973.
I. Eibl-Eibesfeldt: Menschenforschung auf neuen Wegen. Die naturwissenschaftliche Betrachtung kultureller Verhaltensweisen, Wien–München–Zürich 1976.
P. Federn: Ego Psychology and the Psychoses, 1952; dt.: Ichpsychologie und die Psychosen, Bern 1956; Neudruck: Frankfurt 1978, hrsg. v. A. Mitscherlich; übers. v. W. u. E. Federn.
O. Fenichel: The Psychoanalytical Theory of Neurosis, New York [1]1941; [2]1945; dt.: Psychoanalytische Neurosenlehre, 3 Bde., übers. v. K. Laermann; Olten–Freiburg 1974–1977.
S. Ferenczi: Entwicklungsstufen des Wirklichkeitssinnes (1913), in: Schriften zur Psychoanalyse, 2 Bde., hrsg. v. M. Bálint, Frankfurt 1970–1972, 1. Bd., 148–163.
S. Ferenczi: Introjektion und Übertragung (1909), in: Schriften zur Psychoanalyse, 2 Bde., hrsg. v. M. Bálint, Frankfurt 1970–1972, 1. Bd., 12–47.
A. Freud: Das Ich und die Abwehrmechanismen (1936), München (Kindler Tb. 2001) o. J.
A. Freud: Normality and Pathology in Childhood, New York 1965; dt.: Wege und Irrwege in der Kinderentwicklung, Bern–Stuttgart 1968, übers. v. Verf.; Schriften zur Psychoanalyse und psychosomatischen Medizin, Bd. 7, hrsg. v. W. Loch, A. Mitscherlich u. Th. v. Uexküll.
S. Freud: Drei Abhandlungen zur Sexualtheorie (1905), in : Ges. Werke V, London 1942, 27–145.
S. Freud: Die »kulturelle« Sexualmoral und die moderne Nervosität (1908), in: Ges. Werke VII, London 1941, 141–167.
S. Freud: Bemerkungen über einen Fall von Zwangsneurose (Der »Rattenmann«), (1909), Ges. Werke VII, London 1941, 378–463.
S. Freud: Schlußwort der Onaniediskussion (1912), in: Ges. Werke VIII, London 1945, 334–345.
S. Freud: Die Handhabung der Traumdeutung in der Psychoanalyse (1912), in: Ges. Werke VIII, London 1943, 350–357.
S. Freud: Zur Dynamik der Übertragung (1912),in: Ges. Werke VIII, London 1945, 364–374.
S. Freud: Ratschläge für den Arzt bei der psychoanalytischen Behandlung (1912), in: Ges. Werke VIII, London 1943, 375–387.

S. Freud: Erinnern, Wiederholen und Durcharbeiten (1914), in: Ges. Werke X, London 1946, 126–136.
S. Freud: Zur Einführung des Narzißmus (1914), in: Ges. Werke X, London 1946, 137–170.
S. Freud: Triebe und Triebschicksale (1915), in: Ges. Werke X, London 1946, 210–232.
S. Freud: Bemerkungen über die Übertragungsliebe (1915), in: Ges. Werke X, London 1946, 305–321.
S. Freud: Trauer und Melancholie (1910), in: Ges. Werke X, London 1946, 427–446.
S. Freud: Vorlesungen zur Einführung in die Psychoanalyse (1917), in: Ges. Werke XI, London 1944.
S. Freud: Massenpsychologie und Ich-Analyse (1921), in: Ges. Werke XII, London 1947, 71–161.
S. Freud: Das Unheimliche (1919); Ges. Werke XII, London 1947, 227–268.
S. Freud: Psychoanalyse und Libidotheorie (1923), in: Ges. Werke XIII, London 940, 209–233.
S. Freud: Einige psychische Folgen des anatomischen Geschlechtsunterschiedes (1925), in: Ges. Werke XIV, London 1948, 17–30.
S. Freud: Selbstdarstellung (1925), in: Ges. Werke XIV, London 1948, 31–96.
S. Freud: Die Frage der Laienanalyse (1926), in: Ges. Werke XIV, London 1948, 209–296.
S. Freud: Ein religiöses Erlebnis (1928), in: Ges. Werke XIV, London 1947, 393–396.
S. Freud: Dostojewski und die Vatertötung (1928), in: Ges. Werke XIV, London 1948, 397–418.
S. Freud: Das Unbehagen in der Kultur (1930), in: Ges. Werke XIV, London 1948, 419–506.
S. Freud: Über die weibliche Sexualität (1931), in: Ges. Werke XIV, London 1948, 515–537.
S. Freud: Die endliche und die unendliche Analyse (1937), in: Ges. Werke XVI, London 1950, 57–99.
S. Freud: Die Ichspaltung im Abwehrvorgang (1938), in: Ges. Werke XVII, London 1941, 57–62.
E. Fromm: The Anatomy of Human Destructiveness, New York–Chicago–San Francisco 1973; dt.: Anatomie der menschlichen Destruktivität, übers. v. L. u. E. Michel; überarb. v. R. Oetker-Funk, in: Gesamtausgabe in 10 Bänden., Bd. 7, Stuttgart 1980.
E. Jacobson: Depression. Comparative Studies of Normal, Neurotic, and Psychotic Conditions, New York 1971; dt.: Depression. Eine vergleichende Untersuchung normaler, neurotischer und psychotisch-depressiver Zustände; übers. v. H. Desorno, Frankfurt 1978.
E. Jones: Der Gottmenschkomplex, in: Psyche, 12. Jg., 1/1958, 1–17.
C. G. Jung: Die Bedeutung des Vaters für das Schicksal des Einzelnen (1909); Werke IV: Freud und die Psychoanalyse, Olten–Freiburg 1969, 345–370.
C. G. Jung: Symbole der Wandlung. Analyse des Vorspiels zu einer Schizophrenie (1952; Neubearbeitung von »Wandlungen und Symbole der Libido«, 1912), Werke V, Olten–Freiburg 1973.
C. G. Jung: Die Beziehungen zwischen dem Ich und dem Unbewußten (1928); Werke Bd. VII: Zwei Schriften über Analytische Psychologie; Olten–Freiburg 1964; 131–264.

C. G. Jung: Die psychologischen Aspekte des Mutterarchetypus (1939), Werke Bd. IX, 1. Teil: Die Archetypen und das kollektive Unbewußte, Olten–Freiburg 1976, 89–123.

C. G. Jung: Die Psychologie der Übertragung. Erläutert anhand eine alchemistischen Bildserie (1946), in: Werke XVI: Praxis der Psychotherapie, Olten–Freiburg 1958, 173–345.

E. Kloehn: Typisch weiblich? Typisch männlich? Geschlechterkrieg oder neues Verständnis von Mann und Frau, Hamburg 1979.

R. D. Laing: Knots, London 1970; dt.: Knoten, übers. v. H. Elbrecht; Hamburg (Rowohlt, das neue Buch, 25) 1972.

J. G. Lemaire: Le couple: sa vie, sa mort. La structuration du couple humain, Paris 1979; dt.: Leben als Paar. Strukturen, Krisen, Therapeutische Hilfen; übers. u. im Einverständnis mit dem Autor leicht gekürzt v. W. Wydler, Olten–Freiburg 1980.

St. Mentzos: Hysterie. Zur Psychodynamik unbewußter Inszenierungen, München (Kindler Tb. 2212) 1980.

J. L. Moreno: Gruppenpsychotherapie und Psychodrama, Stuttgart 1959.

D. Morris: The Naked Ape, London 1967; dt.: Der nackte Affe; übers. v. F. Bolle; Zürich 1968.

D. Morris: The Human Zoo, London 1969; dt.: Der Menschen-Zoo; übers. v. F. Bolle; Zürich 1969.

D. Morris: Manwatching, Oxford 1977; dt.: Der Mensch, mit dem wir leben. Ein Handbuch unseres Verhaltens, übers. v. K. H. Silber u. W. Wagmuth, München–Zürich (Knaur Tb. 3659) 1978.

H. Nagera (Hrsg.): Basic Psychoanalytic Concepts on the Libido Theory, – on the Theory of Dreams, – on the Theory of Instincts, – on Metapsychology, Conflicts, Anxiety and other Subjects, Egsham 1974; dt.: Psychoanalytische Grundbegriffe. Eine Einführung in Sigmund Freuds Terminologie und Theoriebildung, übers. v. F. Herborth, Frankfurt (Fischer Tb. 6331) 1976.

H.Nunberg: Allgemeine Neurosenlehre auf psychoanalytischer Grundlage, Bern–Stuttgart ²(verb.) 1959, mit einem Vorw. v. S. Freud zur 1. Aufl.

F. Perls: Gestalt-Therapie in Aktion, Stuttgart 1974.

J. Rattner: Psychologie und Psychopathologie des Liebeslebens, München (Kindler, Geist und Psyche 2067–2068) 1970.

W. Reich: Character-Analysis (Kopenhagen ¹1933; ³1949); dt.: Charakteranalyse (1933; Neudruck: 1961); Köln–Berlin 1970; Frankfurt (Fischer Tb. 6191) 1973.

J. Sadger: Über den sadomasochistischen Komplex, in: Jahrbuch für psychoanalytische und psychopathologische Forschungen, hrsg. v. E. Bleuler u. S. Freud, Bd. 5, Leipzig–Wien 1913, 157–232.

J. Sadger: Die Psychoanalyse eines Autoerotikers, in: Jahrbuch für psychoanalytische und psychopathologische Forschungen, hrsg. v. E. Bleuler u. S. Freud, Bd. 5, Leipzig–Wien 1913, 467–528.

R. Schneider: Klinische Psychopathologie, Stuttgart ⁸(erw.) 1967.

J. H. Schultz: Die perverse Fehlhaltung, medizinisch-psychologisch betrachtet, in: V. E. Frankl, V. E. v. Gebsattel u. J. H. Schultz (Hrsg.): Handbuch der Neuroselehre. Unter Einschluß wichtiger Grenzgebiete, 5 Bde.; Bd. 2, München–Berlin 1959, 246–262.

H. Schultz-Hencke: Lehrbuch der analytischen Psychotherapie, Stuttgart 1951; Nachdruck: Stuttgart 1957.

J, Schwermer: Psychologische Hilfen für das Seelsorgegespräch, München 1974.
J. Schwermer: Das helfende Gespräch in der Seelsorge, Paderborn ²(erw. u. überarb.) 1983.
T. Spoerri: Kompendium der Psychiatrie, Basel–München–New York 1970.
H. S. Sullivan: The Psychiatric Interview, New York 1976; dt.: Das psychotherapeutische Gespräch. Beitrag zur modernen Psychoanalyse und Psychotherapie, übers. v. J. Wilkinson; Frankfurt (Fischer Tb. 6313) 1976.
L. Szondi: Triebpathologie, 2 Bde.: 1. Bd.: Elemente der exakten Triebpsychologie und Triebpsychiatrie, Bern–Stuttgart 1952; 2. Bd.: Ichanalyse. Die Grundlage zur Vereinigung der Tiefenpsychologie, Bern–Stuttgart 1956.
L. Szondi: Lehrbuch der experimentellen Triebdiagnostik, Bd. 1: Textband; Bern–Stuttgart, 2. völlig umgearb. Aufl. 1960.
F. Tanner: Bis daß der Mord euch scheidet. Ein Therapeut zum verhängnisvollen Weiterführen zerrütteter Ehen, Olten–Freiburg 1981.
R. Tausch: Gesprächspsychotherapie, Göttingen ⁴(erg.) 1970.
K. Thomas: Praxis der Selbsthypnose des autogenen Trainings (nach I. H. Schultz). Formelhafte Vorsatzbildung und Oberstufe. Geleitwort v. I. H. Schultz, Stuttgart 1967.
L. Tiger-R. Fox: The imperial animal, 1971; dt.: Das Herrentier. Steinzeitjäger im Spätkapitalismus; eingef. v. K. Lorenz; übers. v. S. Schmitz; Wien 1973.
W. Wickler: Stammesgeschichte und Ritualisierung. Zur Entstehung tierischer und menschlicher Verhaltensmuster, München 1970; Neudruck: München (dtv wr 4166) 1975.
J. Wolpe: The Practice of Behavior Therapy, London 1969; dt.: Praxis der Verhaltenstherapie, übers. v. U. Allinger u. K. L. Holtz, Bern–Stuttgart–Wien 1972.

3. Belletristik und Film

Äsop: Fabeln. Fabeln von Äsop und Äsopische Fabeln des Phädrus, übers. v. W. Binder und J. Siebelis, München (Goldmann 591) o. J.
I. Bachmann: Der gute Gott von Manhattan (1958), in: Der gute Gott von Manhattan. Die Zikaden. Zwei Hörspiele, München 1958; Neudruck: München (dtv sr 14) 1963, 5–82.
H. (de) Balzac: La femme de trente ans, Paris 1842, in: La comédie humaine, 17 Bde., 1842–1843, 3: Scénes de la vie privée III; dt.: Die Frau von dreißig Jahren, in: Szenen aus dem Privatleben (Die Frau von dreißig Jahren. Modeste Mignon. Der Ehevertrag. Oberst Chabert), übers. v. I. Täubert, A. Wagenknecht, H. Blattmann, Nachw. u. Anm. v. H. Hinterhäuser, München (dtv 2012) 1976, 5–207.
J. Bédier: Der Roman von Tristan u. Isolde, übers. v. R. G. Binding, Frankfurt (Insel Tb. 387) 1979.
I. Bergman: Höstsonaten, Stockholm, 1978; dt.: Herbstsonate, übers. v. H. Gimmler, Hamburg 1978.
G. Bernanos: Journal d' un Curé de Campagne (1936); dt.: Tagebuch eines Landpfarrers, übers. v. J. Hegner, Köln 1966.
W. Borchert: Draußen vor der Tür. Ein Stück, das kein Theater spielen und kein Publikum sehen will (1946), in: Das Gesamtwerk, mit einem biographischen Nachwort von B. Meyer-Marwitz, Hamburg 1959, 99–165.

J. David: A Square of Sky. The Recollections of a childhood, London 1965; dt.: Ein Stück Himmel. Erinnerungen an eine Kindheit, übers. v. H. Neves, München–Wien 1981.

J. David: A Touch of Earth. A Wartime Childhood, London 1969; dt.: Ein Stück Erde. Das Ende einer Kindheit, übers. v. H. Neves, München–Wien 1982.

B. D'Eckardt: Brigitte Bardot. Ihre Filme – ihr Leben, München (Heyne 50) 1982.

F. M. Dostojewski: Prestuplenie i nakazanie (1866), dt.: Schuld und Sühne. Roman in 6 Teilen und einem Epilog; übers. v. W. Bergengruen; München (Droemer V.) o. J.

F. M. Dostojewski: Idiot (1868); dt.: Der Idiot; übers. v. K. Brauner, München (GGTb. 361–362) 1958.

F. M. Dostojewski: Podrostok (1875); dt.: Der Jüngling, übers. v. E. K. Rahsin, München 1957; Neudruck: Frankfurt a. M. (Fischer EC 6) 1960, mit einem Nachw. v. A. Naumann.

I. Dreecken: Tausendundeine Nacht. Eine Sammlung phantasievoller orientalischer Liebes-, Abenteuer-, Gauner- und Schelmengeschichten; übers. v. G. Weil nach der Breslauer Handschrift (1838–1841); Neufassung von I. Dreecken, 3 Bde., Wiesbaden o. J.

J. Eustache: La maman et la putain, 1973; dt.: Die Mama und die Hure.

L. Feuchtwanger: Jefta und seine Tochter (1957), Frankfurt (Fischer Tb. 5730) 1983.

Th. Fontane: Effi Briest (1895), in: Werke in 4 Bden., hrsg. v. H. Geiger, Wiesbaden o. J., Bd. 3, 7–255.

K. Gibran: The Prophet, New York 1972; dt.: Der Prophet, übers. v. C. Malignon, Olten–Freiburg 1972.

J. W. v. Goethe: Die Wahlverwandtschaften (1809), in: Goethes Werke in 2 Bden., hrsg. u. eingel. v. K. Macke, Berlin[54] (Merkur) o. J., II 162–295.

J. W. v. Goethe: Faust, Stuttgart–Tübingen 1834 (Beide Teile in einem Bd.); München 1964.

G. Greene: The Heart of the Matter; dt.: Das Herz aller Dinge; übers. v. W. Puchwein, Hamburg (rororo 109) 1954.

H. Hesse: Klein und Wagner (in: Weg nach Innen, 4 Erzählungen, 1931); Frankfurt (sv 43) 1972.

St. Heym: Der König David Bericht (The King-David-Report), aus dem Amerik. übers. v. Autor, München 1972; Neudruck: Frankfurt (Fischer Tb. 1508) 1974.

R. B. Hill: Hanta Yo, New York. Eine Indianer-Saga; nach der amerik. Übers. aus der Dakotasprache ins Deutsche übers. v. K. H. Hansen, Hamburg 1980.

Homer: Ilias; übers. v. R. Hampe; Stuttgart 1979.

Homer: Odyssee; übers. in Prosa von W. Schadewaldt; Hamburg (rk 29–30) 1958.

H. Ibsen: Nora, et dukkehjem, 1879; dt.: Nora oder Ein Puppenheim, in: Dramen, 2 Bde., hrsg. nach der Ausgabe der »Sämtlichen Werke in deutscher Sprache« 1898–1904 von G. Brandes, J. Elias u. P. Schleuther, mit einem Nachw. v. O. Oberholzer, München 1973, Bd. 1, 757–830.

H. Ibsen: Vildanden, 1884; dt.: Die Wildente, in: Dramen, 2 Bde., hrsg. nach der Ausgabe der »Sämtlichen Werke in deutscher Sprache« 1898–1904 von G. Brandes, J. Elias u. P. Schleuther, mit einem Nachw. v. O. Oberholzer, München 1973, Bd. 2, 159–251.

R. W. Leonhardt: Lieder aus dem Krieg, München (Goldmann Tb. 3683) 1979.

E. Littmann (Übers.): Die Erzählungen aus den 1001 Nächten, übers. nach dem arabischen Urtext der Calcutter Ausgabe aus dem Jahre 1839; Frankfurt (it 224) 1976, 12 Bände.

Th. Mann: Joseph und seine Brüder; Roman in vier Teilen: 1. Die Geschichten Jakobs, Berlin 1933; 2. Der junge Joseph, Berlin 1934; 3. Joseph in Ägypten, Wien 1936; 4. Joseph der Ernährer, Stockholm 1943; 1. Gesamtausgabe: Stockholm–Amsterdam 1948; Neudruck: Frankfurt–Hamburg (Fischer Tb. 1183–1185) 1971.

L. von Sacher-Masoch: Venus im Pelz (1869), mit einer Studie über den Masochismus v. G. Deleuze, übers. v. G. Müller, Frankfurt (Insel Tb. 469) 1980.

G. Orwell: 1984; übers. v. K. Wagenseil, Zürich [1]1950; Neudruck: Frankfurt–Wien–Berlin (Ullstein Tb. 3253) 1976.

Ovid: Metamorphosen (8 n. Chr.), übers. v. R. Suchier, bearb. v. M. Vosseler; München (GGTb. 583–584) o. J.

M. Proust: Die Beichte eines jungen Mädchen, in: Tage der Freuden, Frankfurt a. M.–Berlin–Wien (Ullstein Tb. 71) 1977, 89–102.

N. Ray: Rebel without a cause, 1955; dt.: ... denn sie wissen nicht, was sie tun; Drehbuch: P. Houston; Hauptrolle: J. Dean.

R. M. Rilke: Das Stundenbuch (1905), in: Sämtliche Werke, hrsg. v. Rilke-Archiv; in Verbindung mit R. Sieber-Rilke besorgt durch E. Zinn, 6 Bde., Frankfurt 1955–1966; 1. Bd.: Gedichte. 1. Teil, 1955, 249–366; enthaltend die drei Bücher: Vom mönchischen Leben (1899); Von der Pilgerschaft (1901); Von der Armut und vom Tod (1903).

Scheich Saadi (ca. 1250 n. Chr.): Hundertundeine Geschichte aus dem Rosengarten. Ein Brevier orientalischer Lebenskunst; aus dem Persischen übers. u. ausgew. v. R. Gelpke, Zürich 1967.

H. Scheugl: Sexualität und Neurose im Film. Die Kinomythen von Griffith bis Warhol, München (Heyne 7074) 1978.

R. Schirmer: Lancelot und Ginevra. Ein Liebesroman am Artushof. Den Dichtern des Mittelalters nacherzählt v. R. Schirmer, Zürich 1961.

R. Schirmer: Der Roman von Tristan und Isolde. Den alten Quellen nacherzählt von R. Schirmer, Zürich 1969.

A. Schnitzler: Die drei Elixiere (1890), in: Gesammelte Werke in Einzelausgaben. Das erzählerische Werk Bd. 1–7; Bd. 1, Frankfurt (Fischer Tb. 1960) 1961, 87–91.

G. Seeßlen-C. Weil: Ästhetik des erotischen Kinos. Geschichte und Mythologie des erotischen Films (Grundlagen des populären Films, Bd. 7), Hamburg (rororo 7379) 1980.

R. L. Stevenson: The strange case of Dr. Jekyll and Mr. Hyde, 1866; dt.: Der seltsame Fall des Dr. Jekyll und Mr. Hyde, übertr. v. R. Mummendey, in: R. L. Stevenson: Erzählungen, Stuttgart 1974, 671–753.

A. Strindberg: Le plaidoyer d' un fou (als Manuskript gefunden 1973); dt.: Plädoyer eines Irren; übers. v. H.-J. Maass; Köln 1977.

M. Szyrocki (Hrsg.): Lyrik des Barock (Texte deutscher Literatur 1500–1800, hrsg. v. K. O. Conrady, Bd. 38, 39), 2 Bde., Hamburg (rororo rk 538, 539) 1971.

R. Tagore: The Gardener; dt.: Der Gärtner, übers. v. G. M. Mucker u. A. Haas nach der von R. Tagore selbst veranstalteten engl. Ausgabe, Freiburg 1959.

L. N. Tolstoi: Anna Karenina, Moskau 1878; dt.: Anna Karenina. Ein Roman in 8 Teilen, übers. v. A. Scholz, München (Goldmann Tb. 692–694) 1961.

F. Truffaut: L'Histoire d' Adèle H. (1975); Die Geschichte der Adele H.

F. Truffaut: Der Mann, der die Frauen liebte, Frankreich 1976–1977.

R. Vadim: Et Dieu créa la femme, 1956; dt.: Und immer lockt das Weib; Hauptrollen: C. Jürgens, B. Bardot.

T. H. White: The Once and Future King, London 1976; dt.: Der König auf Camelot; übers. v. R. Rocholl u. H. C. Artmann, 4 Bücher in 2 Bden., Stuttgart 1980.
G. Wirth: Griechische Lyrik. Von den Anfängen bis zu Pindar. Griechisch und Deutsch; zusammengestellt und mit Anm. vers. v. G. Wirth, Hamburg (rk 140–142) 1963, Griechische Literatur, Nr. 6.
É. Zola: L'Assomoir, Paris 1877; Paris 1961 (in: Les Rougon-Macquart); dt.: Der Totschläger; nach der v. M. Le Blond besorgten Gesamtausgabe übers. v. G. Krüger; Nachw. u. Anm. v. R. Schober (in: Die Rougon-Macquart. Natur und Sozialgeschichte einer Familie aus dem Zweiten Kaiserreich, hrsg. v. R. Schober), München 1975.
É. Zola: Nana, Paris 1879–1880, in: Les Rougon-Macquart, 20 Bde., 1871–1893, Bd. 9; Paris 1928, Ges. Werke, hrsg. v. M. Le Blond u. E. Fasquelle, 50 Bde., 1927–1929; dt.: Nana, übers. v. W. Widmer, Nachw. v. R. Schober, München (dtv 2008) 1976.
É Zola: La Bête humaine. Paris 1890, in: Les Rougon-Macquart, Bd. 17; dt.: Das Tier im Menschen; übers. v. G. Krüger, nach der von M. Le Blond bes. Gesamtausgabe; Nachw. v. R. Schober, Bd. 17 der Rougon-Macquart. Natur- und Sozialgeschichte einer Familie unter dem Zweiten Kaiserreich, hrsg. v. R. Schober, München 1977.
St. Zweig: Vierundzwanzig Stunden aus dem Leben einer Frau (Die Verwirrung der Gefühle, Leipzig 1927), in: Meisternovellen, Frankfurt 1970, 265–325.
St. Zweig: Marie Antoinette. Bildnis eines mittleren Charakters, Leipzig 1932; [2]erw. Wien 1938; Neudruck: Frankfurt (Fischer Tb. 2220) 1980.
St. Zweig: Die Welt von Gestern. Erinnerungen eines Europäers, Stockholm 1944; Neudruck: Frankfurt (Fischer Tb. 1152) 1970.
St. Zweig: Balzac. Eine Biographie. Aus dem Nachlaß hrsg. und mit Nachw. vers. v. R. Friedenthal; Stockholm 1946; Neudruck: Frankfurt (Fischer Tb. 2183) 1979.

Register

Eine der Seitenzahl zugefügte Hochzahl deutet die Nummer der Anmerkungen an.

Autoren

Namen aus Mythologie, Dichtung und Geschichte

Sachen und Sachverhalte

AT

NT